Manoel Benedito Rodrigues

CB135114

Desenho Geométrico

Caderno de Atividades

7º ano

Editora Policarpo

Coleção Vestibulares

Matemática nos Vestibulares – Vol. 2 , 3 e 5
História nos Vestibulares – Vol. 2, 3 e 4
Geografia nos Vestibulares – Vol. 1

Coleção Exercícios de Matemática

Volume 1: Revisão de 1º Grau
Volume 2: Funções e Logaritmos
Volume 3: Progressões Aritméticas e Geométricas
Volume 4: Análise Combinatória e Probabilidades
Volume 5: Matrizes, Determinantes e Sistemas Lineares
Volume 6: Geometria Plana

Caderno de Atividades

Números Complexos
Polinômios e Equações Algébricas
Trigonometria – vol. 1 e 2
Geometria Espacial – vol. 1, 2 e 3
Geomtria Analítica – vol. 1 e 2

Ensino Fundamental

Matemática – 6º ano – vol. 1 e 2
Matemática – 7º ano – vol. 1 e 2
Álgebra – 8º ano – vol. 1 e 2
Álgebra – 9º ano – vol. 1 e 2
Geometria Plana – 8º ano
Geometria Plana – 9º ano
Desenho Geométrico – 6º ano
Desenho Geométrico – 7º ano
Desenho Geométrico – 8º ano
Desenho Geométrico – 9º ano

Digitação, Diagramação e Desenhos: *Sueli Cardoso dos Santos* (suly.santos@gmail.com)
site: www.editorapolicarpo.com.br - contato@editorapolicarpo.com.br

Dados Internacionais de Catalogação, na Publicação (CIP)
(Câmara Brasileira do Livro, SP, Brasil)

Rodrigues, Manoel Benedito

Desenho Geométrico: caderno de atividades:
7º ano / Manoel Benedito Rodrigues

-- 3. ed. São Paulo: Editora Policarpo, 2015.

ISBN: 978-85-87592-49-1

1. Desenho Geométrico - Ensino Fundamental
1. Matemática 2. Problemas, exercícios, etc.

I. Manoel Benedito Rodrigues II.Título.

09-10213 CDD -372-7

Índices para catálogo sistemático:

1. Desenho Geométrico: Matemática: Ensino fundamental 372.7

Todos os direitos reservados à:
EDITORA POLICARPO LTDA
Rua Dr. Rafael de Barros, 175 - Conj. 01 - São Paulo - SP - CEP: 04003-041
Tel./Fax: (11) 3288-0895
Tel.: (11) 3284-8916

Índice

I INTRODUÇÃO

1. Ponto, reta e plano

O **ponto**, a **reta** e o **plano** são conceitos primitivos e portanto, não são definidos. A reta e o plano são infinitos, não podendo ser desenhados na folha de desenho ou na lousa. O que nós desenhamos são partes da reta e do plano e chamamos essas partes de **reta** e de **plano**.

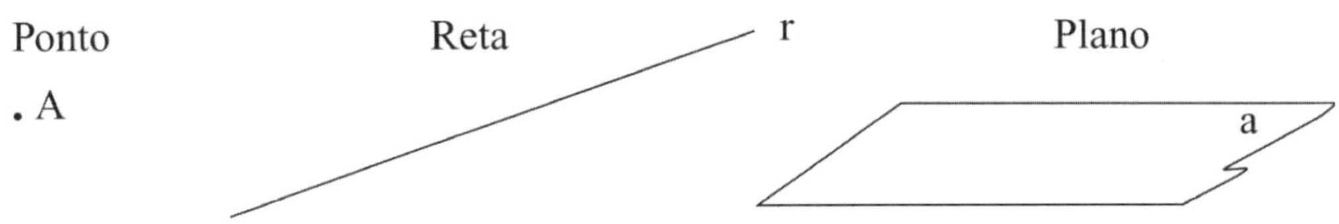

Para nomear
ponto usamos letras latinas maiúsculas: A, B, C, ..., P, …
reta usamos letras latinas minúsculas: a, b, c, d, ..., r, s, …
plano usamos letras gregas minúsculas: $\alpha, \beta, \gamma, \delta, ...$

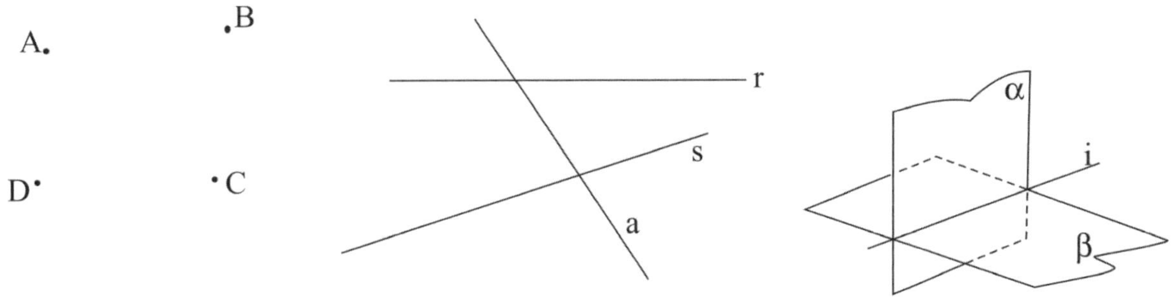

Obs: 1ª) Em uma reta e também fora dela há infinitos pontos.

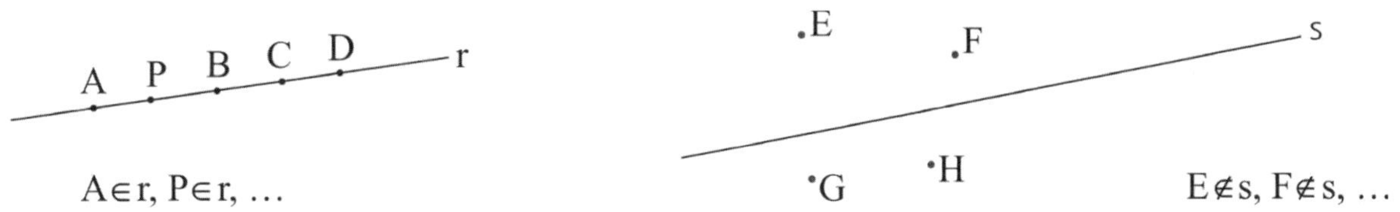

∈ = Pertence, ∉ = não pertence

Quando um ponto pertence a uma reta, dizemos que a reta passa por este ponto.

A reta **r** passa pelo ponto **A** e a reta **s** não passa pelo ponto E.

Se três ou mais pontos estão em uma mesma reta, eles são chamados colineares: A, P, B e C são **colineares**.

2ª) Em um plano e também fora dele há infinitos pontos.

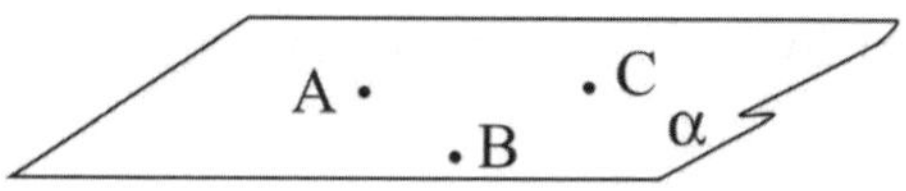

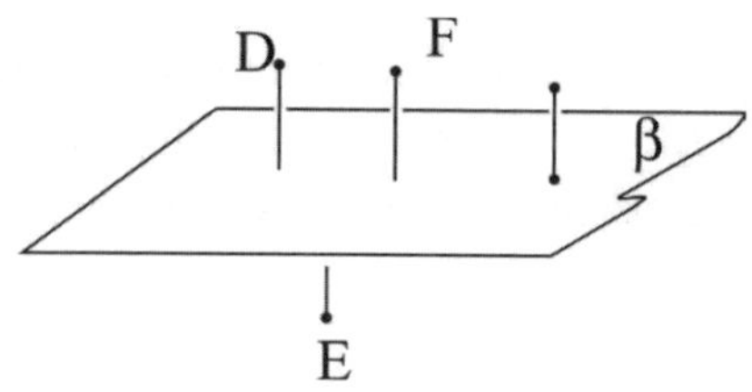

Quando um ponto pertence a um plano, dizemos que o plano passa por esse ponto.
O plano α passa pelo ponto **A** e o plano β não passa pelo ponto **D**.

3ª) Em um plano há infinitas retas.

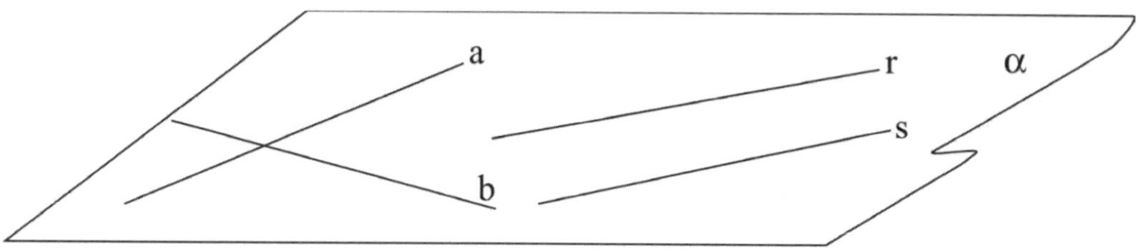

$a \subset \alpha, b \subset \alpha$
$r \subset \alpha, s \subset \alpha$
$\subset$ = está contida

Quando a reta está contida em um plano dizemos que o plano passa pela reta. O plano α passa pela reta **a**, passa pela reta **s**, … .

Em **desenho geométrico** estudamos figuras cujos pontos **pertencem** todos a um mesmo plano. Esta figura é um subconjunto desse plano, ela **está contida** nesse plano. Ela é chamada **figura plana**.

4ª) Por um ponto passam inifinitas retas.

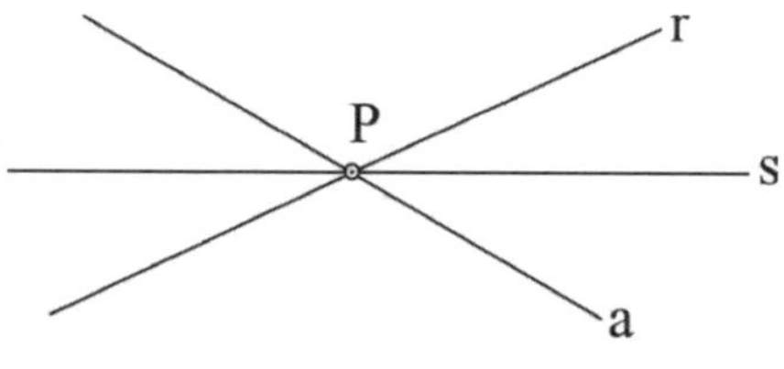

As retas r, s e a passam pelo ponto P
$P \in a, P \in r, P \in s$
$r \cap s \cap a = \{P\}$

5ª) Dois pontos distintos determinam uma reta (há uma única reta que passa por dois pontos distintos dados, simultaneamente).

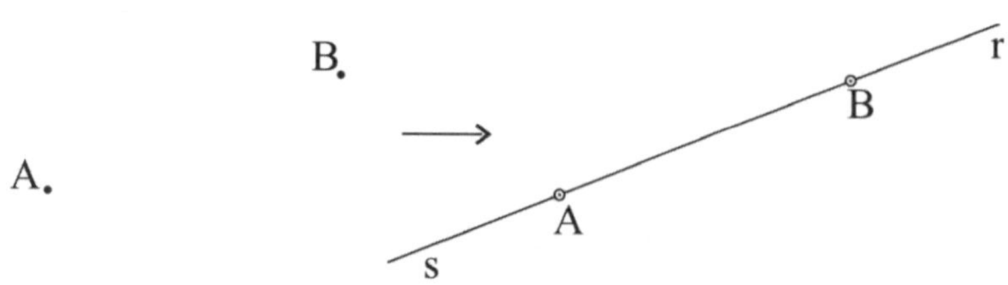

$A \neq B, \{A, B\} \subset r$ e $\{A, B\} \subset s \Rightarrow r = s$

Então, dois pontos são sempre **colineares**.

2. Semi-reta e segmento de reta

2.1) **Semi-reta**: Um ponto de uma reta separa esta reta em duas partes com origem neste ponto, chamadas semi-retas.

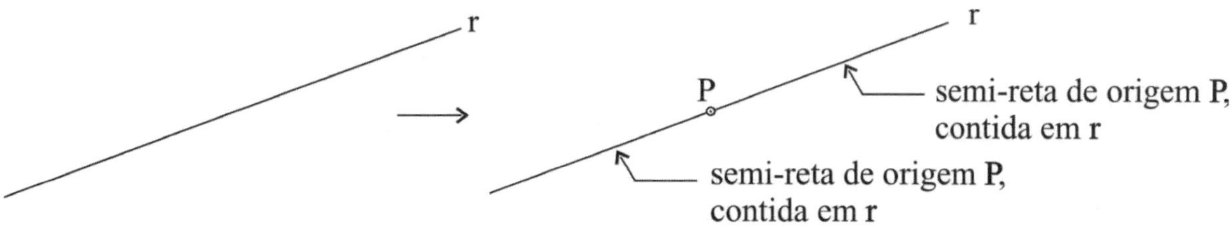

Essas duas semi-retas são chamadas **semi-retas opostas**.

Então, dois pontos distintos (diferentes) **A** e **B** de uma reta **r**, determinam nela 4 semi-retas. Duas semi-retas opostas com origem em **A** e duas com origem em **B**.

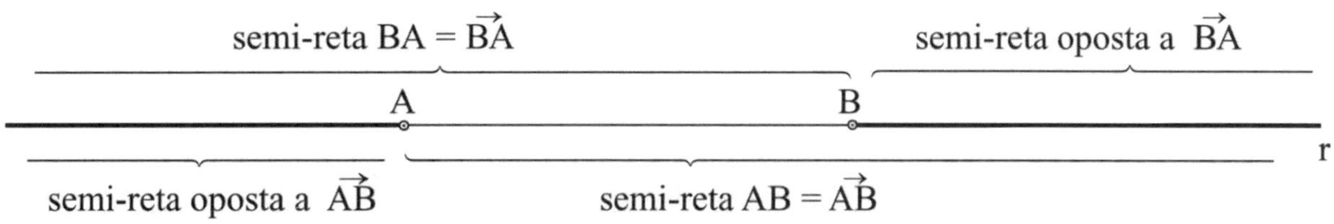

2.2) **Segmento de reta**: Sendo A e B dois pontos distintos de uma reta r, o conjunto dos pontos comuns às semi-retas $\overrightarrow{AB}$ e $\overrightarrow{BA}$ é chamado de **segmento de reta** de extremidades **A** e **B**.

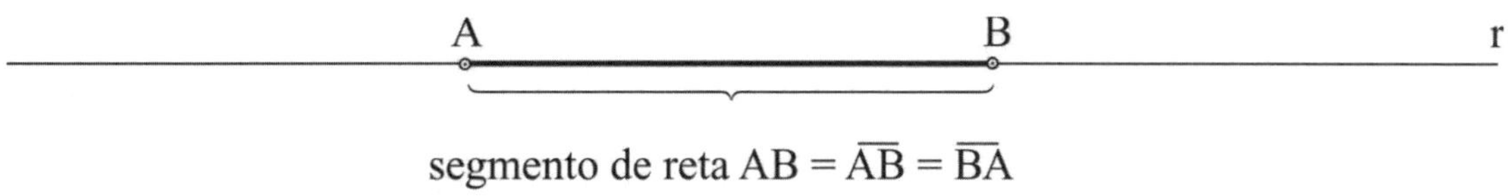

Obs: O segmento de reta de extremidades A e B pode ser indicado por $\overline{AB}$ ou $\overline{BA}$.

2.3) **Segmentos colineares**: São segmentos que estão contidos em uma mesma reta.

2.4) **Segmentos consecutivos**: São dois segmentos que têm uma extremidade em comum. Podem ser colineares ou não.

2.5) **Segmentos adjacentes**: São dois segmentos que têm uma extremidade em comum, tendo apenas este ponto em comum. Podem ser colineares ou não.

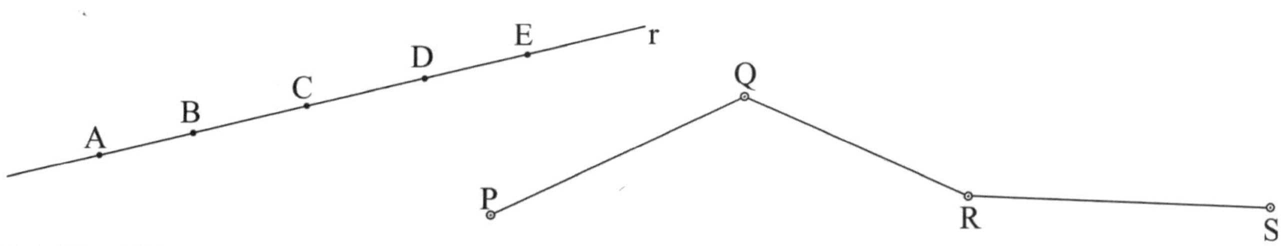

$\overline{AB}$, $\overline{CD}$ e $\overline{DE}$ são colineares.

$\overline{AC}$ e $\overline{CD}$ são colineares, consecutivos e adjacentes.

$\overline{AD}$ e $\overline{DB}$ são consecutivos e não são adjacentes.

$\overline{PQ}$ e $\overline{QR}$ são consecutivos e são adjacentes e não são colineares.

2.6) Medida de um segmento: Em **desenho geométrico** usamos uma régua milimetrada para medir os segmentos. As medidas dos segmentos serão expressas em centímetro (cm) ou em milímetros (mm). Indicaremos a medida de um segmento de extremidades A e B por AB.

AB = 5 cm ou AB = 50 mm CD = 6,4 cm ou CD = 64 mm

2.7) Segmentos congruentes: São segmentos que têm a mesma medida.

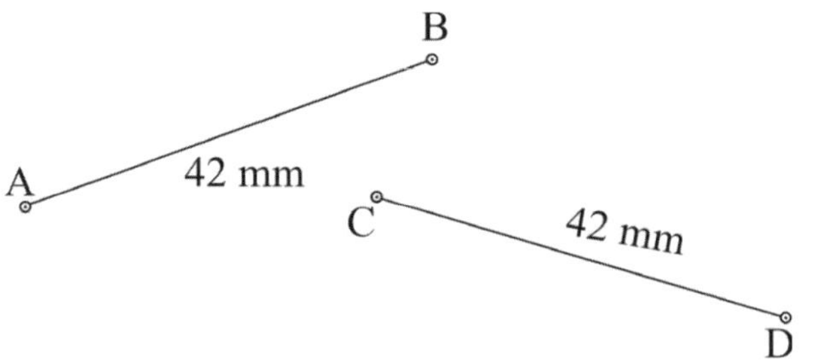

AB = CD $\Leftrightarrow$ $\overline{AB} \cong \overline{CD}$

($\cong$ = é congruente a)

2.8) Postulado do transporte: Dados um segmento $\overline{AB}$ e uma semireta $\overrightarrow{Pr}$, existe um único ponto Q sobre essa semi-reta de modo que $\overline{PQ}$ seja congruente a $\overline{AB}$.

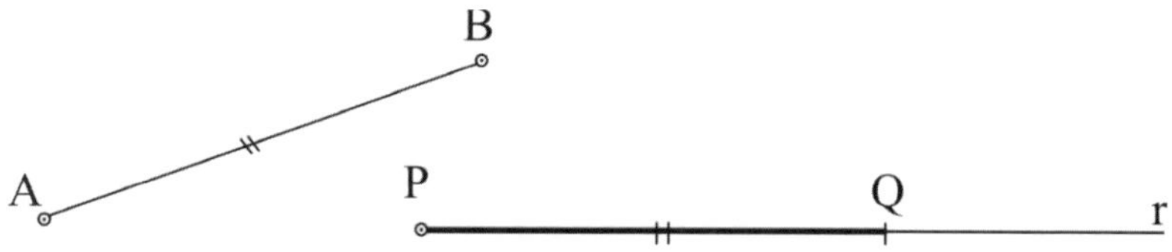

$\overline{PQ} \cong \overline{AB}$

2.9) Ponto médio: Dado um segmento $\overline{AB}$, o ponto **M** de $\overline{AB}$ tal que $\overline{AM} \cong \overline{MB}$ (ou AM = MB) é chamado ponto médio do segmento $\overline{AB}$.

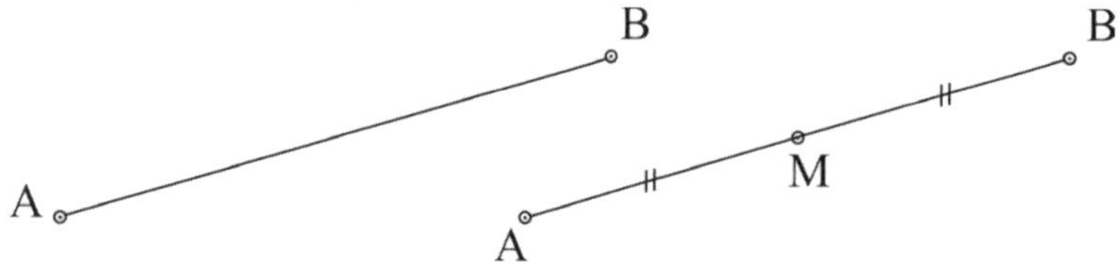

M $\in \overline{AB}$, $\overline{AM} \cong \overline{MB}$ (ou AM = MB)	$\Leftrightarrow$	M é ponto médio de $\overline{AB}$

2.10) Distância entre dois pontos distintos

Dados dois pontos distintos A e B, o segmento $\overline{AB}$, ou qualquer segmento congruente a ele é chamado **distância geométrica** entre A e B. E a medida de $\overline{AB}$ é chamada **distância métrica** entre A e B.

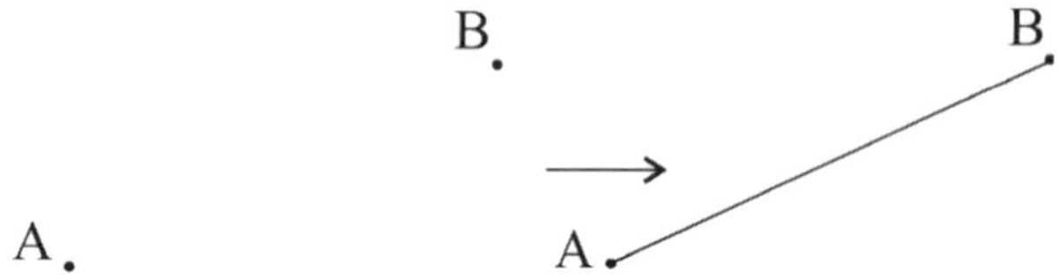

$\overline{AB}$ é a distância geométrica entre A e B

m($\overline{AB}$) = AB = 3,5 cm é a distância métrica entre A e B

Obs: Em desenho geométrico, quando falamos apenas distância entre dois pontos distintos, estaremos nos referindo à distância geométrica.

2.11) Soma de dois Segmentos

I) Se o ponto **B** está entre os pontos **A** e **C**, dizemos que o segmento AC é a soma dos segmentos $\overline{AB}$ e $\overline{BC}$.

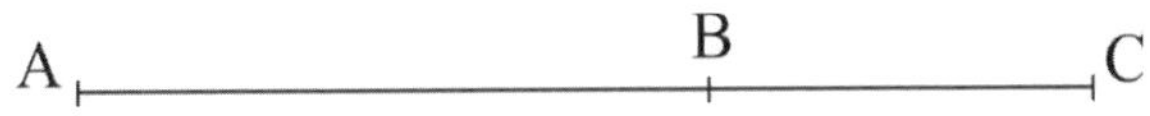

$\overline{AC} = \overline{AB} + \overline{BC}$

Tem-se também: AC = AB + BC

II) Para somarmos dois segmentos $\overline{PR}$ e $\overline{QS}$, pelo postulado do transporte obtemos $\overline{AB}$ congruente a $\overline{PR}$ e $\overline{BC}$ congruente a $\overline{QS}$, com B entre A e C, e o segmento $\overline{AC}$ será a soma de $\overline{PR}$ com $\overline{QS}$.

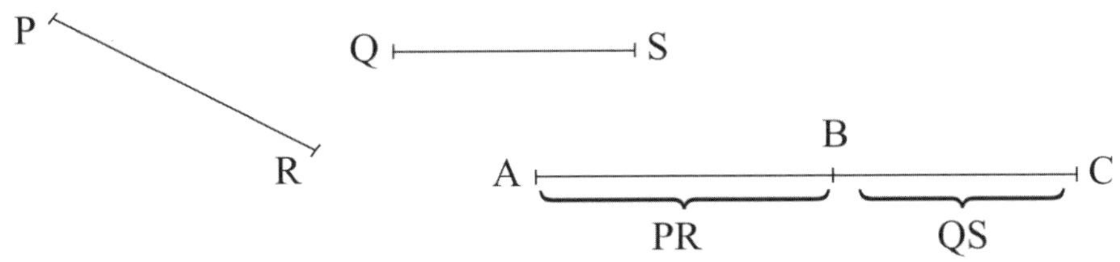

$\overline{AC} = \overline{PR} + \overline{QS}$

Obs: Quando **B** está entre **A** e **C**, o ponto **B** pertence ao segmento $\overline{AC}$.

2.12) Diferença entre dois segmentos

I) Se o ponto **B** está entre os pontos **A** e **C**, o segmento $\overline{AB}$ é a diferença entre $\overline{AC}$ e $\overline{BC}$ e $\overline{BC}$ é a diferença entre $\overline{AC}$ e $\overline{AB}$.

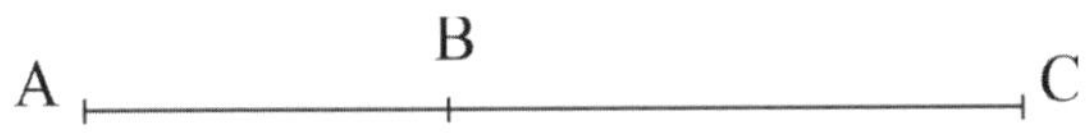

$\overline{AB} = \overline{AC} - \overline{BC}$ e $\overline{BC} = \overline{AC} - \overline{AB}$

II) Para determinarmos a diferença entre os segmentos $\overline{PR}$ e $\overline{QS}$, com $\overline{PR} > \overline{QS}$, pelo postulado do transporte obtemos $\overline{AC}$ congruente a $\overline{PR}$ e $\overline{BC}$ congruente a $\overline{QS}$, com B entre A e C. O segmento $\overline{AB}$ é a diferença entre $\overline{PR}$ e $\overline{QS}$.

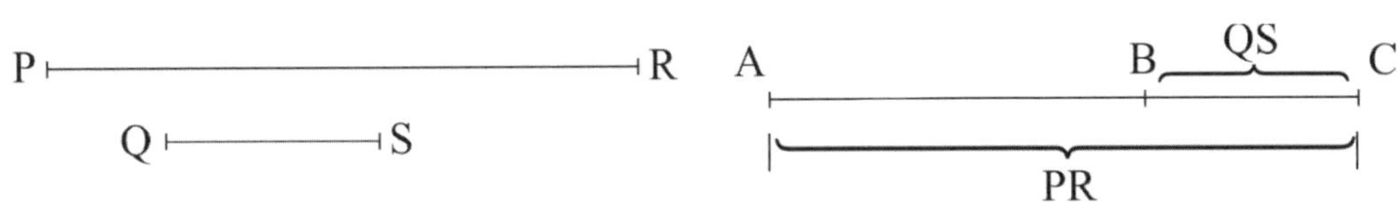

$\overline{AB} = \overline{PR} - \overline{QS}$

2.13) Régua

Usamos a régua para traçarmos retas, semi-retas e segmentos de retas. (Note que representamos uma pequena parte da reta e da semireta. Elas podem ser prolongadas, tanto quanto quisermos).

Usamos a escala da régua para medir segmentos em cm ou mm.

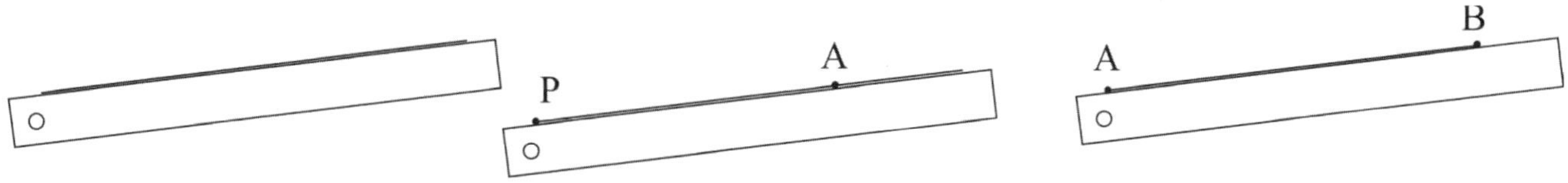

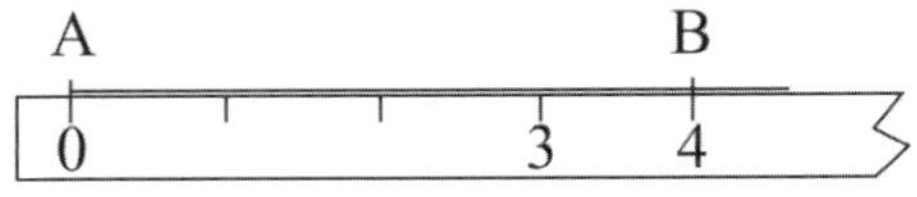

AB = 4 cm ou AB = 40 mm

3. Circunferência

3.1) Definição: Dados um ponto **O** de um plano **α** e um segmento **r**, ou um segmento de medida **r**, o conjunto dos pontos de **α** que distam **r** de **O** chama-se **circunferência** de centro **O** e raio **r**.

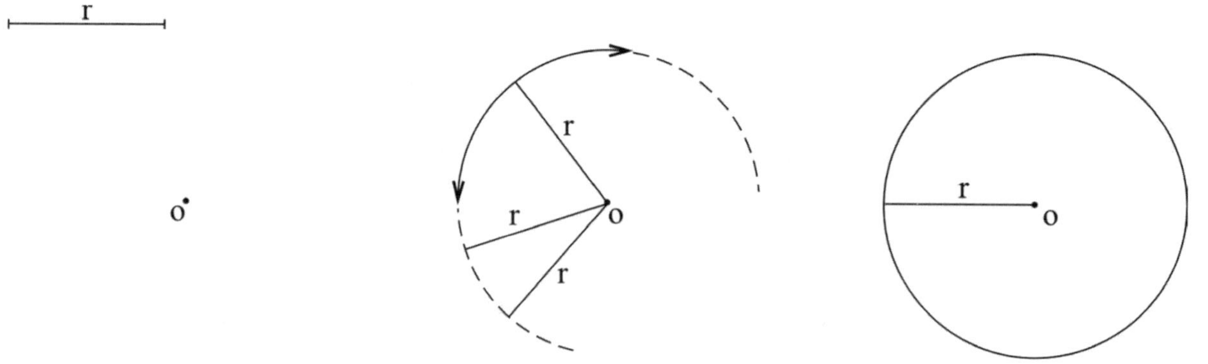

Obs.: 1. A circunferência também pode ser definida como o **lugar geométrico (l.g.)** dos pontos de um plano que distam **r** dado de um ponto **O** dado desse plano.

2. Quando falarmos em raio de uma circunferência de centro **O**, podemos estar falando em um segmento que tem uma extremidade na circunferência e outra em **O**, ou na medida desse segmento.

3.2 – Círculo, corda e diâmetro

Círculo: É a união da circunferência com a região interna.

Corda: Corda de uma circunferência é um segmento cujas extremidades são pontos dela.

Diâmetro: É a corda que passa pelo centro da circunferência. Ele é a maior corda da circunferência e tem comprimento igual a 2 raios.

3.3) Compasso

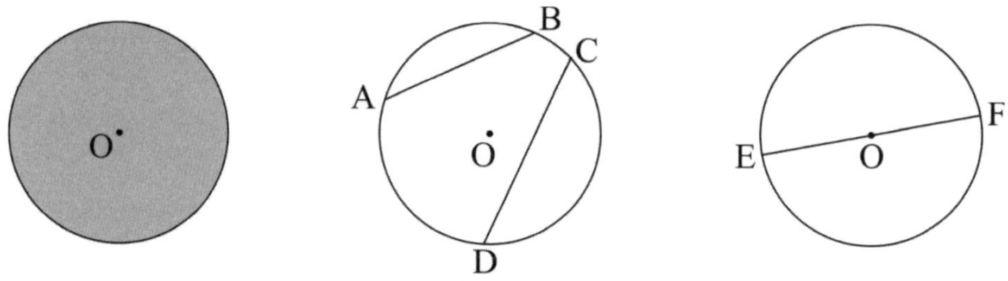

Círculo — $\overline{AB}$ e $\overline{CD}$ são cordas — $\overline{EF}$ é diâmetro

Usamos o compasso para traçar circunferências ou para traçar arcos de circunferências. Podemos desta forma determinar sobre uma reta ou circunferência, os pontos, quando houver, que distam uma distância **r** dada de um ponto **A** dado.

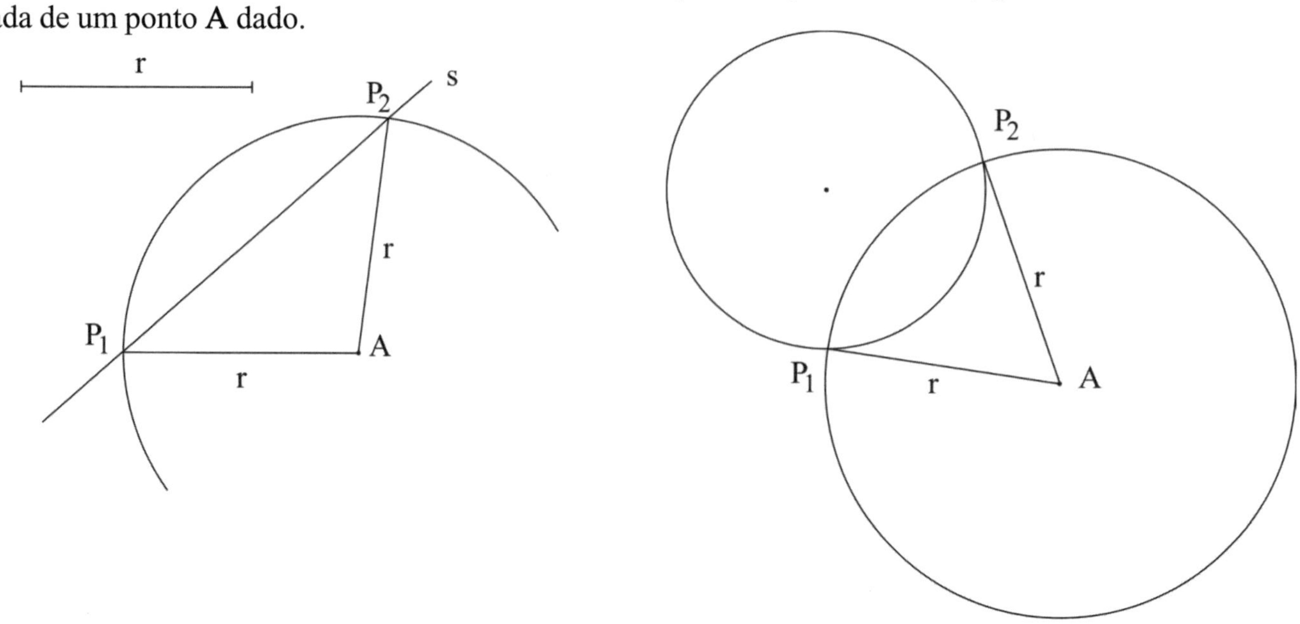

EXERCÍCIOS

01 Em cada caso é dada uma semi-reta de origem **P**. Determine o ponto **A**, de modo que:

a) PA = 7 cm P

b) PA = 50 mm P

c) PA = 3,3 cm P

d) PA = 86 mm P

02 Assinale sobre a semi-reta de origem **P** dada os pontos **A**, **B**, **C** e **D** de modo que PA = 10,7 cm , PB = 5,9 cm , PC = 37 mm e PD = 143 mm.

03 Em cada caso é dada uma reta, tomar um segmento AB contido nela, dado AB.

a) AB = 5 cm

b) AB = 63 mm

c) AB = 3,7 cm

d) AB = 48 mm

04 Traçar três circunferências quaisquer com centro **A** e duas quaisquer com centro **B** e também uma com centro **A**, que passa por **B** e uma com centro **B** que passa por **A**.

A

B

05 Traçar a circunferência de centro **O** e raio **r**, nos casos:

a)

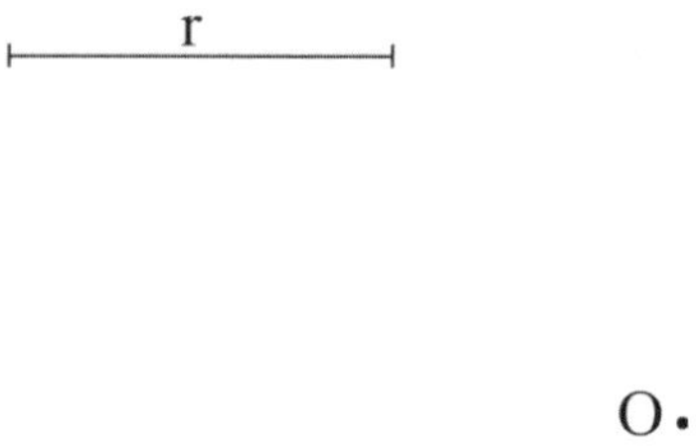

b) r = 2,3 cm

06 Traçar as circunferências concêntricas, com centro **O** dado,nos casos:

a) Cada uma passando por um dos pontos dados

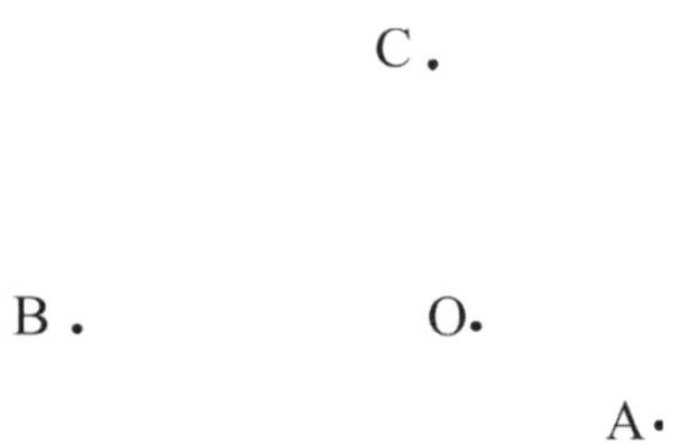

b) Com raios de 3,1 cm , 18 mm e 2,4 cm

07 Dados os segmento AB e a semi-reta Pr, determine **Q** em Pr tal que PQ = AB, nos casos:

a)

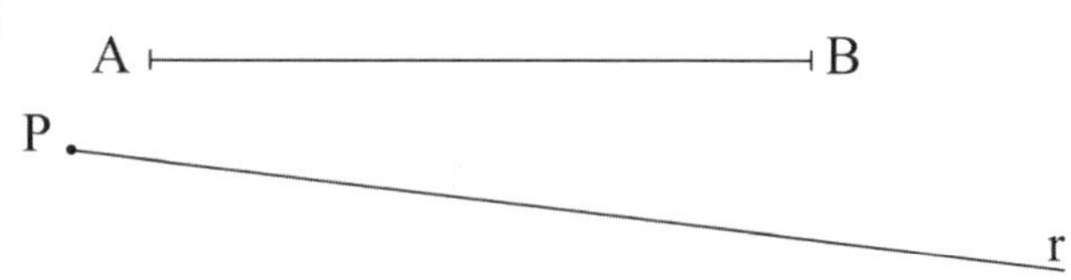

b)

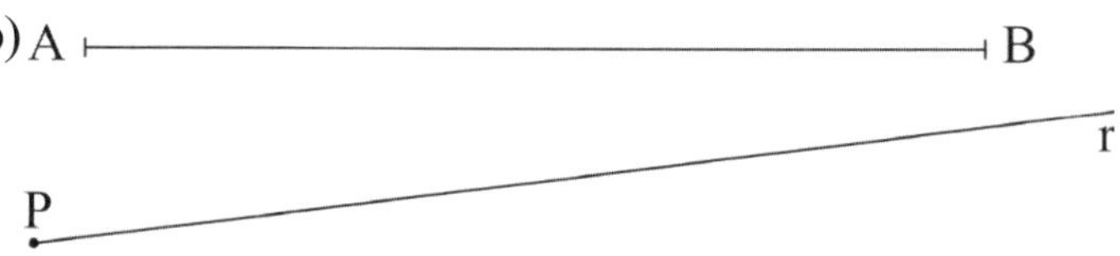

08 Dados os segmentos **a**, **b** e **c** e uma semi-reta Pr, determine em Pr os pontos **A**, **B** e **C** tal que PA = a , PB = b e PC = c.
Obs: PA = **a** significa que a medida PA é igual a medida de **a**.

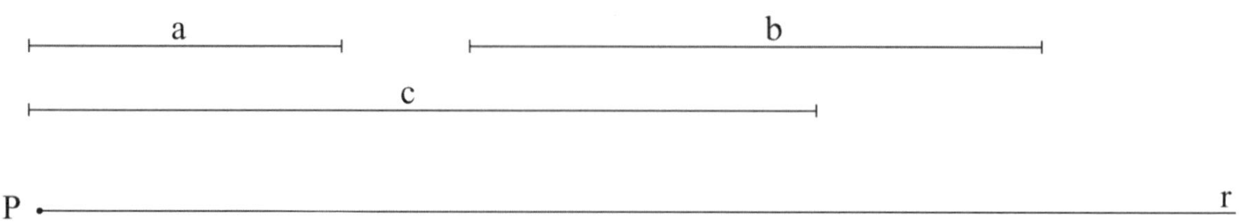

09 Dados os segmentos **a**, **b**, **c**, **d** e **e**, obtenha o segmento AB, nos casos:

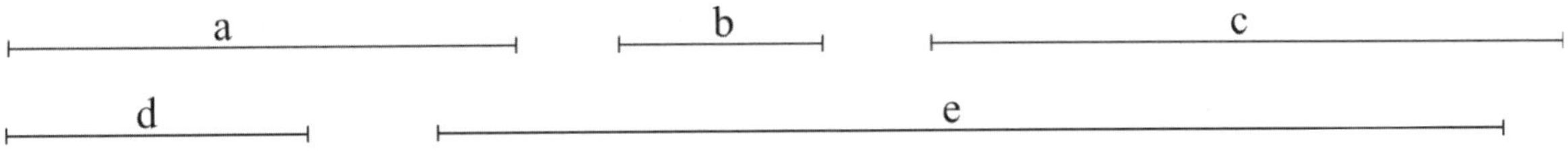

a) AB = b + d

b) AB = c – b

c) AB = a – d

d) AB = 3b

e) AB = d + e – c

f) AB = e – 2d

g) AB = 4d

10 Dados o ponto **A** e a distância **r** traçar o lugar geométrico (l.g.) dos pontos que distam **r** de **A**, nos casos:

a) 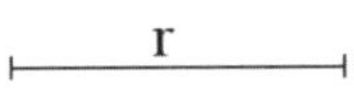

b) r = 2,9 cm

A •

A •

11 Dados os pontos **A** e **B** e as distâncias **A** e **B**, traçar o l.g. dos pontos que distam **a** de **A** e também o l.g. dos pontos que distam **b** de **B**, nos casos:

a) 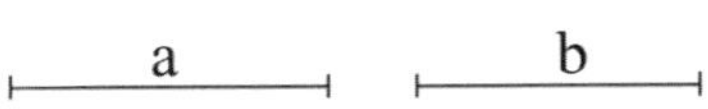

b) 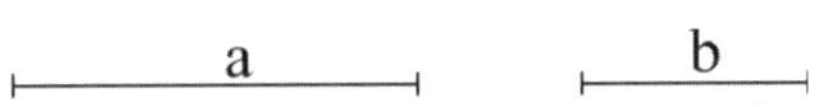

A • • B

A • B •

12 Dados o ponto **A**, a reta **s** e a distância **r**, determine os pontos de **s** que distam **r** de **A**, nos casos:

a)

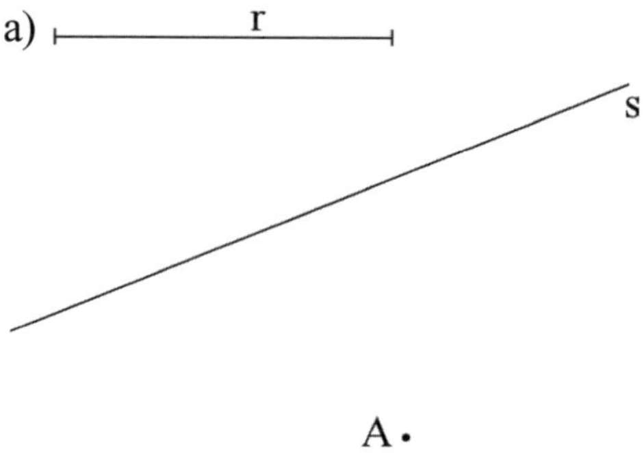

b)

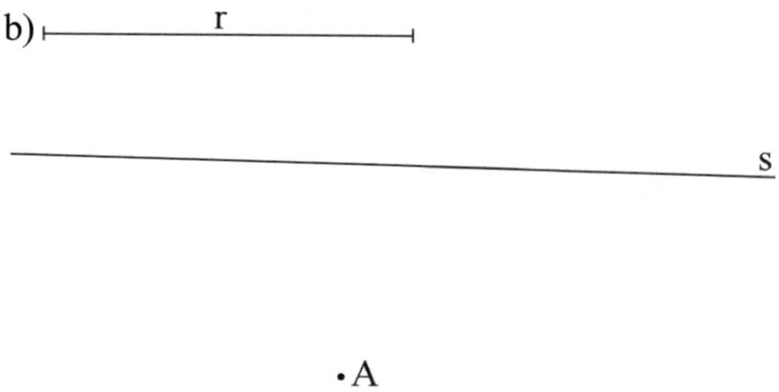

13 Dados o ponto **A**, a circunferência **f** e a distância **r**, determine um ponto de **f** que dista **r** de **A**, nos casos:

a)

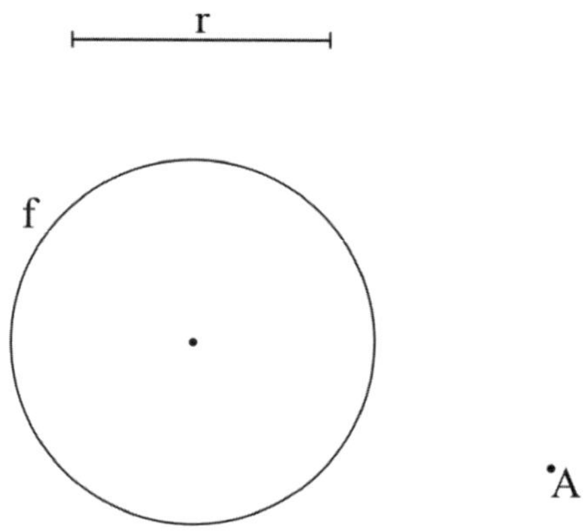

b)

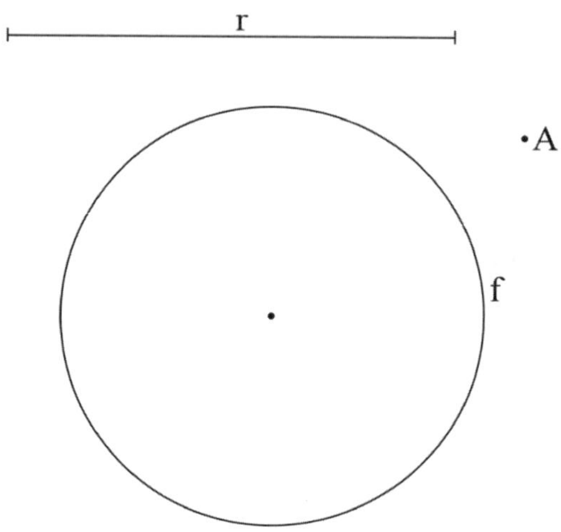

14 Dados os pontos **A** e **B** e as distâncias **a** e **b**, determine um ponto que dista **a** de **A** e **b** de **B**, nos casos:

a)

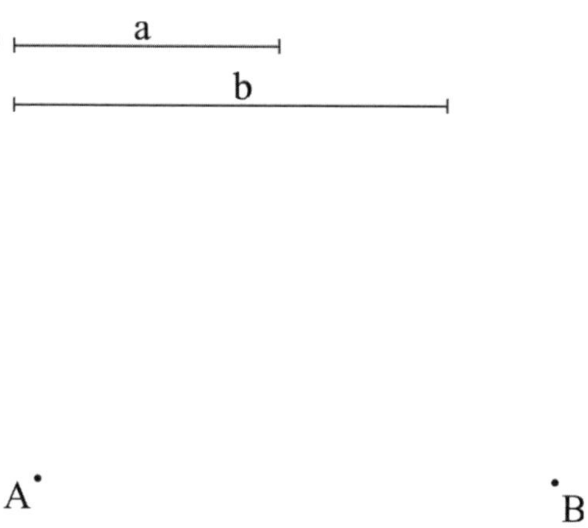

b)

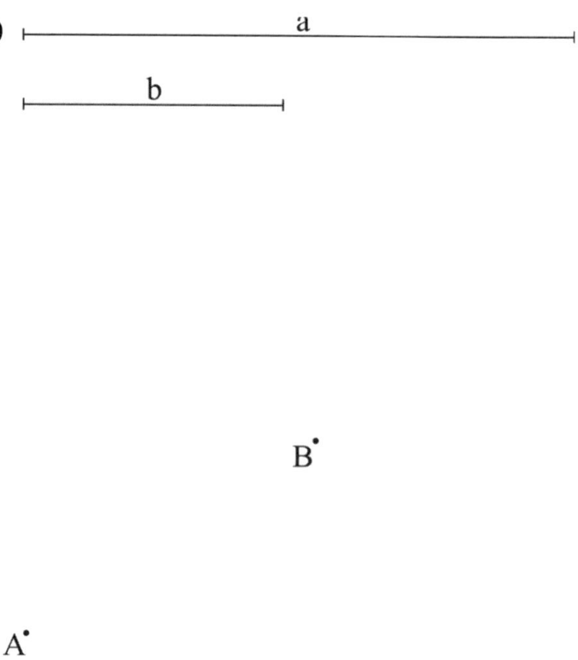

15 Dados os pontos **A** e **B** e a reta **s**, traçar o segmento AP, sabendo que **P** pertence à **s** e dista **r** de **B**, nos casos:

a)

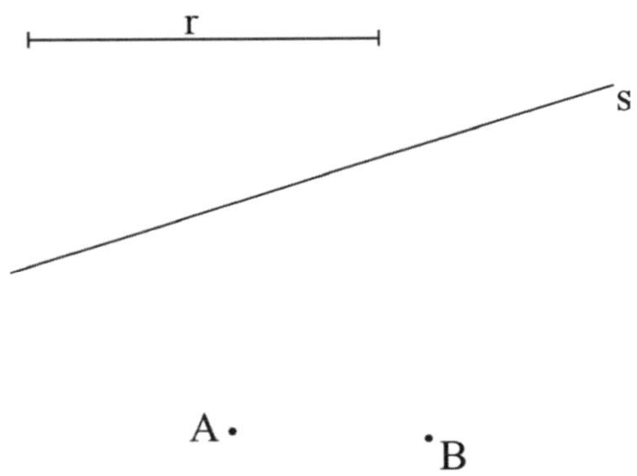

b)

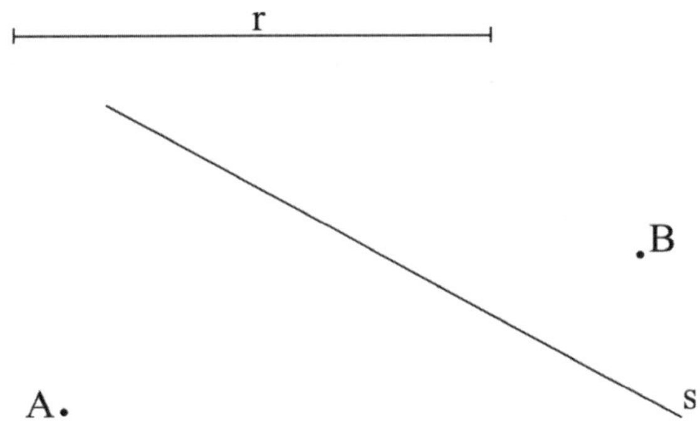

16 Dados os pontos **A** e **B** e a circunferência **f**, traçar o segmento AP com **P** em **f**, dado BP = 84 mm.

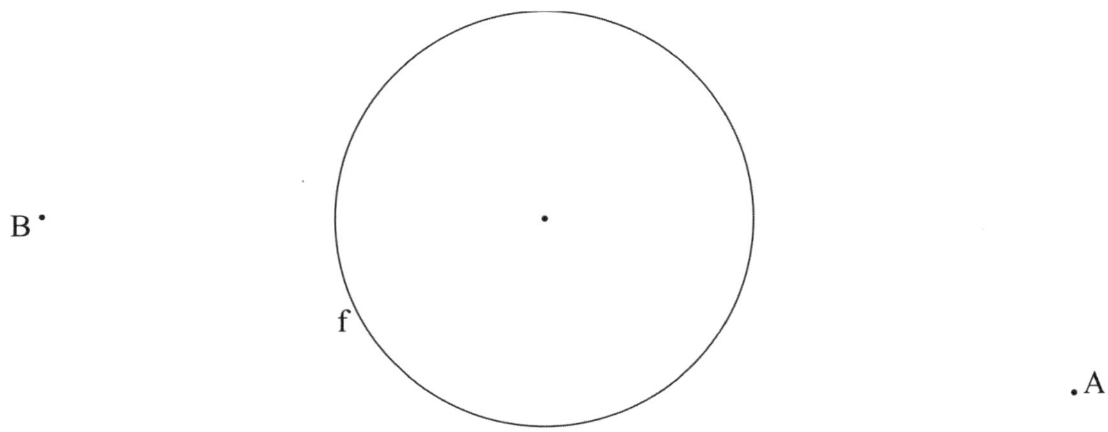

17 Dados os pontos **A** e **B** e as distâncias **a** e **b**, traçar os segmentos AP e BP, sabendo que **P** dista **a** de **A** e **b** de **B**, nos casos:

a)

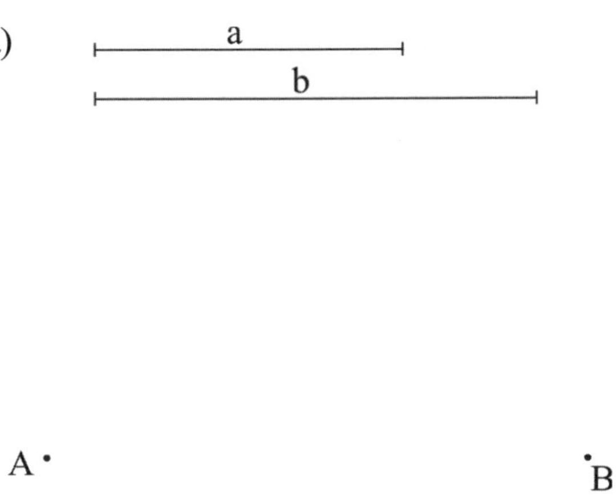

b)

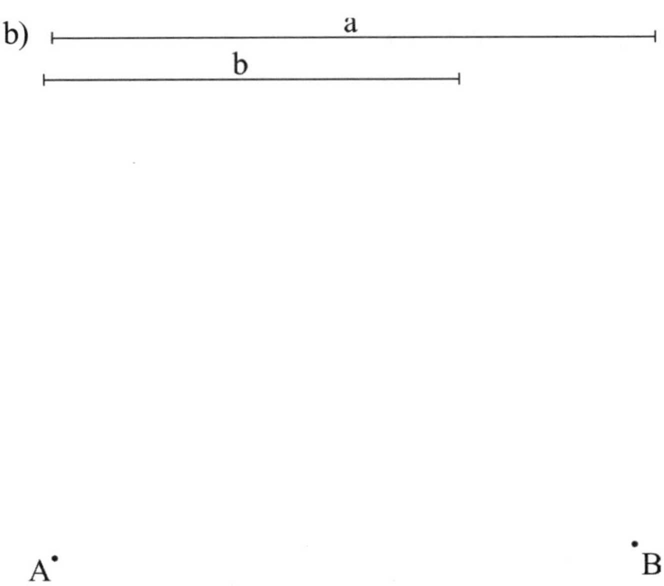

18 Dados os pontos **C** e **D** e uma reta **s**, traçar os segmentos AD, BC e CD, dados também AC e BD, sabendo que **A** e **B** estão em **s**, nos casos:

a)

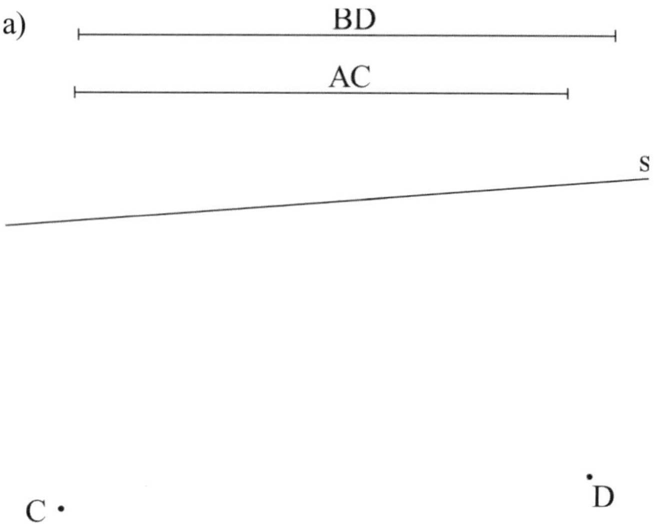

b)

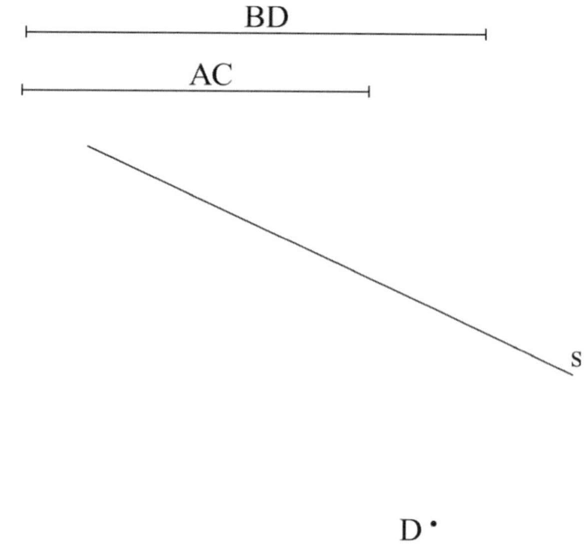

c)

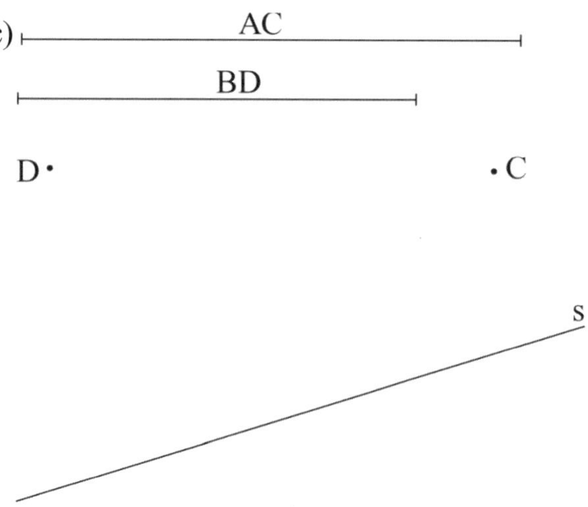

d)

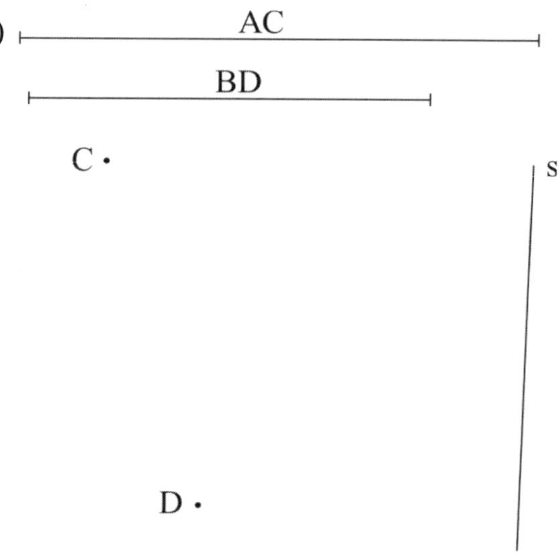

e) AC = 6,9 cm, BD = 8 cm

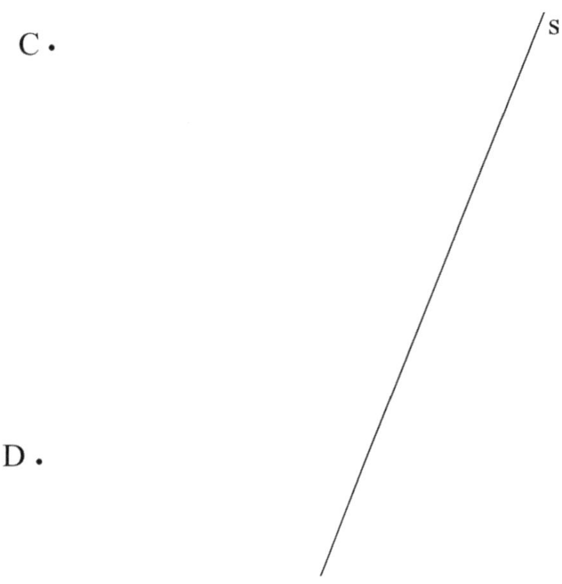

f) AC = 86 mm , BD = 81 mm

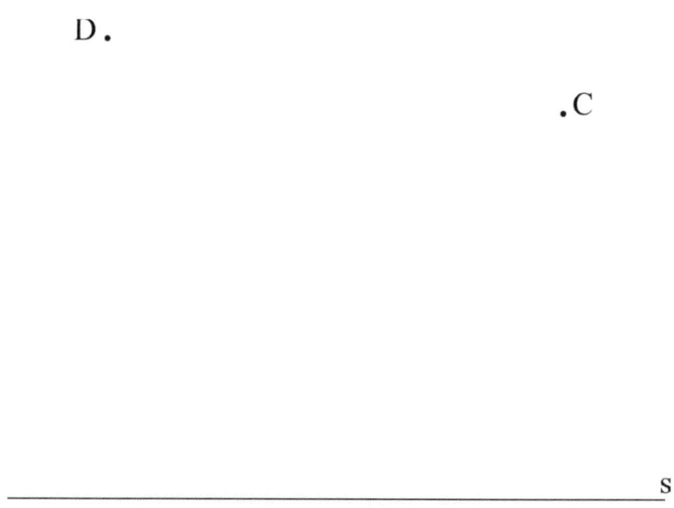

4. Ângulos

4.1) Definição: A união de duas semi-retas distintas, não opostas, de mesma origem, chamamos de ângulo. Sendo e $\overrightarrow{PA}$ e $\overrightarrow{PB}$ as semi-retas, **P** é chamado vértice do ângulo e $\overrightarrow{PA}$ e $\overrightarrow{PB}$ são chamados lados do ângulo. Este ângulo é indicado por $A\hat{P}B$ ou $B\hat{P}A$.

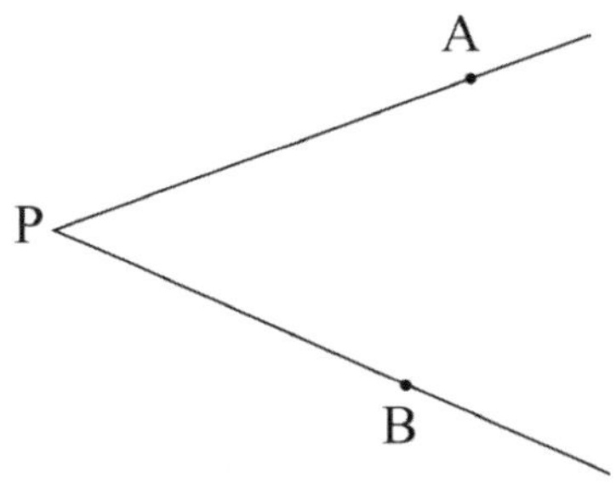

$\overrightarrow{PA} \cup \overrightarrow{PB} = A\hat{P}B$

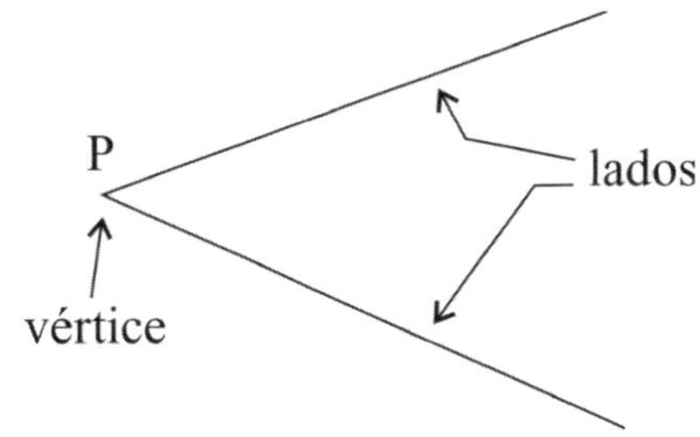

4.2) Setor angular: Dado um ângulo, considere os semiplanos com origens contendo os lados, com cada semiplano contendo o outro lado do ângulo. A região comum a esses semiplanos é a chamada **setor angular**.

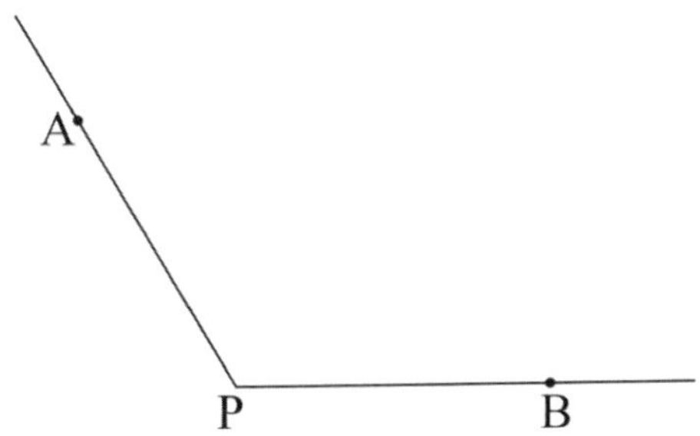

ângulo $A\hat{P}B$

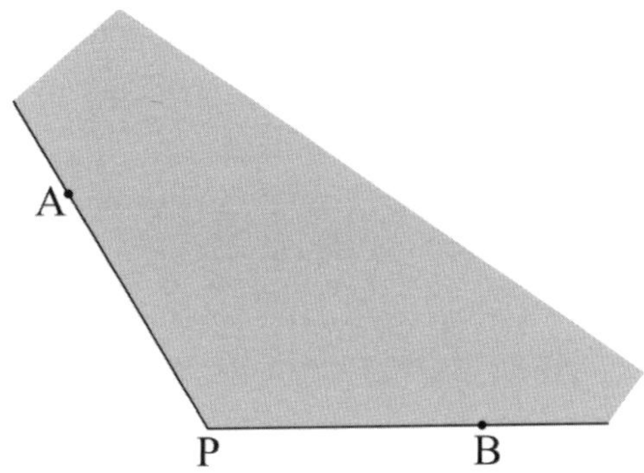

setor angular $A\hat{P}B$

4.3) Ângulos consecutivos: Dois ângulos que têm o mesmo vértice e um lado em comum são chamados **ângulos consecutivos**.

Obs: Um lado de um pode ser interno ao outro (2ª figura).

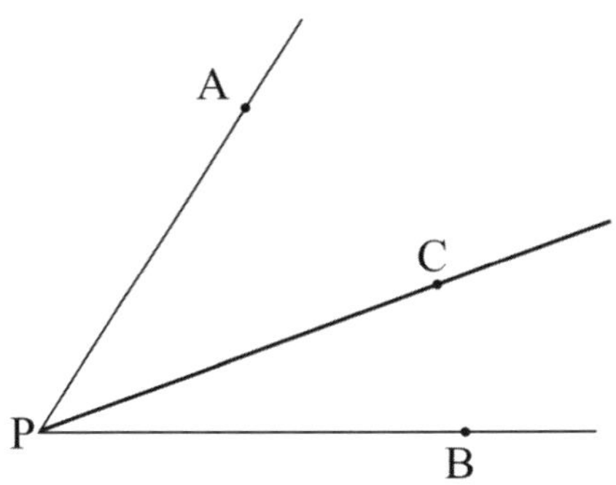

$A\hat{P}C$ e $B\hat{P}C$ são consecutivos

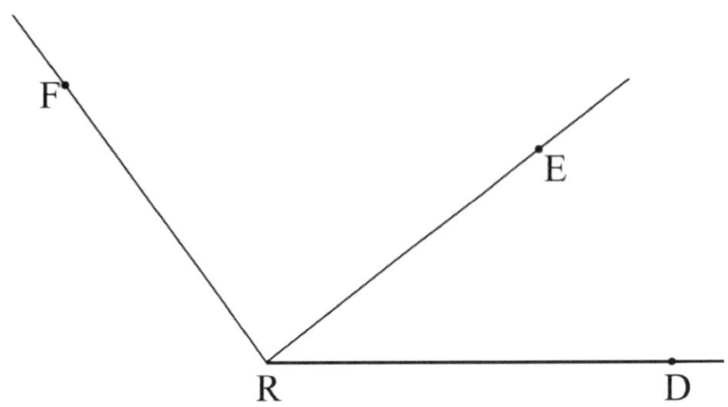

$D\hat{R}E$ e $D\hat{R}F$ são consecutivos

Obs: Note que os setores angulares $A\hat{P}C$ e $B\hat{P}C$ têm apenas $\overrightarrow{PC}$ em comum e que os setores angulares $D\hat{R}E$ e $D\hat{R}F$ têm um setor em comum.

4.4) Ângulos adjacentes: Dois ângulos que têm o mesmo vértice e um lado em comum e os setores correspondentes têm apenas os pontos desse lado em comum, são chamados **ângulos adjacentes**.

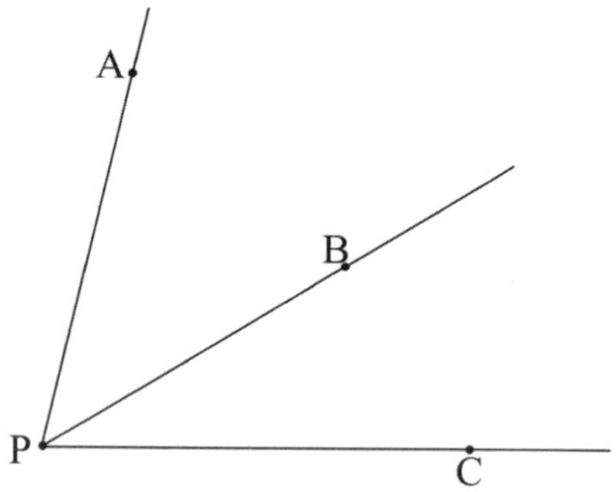

$A\hat{P}B$ e $B\hat{P}C$ são adjacentes. Note que os setores $A\hat{P}B$ e $B\hat{P}C$ tem apenas os pontos de $\overrightarrow{PB}$ em comum.

$A\hat{P}C$ e $B\hat{P}C$ não são adjacentes pois têm o setor $C\hat{P}B$ em comum.

4.5) Medida de um ângulo (em graus): Dado um ângulo, existe um único número de graus entre 0º e 180º (0 grau e 180 graus) que é a medida, em graus, desse ângulo. Se o ângulo a ser medido for $A\hat{P}B$, a sua medida será indicada por med($A\hat{P}B$) ou m($A\hat{P}B$) ou ($A\hat{P}B$) ou apenas por $\hat{P}$.

O instrumento usado para medir ângulos é chamado **transferidor**.

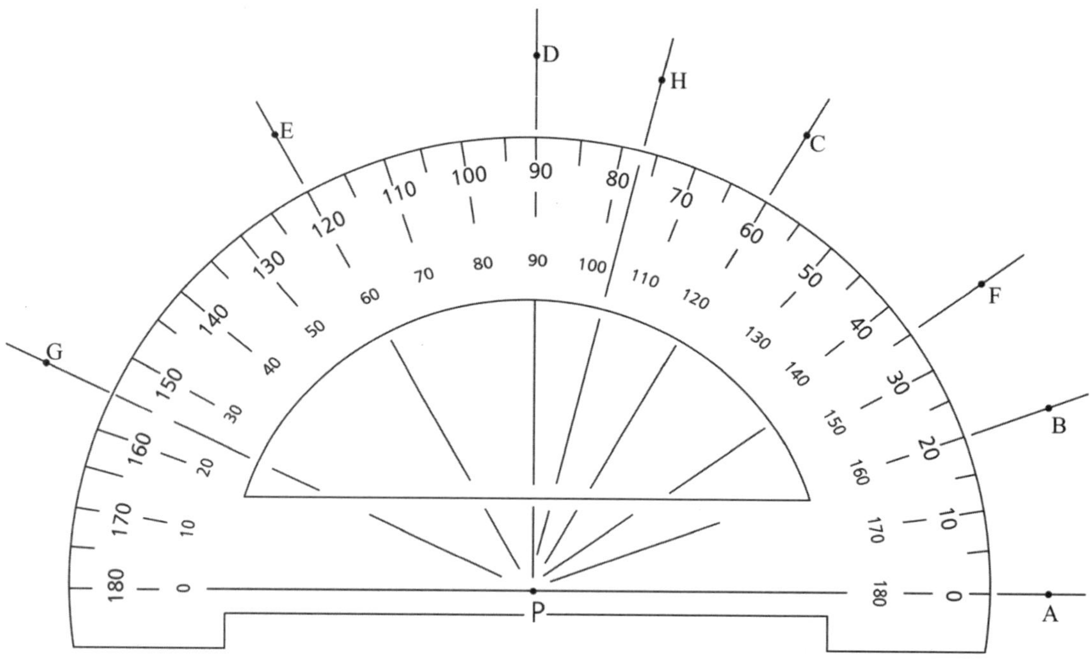

Exemplos:

$(A\hat{P}B) = 20^\circ$

$(A\hat{P}C) = 60^\circ$

$(A\hat{P}D) = 90^\circ$

$(A\hat{P}E) = 120^\circ$

$(A\hat{P}F) = 35^\circ$

$(A\hat{P}G) = 155^\circ$

$(A\hat{P}H) = 77^\circ$

$(B\hat{P}C) = 40^\circ$

$(C\hat{P}D) = 30^\circ$

$(E\hat{P}D) = 30^\circ$

$(G\hat{P}E) = 35^\circ$

4.6) Ângulos congruentes: Dois ângulos são congruentes se, e somente se, eles têm medidas iguais.

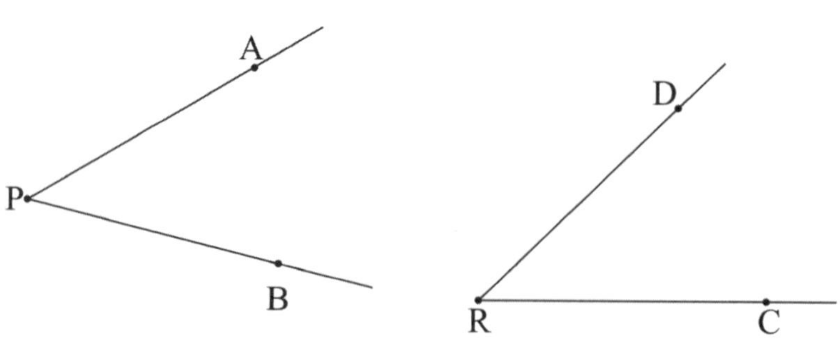

$(A\hat{P}B) = (C\hat{R}D) \Leftrightarrow A\hat{P}B \cong C\hat{R}D$

4.7) Bissetriz de um ângulo: A semi-reta interna a um ângulo, com origem no vértice do ângulo, que determina com os lados do ângulo dois ângulos congruentes é chamada bissetriz do ângulo. A bissetriz divide o ângulo em dois ângulos de medidas iguais.

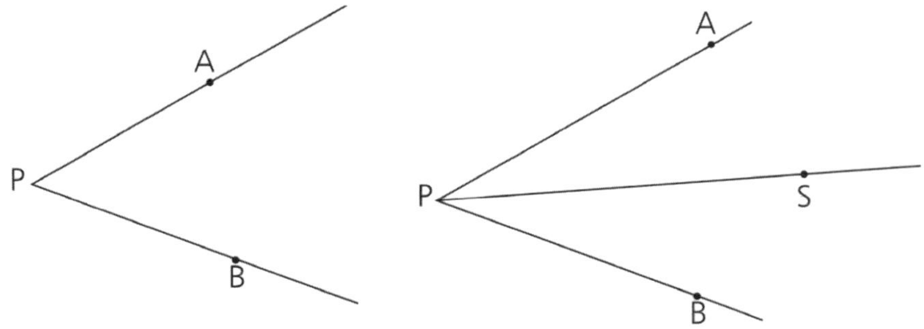

$\overrightarrow{PS}$ é bissetriz de $A\hat{P}B \Leftrightarrow \overrightarrow{PS}$ está no setor $A\hat{P}B$ e $(A\hat{P}S) = (B\hat{P}S)$

4.8) Ângulo reto, ângulo agudo e ângulo obtuso

Se um ângulo **mede 90º** ele é chamado **ângulo reto**, se a medida de um ângulo for **menor que 90º** ele é chamado **ângulo agudo** e se a medida de um ângulo for maior que 90º, então ele é chamado **ângulo obtuso**.

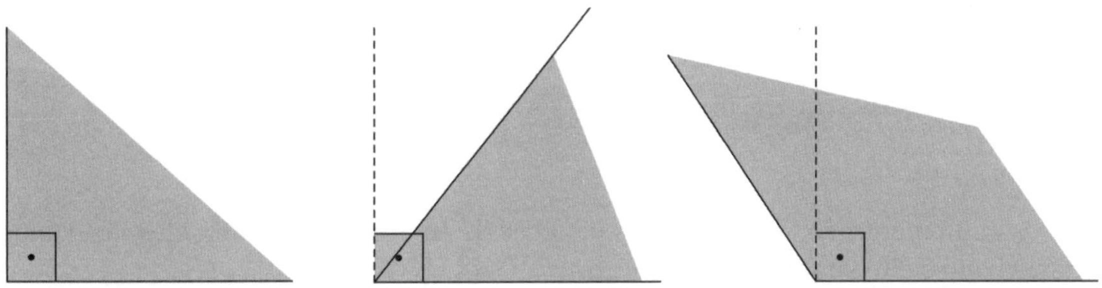

ângulo reto ângulo agudo ângulo obtuso

Obs: Podemos definir ângulo reto como sendo cada um dos ângulos formado por duas retas concorrentes, quando os ângulos adjacentes que elas determinam são congruentes (têm medidas iguais).

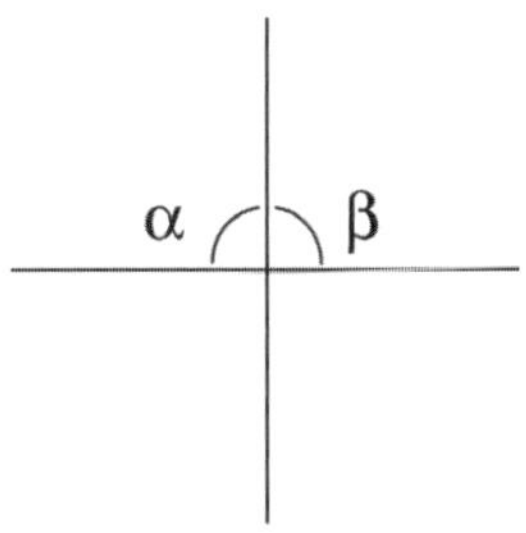

$\alpha = \beta \Rightarrow \alpha$ e β são retos (cada um deles mede 90º)

4.9) Retas coplanares distintas

Duas retas que estão contidas em um mesmo plano são chamadas **coplanares**. Se elas têm um único ponto em comum, elas são chamadas **concorrentes** e se elas não têm ponto em comum são chamadas **paralelas distintas**.

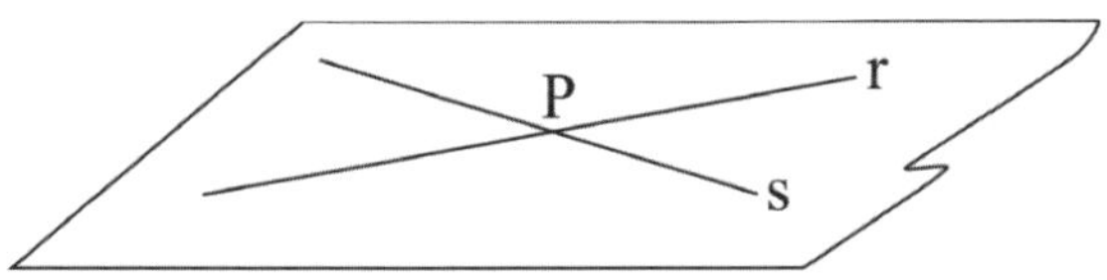

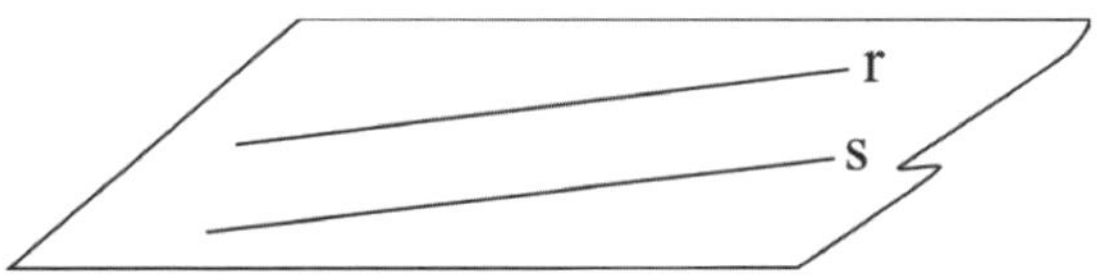

$r \cap s = \{P\}$
r e s são concorrentes

r e s são coplanares e $r \cap s = \varnothing$
r e s são paralelas distintas

4.10) Ângulos complementares: Se a soma das medidas de dois ângulos é 90º, eles são chamados **ângulos complementares** e um é dito **complemento** do outro.

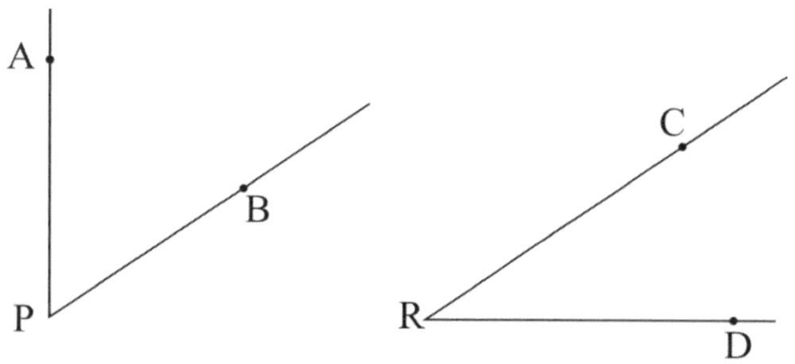

$(\hat{APB}) + (\hat{CRD}) = 90° \Leftrightarrow$
são complementares

4.11) Ângulos adjacentes complementares: Se dois ângulos são adjacentes e a soma de suas medidas é 90º, eles são chamados ângulos adjacentes complementares.

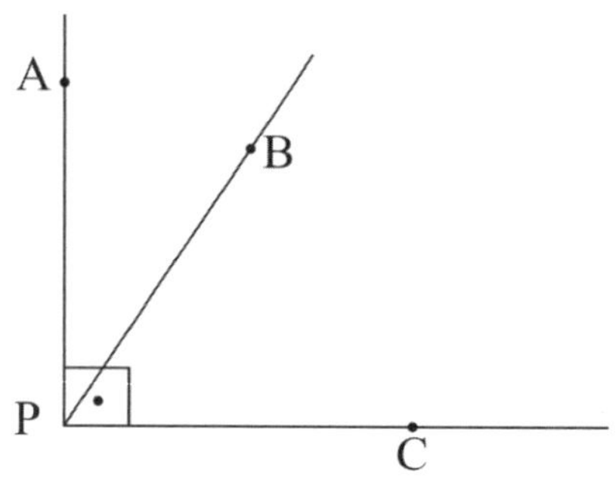

$\hat{APB}$ e $\hat{BPC}$ são adjacentes complementares

4.12) Ângulos suplementares: Se a soma das medidas de dois ângulos é 180º, eles são chamados **ângulos suplementares** e um é dito **suplemento** do outro.

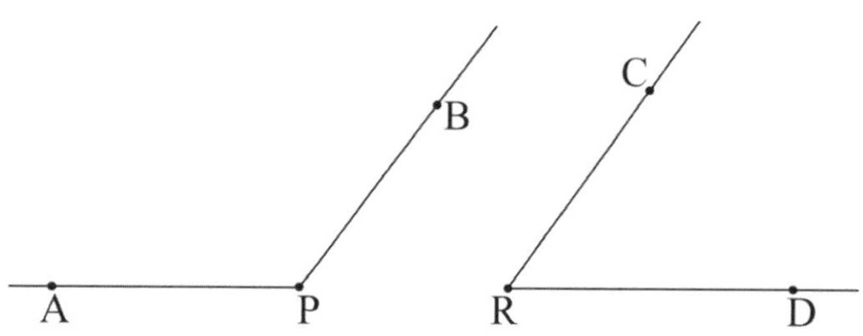

$(\hat{APB}) + (\hat{CRD}) = 180° \Leftrightarrow$

$\hat{APB}$ e $\hat{CRD}$ são suplementares

4.13)Ângulos adjacentes suplementares: Se dois ângulos são adjacentes e a soma de suas medidas é 180º, eles são chamados ângulos adjacentes suplementares.

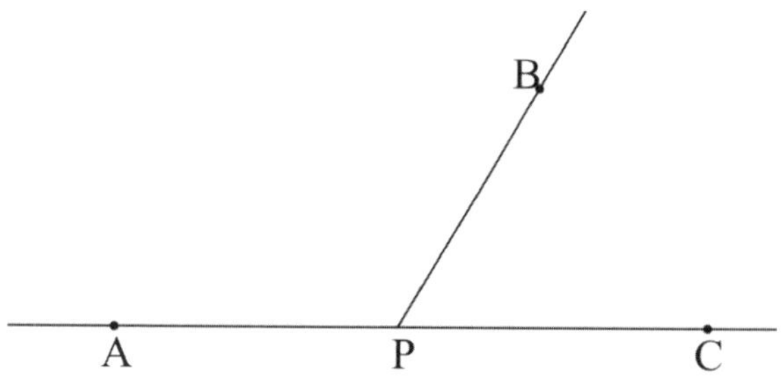

$\hat{APB}$ e $\hat{BPC}$ são adjacentes suplementares
(Quando dois ângulos são adjacentes suplementares, dizemos que eles formam um **par linear**)

Obs: Se dois ângulos adjacentes suplementares são congruentes, têm medidas iguais, então eles são ângulos retos

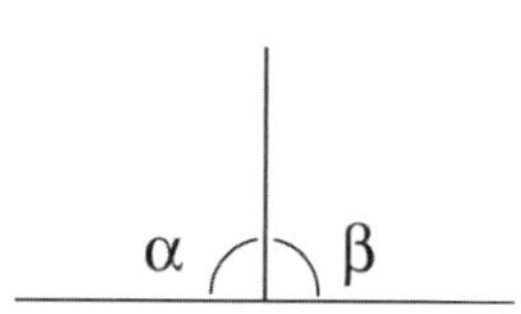

$$\left.\begin{array}{l}\alpha = \beta \\ \alpha + \beta = 180°\end{array}\right\} \Rightarrow \alpha = \beta = 90°$$

4.14) Ângulos opostos pelo vértice (OPV): Os ângulos que têm apenas o vértice em comum, determinados por duas retas concorrentes, são chamados ângulos opostos pelo vértice. Duas retas concorrentes determinam dois pares de **ângulos opostos pelo vértice**.

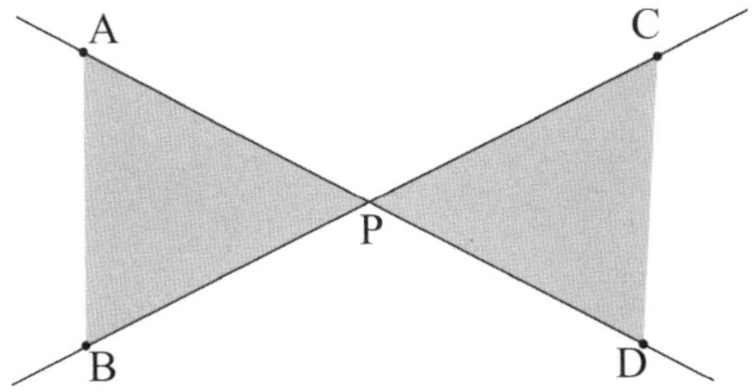

$A\hat{P}B$ e $C\hat{P}D$ são opostos pelo vértice

$A\hat{P}C$ e $B\hat{P}D$ são opostos pelo vértice

4.15) Postulado do transporte: Dado um ângulo $C\hat{R}D$, um semiplano de origem em uma reta **a** e uma semi-reta $\overrightarrow{PA}$ contida em **a**, existe uma única semi-reta $\overrightarrow{PB}$ nesse semiplano tal que $A\hat{P}B$ seja congruente a $C\hat{R}D$.

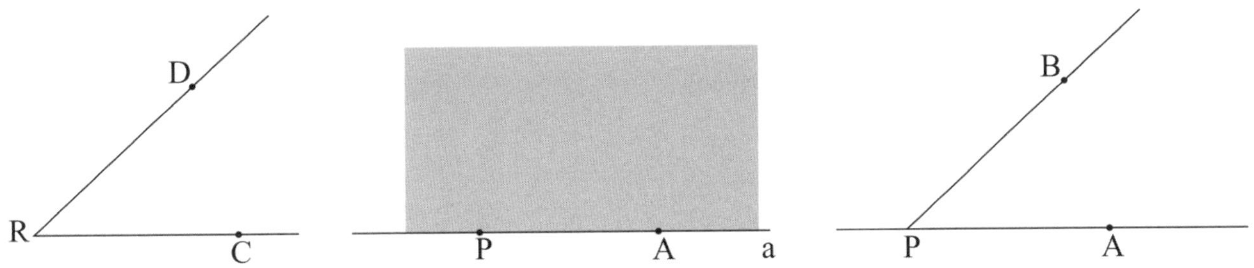

Obs: 1. Para indicarmos a medida de um ângulo colocamos um arco de circunferência pequeno entre os lado do ângulo e a sua medida próxima ao arco.

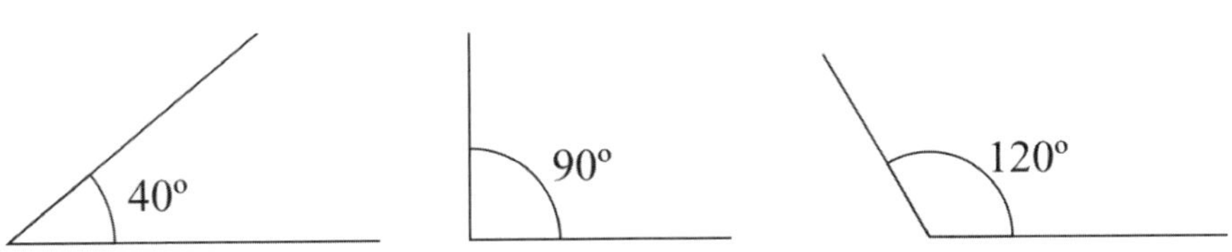

2. Quando um ângulo medir 90°, ou seja, quando um ângulo for reto,ao invés de escrevermos 90° ao lado de um arco, colocamos um quadradinho encaixado no ângulo, com um ponto no centro.

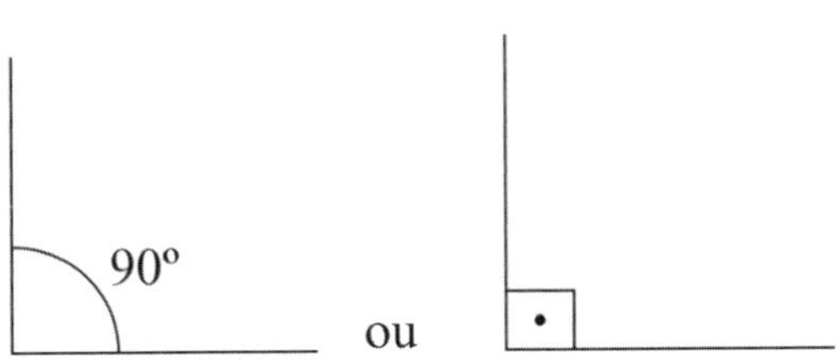

4.16) Retas perpendiculares: se duas retas concorrentes determinam **um ângulo reto**, então os **quatro ângulos** determinados serão **ângulos retos** e essas retas são chamadas retas perpendiculares.

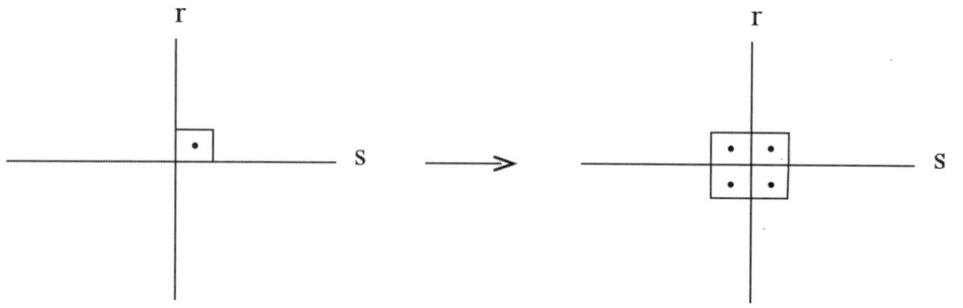

$\widehat{rs}$ é reto $\Rightarrow$ r e s são retas perpendiculares

4.17) Retas oblíquas: Se duas retas concorrentes **não** são perpendiculares, então uma é oblíqua à outra e elas são chamadas **retas oblíquas**.

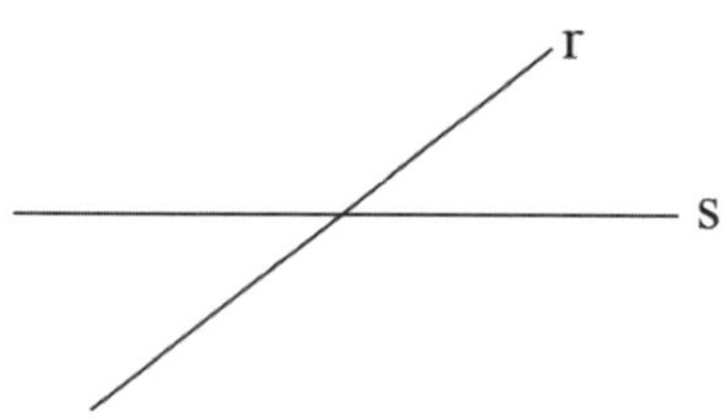

$\widehat{rs} \neq 90^o \Leftrightarrow$ r e s são oblíquas

Obs: 1) Dados um ponto **P** e uma reta **r**, **P** em **r** ou não, existe uma única reta que passa por **P** e é perpendicular à **r**.

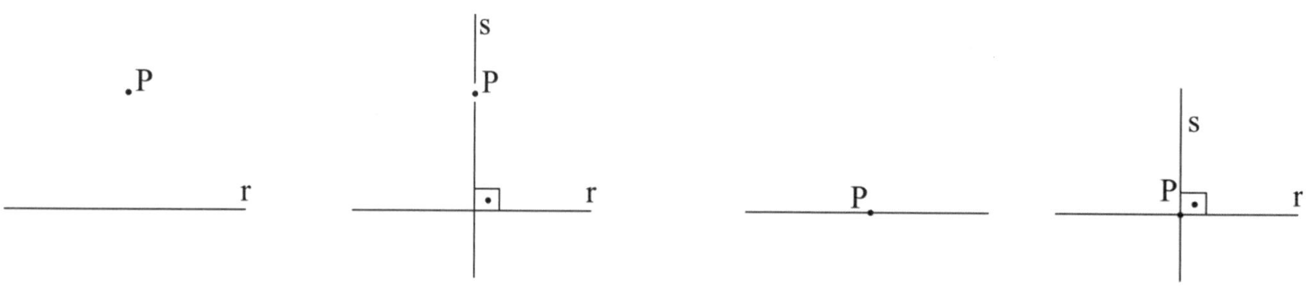

2) Dados um ponto **P** e uma reta **r**, **P** em **r** ou não, há duas retas que passam por **P** e formam um ângulo agudo (ou obtuso) **α** dado com **r**.

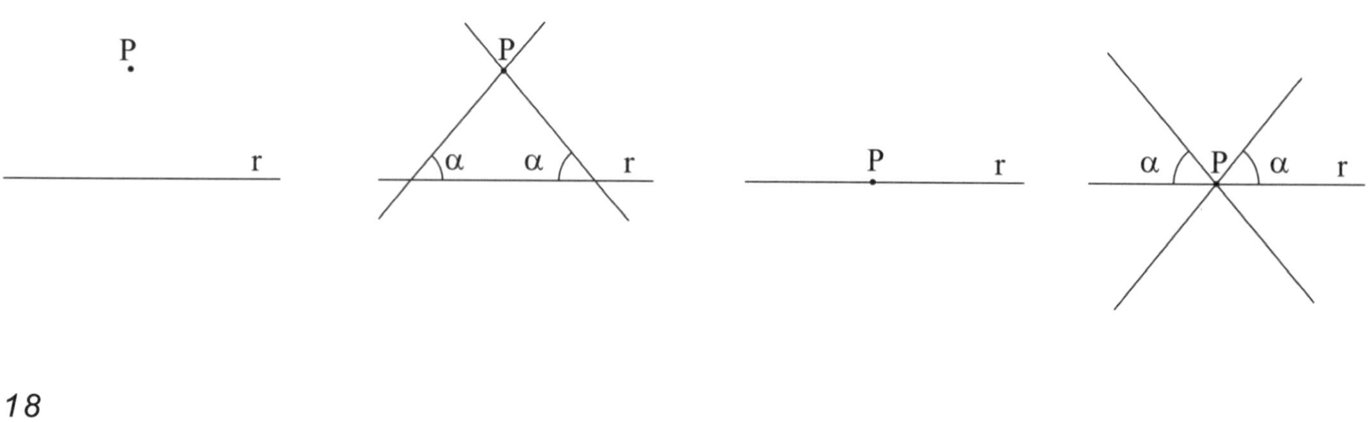

EXERCÍCIOS

19 Encaixando convenientemente o transferidor, indicar na figura as medidas dos ângulos dados, nos casos:

a)

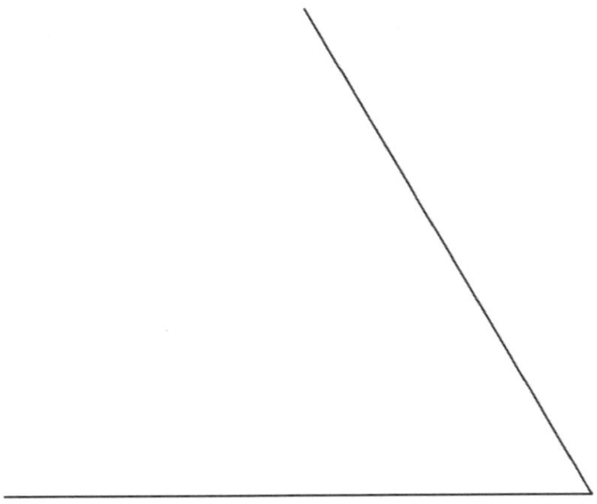

b)

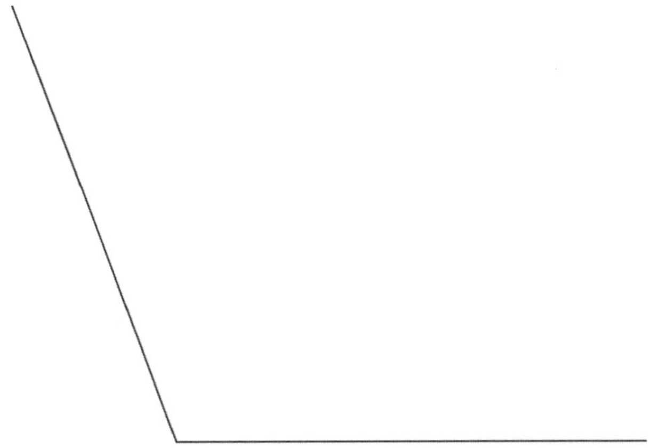

c)

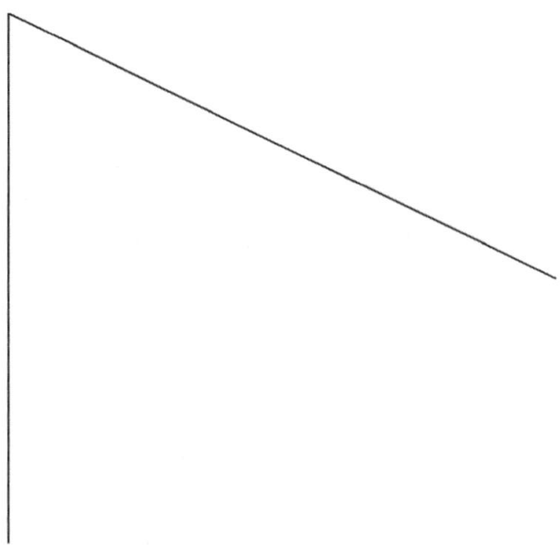

d)

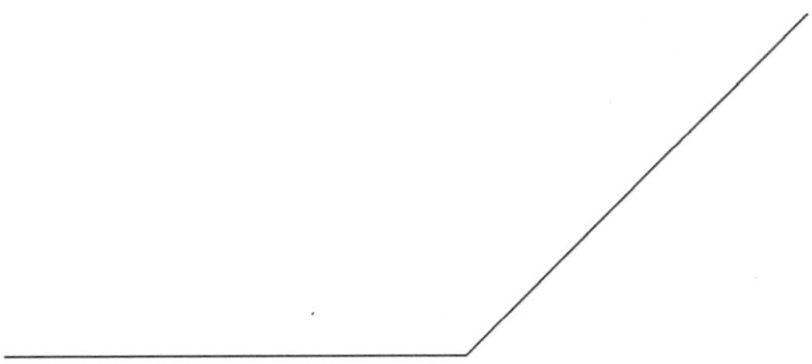

20 Indicar na figura as medidas dos cinco ângulos de modo que cada dois que têm um lado em comum sejam adjacentes.

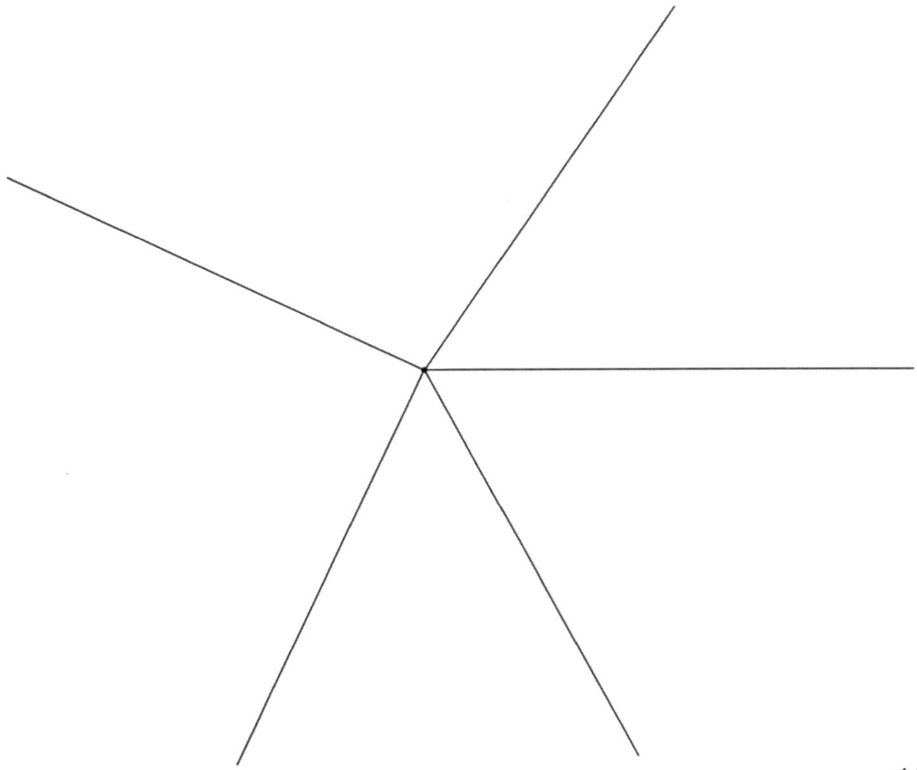

21 Indicar nas figuras as medidas dos ângulos adjacentes complementares.

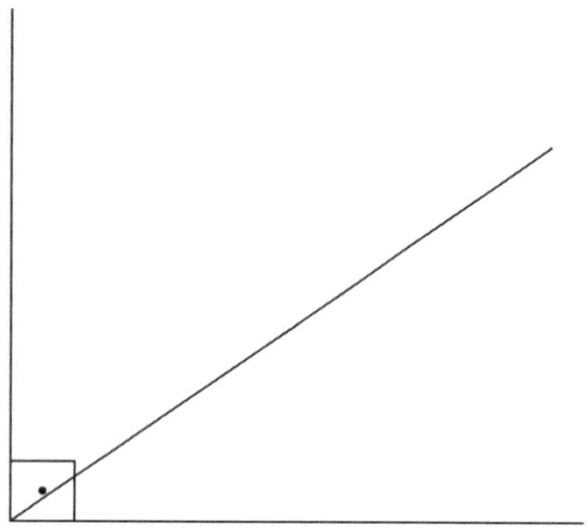

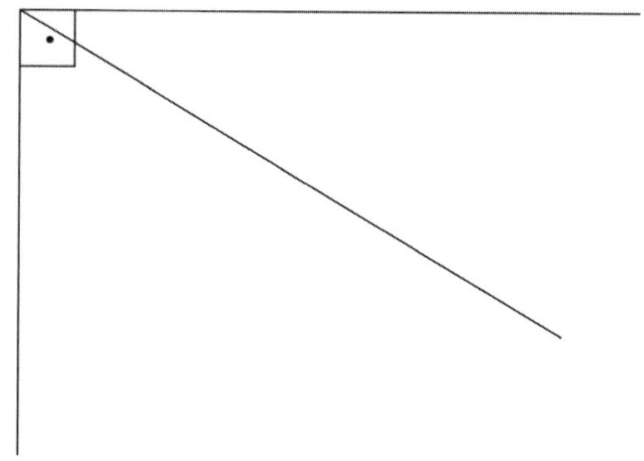

22 Indicar nas figuras as medidas dos ângulos adjacentes suplementares.

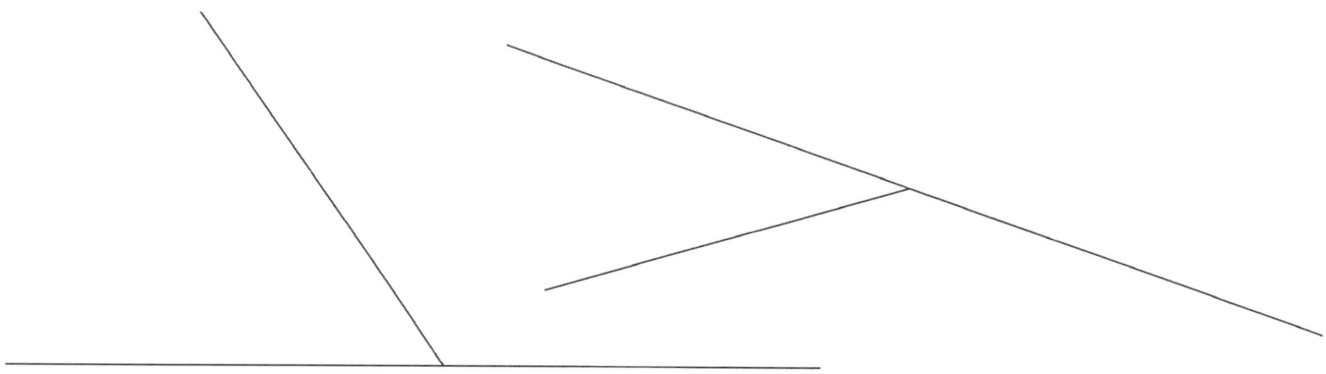

23 Traçar um dos adjacentes complementares do ângulo dado e indicar as medidas nas figuras.

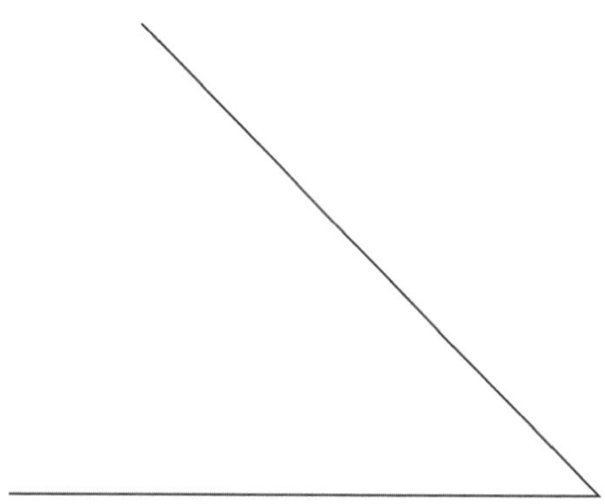

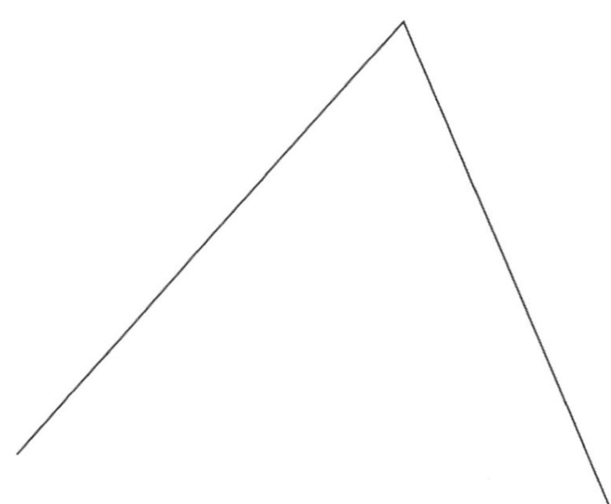

24 Traçar um dos adjacentes suplementares do ângulo dado e indicar as medidas nas figuras.

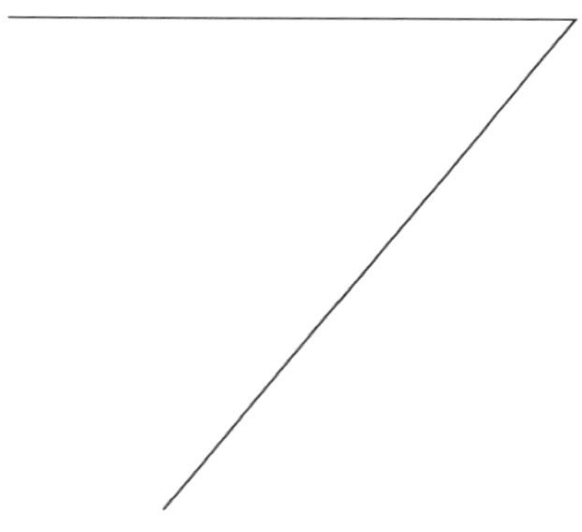

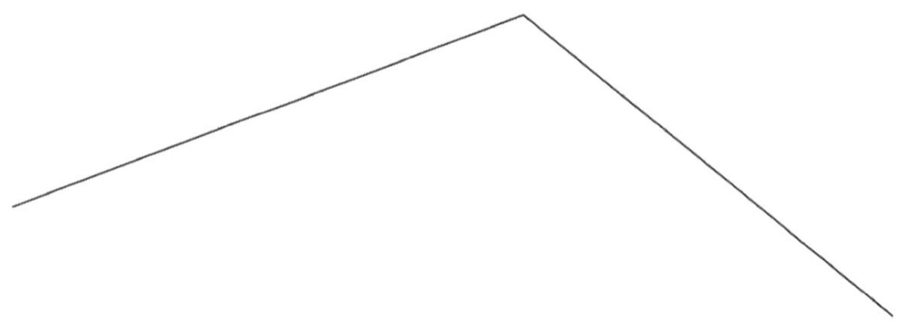

25 Indicar na figura as medidas dos ângulos.

a) agudos opostos pelo vértice

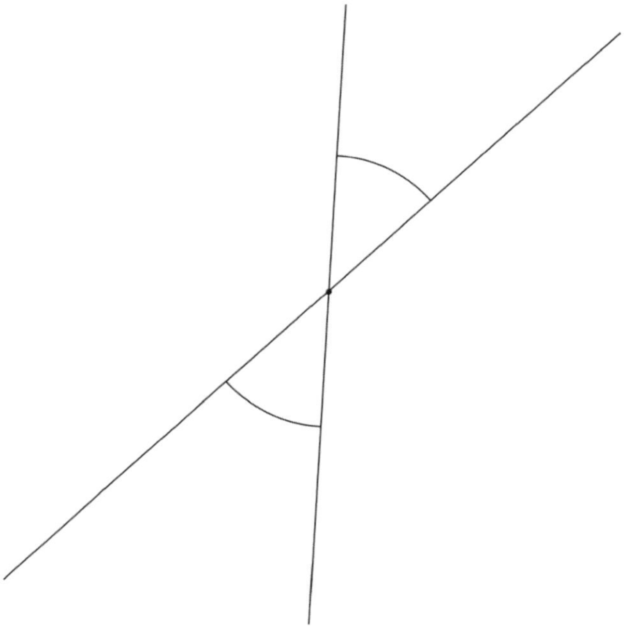

b) obtusos opostos pelo vértice

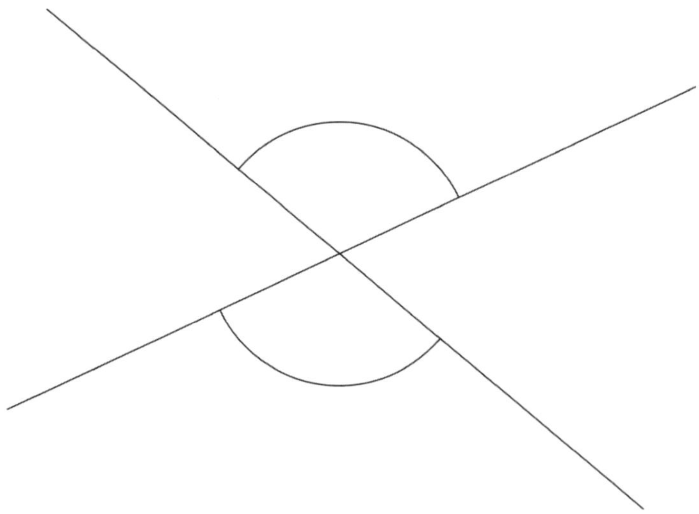

26 Indicar na figura as medidas dos ângulos determinados pelas retas concorrentes, dadas.

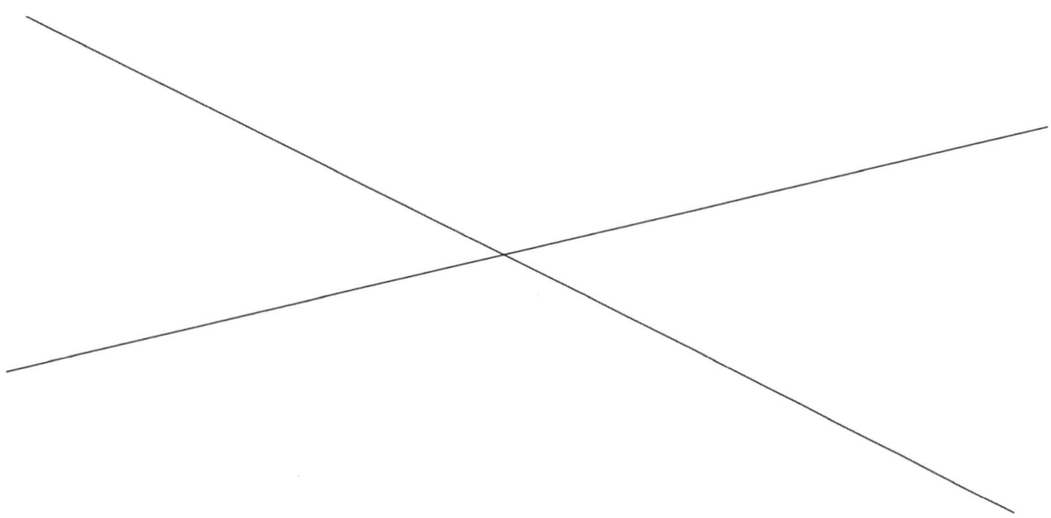

27 Na figura temos dois ângulos adjacentes suplementares. Traçar as suas bissetrizes (com transferidor) e medir o ângulo formado por elas.

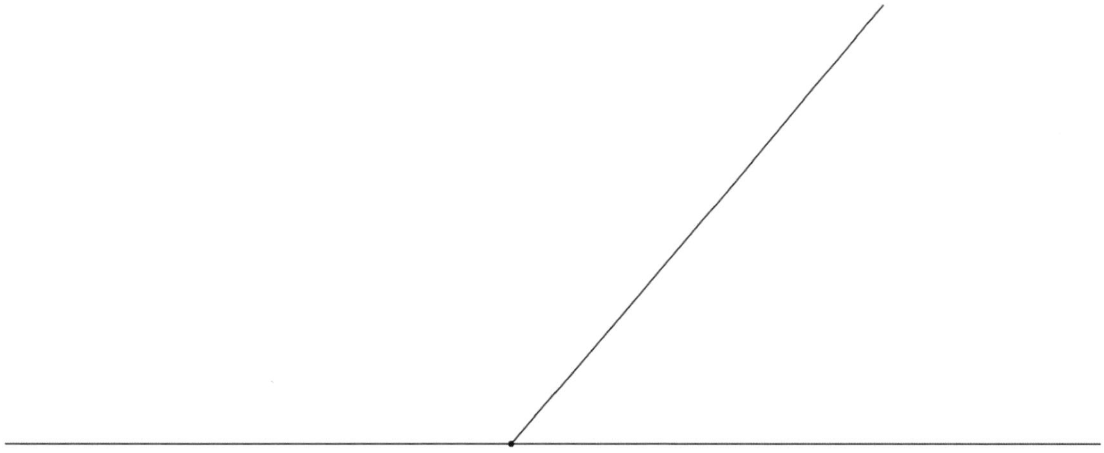

28 Indicar nas figuras as medidas dos ângulos determinados. Nas duas últimas figuras temos duas retas paralelas cortadas por uma reta transversal.

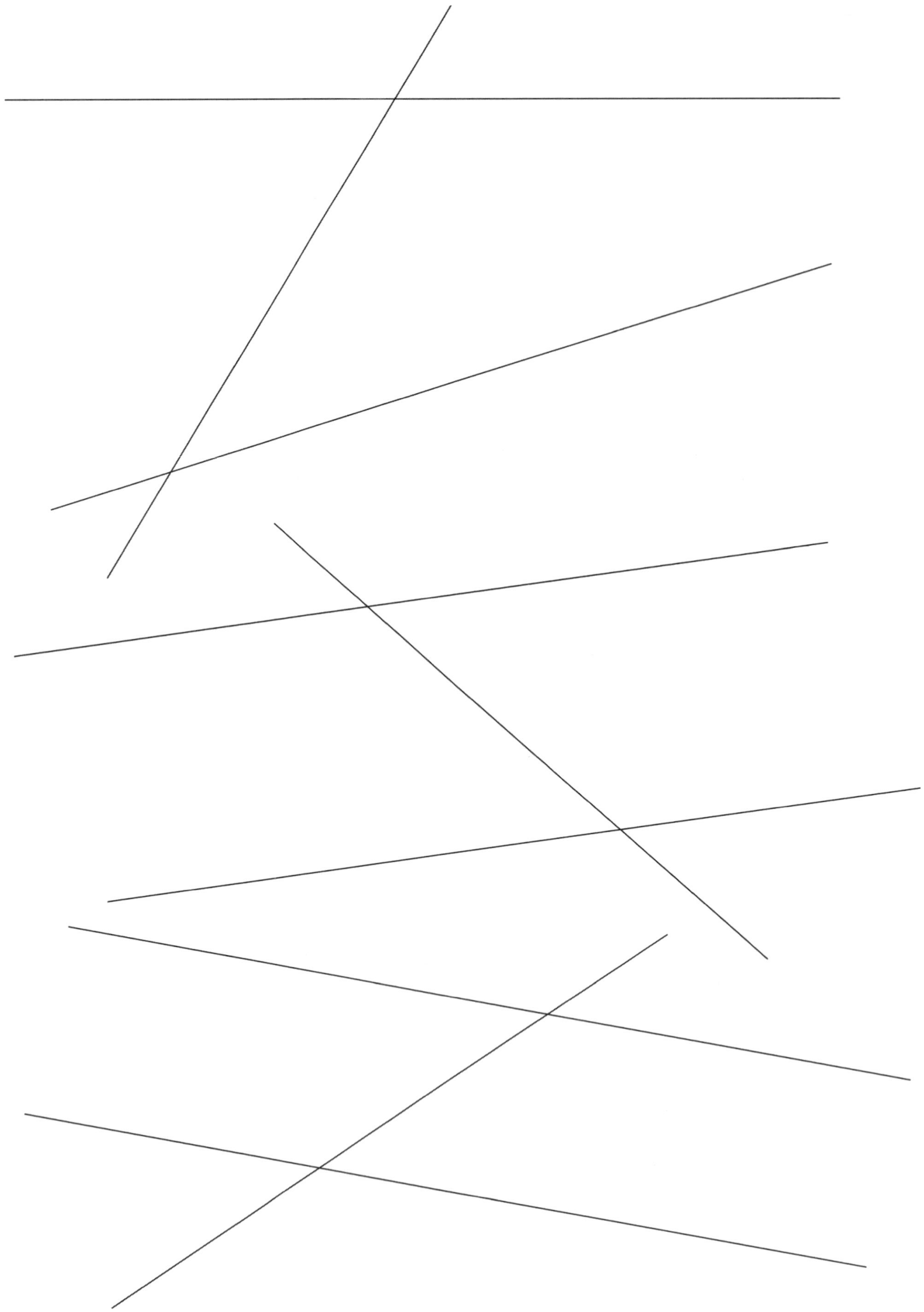

29 Em cada caso é dada uma semi-reta $\overrightarrow{PA}$. Em um dos semiplanos, cuja origem contém $\overrightarrow{PA}$, traçar $\overrightarrow{PB}$ de modo que $A\hat{P}B$ tenha a medida dada:

a) $A\hat{P}B = 65^\circ$

b) $A\hat{P}B = 40^\circ$

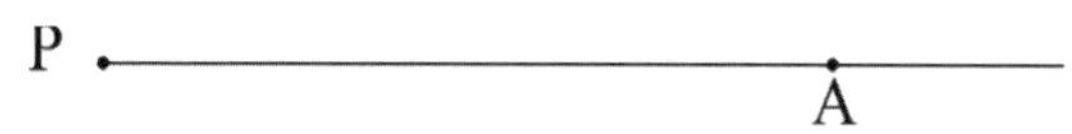

c) $A\hat{P}B = 115^\circ$

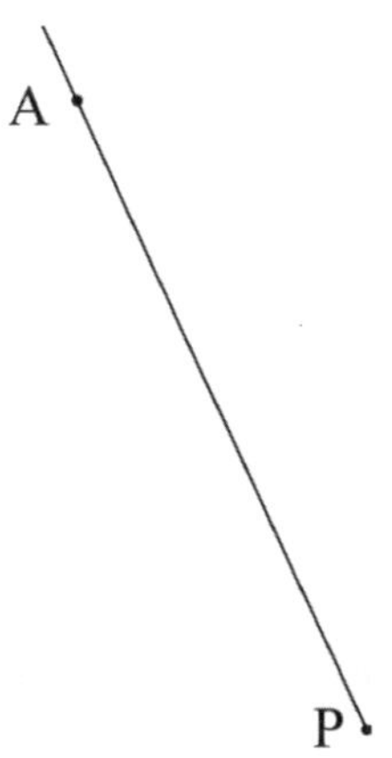

d) $A\hat{P}B = 135^\circ$

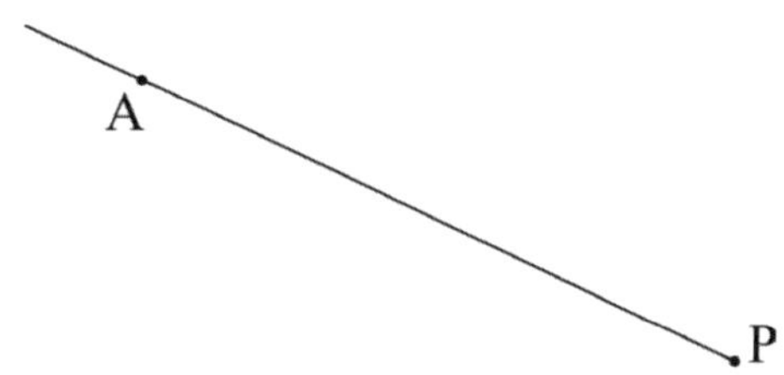

30 Dada e semi-reta $\overrightarrow{PA}$ traçar $\overrightarrow{PB}$, $\overrightarrow{PC}$, $\overrightarrow{PD}$, $\overrightarrow{PE}$, $\overrightarrow{PF}$, $\overrightarrow{PG}$, $\overrightarrow{PH}$ de modo que $A\hat{P}B = 45^\circ$, $A\hat{P}C = 60^\circ$, $A\hat{P}D = 90^\circ$, $A\hat{P}E = 150^\circ$, $B\hat{P}F = 90^\circ$ e $D\hat{P}G = 120^\circ$ e $D\hat{P}H = 30^\circ$.

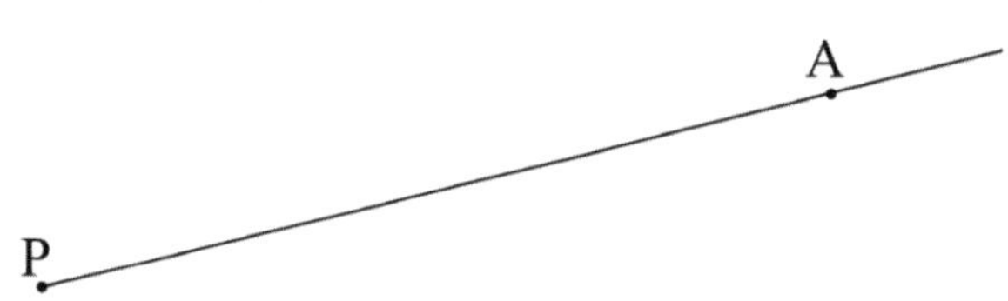

31 Em cada caso traçar dois ângulos adjacentes com as medidas dadas e traçar suas bissetrizes e medir o ângulo formado por elas e indicar na figura.

a) 60º e 40º

b) 50º e 30º

c) 30º e 60º

d) 40º e 50º

32 Em cada caso é dada uma reta **r**. Traçar as retas que passam pelo ponto **P** de **r** e formam o ângulo **α** dado com **r**.

a) α = 40

b) α = 75º

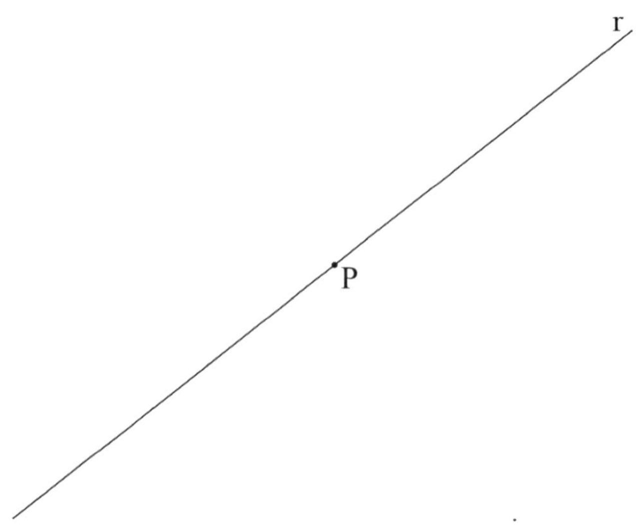

5. Esquadros

Para traçar retas paralelas, retas perpendiculares, construir ângulos de 90°, 60°, 45° , 30° e ângulos que sejam soma ou diferença desses, usamos o **jogo de esquadros**.

Esquadros de 45°

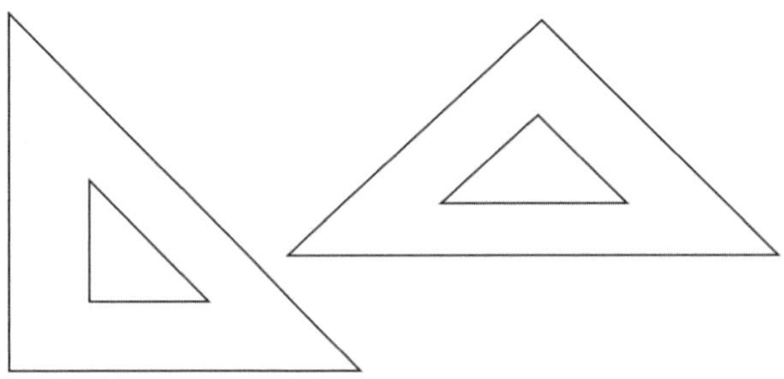

Esquadros de 60° e 30°

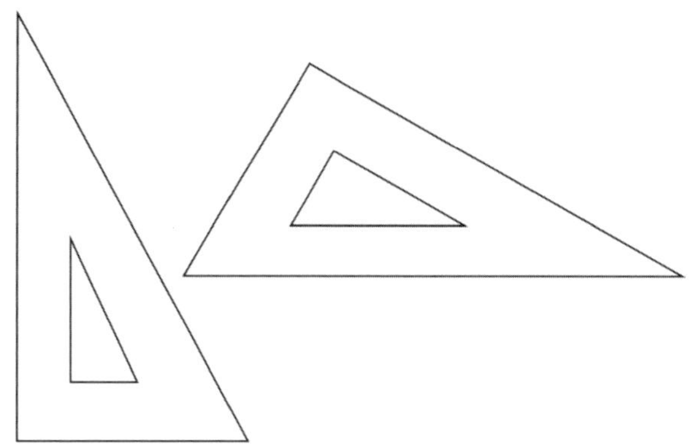

Obs: Em outro capítulo vamos também estudar o traçado de retas paralelas e de retas perpendiculares, usando apenas régua e compasso.

As bordas de um esquadro de 45° formam um ângulo de 90° e dois de 45° e as bordas de um esquadro de 60° e 30° formam um ângulo de 90°, um de 60° e um de 30°.

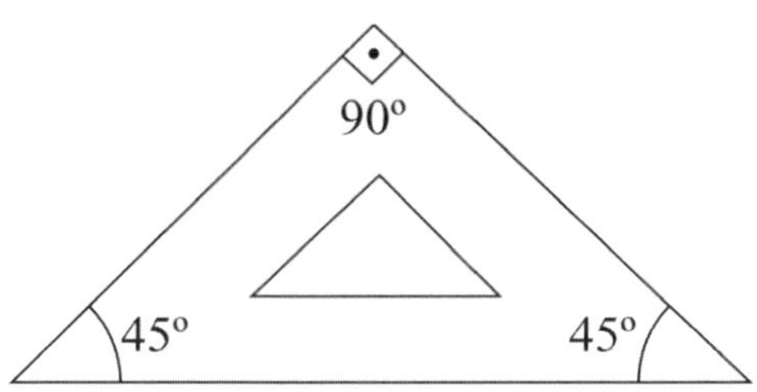

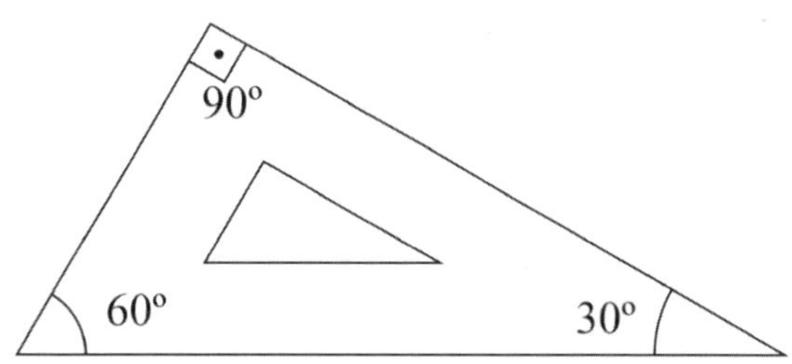

Obs: 1. O jogo de esquadros é formado por um de 45° e um de 60° de modo que a hipotenusa do de 45° seja igual ao cateto maior do de 60°.

2. Com dois esquadros de 45° podemos formar um quadrado.

3. Com dois esquadros de 60° podemos formar um triângulo equilátero.

O jogo

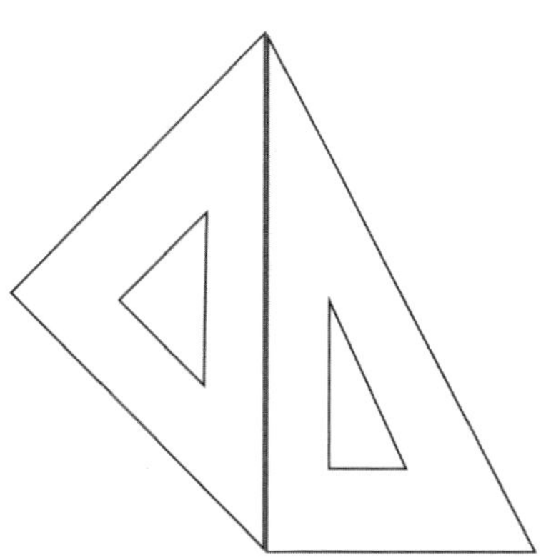

O quadrado

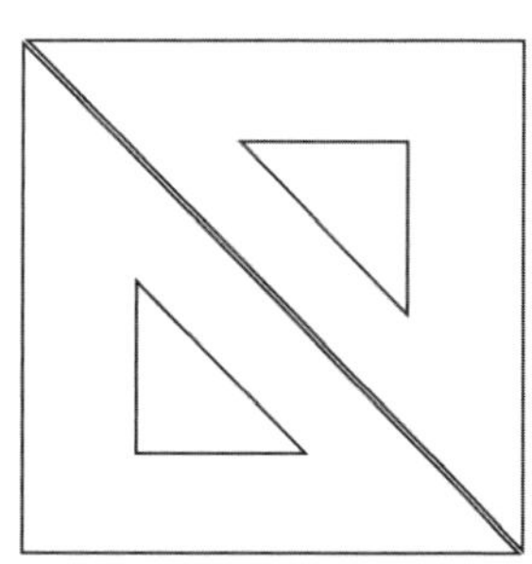

O triângulo equilátero

5.2) Retas paralelas

Para traçar, por um ponto dado, uma reta paralela a uma reta dada:

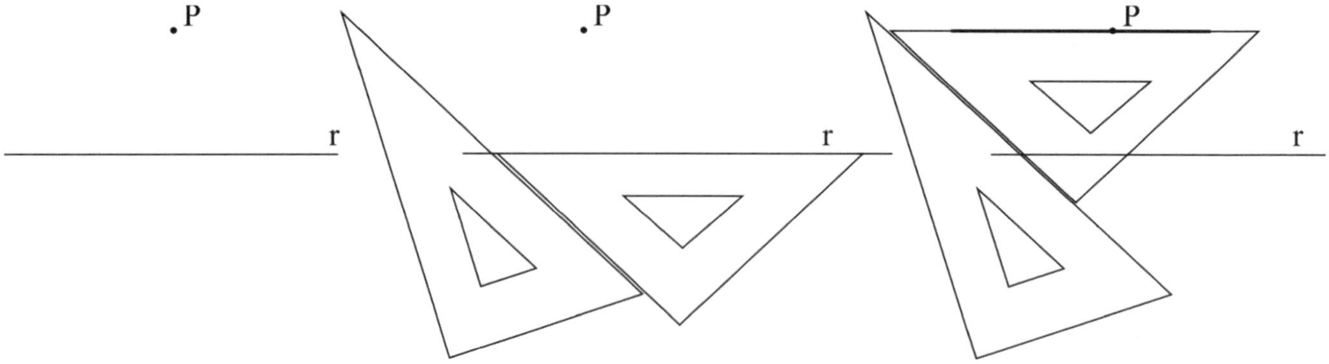

5.3) Retas perpendiculares

Para traçar, por um ponto dado, uma reta perpendicular a uma reta dada:

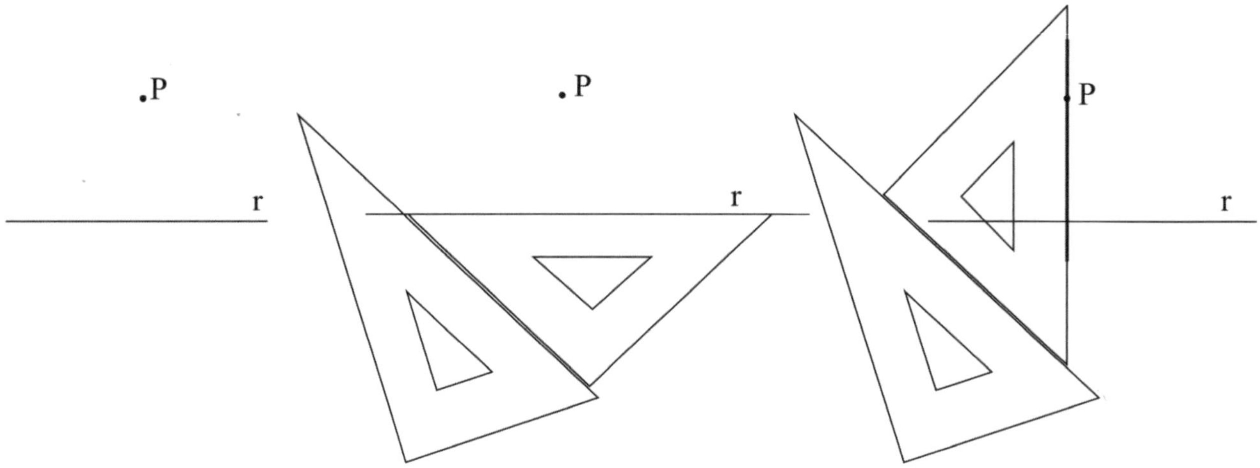

5.4) Projeção ortogonal de um ponto

A projeção ortogonal de um ponto **P** sobre uma reta **r** é o pé da reta perpendicular a **r** conduzida por **P**. (**Pé** da reta perpendicular a uma outra é o ponto de intersecção delas).

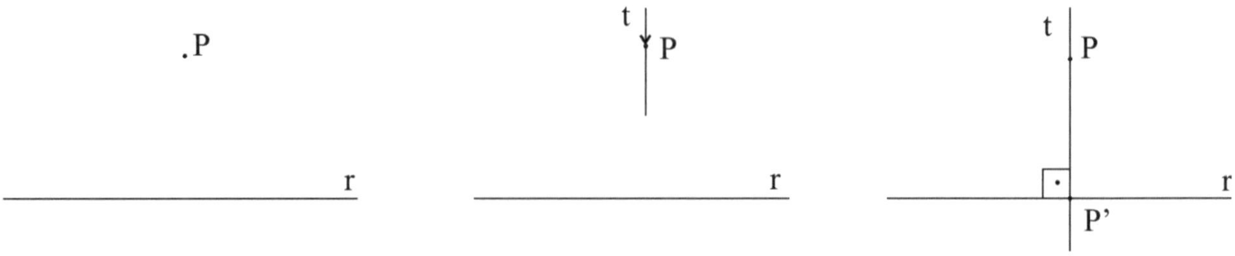

P' é a projeção ortogonal de **P** sobre **r**

5.5) Projeção ortogonal de um segmento

A projeção ortogonal de um segmento AB sobre uma reta **r** é o segmento determinado pelas projeções ortogonais dos pontos **A** e **B** sobre **r**.

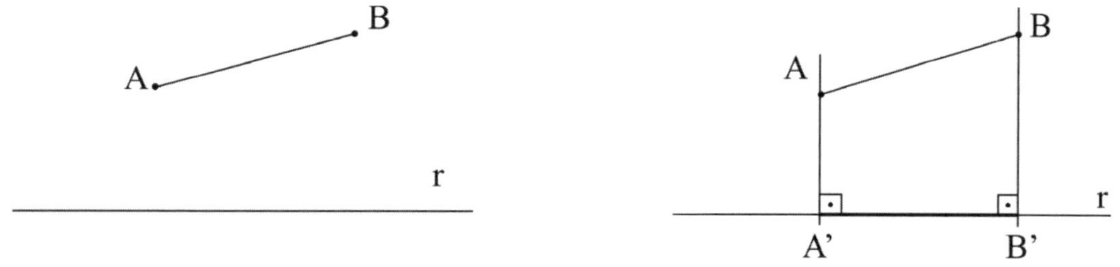

$\overline{A'B'}$ é projeção ortogonal de $\overline{AB}$ sobre **r**.

5.6) Distância entre ponto e reta

A distância entre um ponto **P** e uma reta **r** é igual à distância entre ele e a projeção ortogonal dele sobre **r**.

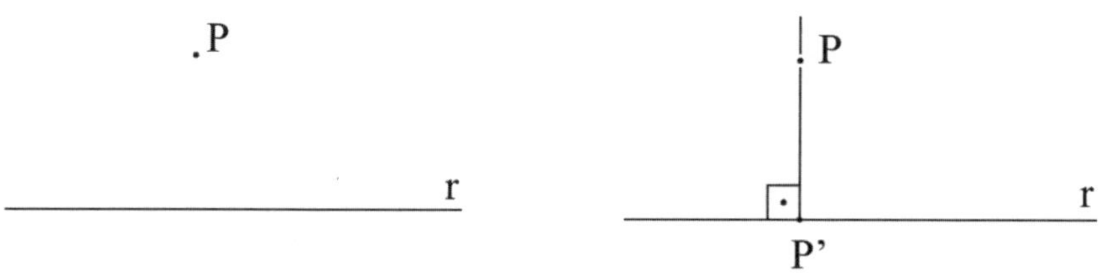

$d_{P,r} = PP'$

5.7) Distância entre retas paralelas

A distância entre duas retas paralelas é igual à distância entre qualquer ponto de uma e a outra.

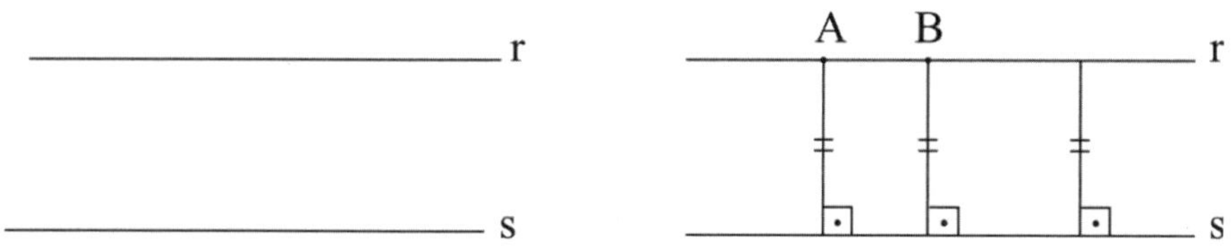

$d_{r,s} = d_{A,s} = d_{B,s}$

5.8) Ângulo de 45°

Para traçar, dado um de seus lados, um ângulo de 45°:

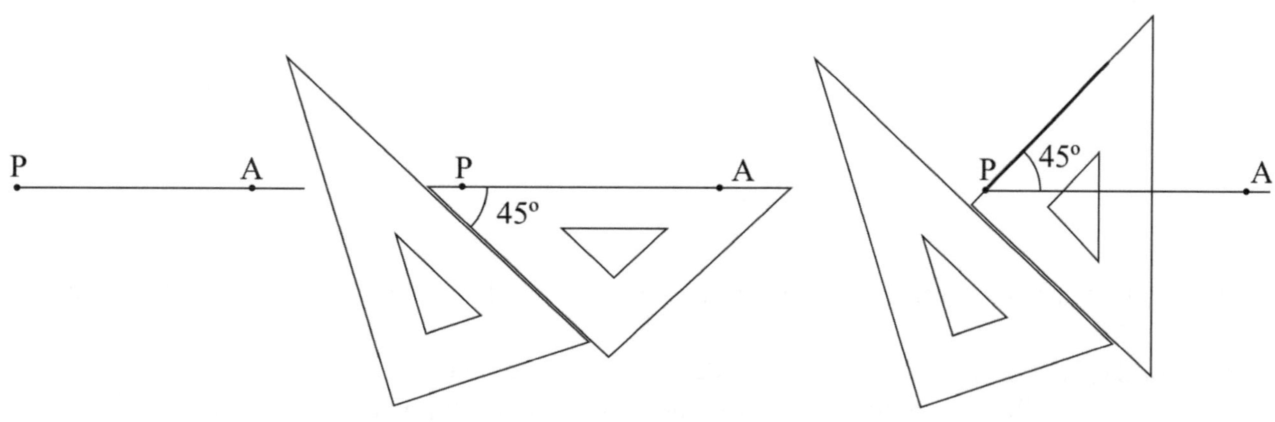

5.9) Ângulo de 30º

Para traçar, dado um de seus lados, um ângulo de 30º:

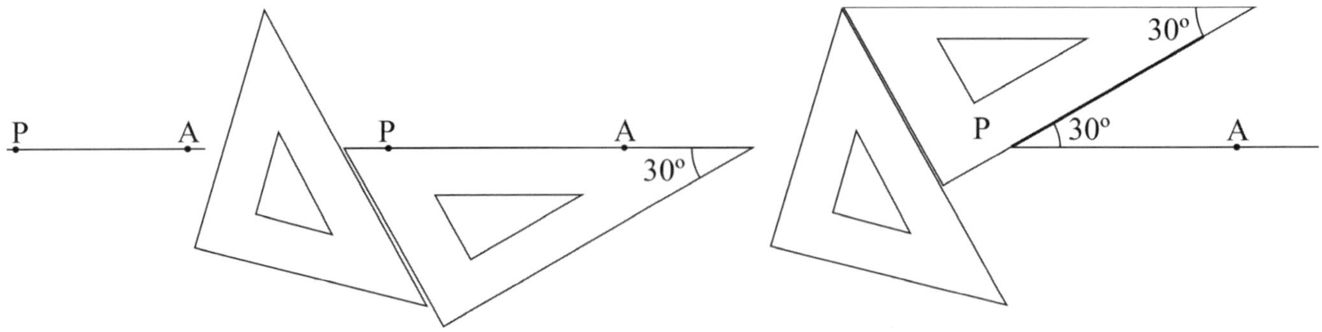

5.10) Ângulo de 60º

Para traçar, dado um de seus lados, um ângulo de 60º:

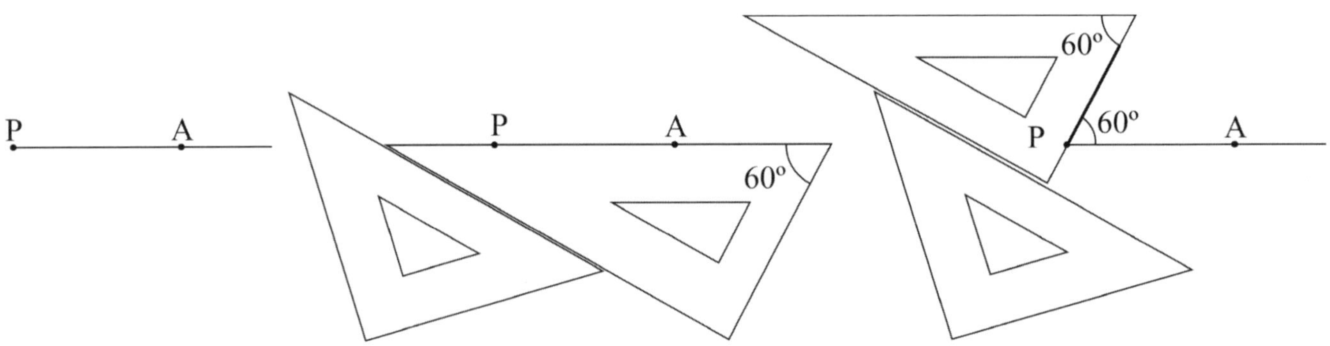

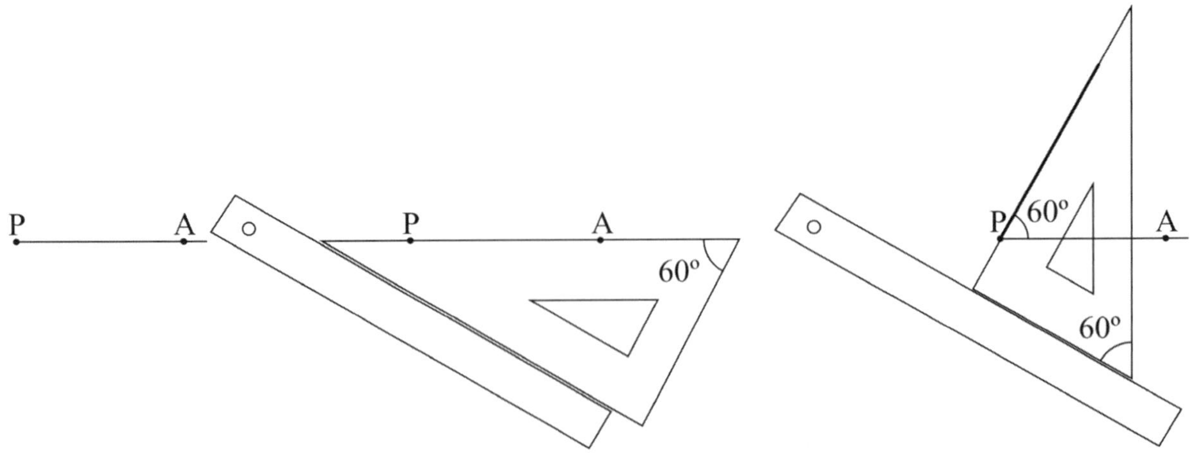

Obs: Em outro capítulo vamos ver as construções desses ângulos utilizando apenas régua e compasso.

Recomendação: Deve-se utilizar um jogo de esquadros pequeno.
Recomenda-se aquele em que o de 45º tenha hipotenusa de 16 cm, que é o comprimento, também, do cateto maior do de 60º e 30º.

5.11) Ângulo de 15°

Note que 15° = 60° – 45°. Como sabemos traçar, dado um de seus lados, um ângulo de 60° e traçar, dado um de seus lados, um ângulo de 45°, basta construirmos esses dois ângulos, de modo que sejam consecutivos não adjacentes, que obtemos a diferença 60° – 45°, isto é, 15°.

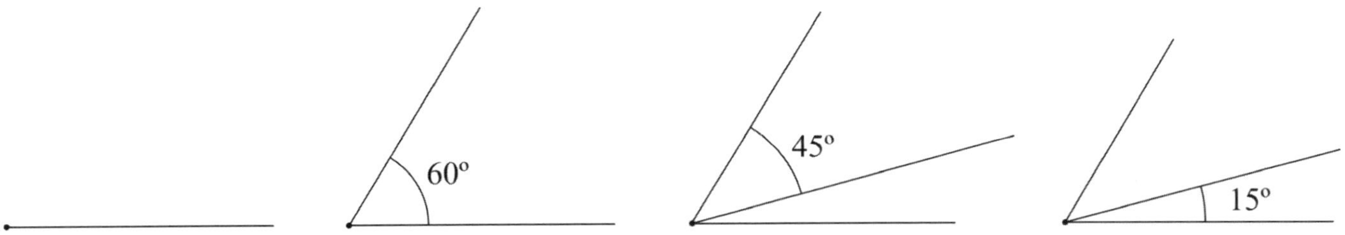

Obs: Podemos também obter 15° fazendo 45° – 30°.

5.12) Ângulo de 75°

Note que 75° = 45° + 30°.

Basta então construirmos um ângulo de 45° e um de 30°, de modo que eles sejam adjacentes. Obtemos desta forma a soma 45° + 30° = 75°.

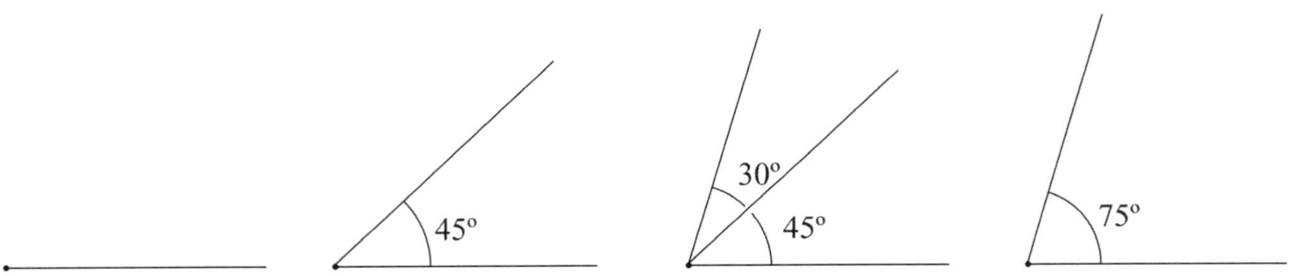

5.13) Ângulo de 105°

Note que 105° = 60° + 45°.

Basta então construirmos um ângulo de 60° e um de 45°, de modo que eles sejam adjacentes. Obtemos desta forma a soma 60° + 45° = 105°.

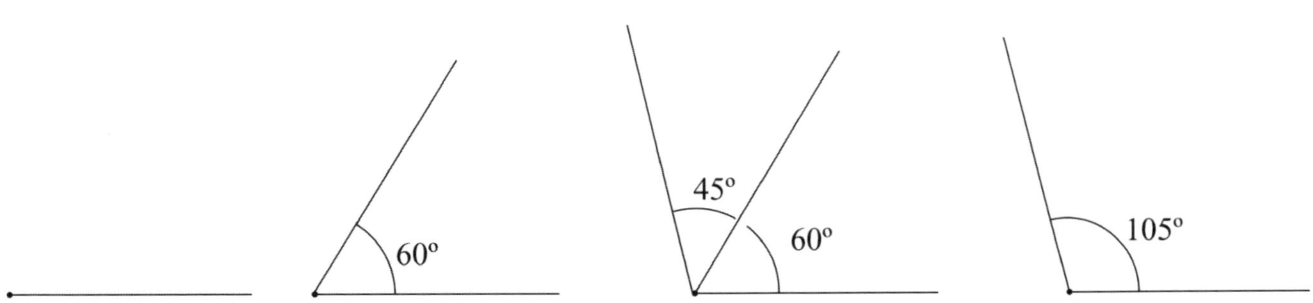

Obs: Os ângulos de 120° , 135° e 150° são feitos determinando, respectivamente, os suplementos de 60° , 45° e 30°.

EXERCÍCIOS

33 Dados a reta **r** e o ponto **P**, traçar, usando o jogo de esquadros, a reta por **P** que é paralela à **r**, nos casos:

a)

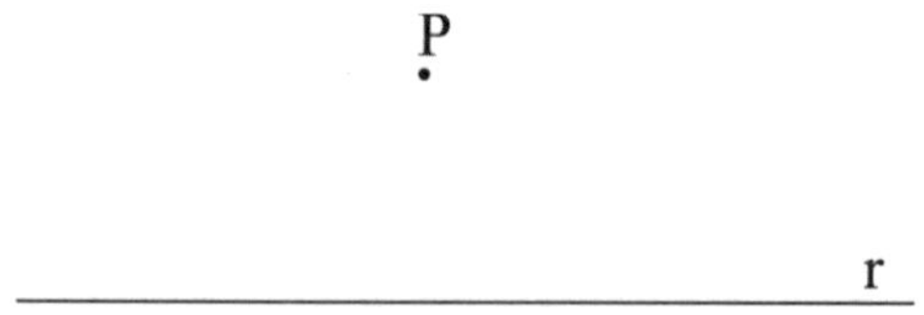

b)

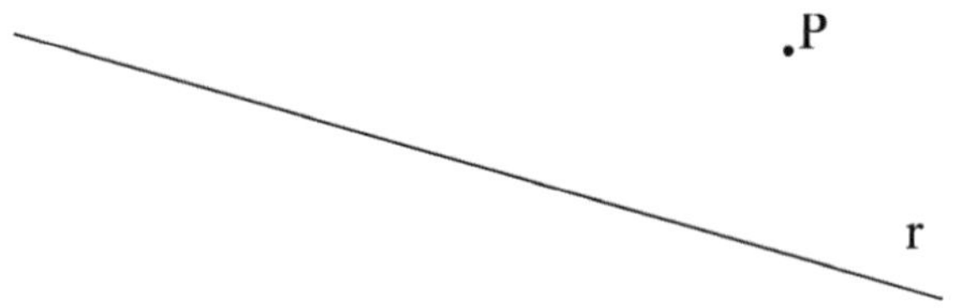

c)

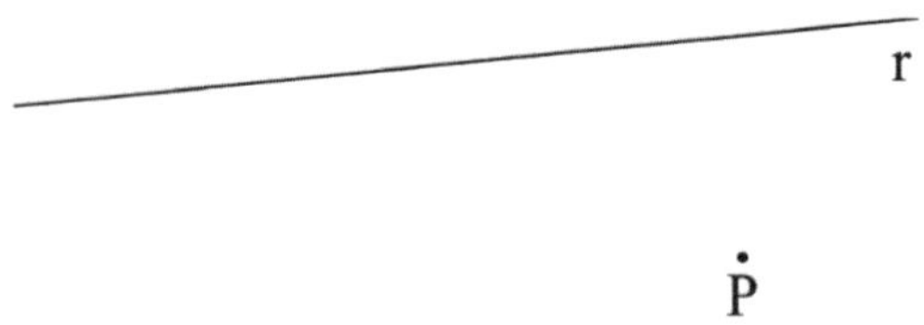

d)

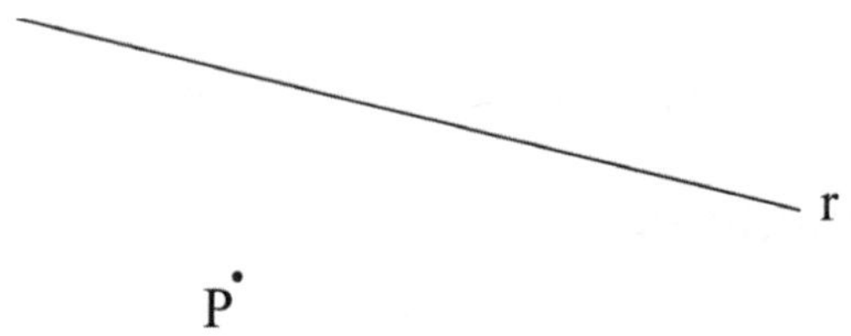

34 Em cada caso são dados um ponto **P** e uma reta **r** , traçar por **P** a reta perpendicular a **r**, usando o jogo de esquadros.

a)

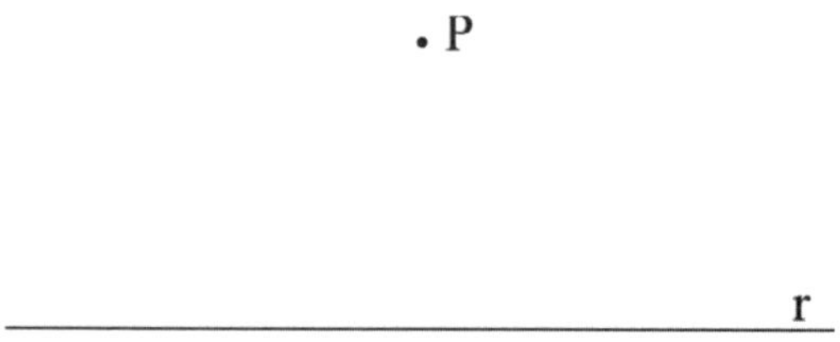

b)

c)

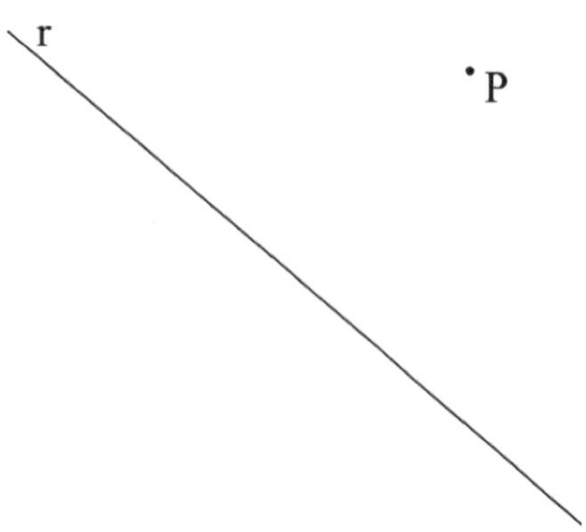

d)

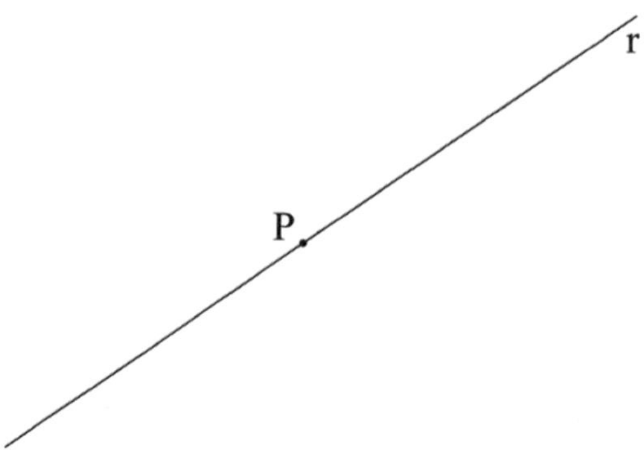

35 Traçar pelos pontos dados as retas paralelas à reta **r** dada, nos casos:

a)

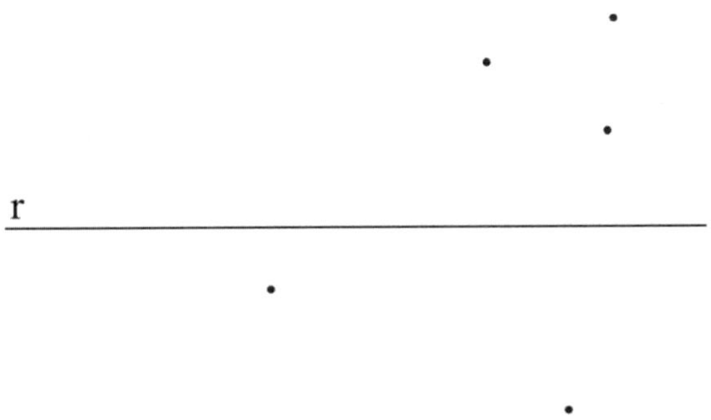

b)

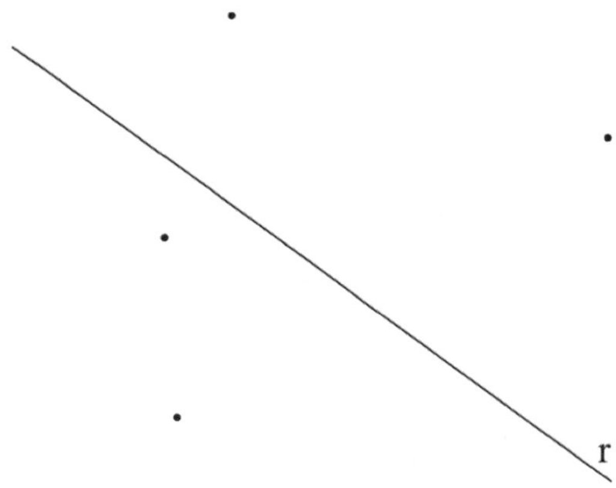

36 Traçar pelos pontos dados as retas perpendiculares à reta **r**, nos casos:

a)

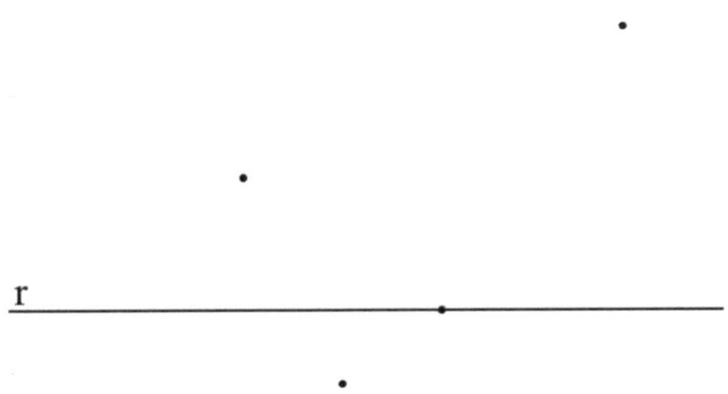

b)

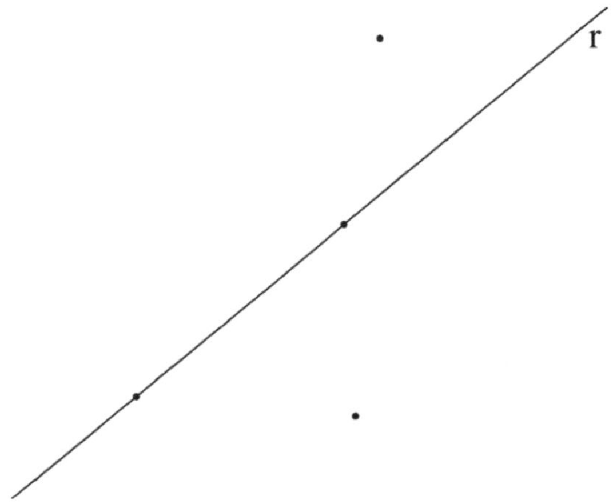

37 Dadas as retas concorrentes **r** e **s**, traçar pelos pontos assinalados sobre **s** as retas paralelas e as retas perpendiculares à reta **r**.

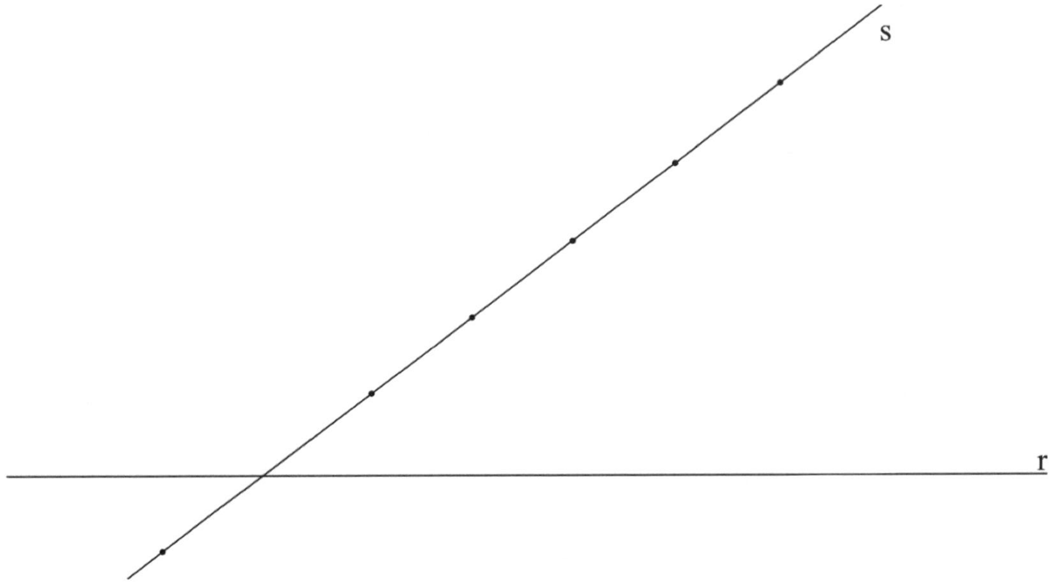

38 Determinar a projeção ortogonal do ponto **P** sobre a reta **r**, nos casos:

a)

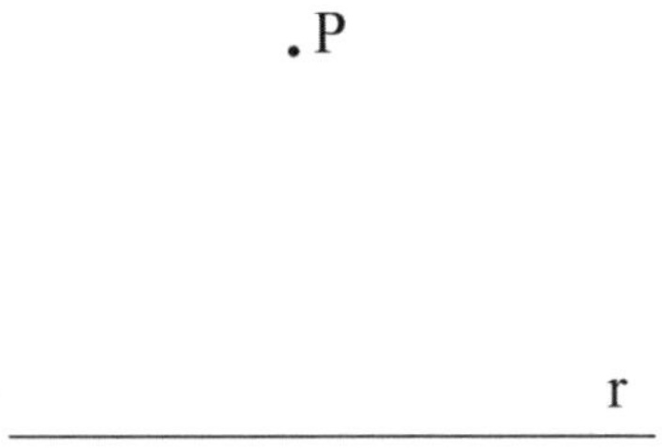

b)

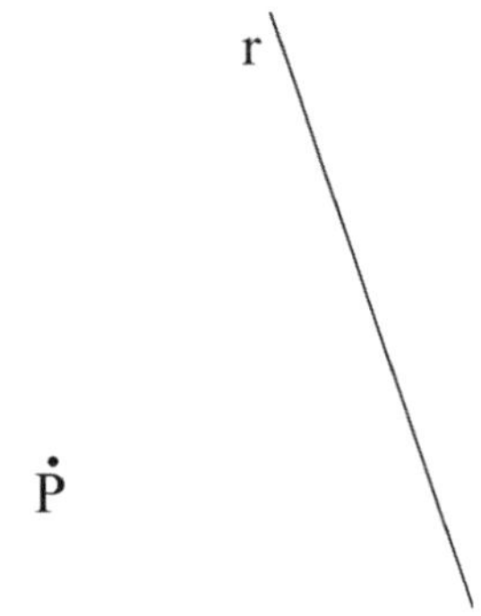

c)

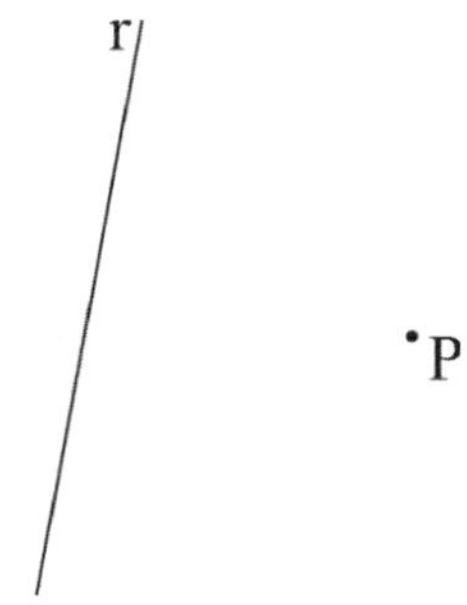

39 Traçar a distância entre o ponto **P** e a reta **r** , nos casos:

a)

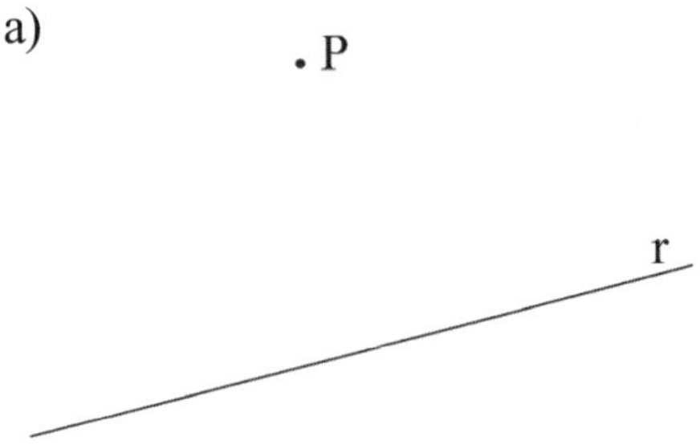

b)

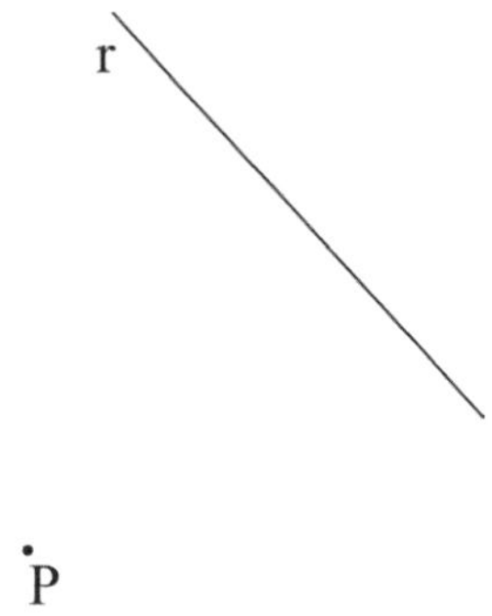

c)

40 Dadas as retas paralelas **a** e **b** , traçar a distância entre elas, nos casos:

a)

b)

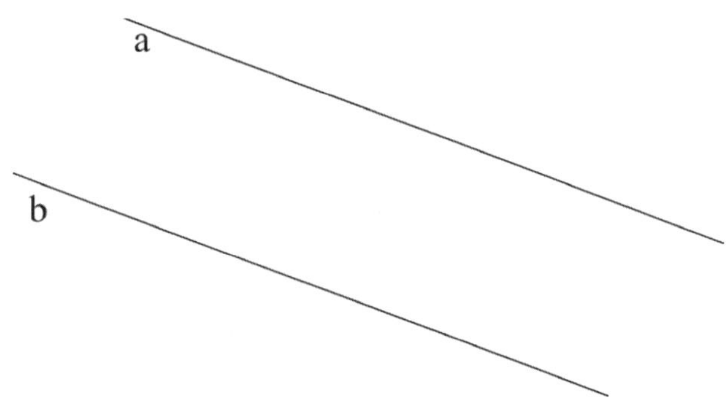

41 Dados o ponto **P** e as retas **a**, **b**, **c**, **d** e **e**, traçar as distâncias entre o ponto **P** e essas retas.

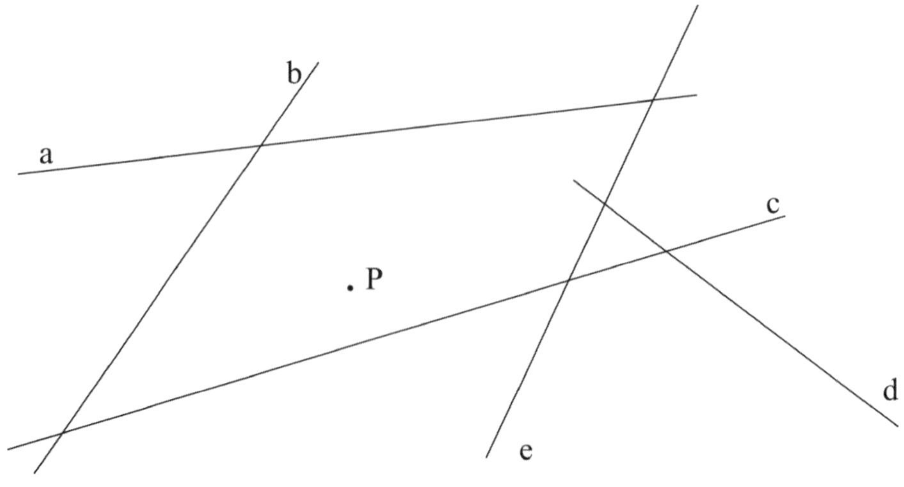

42 Dado o segmento AB e a reta **r** , determine a projeção ortogonal de AB sobre a reta **r** , nos casos:

a)

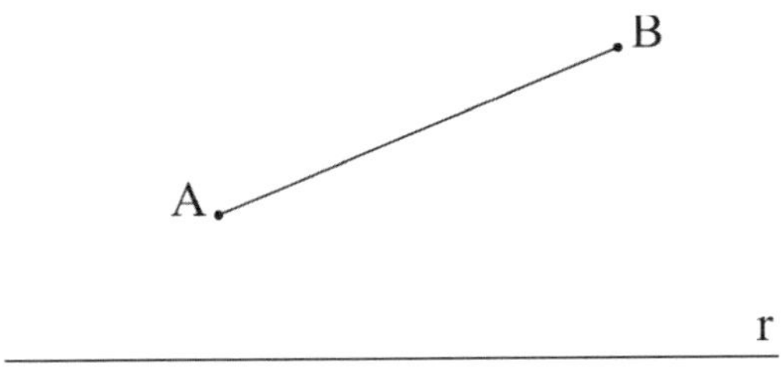

b)

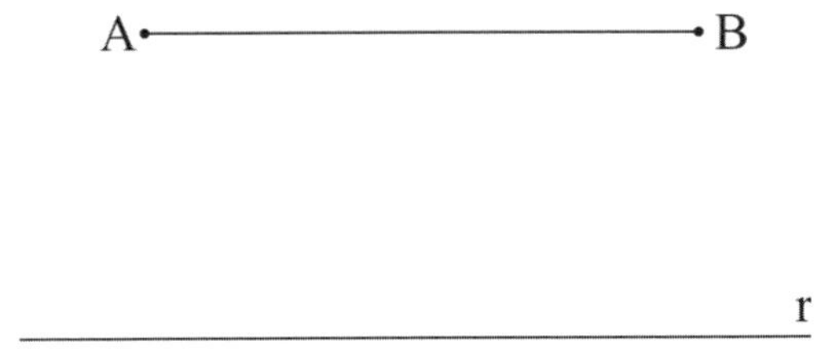

c)

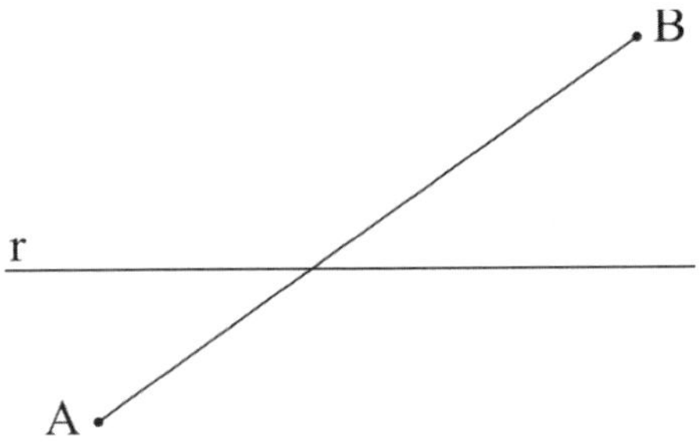

d)

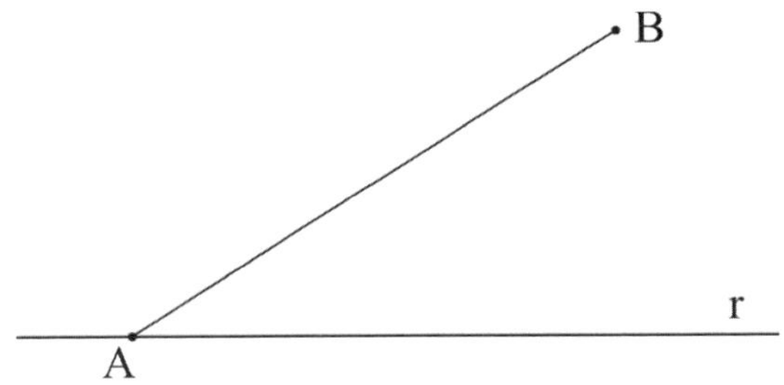

e)

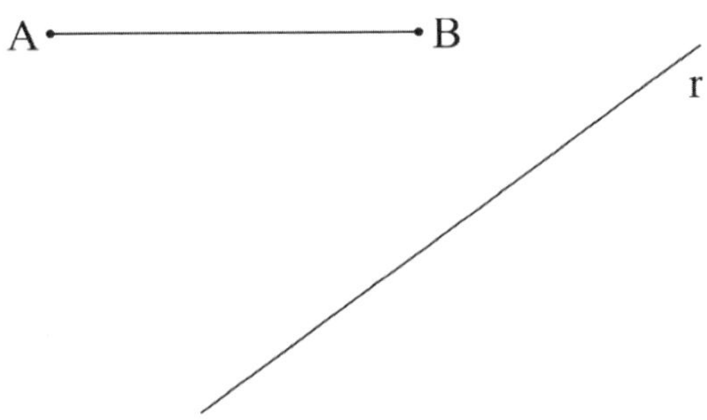

f)

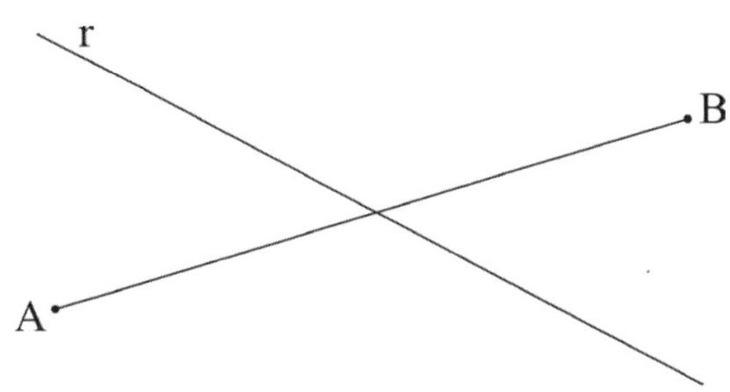

43 Dado o segmento AB e as retas **a** , **b** e **c** , determinar as projeções ortogonais do segmento AB sobre essas retas.

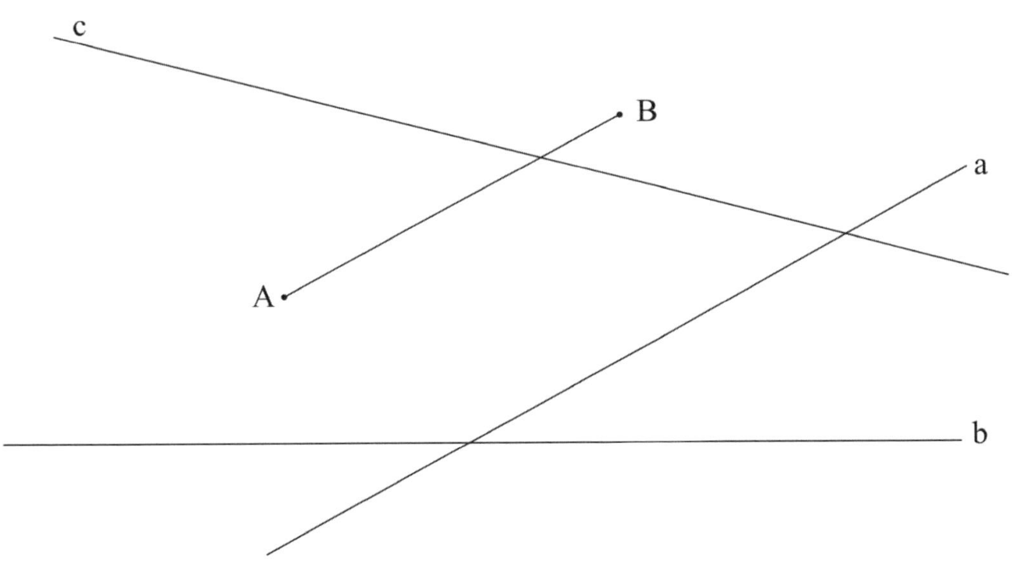

44 Dadas as retas concorrentes **r** e **s** e um ponto **P** , medir o ângulo entre essas concorrentes (transferidor), traçar por **P** as retas paralelas a **r** e **s** e medir o ângulo formado por essas retas, nos casos:

a)

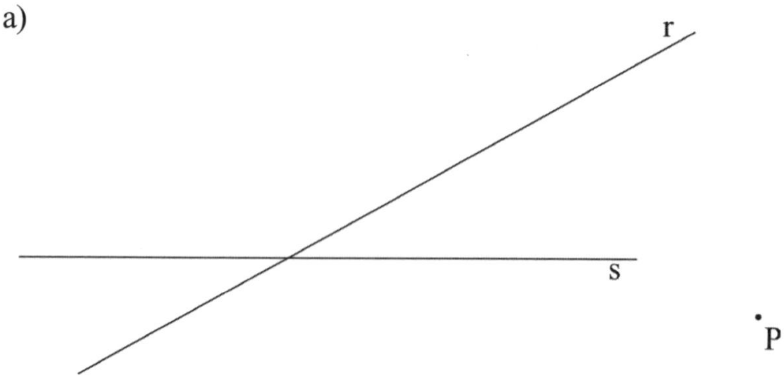

b)

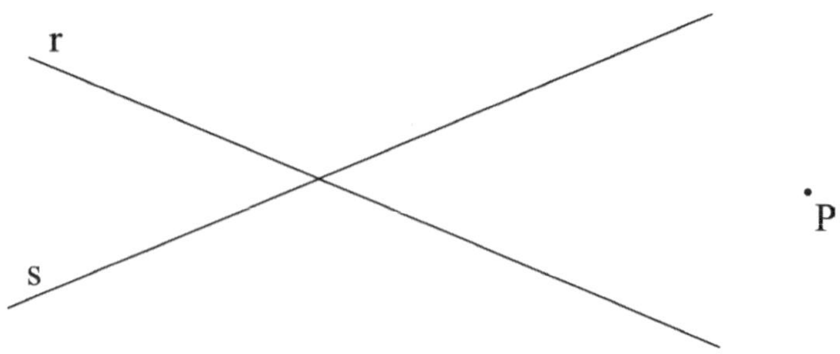

45 Dizemos que duas semi-retas têm o mesmo sentido quando estão em retas paralelas e em um dos semiplanos que tem origem na reta determinada por suas origens.
Dizemos que duas semi-retas têm **sentidos opostos** quando estão em retas paralelas e estão em semiplanos opostos, com origens na reta determinada por suas origens.

semi-retas de mesmo sentido

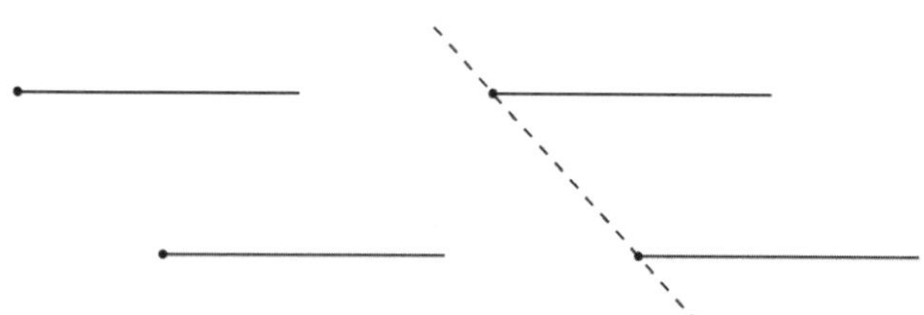

semi-retas de sentidos opostos

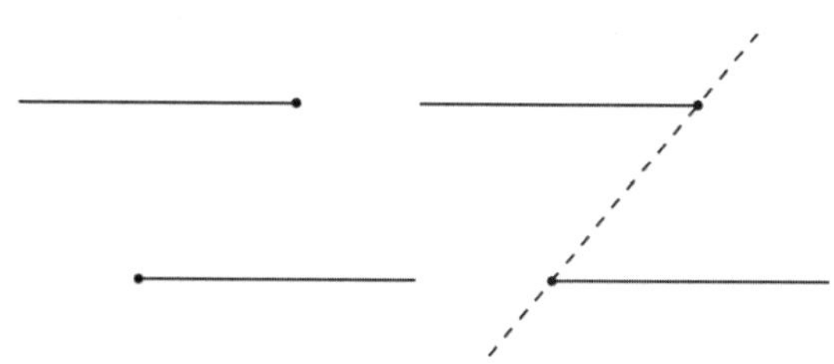

Dada uma semi-reta de origem **P** e um ponto **Q**, traçar a semi-reta de origem **Q**, que tem o mesmo sentido que a dada, nos casos:

a)

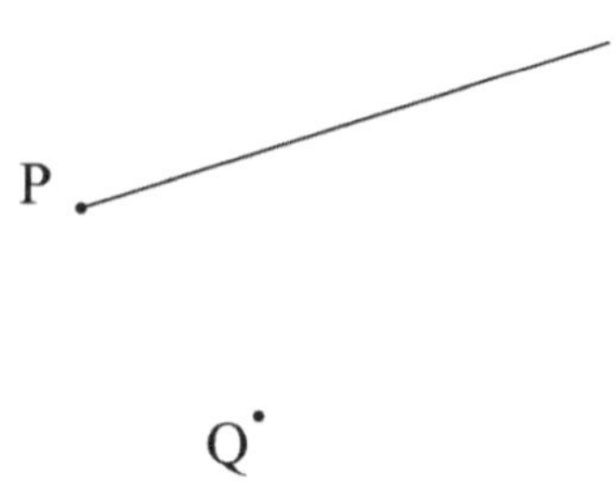

b)

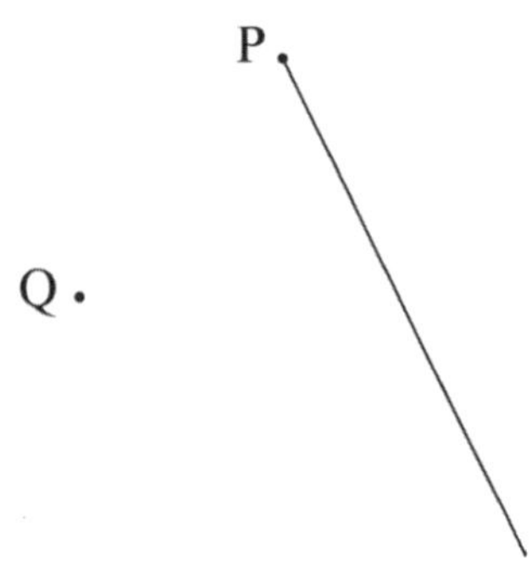

c)

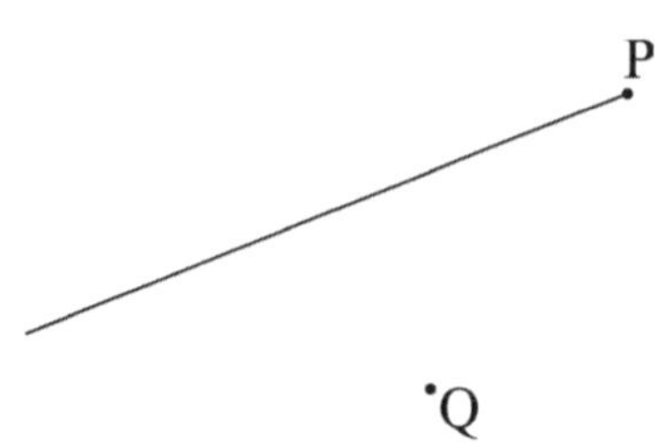

46 Dados uma semi-reta de origem **P** e um ponto **Q**, traçar a semi-reta de origem **Q**, com o sentido oposto ao da dada, nos casos:

a)

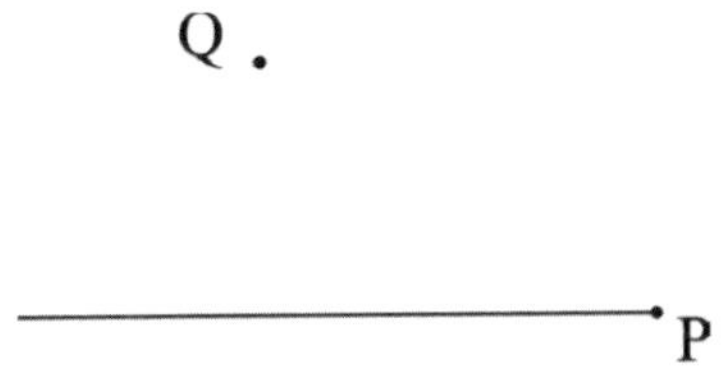

b)

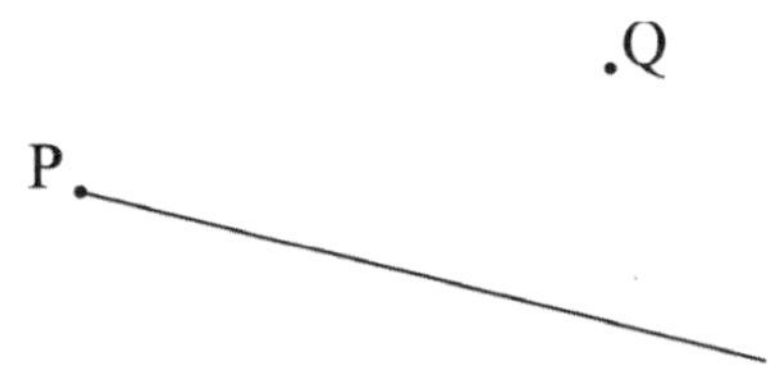

c)

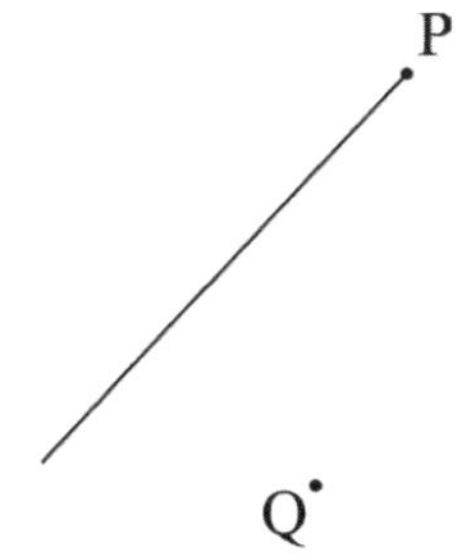

47 Em cada caso são dados um ângulo e um ponto **P**. Traçar um ângulo de vértice **P** cujos lados têm os mesmos sentidos que os dos lados do ângulo dado e medir o ângulo dado e o obtido, nos casos:

a)

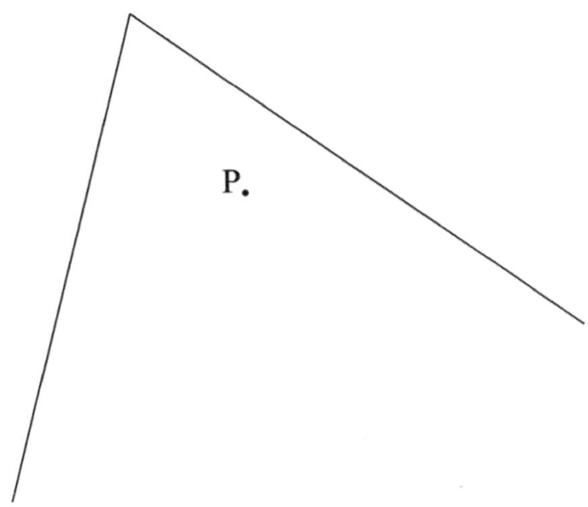

b)

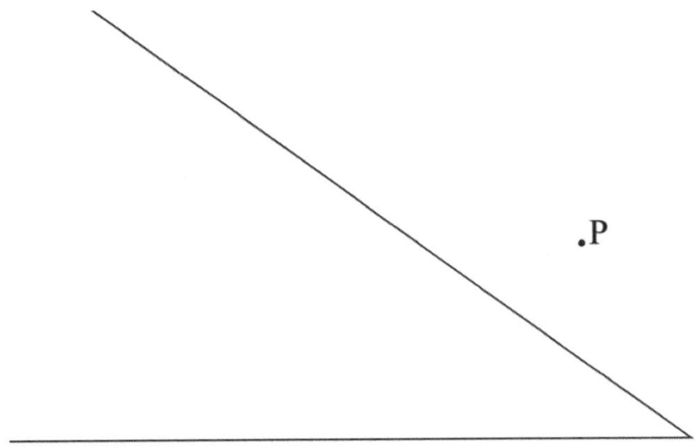

48 Traçar com vértice em **P** um ângulo cujos lados têm sentidos opostos aos do ângulo dado e medir ambos, nos casos:

a)

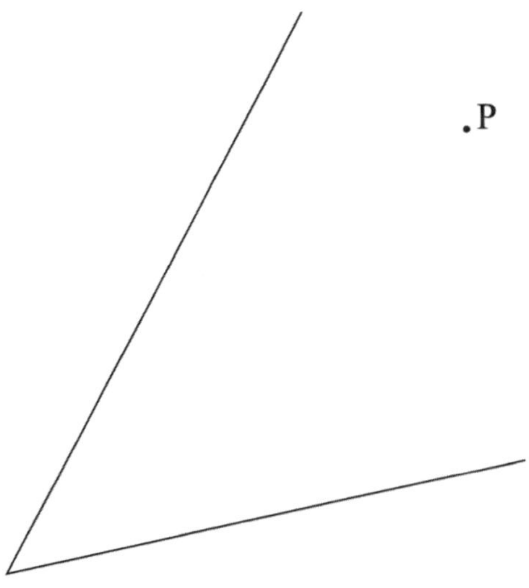

b)

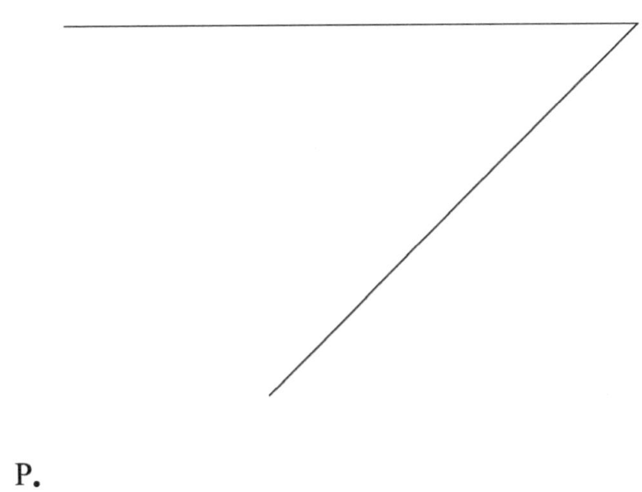

49 Traçar com vértice em **P** um ângulo que tem um lado com o mesmo sentido que um lado do ângulo dado e o outro lado com o sentido contrário do outro lado do ângulo dado, e medir ambos, nos casos.
Obs: Fazer apenas uma das duas possibilidades.

a)

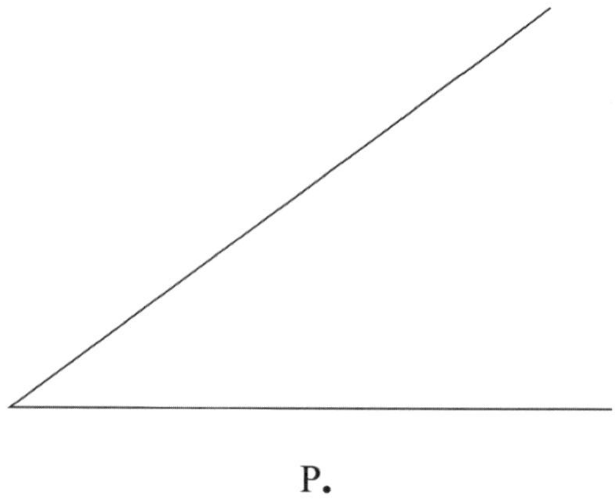

b)

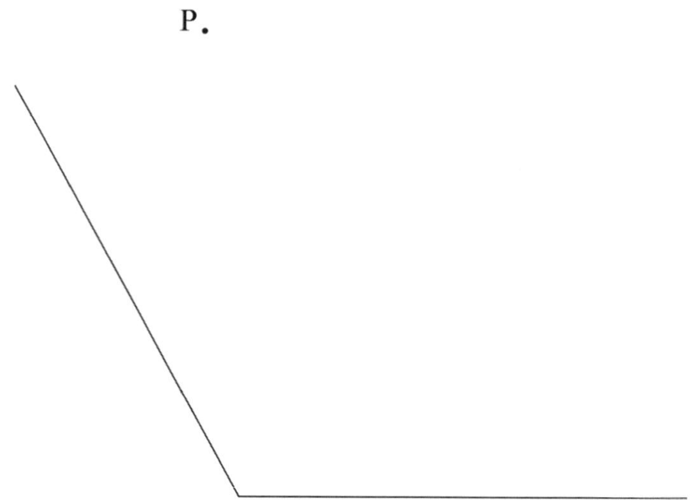

50 Dados um ângulo e os pontos **A** e **B**, traçar os ângulos com um lado de mesmo sentido e outro com com sentido oposto aos lados do ângulo dado, fazendo uma possibilidade com vértice em **A** e a outra com vértice em **B**, nos casos:

a)

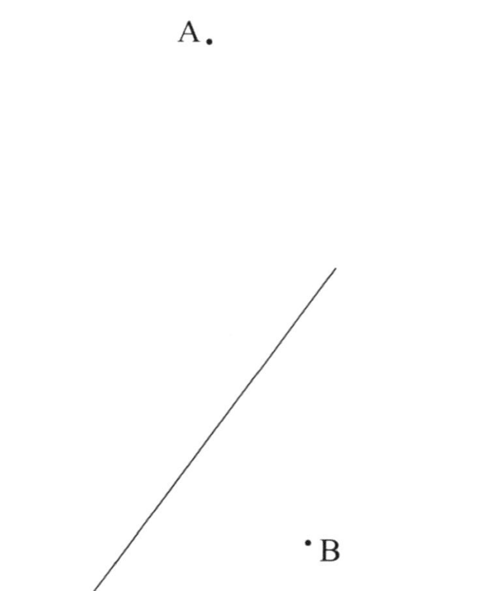

b)

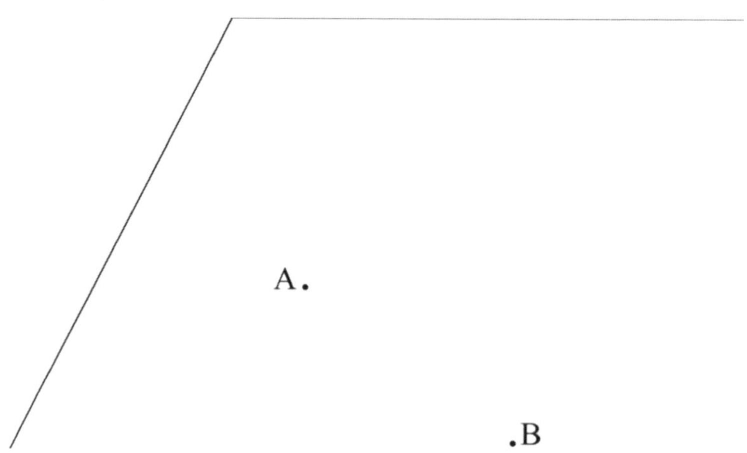

51 Em cada caso é dado uma semi-reta $\overrightarrow{PA}$ que é um dos lados de um ângulo $A\hat{P}B$ cuja medida é dada. Traçar a semi-reta $\overrightarrow{PB}$ usando o jogo de esquadros, para obter o ângulo $A\hat{P}B$.

a) $A\hat{P}B = 60^\circ$

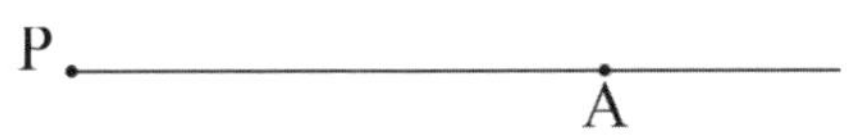

b) $A\hat{P}B = 45^\circ$

c) $A\hat{P}B = 30^\circ$

d) $A\hat{P}B = 60^\circ$

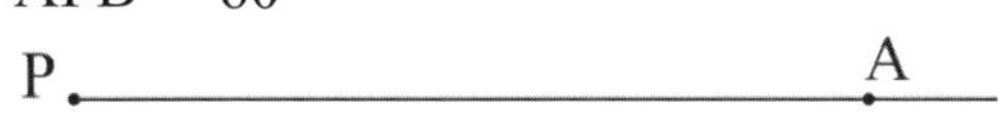

e) $A\hat{P}B = 45^\circ$

f) $A\hat{P}B = 30^\circ$

g) $A\hat{P}B = 45^\circ$

h) $A\hat{P}B = 30^\circ$

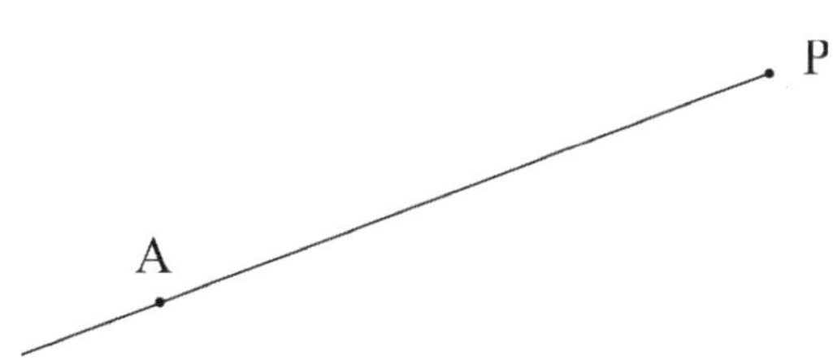

52 Dado o lado $\overrightarrow{PA}$ de um ângulo $A\hat{P}B$, construir esse ângulo, nos casos.
***Obs*:** Usando o jogo de esquadros.

a) $A\hat{P}B = 135^\circ$

b) $A\hat{P}B = 120^\circ$

c) $A\hat{P}B = 150^\circ$

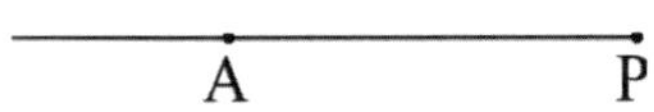

d) $A\hat{P}B = 135^\circ$

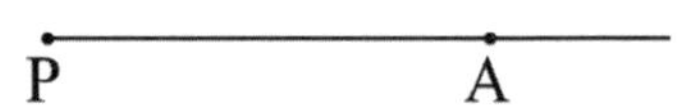

e) $A\hat{P}B = 120^\circ$

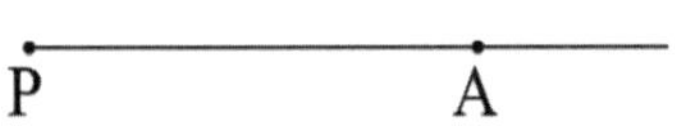

f) $A\hat{P}B = 150^\circ$

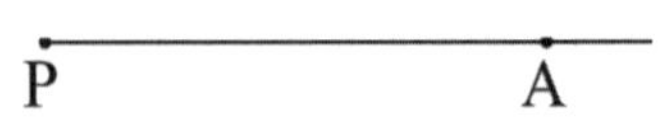

g) $A\hat{P}B = 135^\circ$

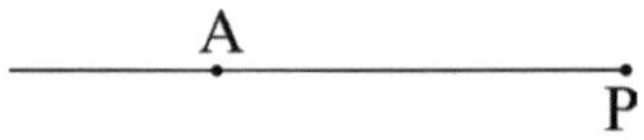

h) $A\hat{P}B = 120^\circ$

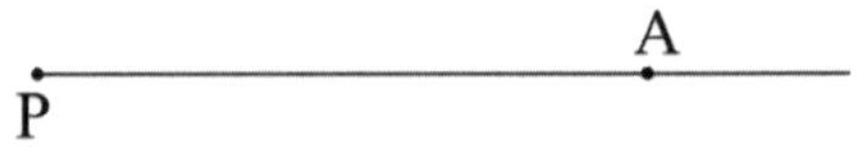

53 Traçar dois ângulos consecutivos não adjacentes, com o lado dado em comum, de modo que tenham as medidas dadas, nos casos:

a) 30º e 45º

b) 45º e 60º

54 Traçar dois ângulos adjacentes, com o lado dado abaixo sendo o lado em comum, de modo que tenham as medidas dadas, nos casos:

a) 45º e 30º

b) 60º e 45º

55 Traçar dois ângulos adjacentes, com as medidas dadas, sendo que o lado dado não seja o lado em comum, nos casos:

a) 45º e 30º

b) 60º e 45º

56 Construir um ângulo dada a sua medida e um de seus lados, nos casos:

a) 15º

b) 75º

c) 105º

d) 15º

e) 75º

f) 105º

g) 105º

h) 75º

57 Traçar pelo ponto **P** dado uma reta que forma o ângulo dado com a reta **r** dada nos casos:

a) 60º

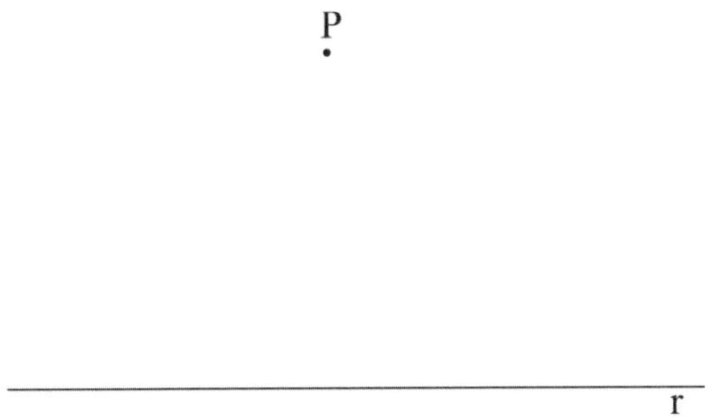

b) 45º

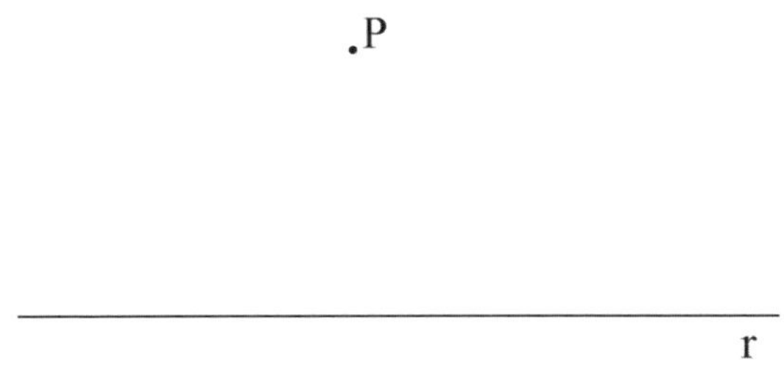

c) 30º

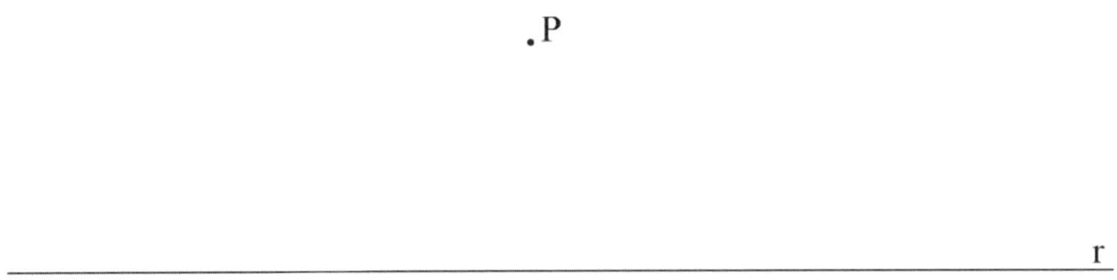

58 Em cada caso é dada uma reta **r**. Em um dos semiplanos de origem **r**, tomar um ponto **A** qualquer, distante a de **r** e um ponto **B** qualquer, distante **b** de **r**.

a)

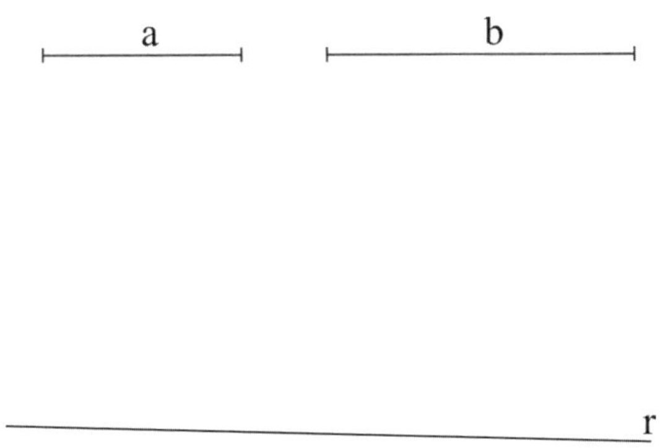

b)

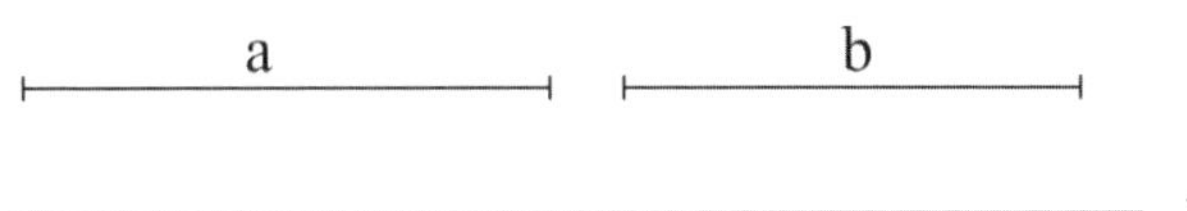

59 Traçar uma das retas paralelas à reta **r** dada, que passa por um ponto **P** distante **d** de **r**, nos casos:

a)

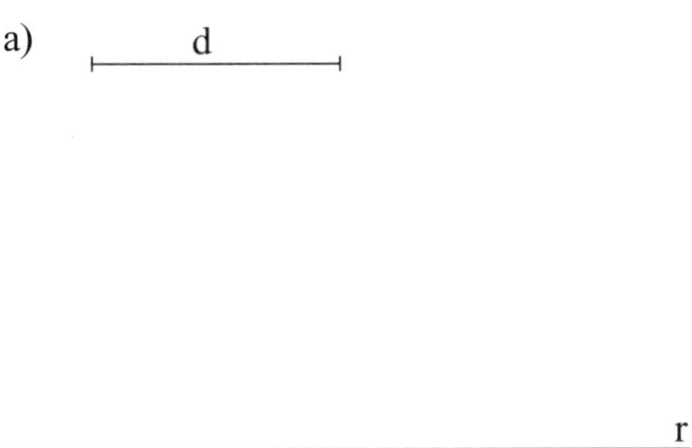

b)

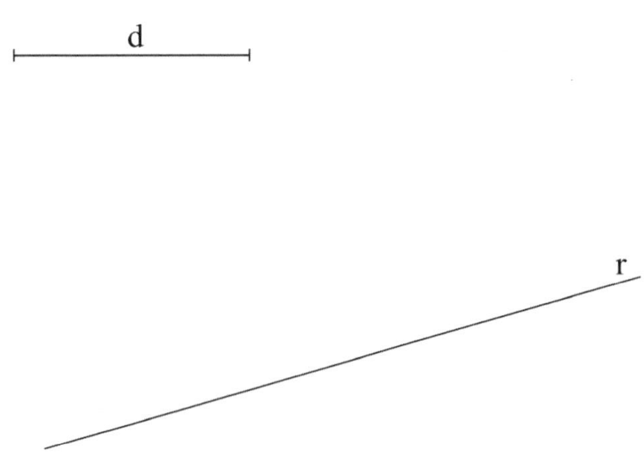

60 Dada a reta **r** e uma distância **d**, traçar uma das retas paralela a **r**, distante **d** de **r**, nos casos:

a)

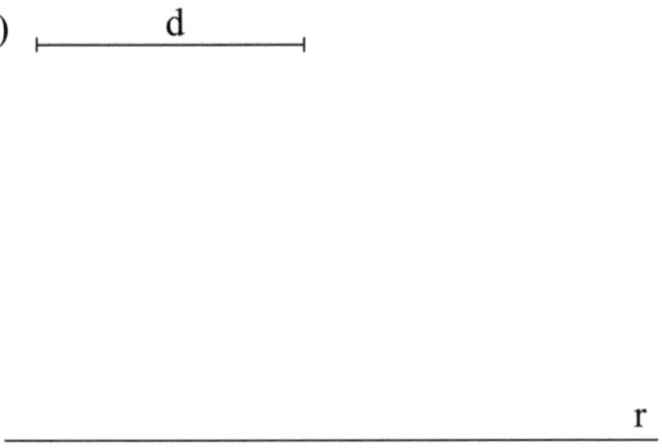

b)

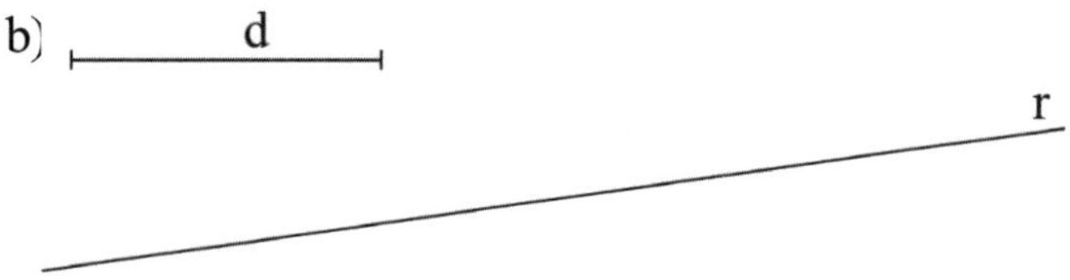

61 Traçar duas retas paralelas sendo **d** a distância entre elas, nos casos:

a)

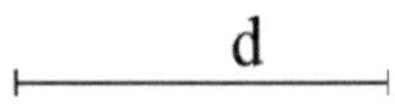

b)

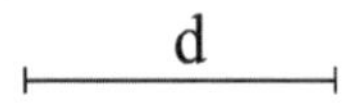

62 Traçar as retas paralelas à reta **r** dada, distantes **d** dela, nos casos:

a)

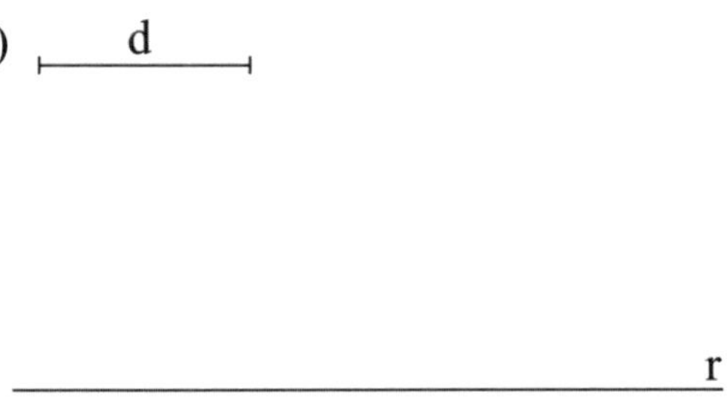

b) d = 1,3 cm

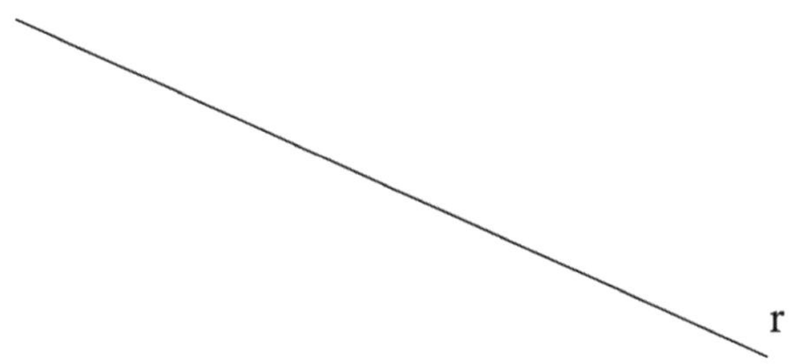

c) d = 18 mm

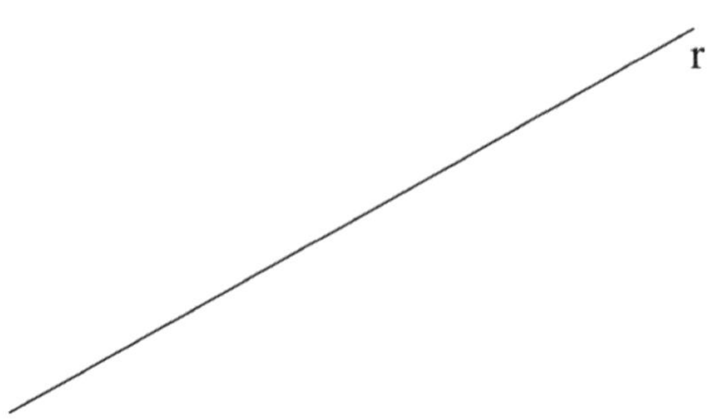

d)

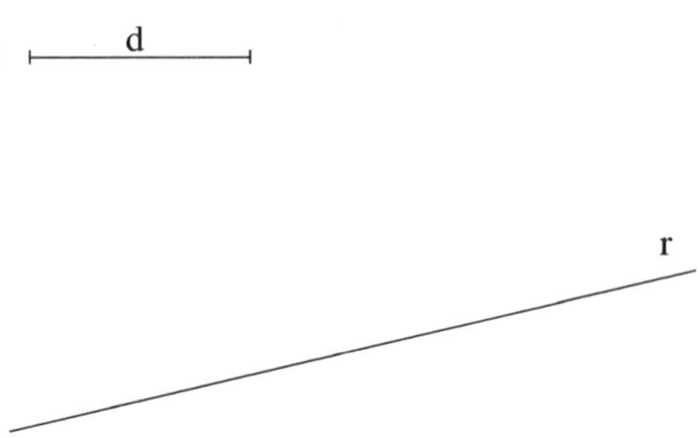

6. Polígonos

6.1) Definição: A união de segmentos satisfazendo as condições:

I) se dois deles tiverem ponto em comum, este ponto é uma extremidade e eles não são colineares.

II) cada extremidade está em exatamente dois segmentos, isto é, está em dois e apenas dois segmentos, é chamada de **polígono**.

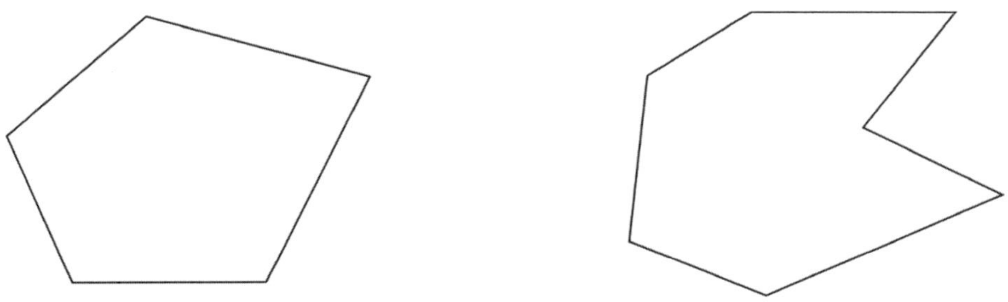

polígono convexo | polígono côncavo

6.2) Vértices, lados e diagonais

Vértices: São as extremidades dos segmentos da definição.
Lados: São os segmentos da definição.
Diagonais: São os segmentos que não são lados e as extremidades são vértices.

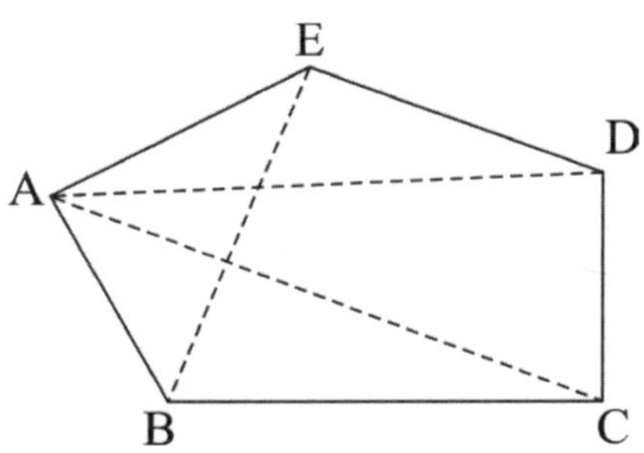

A, B, C, D e E são vértices do polígono ABCDE.

$\overline{AB}, \overline{BC}, \overline{DE}$ e $\overline{AE}$ são lados do polígono ABCDE.

$\overline{AD}, \overline{AC}$ e $\overline{EB}$ são algumas de suas diagonais.

6.3) Nomenclatura: De acordo com o número de lados, que coincide com o número de vértice, os polígonos são chamados:

3 lados: triângulo	4 lados: quadrilátero	5 lados: pentágono
6 lados: hexágono	7 lados: heptágono	8 lados: octógono
9 lados: eneágono	10 lados: decágono	11 lados: undecágono

Triângulo Quadrilátero Pentágono Hexágono Heptágono

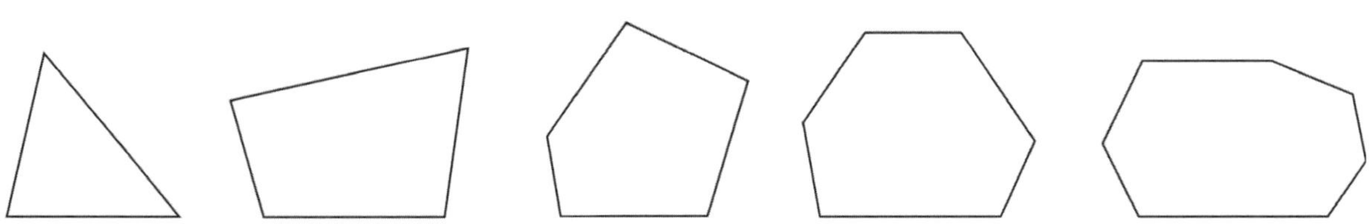

Nota: Quando nada for dito em contrário, os polígonos em questão serão convexos.

6.4) Ângulo de um polígono: Ângulo interno de um polígono convexo é cada ângulo cujos lados contêm dois lados adjacentes do polígono.

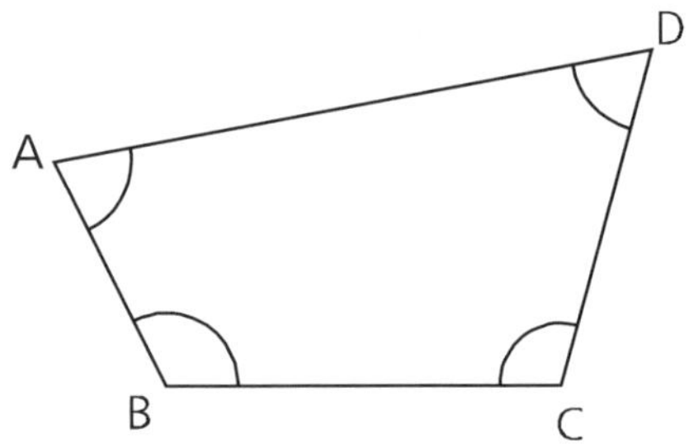

$A\hat{B}C$, $B\hat{C}D$, $A\hat{D}C$ e $B\hat{A}D$ são os ângulos internos do quadrilátero ABCD.

7. Triângulos

7.1) Classificação quanto aos ângulos

Triângulo acutângulo: Os três ângulos são agudos (menores que 90º).

Triângulo retângulo: Tem um ângulo obtuso (ângulo de 90º).

Triângulo obtusângulo: Tem um ângulo obtuso (ângulo maior que 90º)

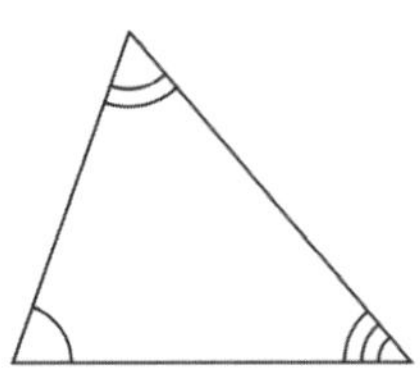
Triângulo acutângulo

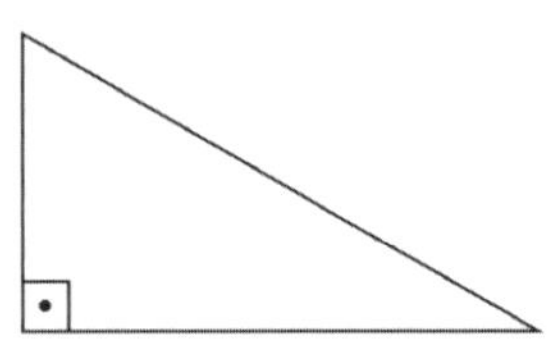
Triângulo retângulo

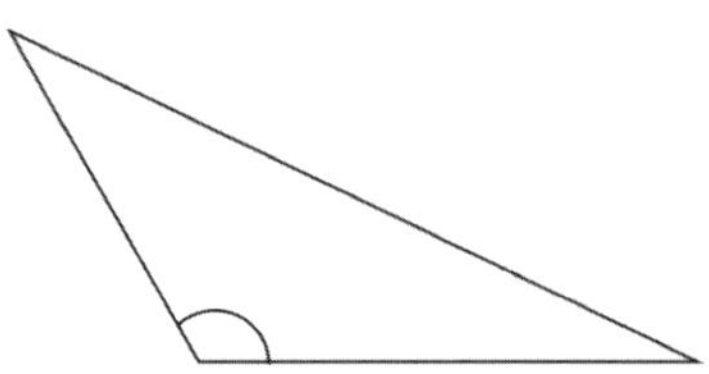
Triângulo obtusângulo

7.2) Classificação quanto aos lados

Triângulo equilátero: Lados congruentes entre si (medidas iguais)

Triângulo isósceles: Dois lados congruentes (dois lados de mesma medida).

Triângulo escaleno: Não há dois lados congruentes (lados de medidas desiguais).

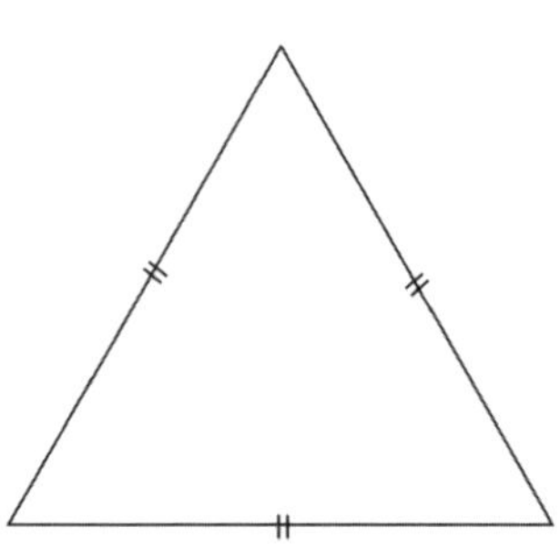
equilátero

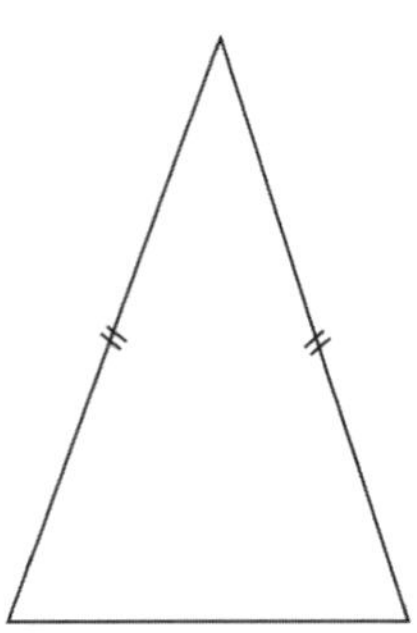
isósceles

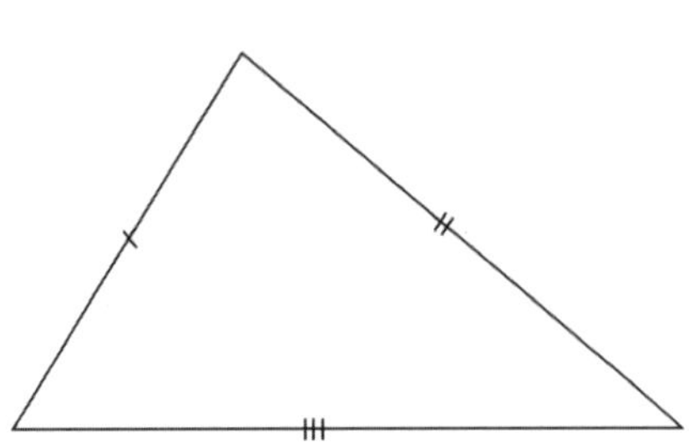
escaleno

Obs: Todo triângulo equilátero é também triângulo isósceles (tem dois lados congruentes)

7.3) **Triângulo retângulo**: Os lados que formam o ângulo reto são chamados **catetos** e o lado oposto ao ângulo reto é chamado **hipotenusa**.

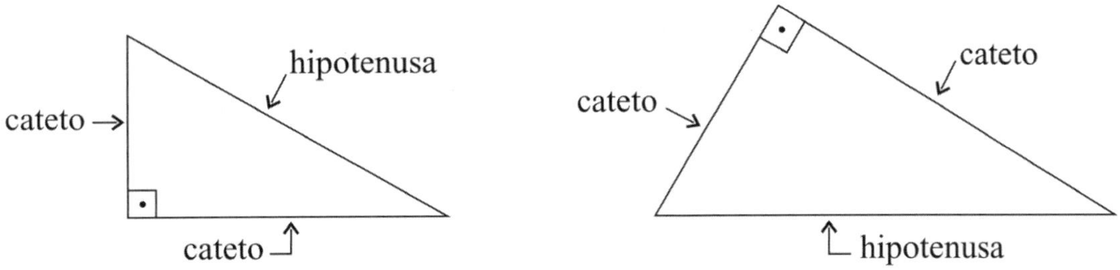

8. Trapézios

8.1) **Definição:** Trapézio é o quadrilátero que tem dois lados contidos em retas paralelas (dois lados paralelos). Esses lados paralelos são chamados **bases**.

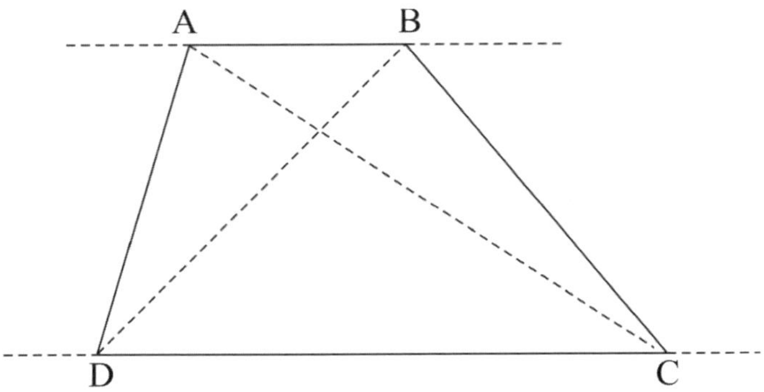

$\overline{AB}$ e $\overline{CD}$ são as bases

$\overline{AD}$ e $\overline{BC}$ são os lados oblíquos às bases (neste caso)

$\hat{A}$ e $\hat{B}$ e são os ângulos da base menor

$\hat{C}$ e $\hat{D}$ são os ângulos da base maior

$\overline{AC}$ e $\overline{BD}$ são as diagonais

8.2) Classificação

Trapézio escaleno: Os lados não bases não são congruentes (medidas desiguais).

Trapézio isósceles: Os lados oblíquos às bases são congruentes (medidas iguais).

Trapézio retângulo: Um lado é perpendicular as bases (ele tem dois ângulos retos).

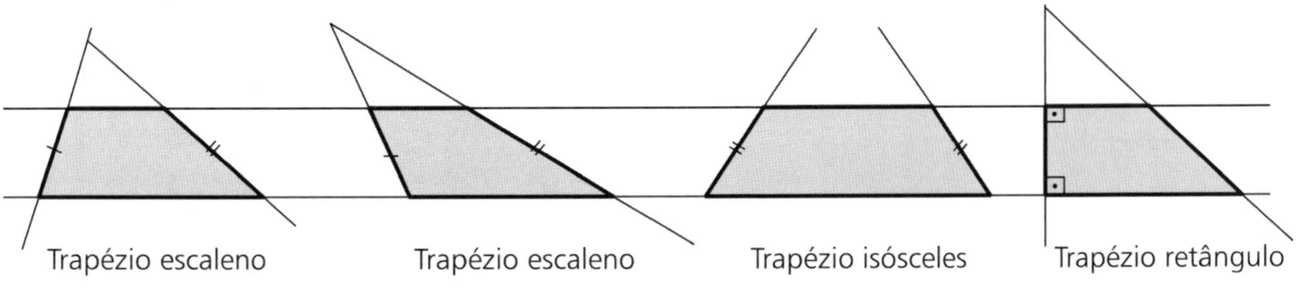

Obs: Os trapézios escalenos não retângulos e os trapézios isósceles têm dois lados oblíquos às bases.
O trapézio retângulo tem um lado perpendicular às bases e o outro é oblíquo às bases.

9. Paralelogramos

9.1) Definição: Paralelogramo é o quadrilátero que tem lados opostos paralelos.
Os lados opostos são também congruentes (têm medidas iguais).
Os ângulos opostos são congruentes.

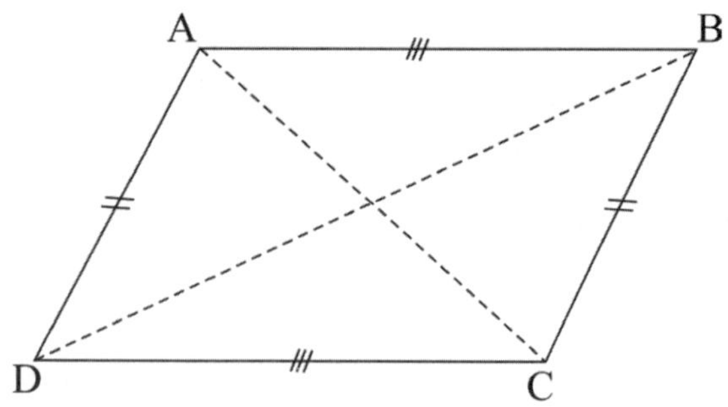

$\overline{AB} // \overline{CD}$ e $\overline{AD} // \overline{BC}$

$\overline{AB} \cong \overline{CD}$ e $\overline{AD} \cong \overline{BC}$ (AB = CD e AD = BC)

$\hat{A} = \hat{C}$ e $\hat{B} = \hat{D}$

AC e BD são diagonais

9.2) Classificação

Losango: É o paralelogramo cujos lados são congruentes entre si.

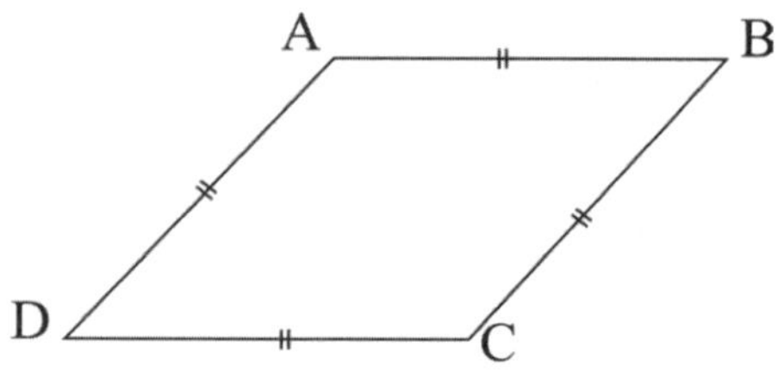

ABCD é paralelogramo e AB = BC = CD = AD, então ABCD é um losango
(Prova-se que se AB = BC = CD = AD, então ABCD é paralelogramo).

Retângulo: É o paralelogramo cujos ângulos são retos.

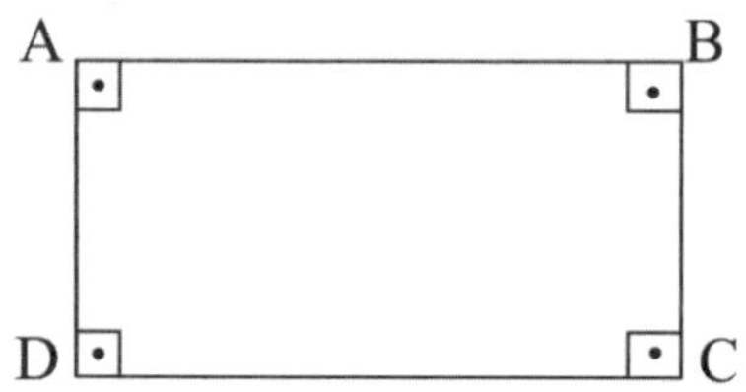

ABCD é paralelogramo e $\hat{A} = \hat{B} = \hat{C} = \hat{D} = 90^o$, então ABCD é um retângulo.

(Prova-se que se $\hat{A} = \hat{B} = \hat{C} = \hat{D}$, então ABCD é um paralelogramo).

Quadrado: É o paralelogramo cujos lados são congruentes entre si e cujos ângulos são retos (ele é losango e retângulo).

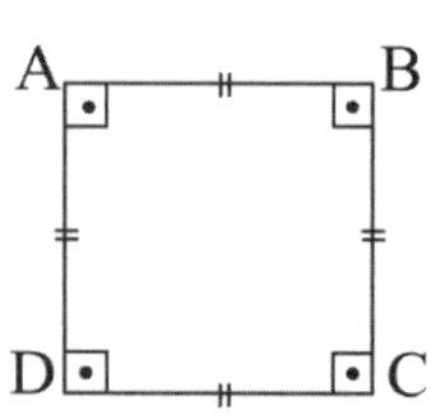

ABCD é um paralelogramo com ângulos de 90º e lados de medidas iguais, então ABCD é um quadrado.

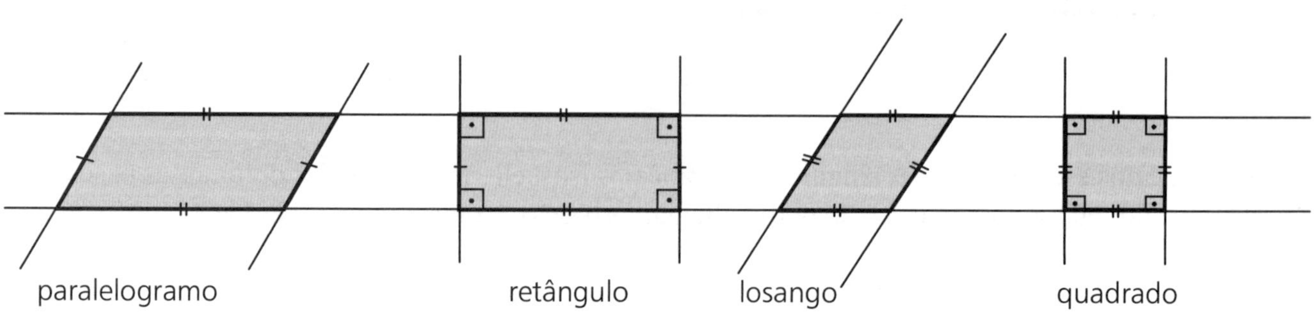

EXERCÍCIOS

63 Dado o esboço de um triângulo ABC, completar o seu desenho, nos casos:

a)

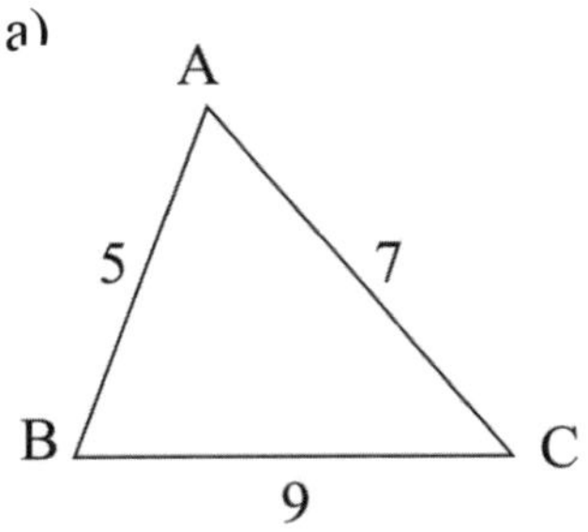

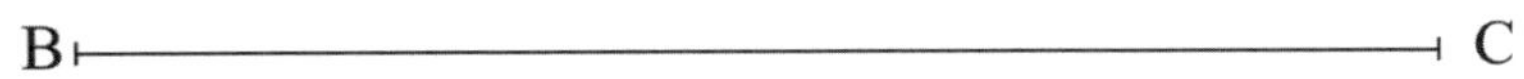

b)

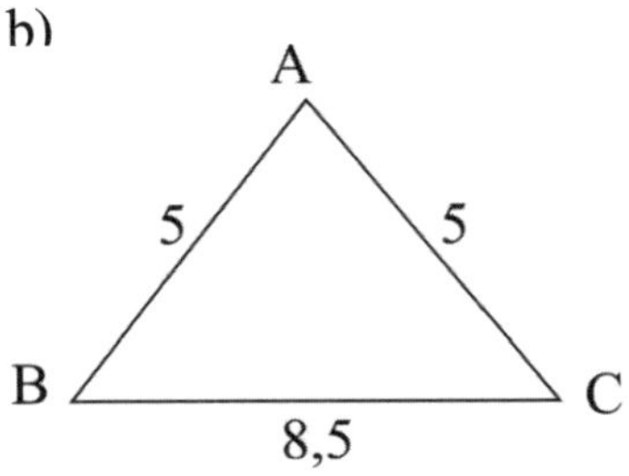

c)

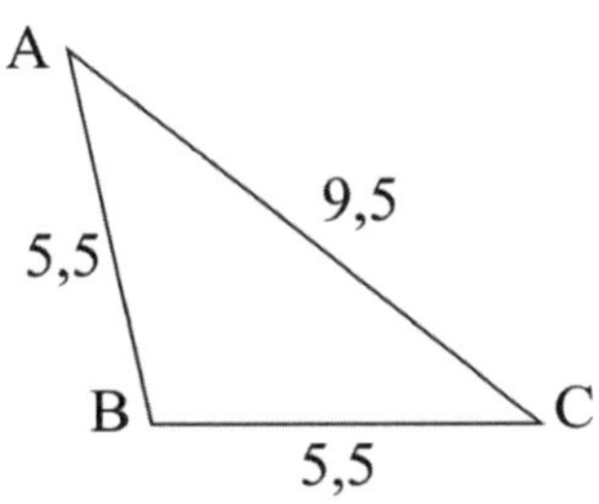

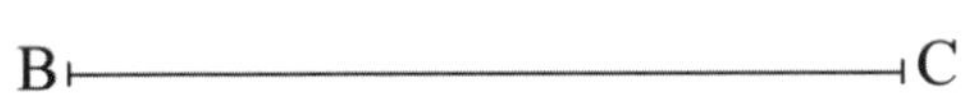

d)

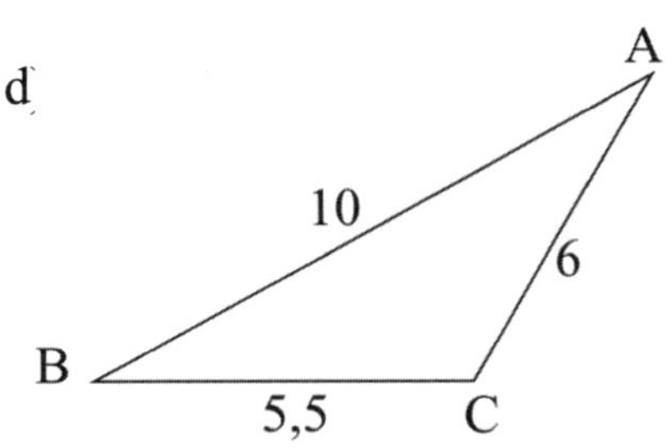

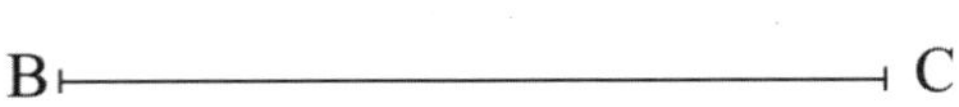

64 Dado o esboço de um triângulo ABC, completar o seu desenho, nos casos:
(Para traçar ângulo, usar transferidor).

a)

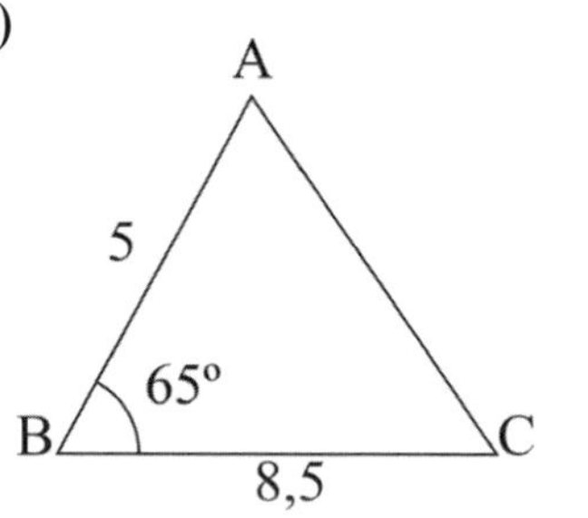

b)

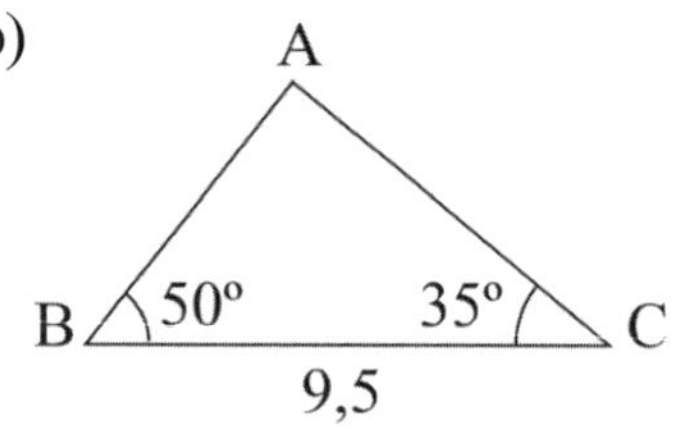

c)

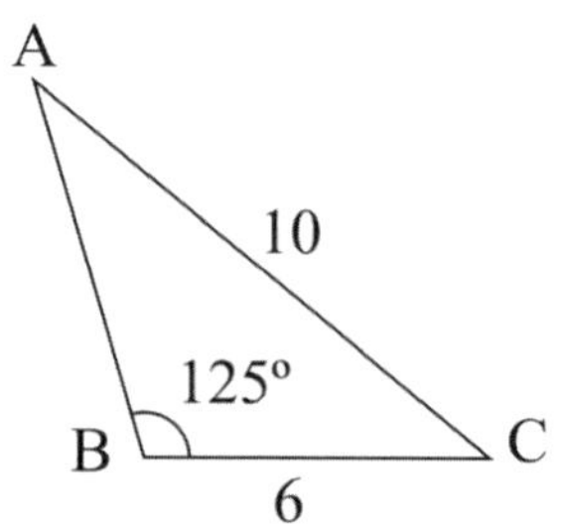

d)

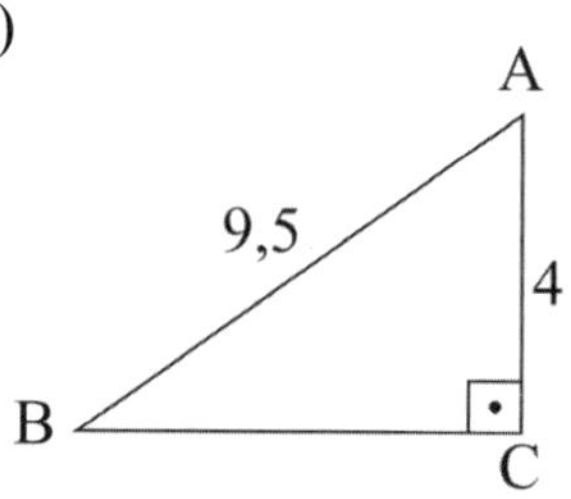

65 Dado o esboço do quadrilátero ABCD, construir o quadrilátero, nos casos:

a)

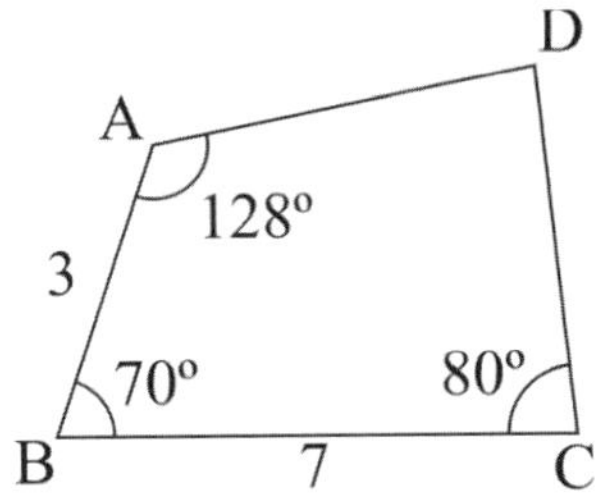

b)

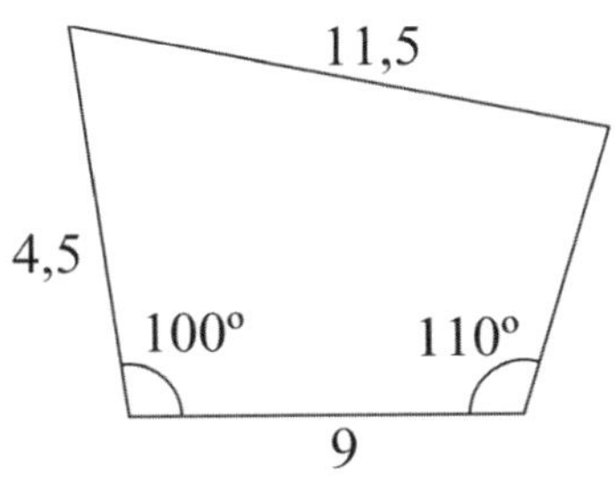

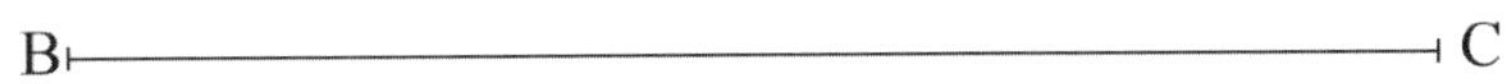

c)

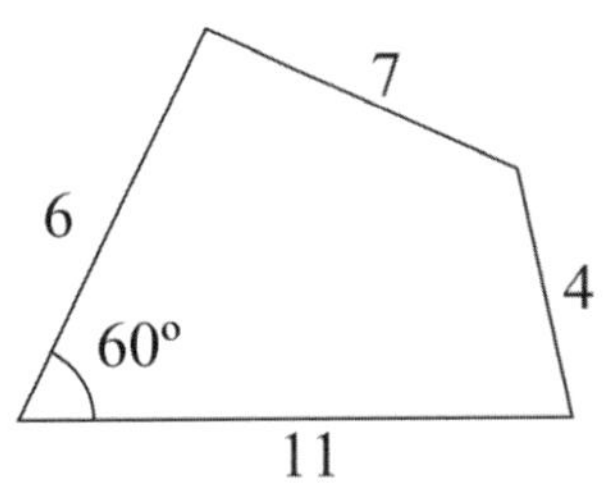

d)

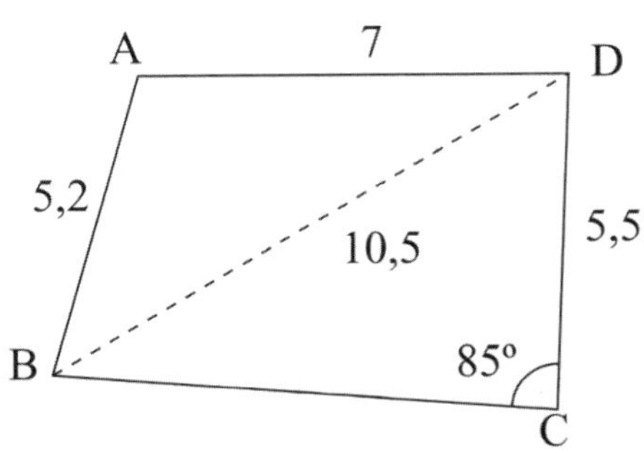

66 Dado o esboço, completar o desenho do polígono convexo, nos casos:

a) Pentágono ABCDE

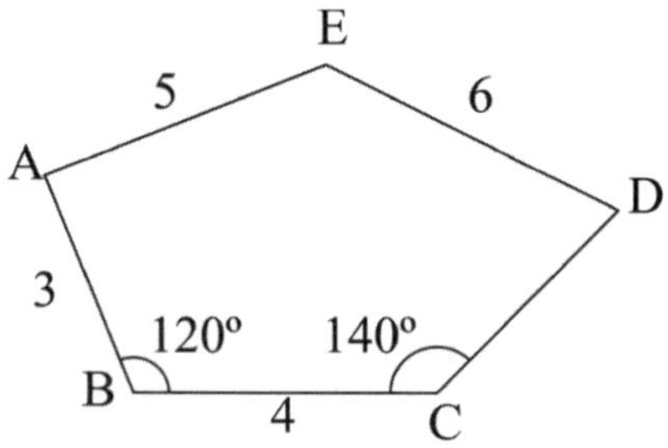

b) Pentágono ABCDE

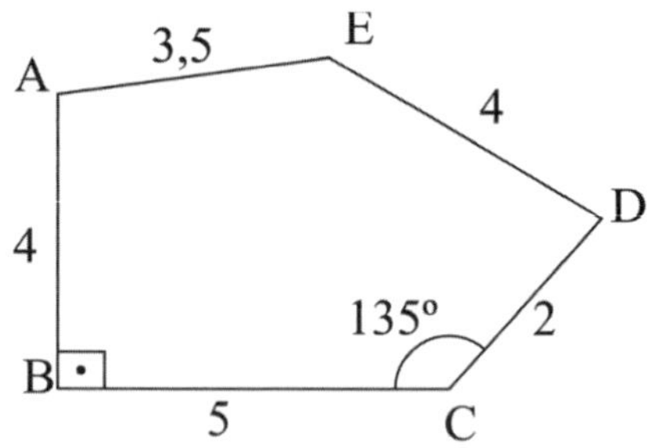

c) Hexágono ABCDEF

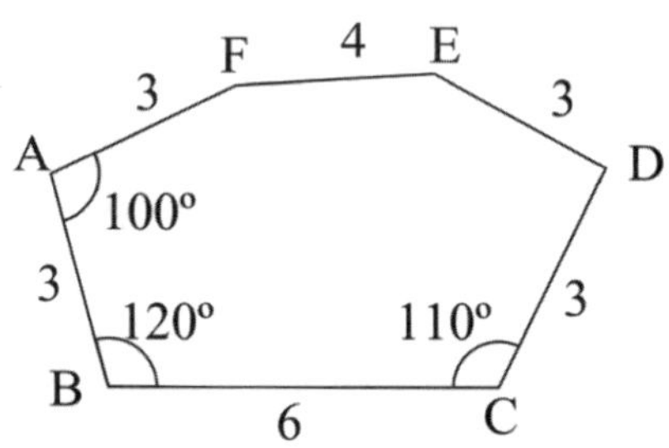

d) Heptágono ABCDEFG

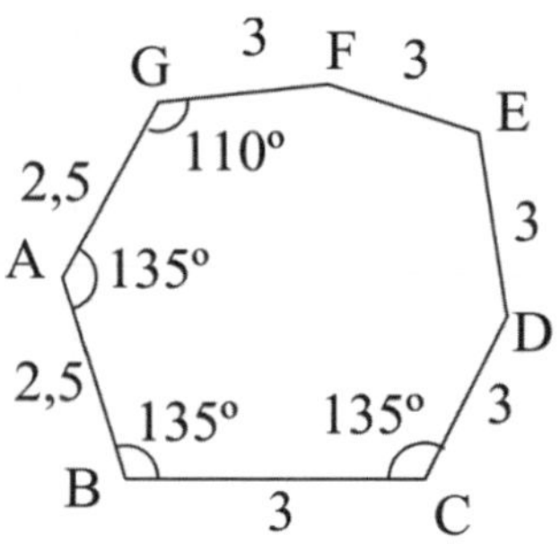

67 Dado o esboço de um trapézio ABCD de bases AB e CD, completar o seu desenho, nos casos:

Obs: Usar o jogo de esquadros para traçar as retas paralelas que contêm as bases.

a)

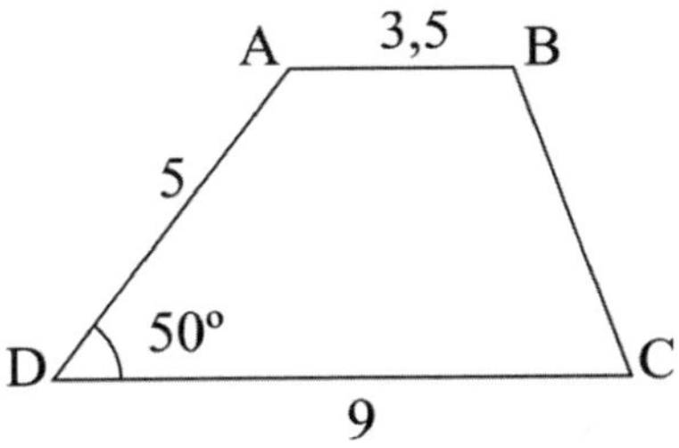

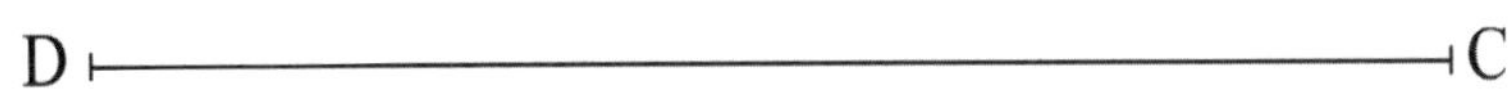

b)

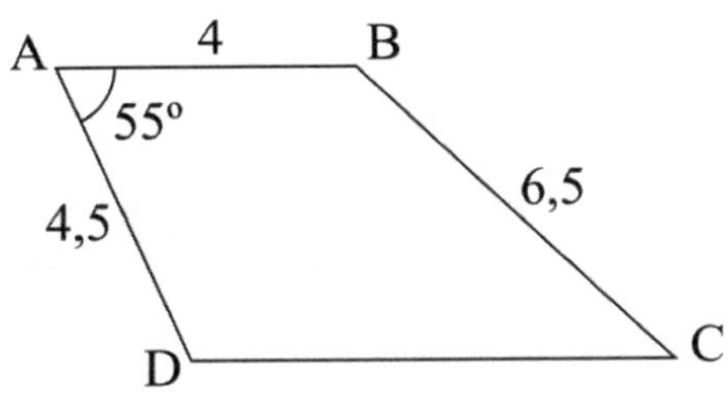

c)

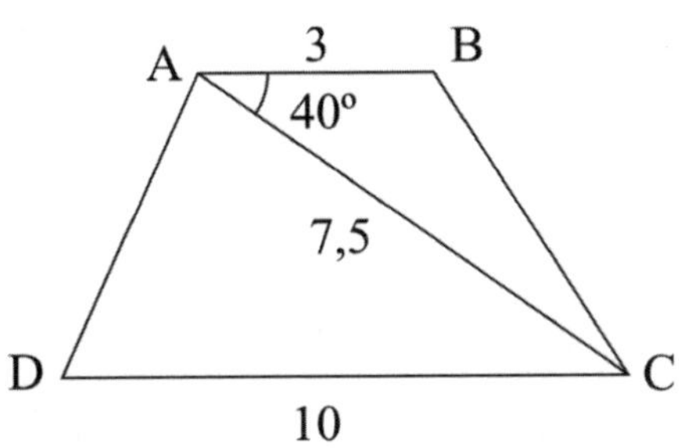

d)

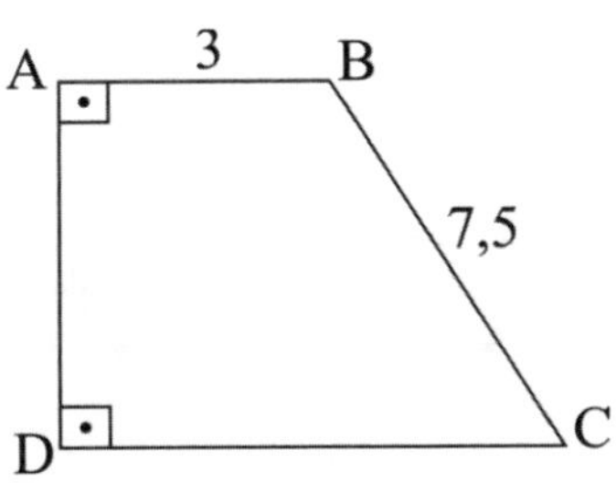

68 Dado o esboço de um paralelogramo ABCD, contrua-o, nos casos:
Obs: Usar transferidor para construir ângulos e usar compasso para obter lado opostos congruentes (o paralelogramo tem lados opostos paralelos e congruentes).

a)

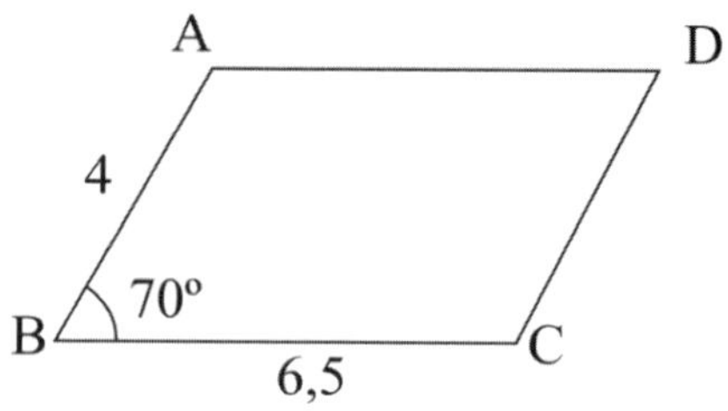

b)

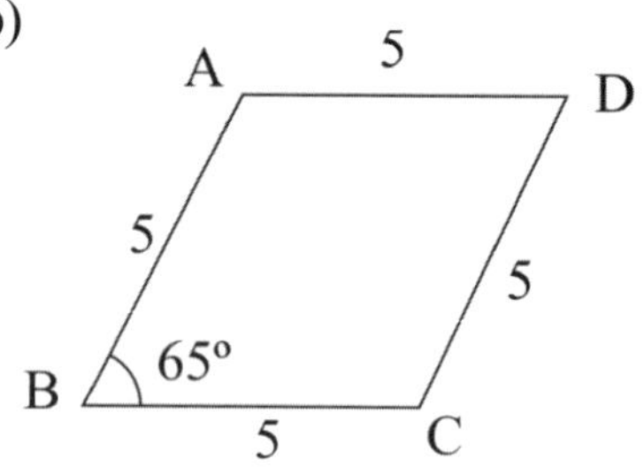

c)

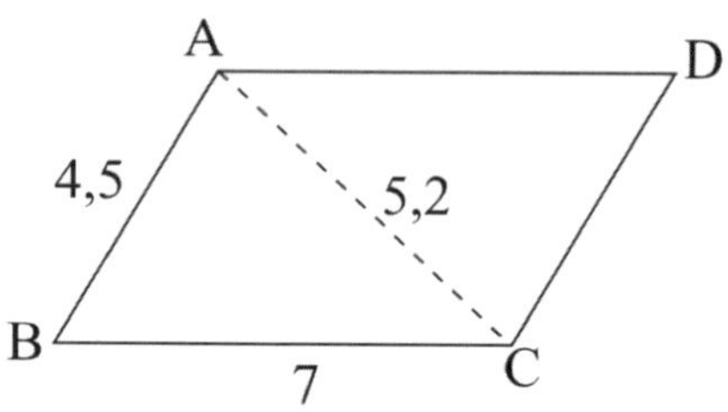

d)

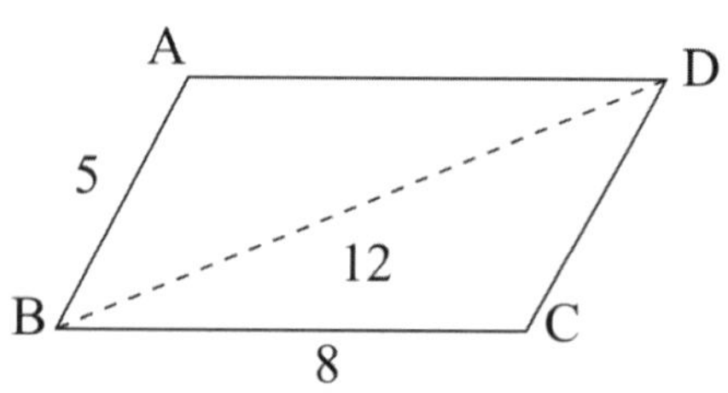

69 Traçar pelos vértices, do quadrilátero dado, retas paralelas as diagonais, nos casos: (Que quadrilátero essas retas determinam?).

a)

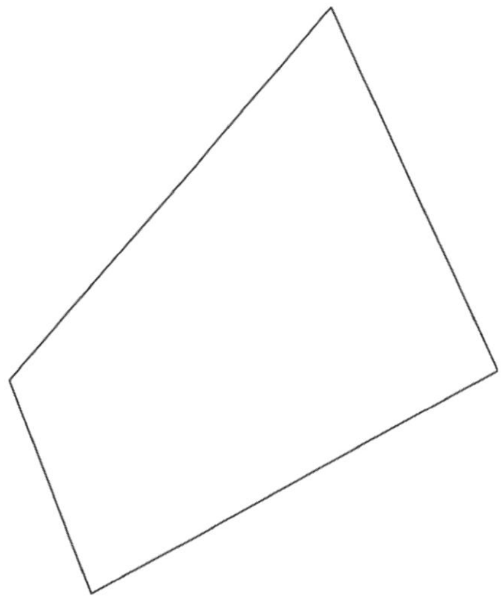

b)

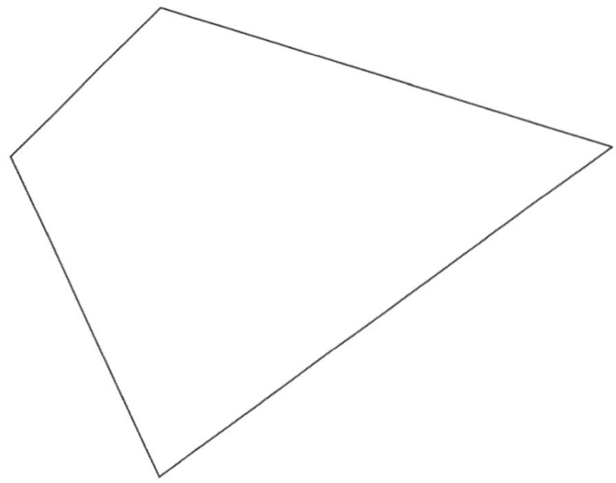

70 Traçar pelos vértices do retângulo dado, retas paralelas as diagonais, nos casos:

a)

b)

71 Em cada caso é dado um triângulo ABC. Traçar pelos pontos assinalados sobre AC as retas paralelas à reta BC.

a)

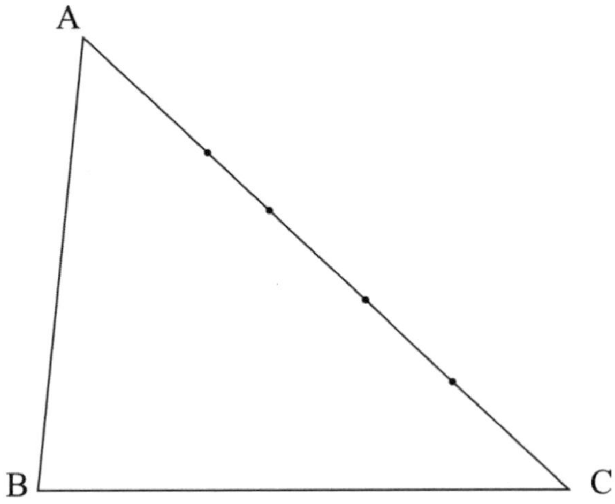

b)

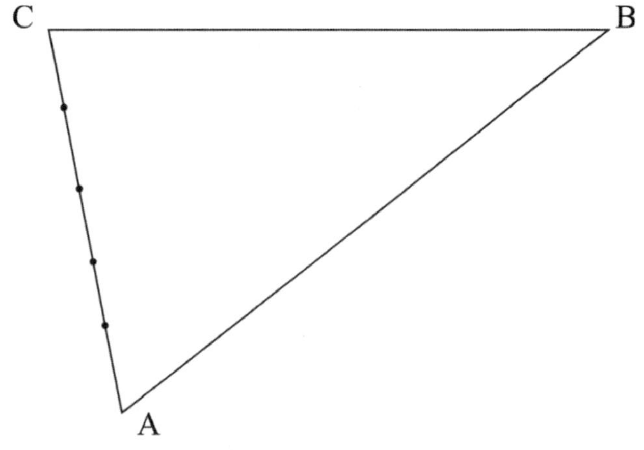

72 Em cada caso é dado um triângulo ABC e um ponto P sobre o lado AB. Construir um retângulo inscrito neste triângulo de modo que **P** seja um de seus vértices e um lado esteja sobre BC.

a)

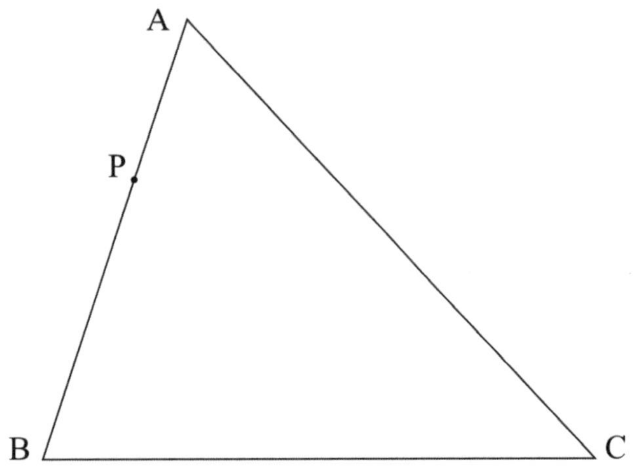

b)

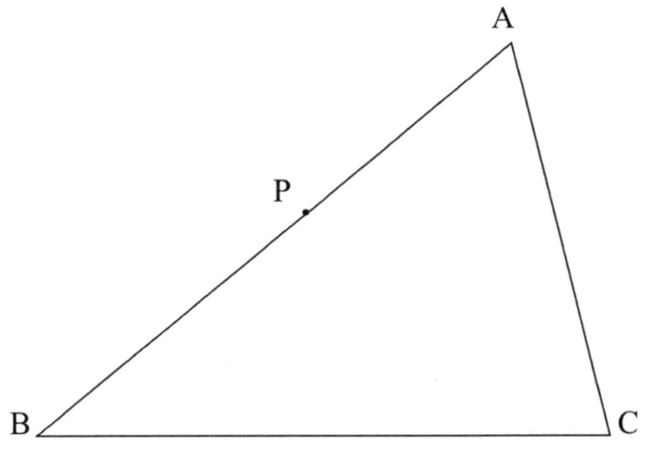

c)

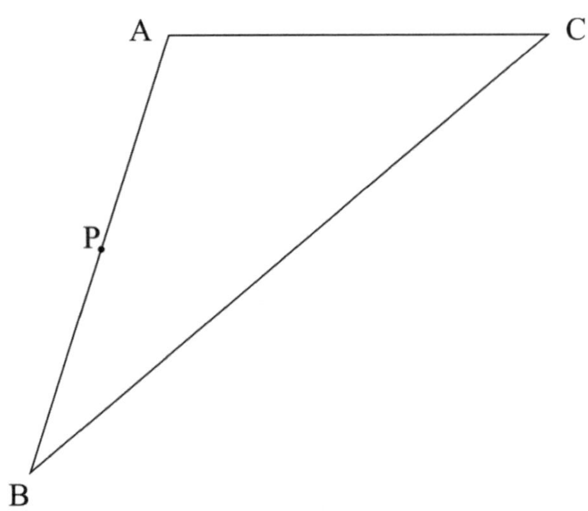

d)

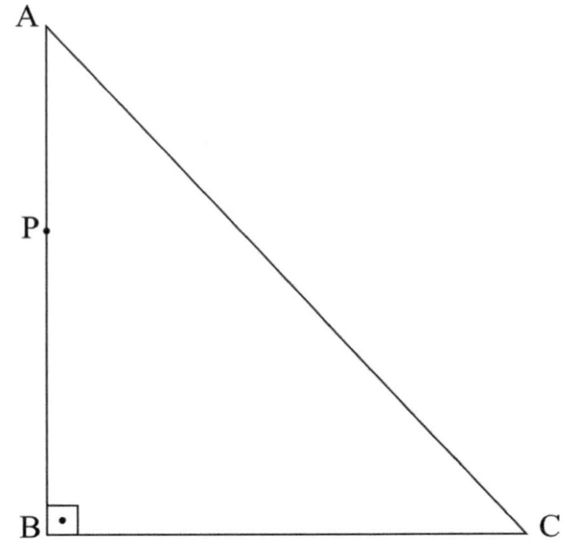

73 Dado um triângulo ABC e pontos assinalados sobre o lado AB, construir os retângulos inscritos em ABC que têm um dos pontos assinalados como vértice e um lado sobre BC.

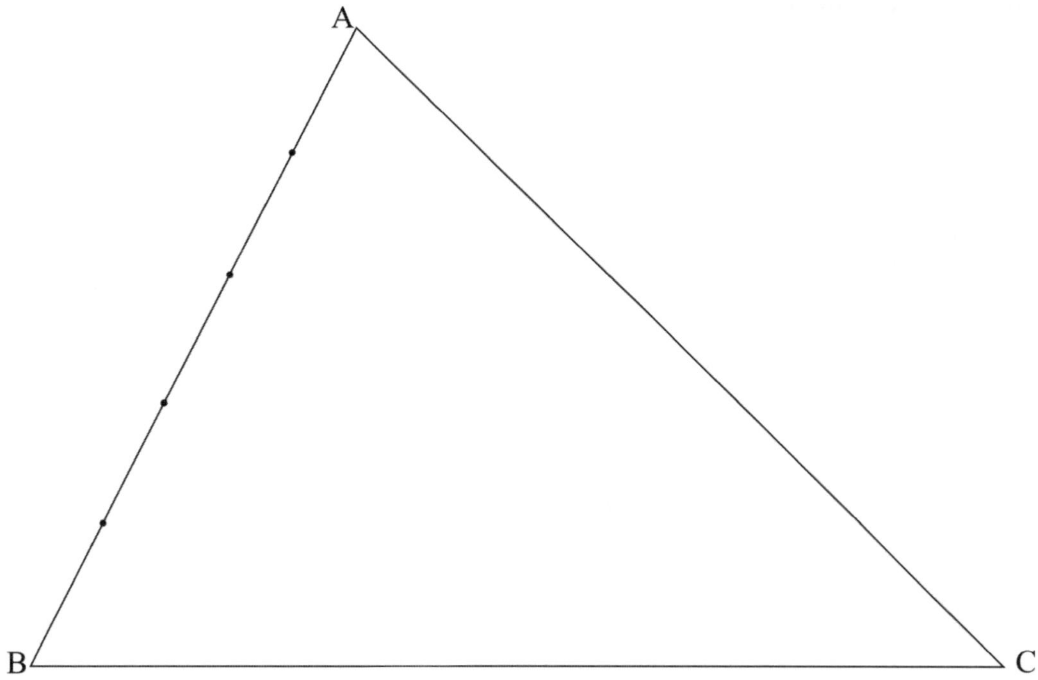

74 Dado um trapézio isósceles de diagonais perpendiculares, construir o quadrilátero cujos lados são paralelos às diagonais do trapézio, de modo que cada lado contenha um vértice do trapézio. Que quadrilátero é esse?

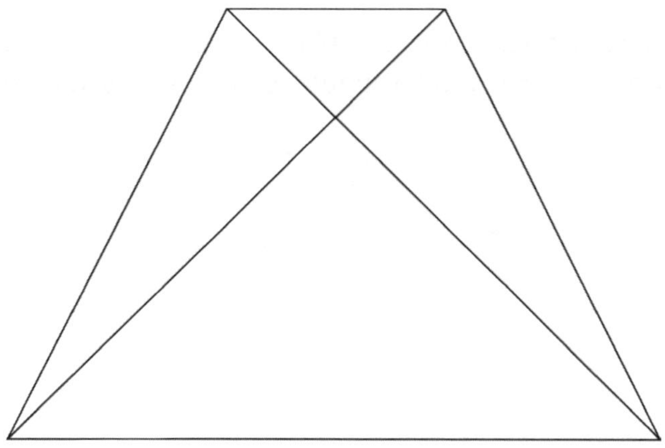

75 Em cada caso é dado o esboço de um triângulo onde estão indicados as medidas de segmentos, em cm, e de ângulos. No esboço os segmentos e ângulos não têm, de fato, as medidas indicadas. Usando apenas esquadros e régua completar o desenho do triângulo de modo que os segmentos e ângulos tenham, de fato, as medidas indicadas.

a)

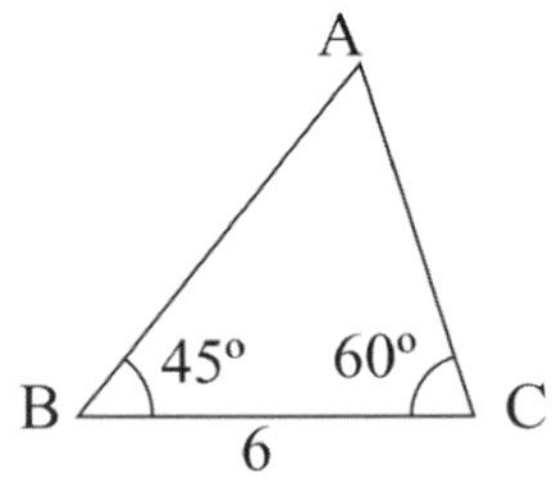

b)

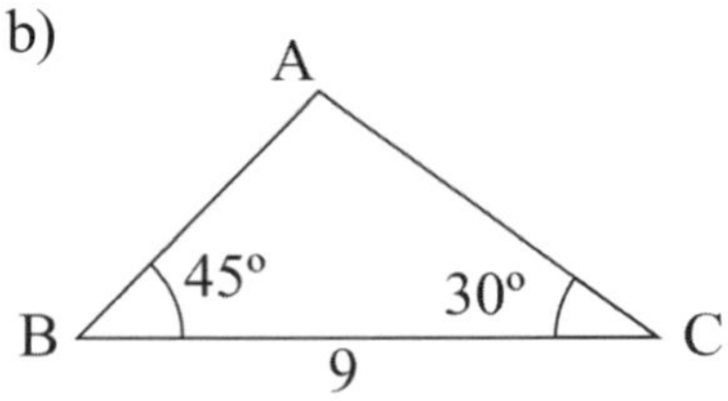

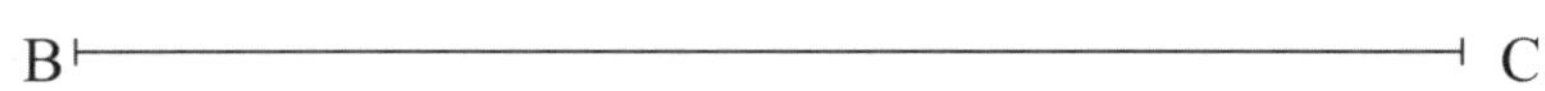

c)

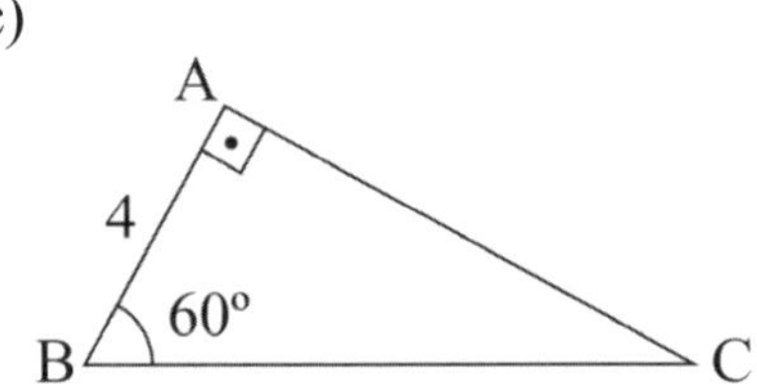

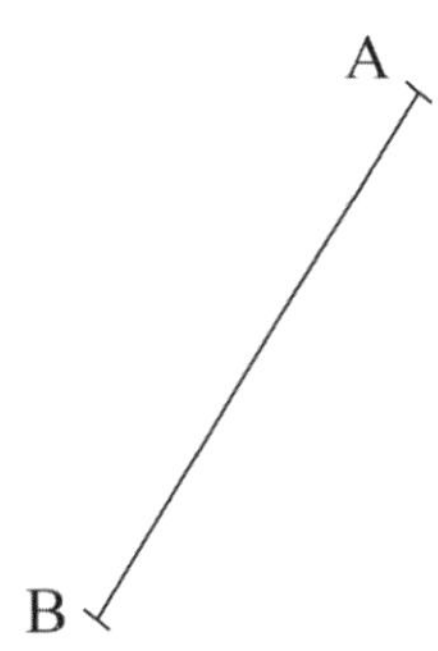

76 Dado um ângulo e pontos assinalados sobre um lado, construir quadrados com um vértice num ponto assinalado e um lado sobre o outro lado do ângulo, contidos no setor, como mostra o esboço.

Esboço

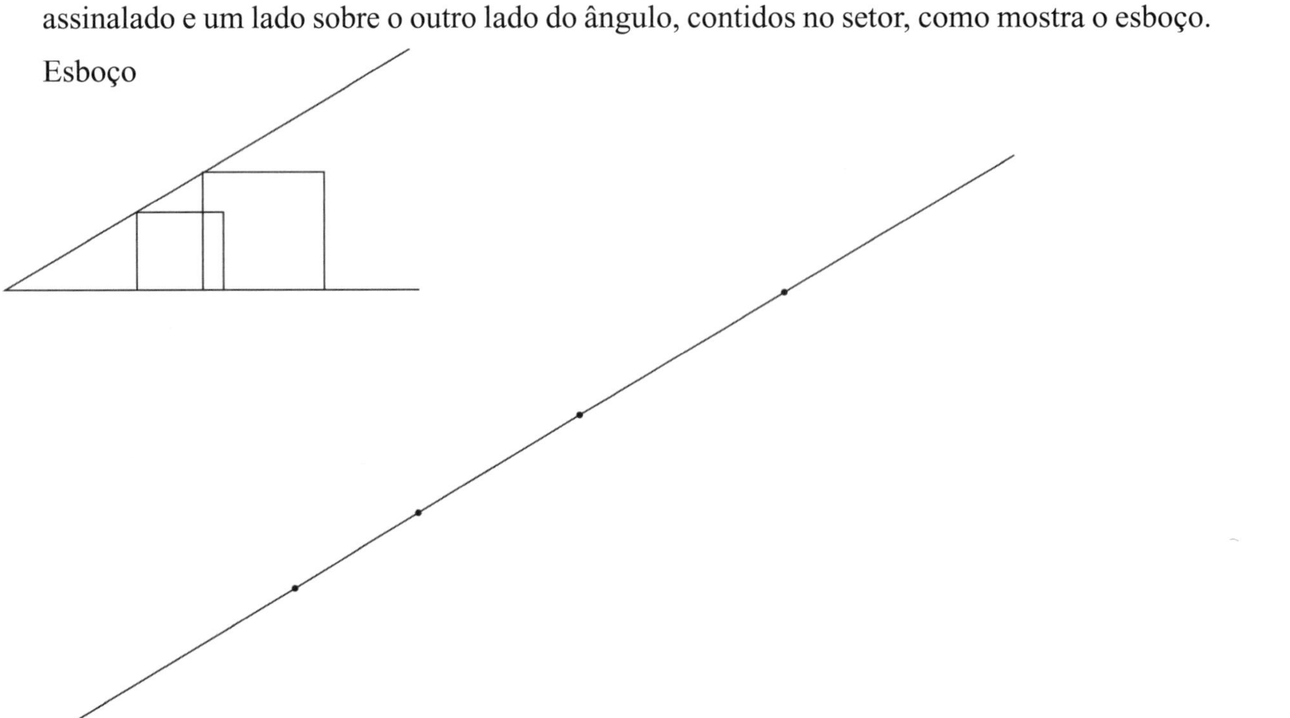

77 Dado um ângulo e pontos assinalados sobre um lado, construir triângulos retângulos isósceles (um ângulo de 90º e dois de 45º) , com uma extremidade da hipotenusa num dos pontos assinalados e a outra no outro lado do ângulo, com a hipotenusa perpendicular a esse lado, como mostra o esboço.

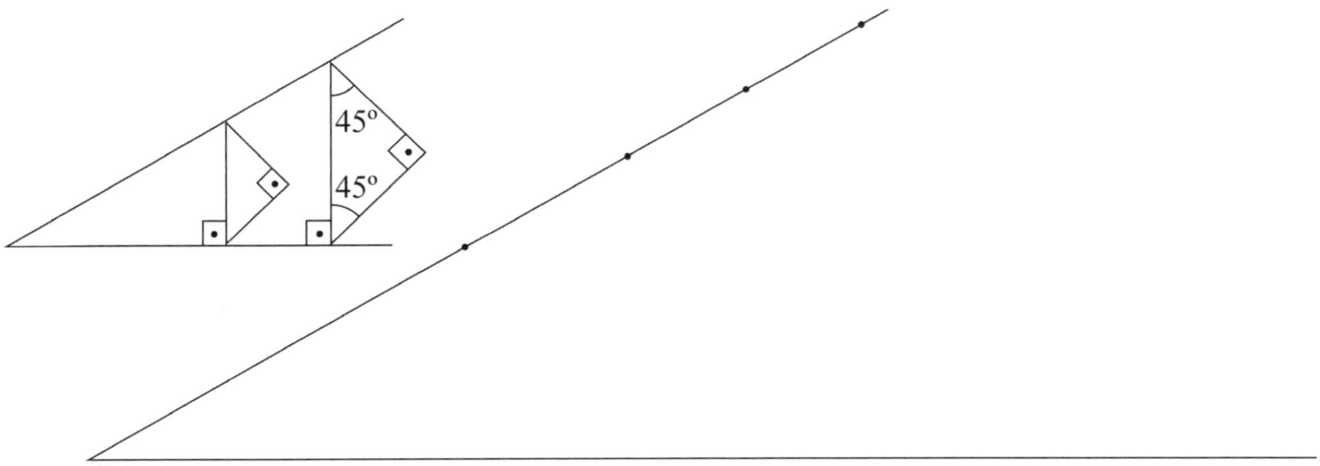

78 Dado um ângulo e pontos assinalados sobre um lado, construir triângulos equilátero (os três ângulos com 60º) , com uma extremidade em um dos pontos assinalados e a outra no outro lado do ângulo, com esse lado do triângulo perpendicular a esse lado do ângulo, como mostra o esboço.

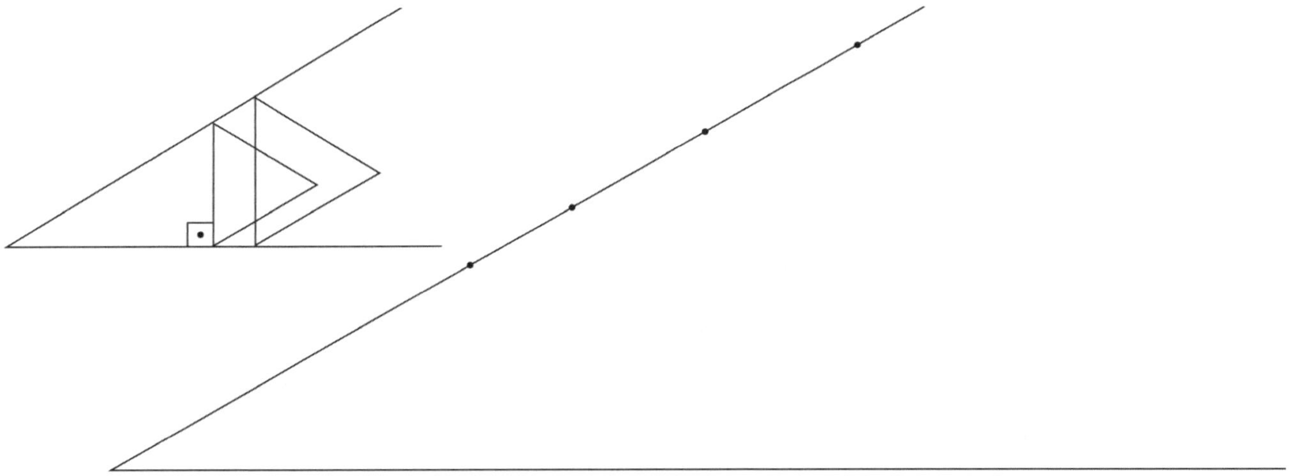

79 Construir, usando apenas esquadros, um triângulo equilátero ABC dado:

a) O lado BC

b) A altura AH relativa ao lado BC

80 Dado o esboço de um trapézio retângulo ABCD, com $\hat{A} = \hat{B} = 90^\circ$, construa-o, nos casos:
Obs: Os ângulos e as bases paralelas desses exercícios devem ser traçados com o jogo de esquadros.

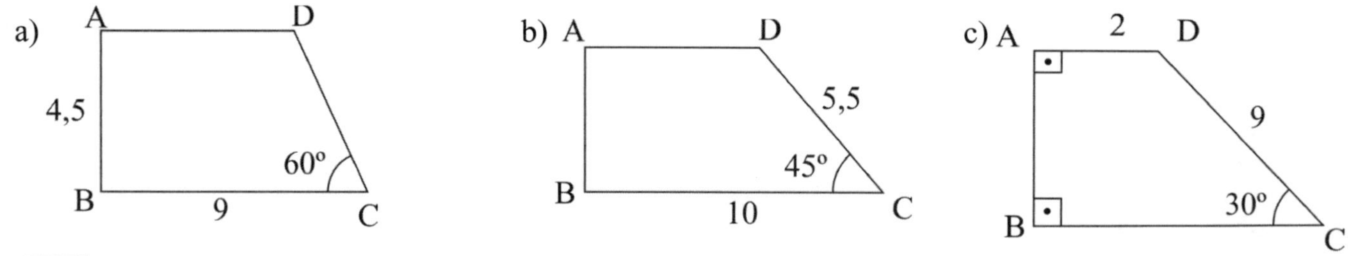

81 Construir o trapézio isósceles ABCD de bases AD e BC, de acordo com as medidas indicadas no esboço, nos casos:

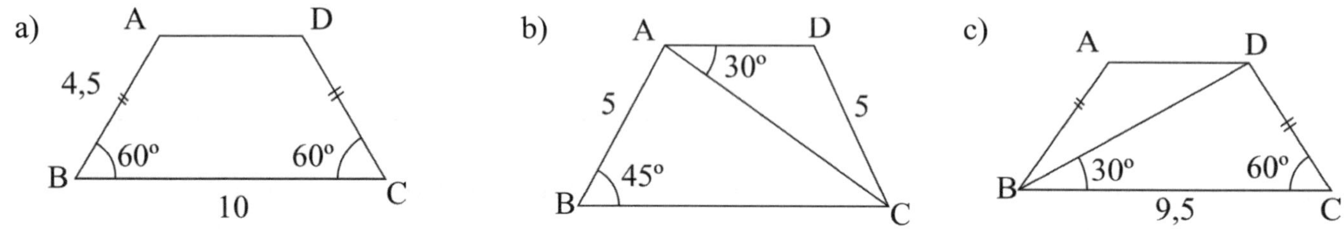

82 Construir o trapézio escaleno ABCD de bases AD e BC, de acordo com as medidas indicadas no esboço, nos casos:

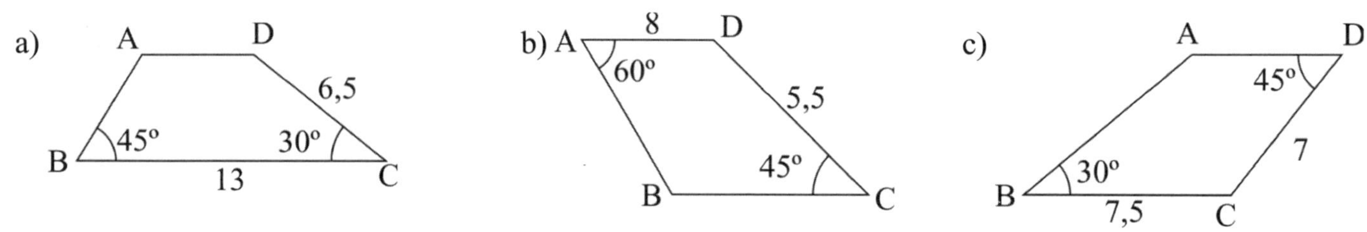

83 Construir uma semi-circunferência com extremidades A e B, com AB = 14 cm e inscrever nela retângulos, com um lado sobre $\overline{AB}$, sabendo que os lados dos retângulos, adjacentes aos lados que estão sobre $\overline{AB}$ medem 2 cm , 3 cm , 4 cm , 5 cm e 6 cm.

84 Construir um triângulo ABC com AB = 10 cm , BC = 13 cm e AC = 11,5 cm e inscrever retângulos nele, com um lado contido em BC, e os outros vértices em AB e AC, sabendo que os lados adjacentes aos lados que estão sobre BC medem 2 cm , 3 cm , 4 cm e 6 cm.

85 Construir um triângulo ABC com AB = 11 cm , BC = 13 cm e AC = 12 cm e inscrever nele retângulos, com um lado sobre BC, sabendo que esses lados sobre BC medem 4,5 cm , 6 cm e 7 cm.

86 Construir um ângulo de 30° com lados **r** e **s** , tomar sobre **s** os pontos A, B , C e D, distantes, respectivamente, 4,5 cm , 6 cm , 8 cm e 11 cm do vértice do ângulo e construir os quadrados que têm um dos vértices em A, B, C e D, um lado sobre **r** e o outro vértice interno ao ângulo. Comparar os lados dos quadrados com as distâncias dos vértices sobre **s** até o vértice do ângulo.

87 Traçar dois segmentos AB e BC não colineares (não de uma mesma reta) e em seguida determinar o ponto **D**, usando apenas compasso, de modo que ABCD seja um paralelogramo. Repetir esse exercício variando a medida de ABC. Lembre-se de que se lados opostos de um quadrilátero são congruentes, então eles são também paralelos.

II CONSTRUÇÕES FUNDAMENTAIS COM COMPASSO

1. Retas paralelas

1.1) Definição: Duas retas são paralelas se, e somente se, são coincidentes ou são coplanares e não têm ponto em comum.

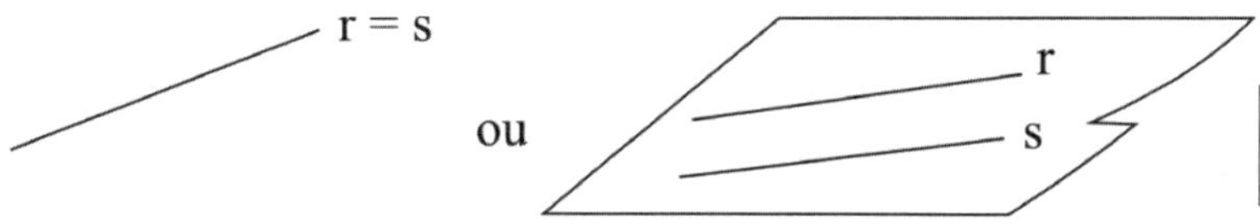

r = s ou r e s são coplanares e $r \cap s = \varnothing$ $\Leftrightarrow$ r//s

1.2) Paralelogramo: O quadrilátero cujos lados opostos estão contidos em retas paralelas é chamado paralelogramo.

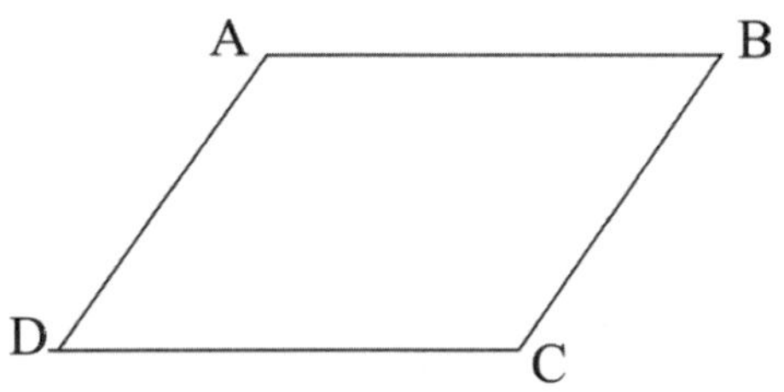

$\overline{AB} // \overline{CD}$ e $\overline{AD} // \overline{BC}$ $\Leftrightarrow$ ABCD é um paralelogramo

1.3) Propriedade: Prova-se (será provado posteriormente) que em todo paralelogramo, os lados opostos são congruentes. E reciprocamente, isto é, se um quadrilátero convexo tem lados opostos congruentes, então ele é um paralelogramo (os lados opostos são paralelos).

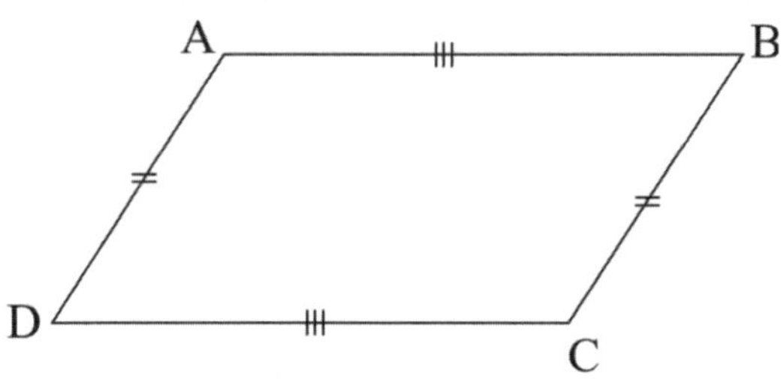

$\overline{AB} // \overline{CD}$ e $\overline{AD} // \overline{BC}$ $\Leftrightarrow$ AB = CD e AD = BC

1.4) Paralela com o compasso

A propriedade acima é a que usamos para, com o compasso, construirmos por um ponto dado fora de uma reta, a reta paralela a ela.

Basta encaixarmos um paralelogramo qualquer com um vértice no ponto dado e um lado na reta dada, os vértices do paralelogramo que estão fora da reta dada determinam uma reta paralela à ela. O quadrilátero convexo encaixado, tendo lados opostos congruentes, será um paralelogramo.

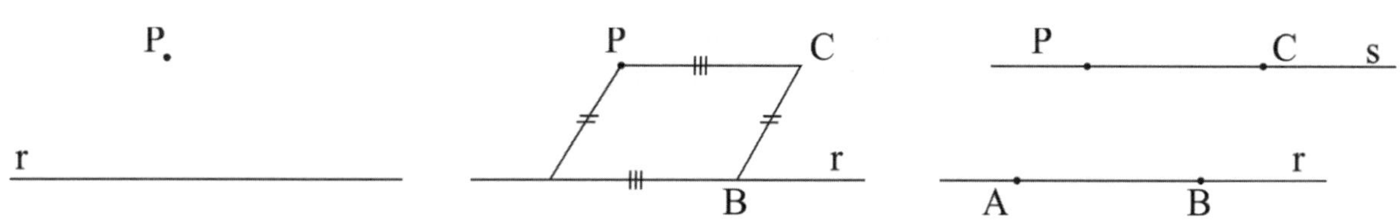

s//r

Vejamos como, dados uma reta **r** e um ponto **P**, traçar uma reta que passa pelo ponto **P** e é paralela a **r**.

1ºmodo: Quando há dois pontos assinalados sobre a reta **r** (quando não houver, podemos tomar dois pontos quaisquer sobre **r**):

Sejam **A** e **B** dois pontos distintos sobre r.

1º) Com centro em **P** e raio AB traçamos um arco (1)

2º) Com centro em **B** e raio AP traçamos um arco (2) que corta o arco (1) em **Q**. O quadrilátero APQB tem lados opostos congruentes. Então ele é um paralelogramo e a reta **s** determinada por **P** e **Q** é paralela à reta **r**.

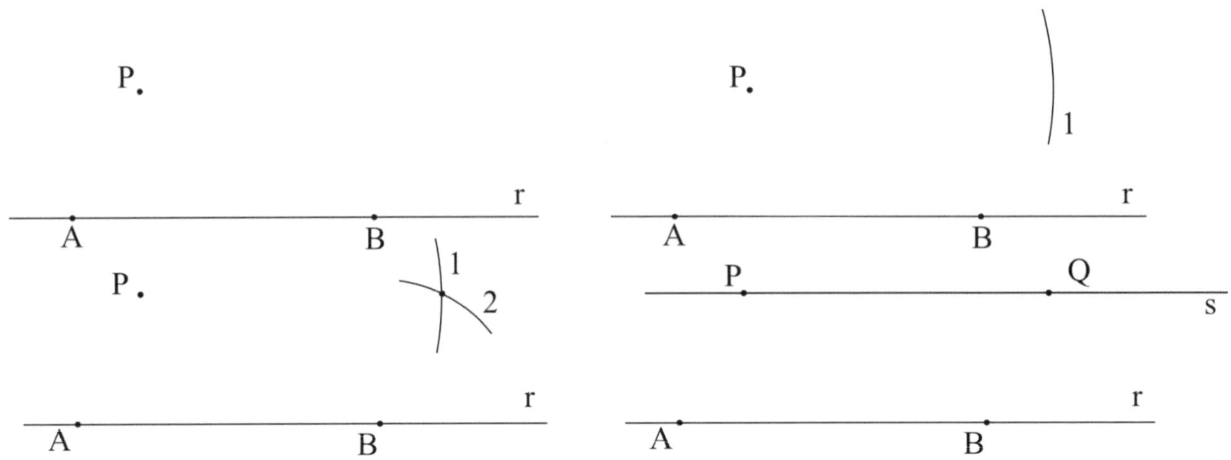

2ºmodo: Paralelogramo com uma diagonal igual a dois lados opostos:

1º) Com centro em **P** e raio arbitrário traçamos um arco que corta **r** em **B**.

2º) Com centro **B** e **mesmo** raio traçamos um arco que corta **r** em **A** (ver figura).

3º) Com centro **B** e raio AP traçamos um arco (2) que corta (1) em **Q**. O quadrilátero APQB tem lados opostos congruentes, então ele é um paralelogramo e a reta s determinada por **P** e **Q** é paralela à reta **s**.

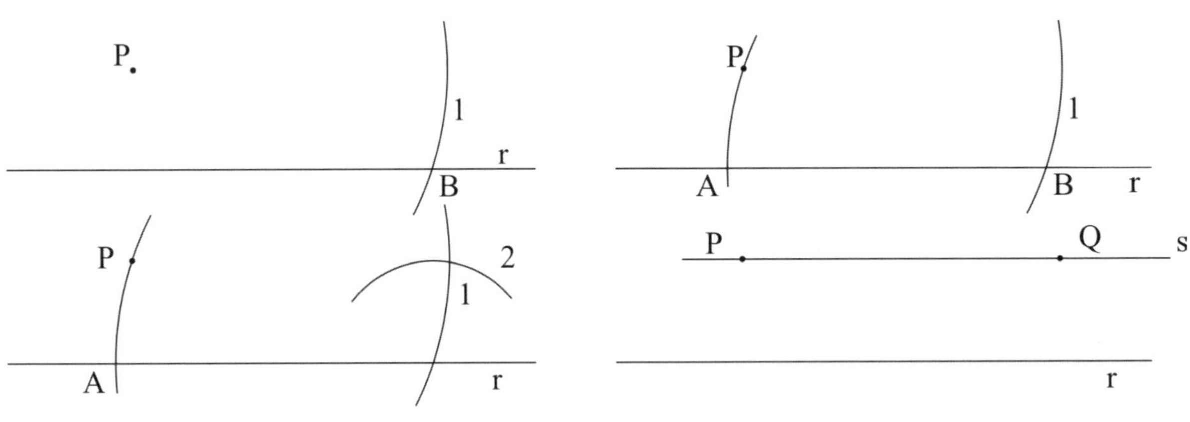

3ºmodo: método do losango:

1º) Com centro em **P** e raio arbitrário traçamos um arco (1) que corta **r** em **A**.

2º) Com centro em **A** e mesmo raio traçamos um arco que corta **r** em **B**.

3º) Com centro em **B** e mesmo raio traçamos um arco (2) que corta (1) em **Q**. O quadrilátero APQB é um losango. Então a reta **s** e paralela à reta **r**.

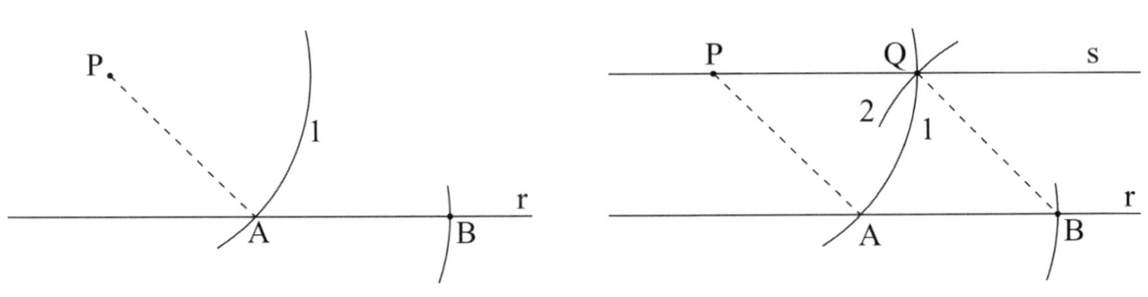

EXERCÍCIOS

88 Dados os vértices A, B e C de um quadrilátero ABCD que tem lados opostos congruentes (medidas iguais) contruir este quadrilátero, nos casos:

a)

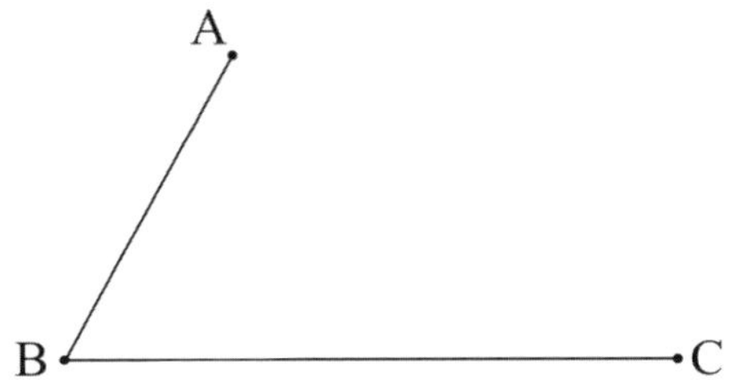

b)

c)

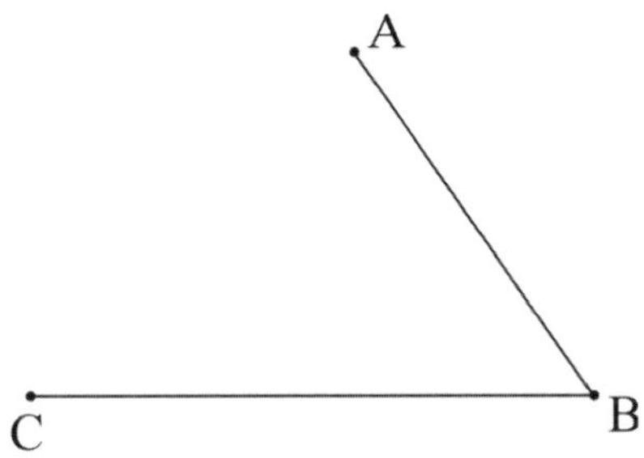

d)

e)

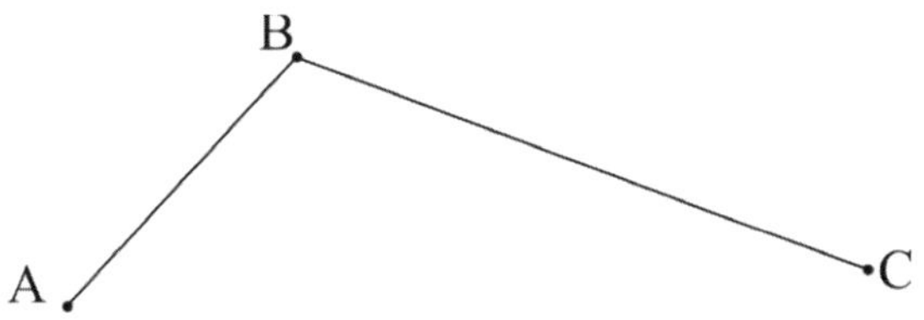

f)

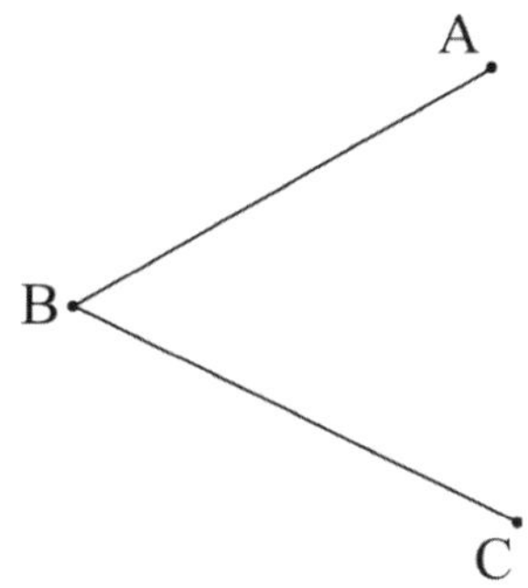

89 Sabendo que todo paralelogramo tem lados opostos congruentes (medidas iguais) e reciprocamente, isto é, todo quadrilátero que tem lados apostos congruentes é um paralelogramo, dados os vértices **A**, **B** e **C** de um paralelogramo, construa este, nos casos:

a)

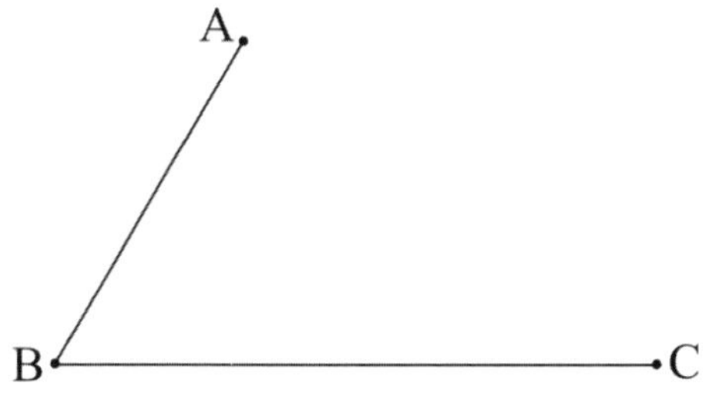

b)

c)

d)

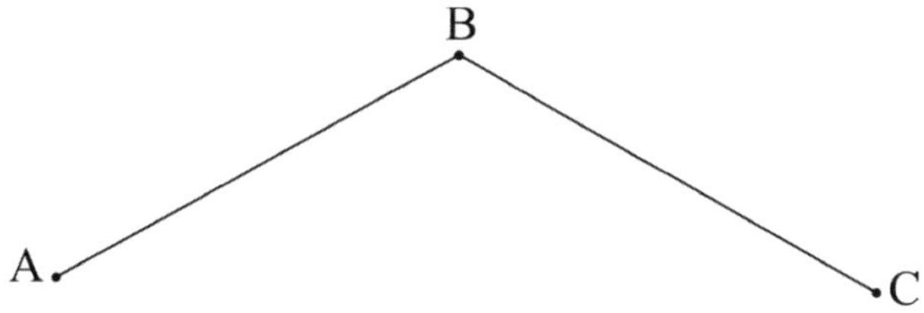

90 Dadas as retas paralelas que contêm os lados AB e CD de um paralelogramo ABCD construir este paralelogramo, nos casos:
Obs: Quando houver duas soluções, construir apenas a que couber no espaço dado.

a)

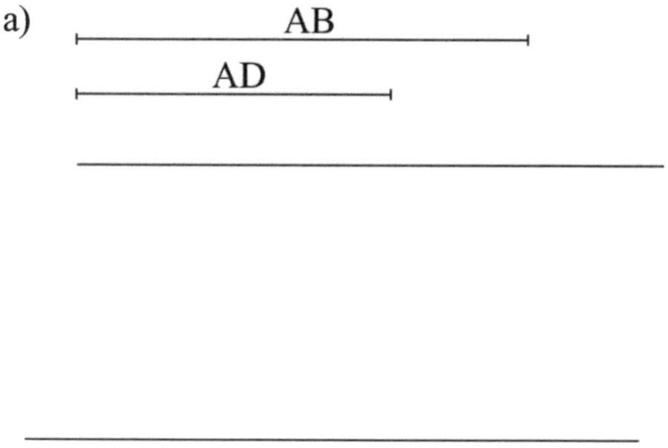

b) É um losango com AB = a

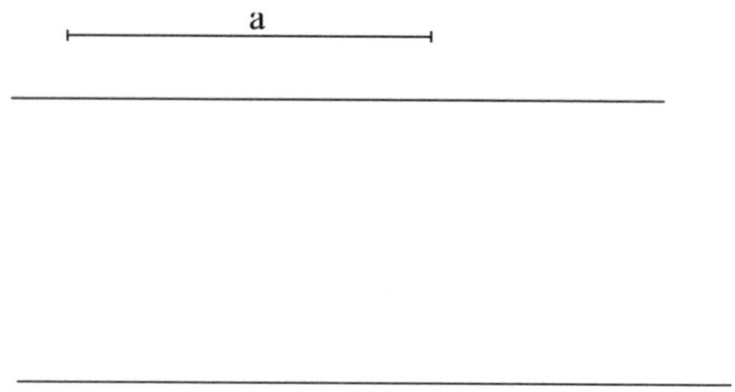

c)

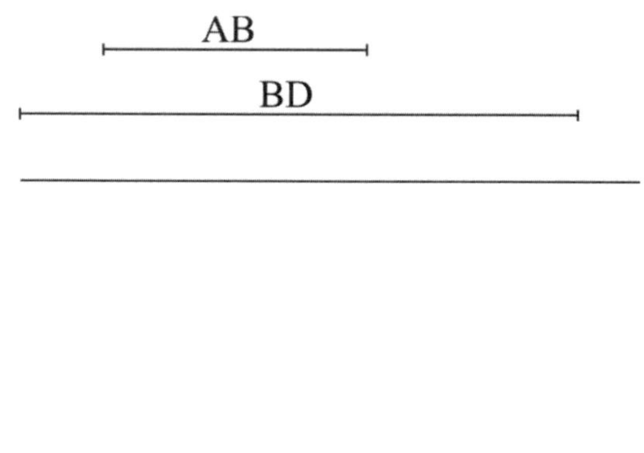

d)

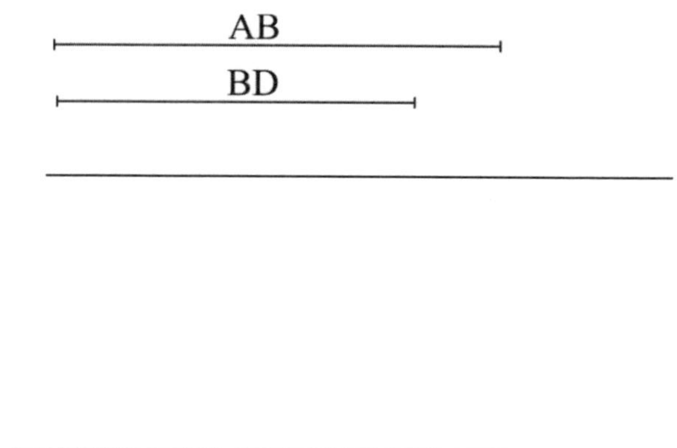

e)

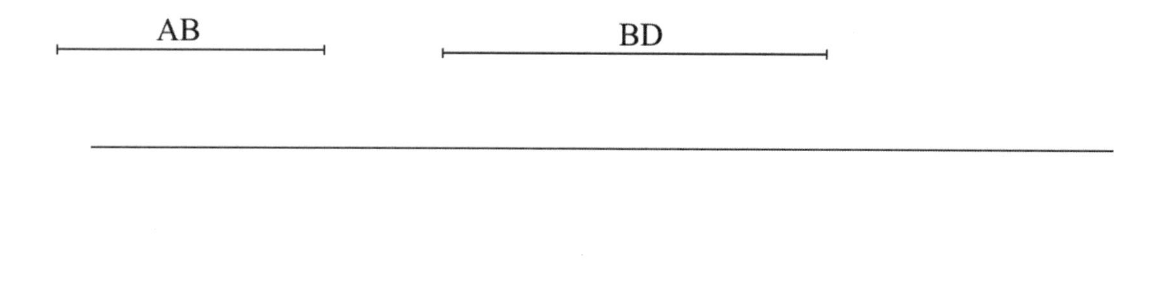

91 Dados os pontos **A**, **B**, **C** e **P**, construir os paralelogramos ABCD e ABPQ, nos casos:

a)

b)

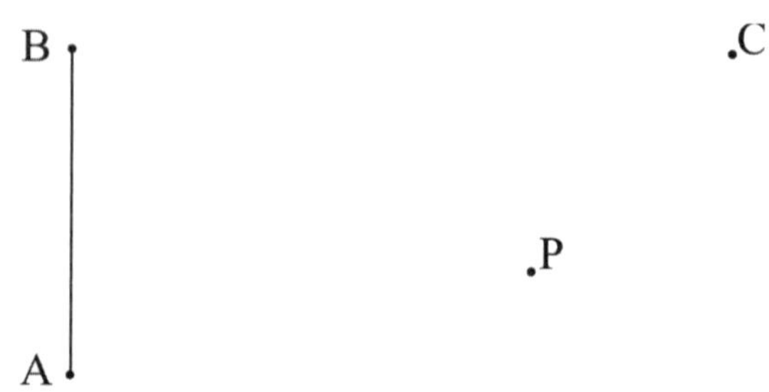

92 Dados três vértices de um paralelogramo, construir o paralelogramo que se pede.

a) ABCQ e CABP

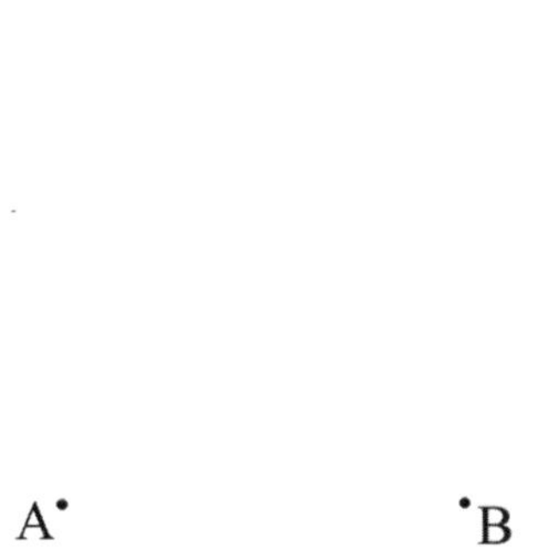

b) PQRS e QPRT

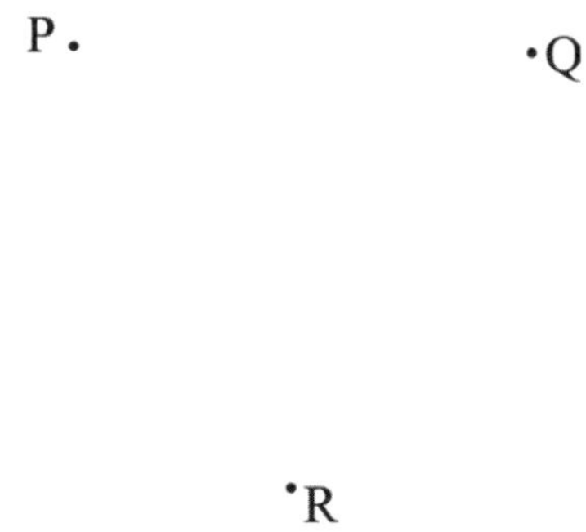

93 Dados três vértices de um paralelogramo contruir os três paralelogramo que tem vértice nestes três pontos. Identifique-os através dos vértices.

94 Dados os pontos A, B, A_1, B_1, B_2, B_3, B_4, … construir os paralelogramos ABB_1A_1, $A_1B_1B_2A_2$, $A_2B_2B_3A_3$, $A_3B_3B_4A_4$, …

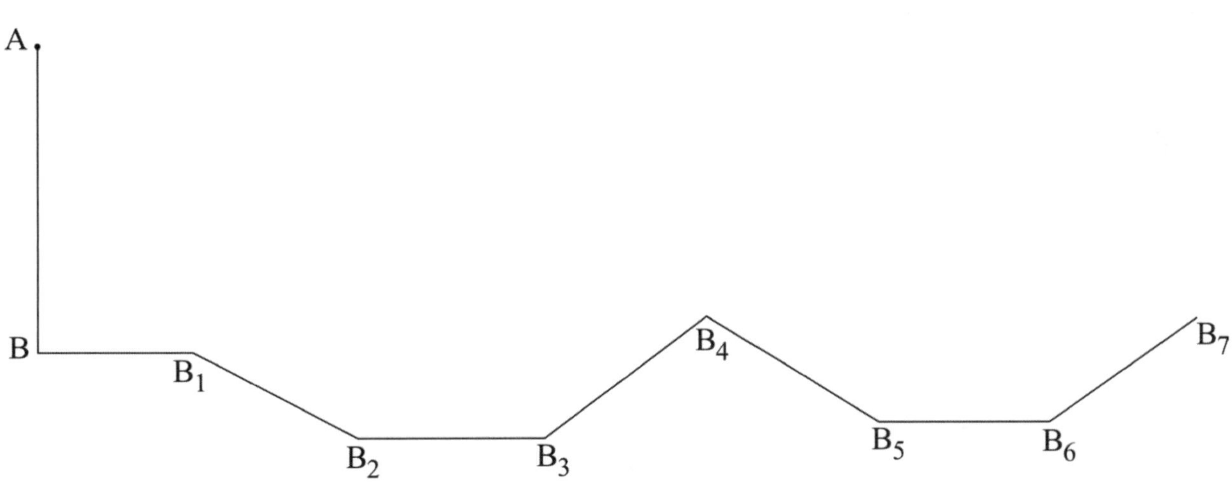

95 Se **a** e **b** são lados, **d** é uma diagonal e o ângulo dado é um ângulo de um paralelogramo, construa este, nos casos:

a)

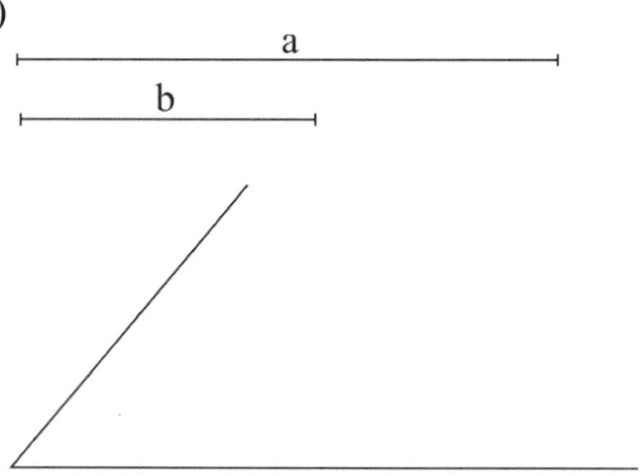

b) a = 33 mm, b = 56 mm

c) A diagonal é oposta ao ângulo dada

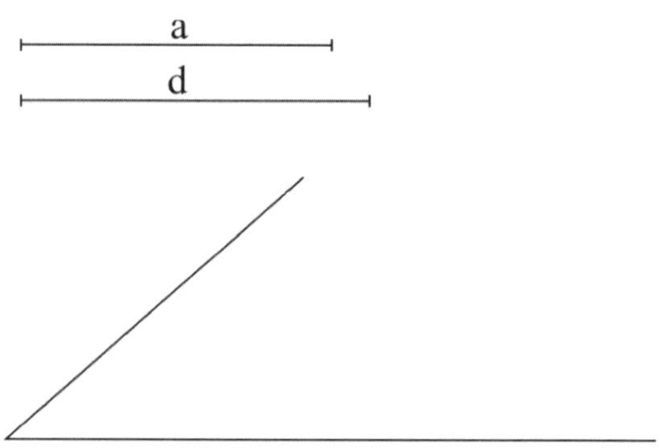

d) A diagonal é oposta ao ângulo dado

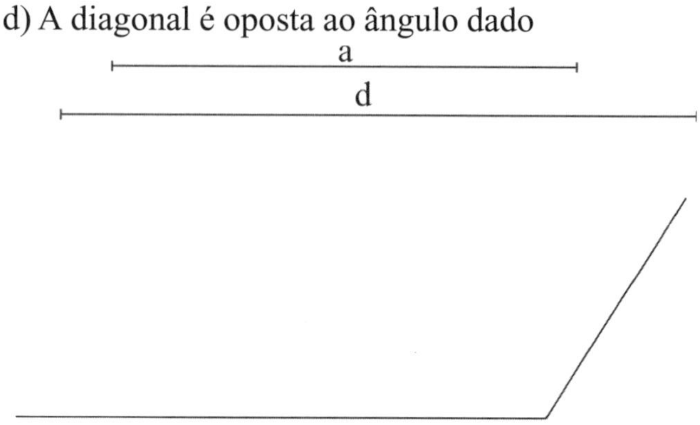

e) Retângulo dados a = 3,5 cm, b = 6 cm

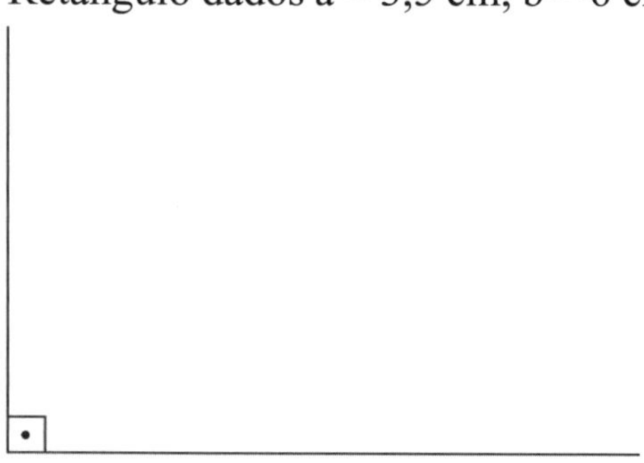

f) Retângulo dados a = 6,5 cm e d = 7,3 cm

g) Quadrado de lado a = 4 cm

h) Losango de lado a = 5 cm

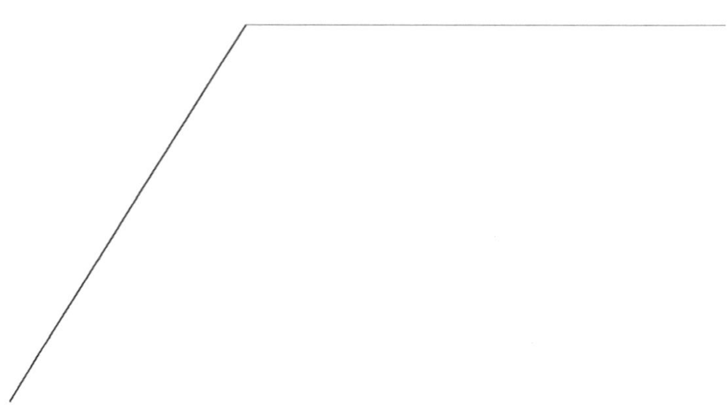

96 Construir um paralelogramo ABCD dado o ângulo $\hat{B}$ o lado AB e a diagonal AC.

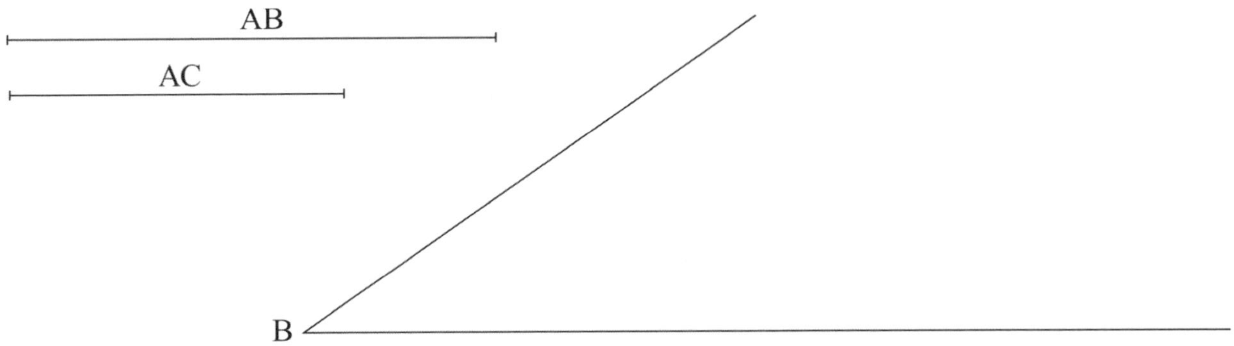

97 Construir um triângulo ABC dados os lados **a**, **b** e **c**, opostos respectivamente aos vértices A, B e C, nos casos:

a)

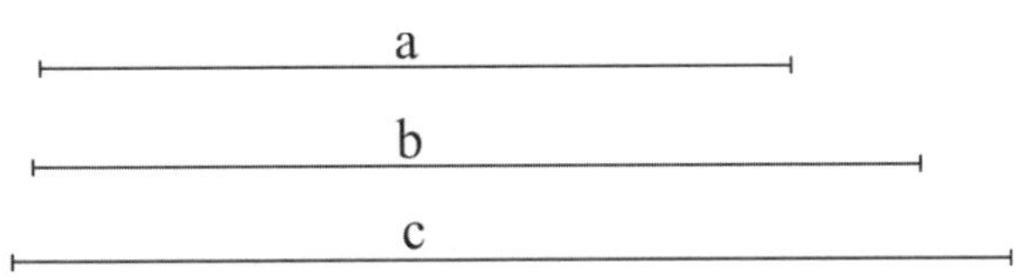

b)

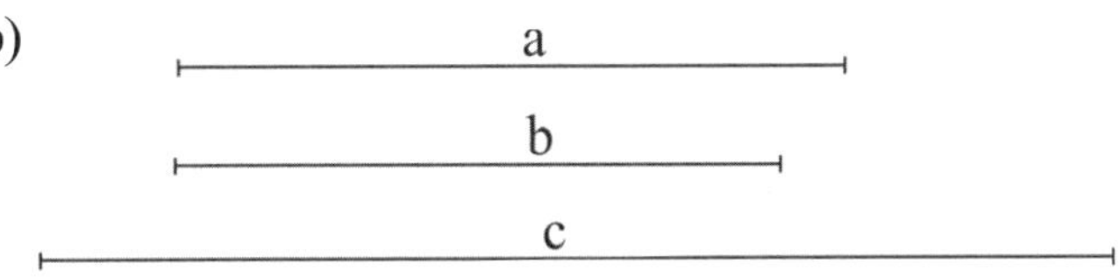

c) Isósceles

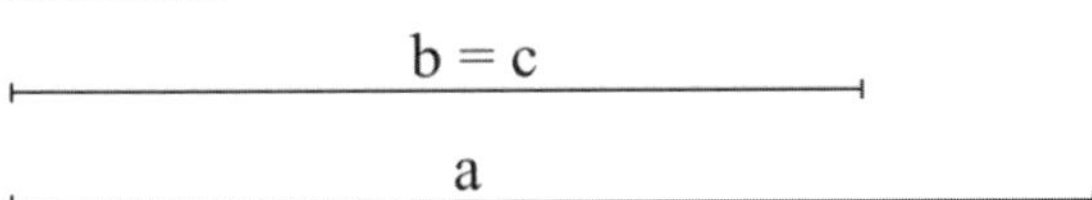

d) Equilátero

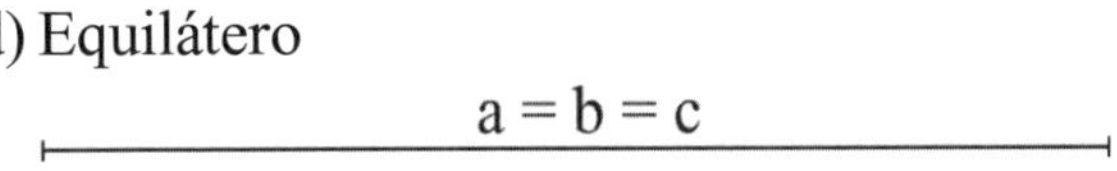

98 Construir um paralelogramo dados os lados **a** e **b** e uma diagonal **d**, nos casos:

a)

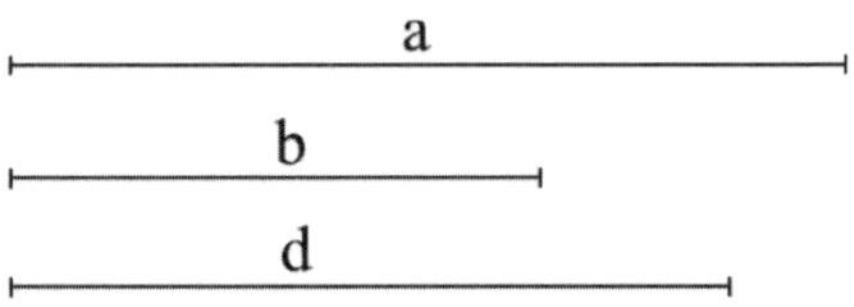

b)

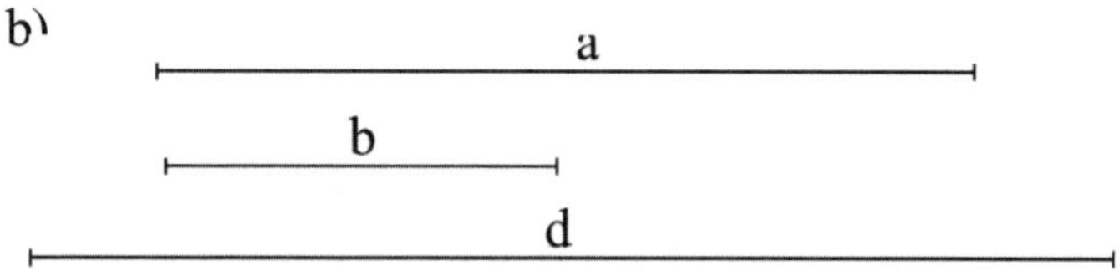

c)

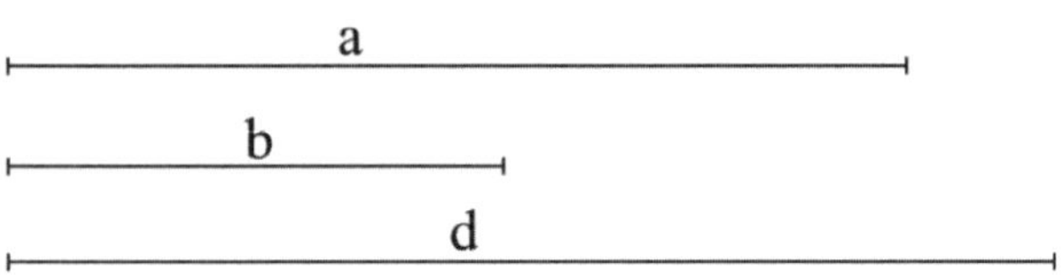

d) Losango

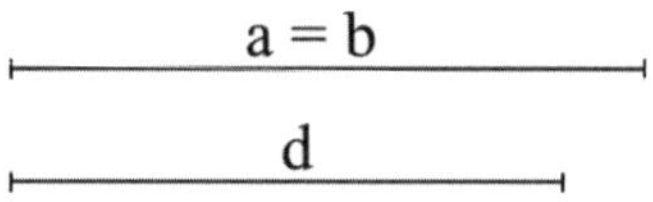

e)

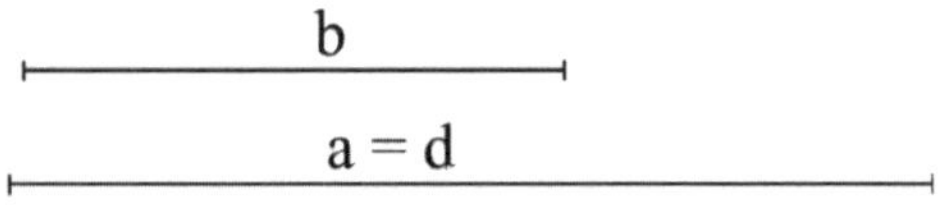

f)

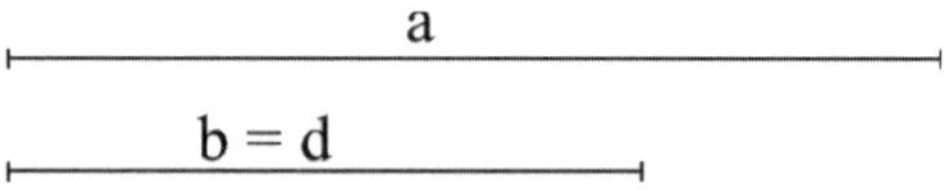

99 Dados os vértices **A**, **B** e **C** de um paralelogramo ABCD, obtenha o vértice **D**, nos casos:

a)

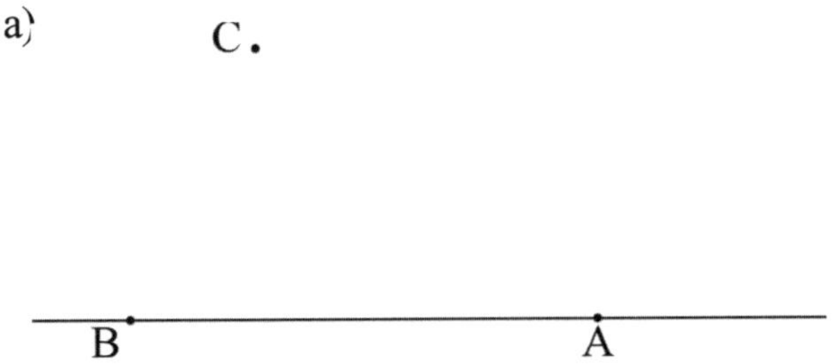

b)

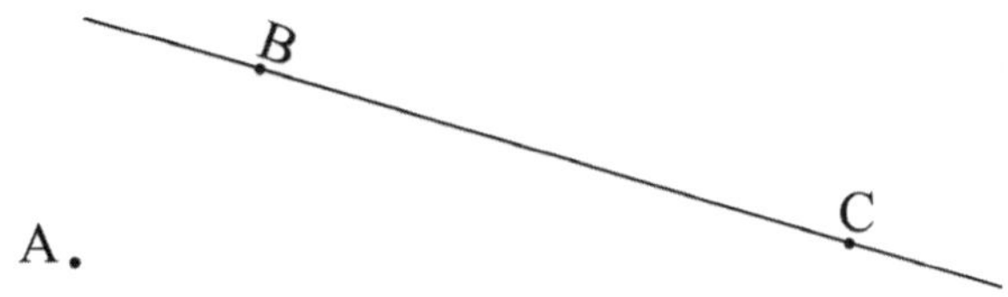

c)

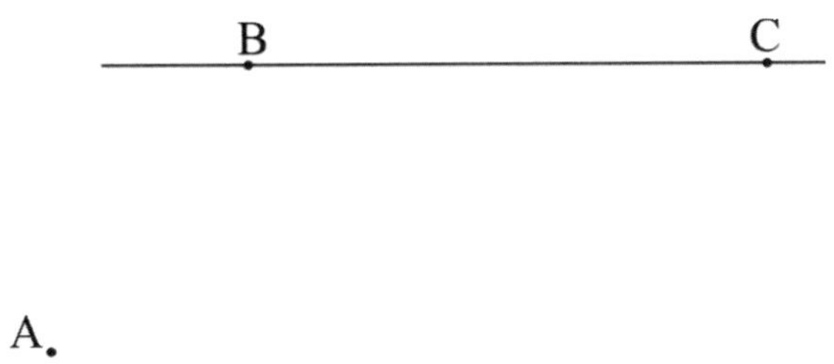

d)

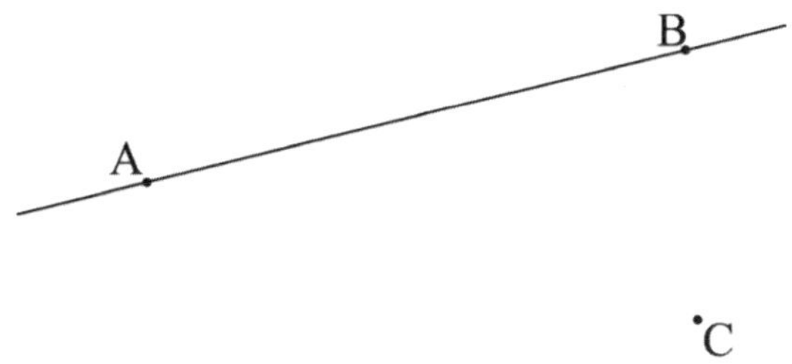

100 Dados os vértices **A**, **B** e **C** de um paralelogramo ABCD, obtenha o vértice **D** e trace a reta que contém o lado CD.

a)

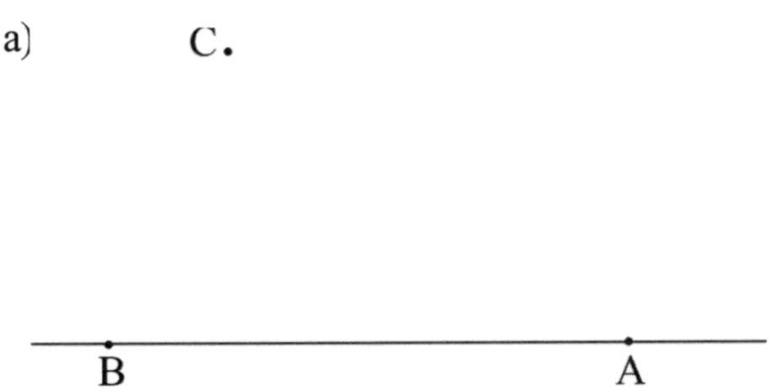

b)

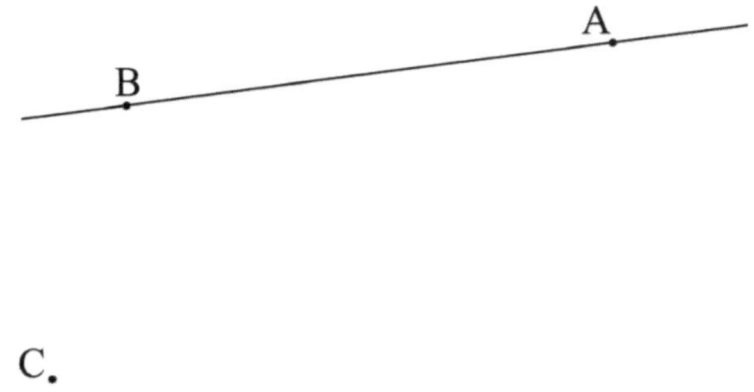

c)

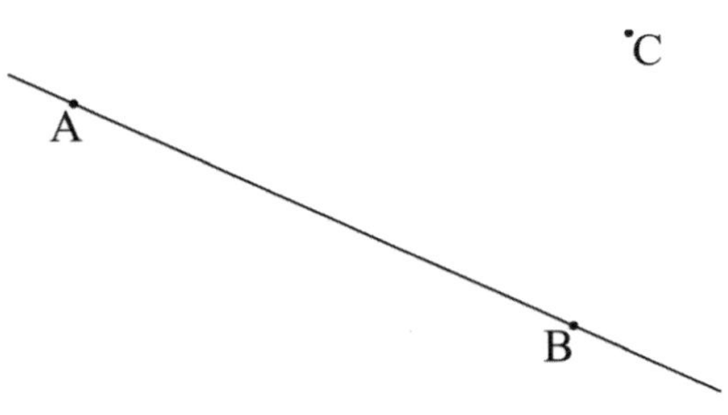

d)

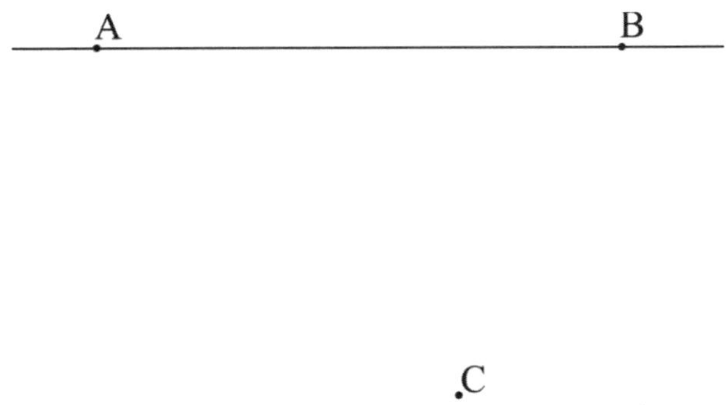

101 Traçar por **P** a reta paralela à reta AB, nos casos:

a)

b)

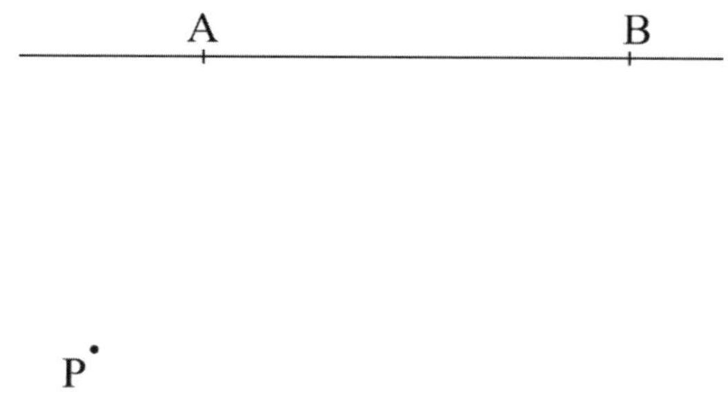

c)

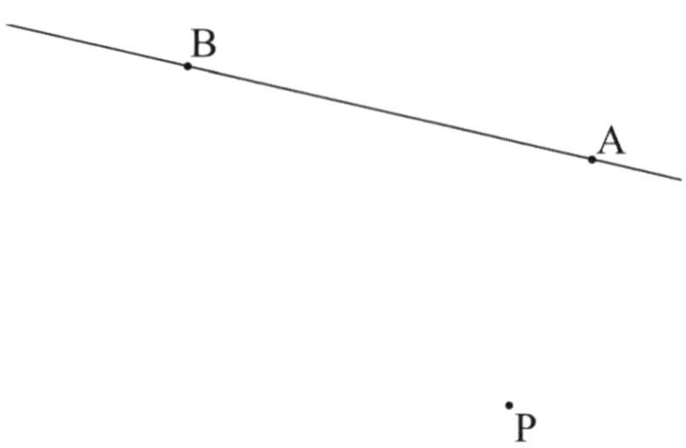

d)

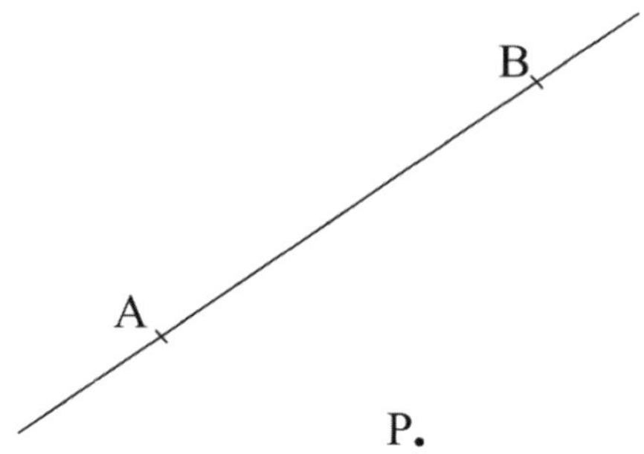

102 Tomando primeiramente um ponto **A** sobre a reta **s** dada e com o compasso, com centro em **A** e uma abertura qualquer, determinando um ponto **B** sobre **s**, traçar pelo ponto **P** a reta **r** paralela à reta **s**, nos casos:

a)

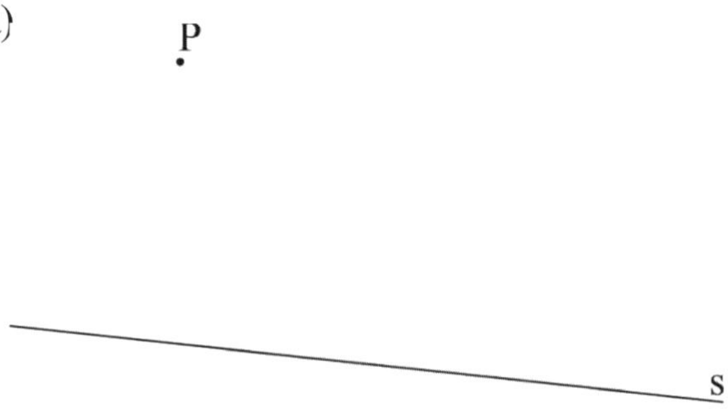

b)

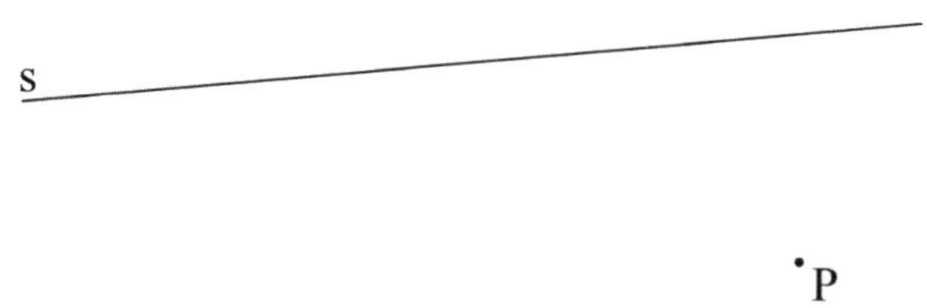

c)

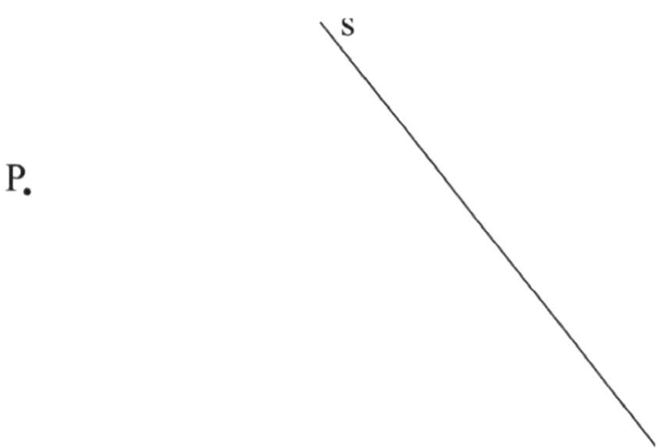

d)

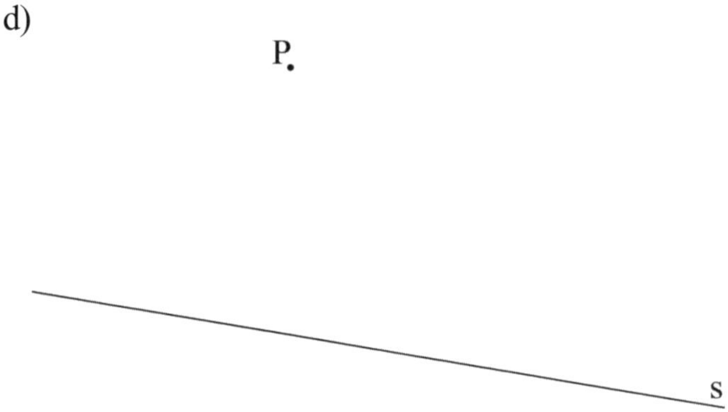

103 Dados o ponto **P** e a reta **r**, traçar por **P** a reta **s** paralela à reta **r**, nos casos:

a)

b)

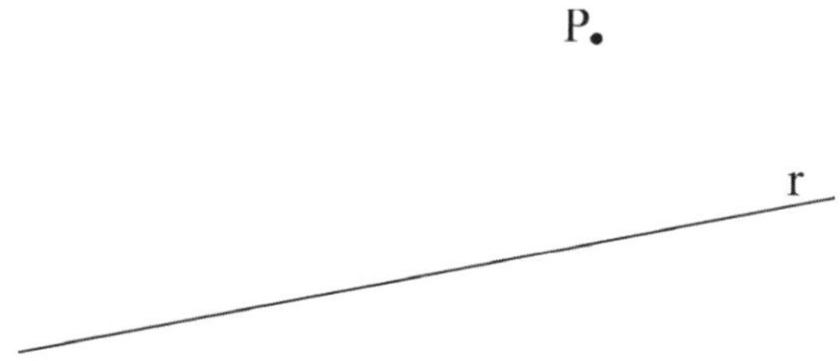

c)

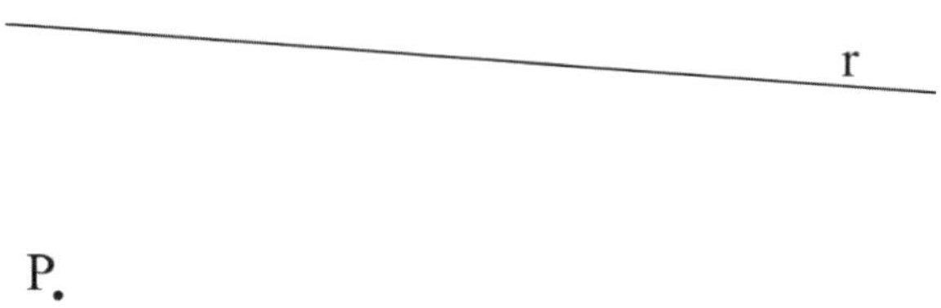

d)

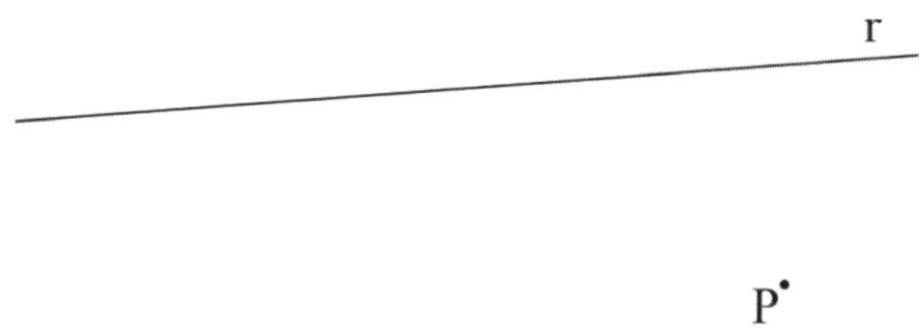

e)

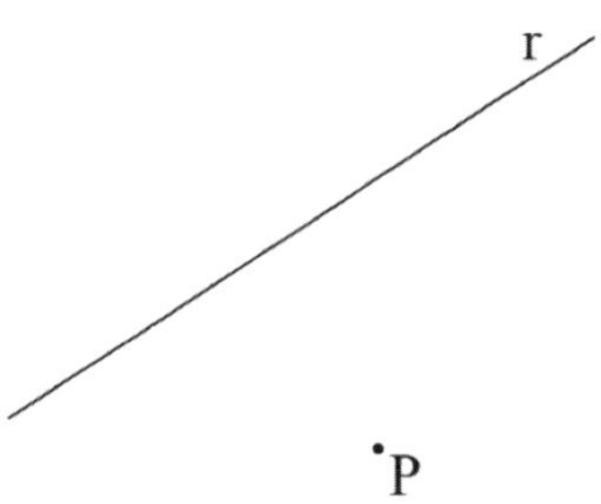

f)

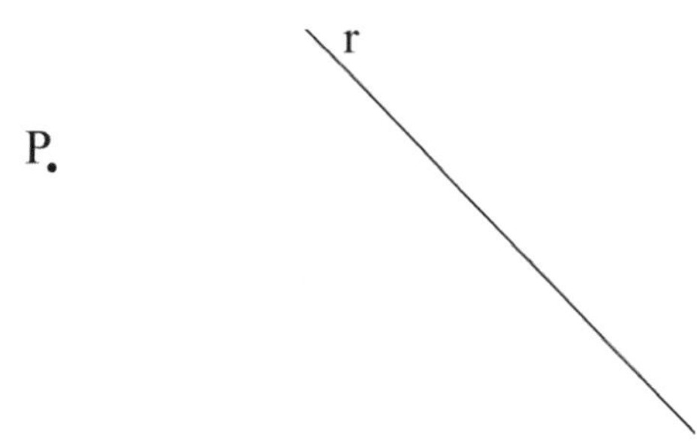

104 Traçar pelos pontos **A**, **B**, **C** e **D** as retas paralelas à reta **r**, nos casos:

a)

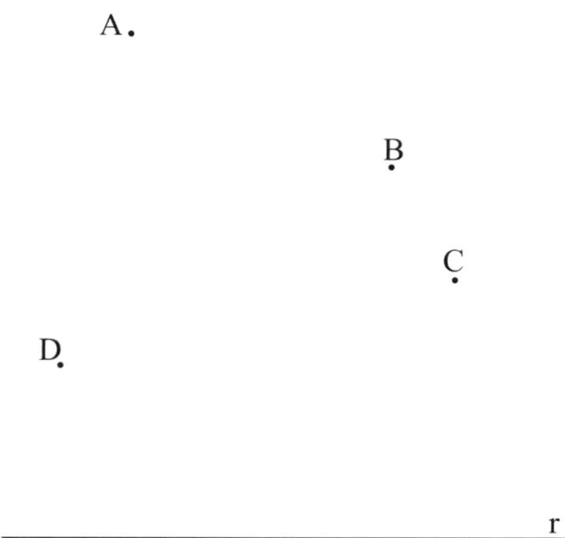

b)

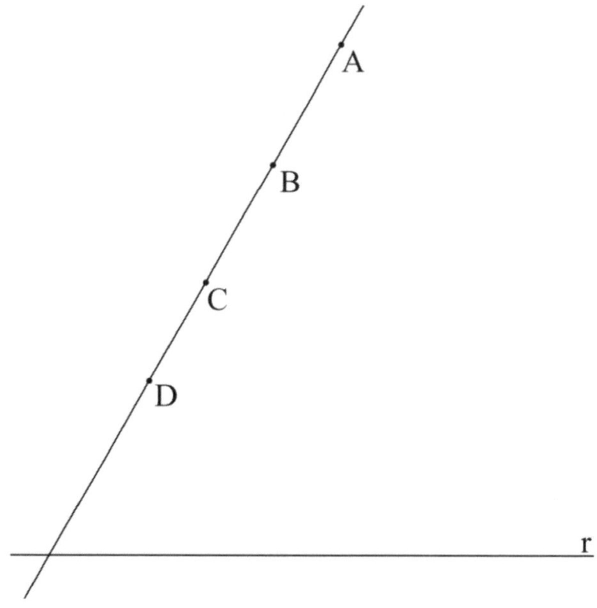

105 Dados o vértice **A** e a reta **s** que contém o lado BC de um paralelogramo ABCD que tem a diagonal AC congruente aos lados AD e BC, escolhendo uma medida conveniente para esses segmentos (AC = AD = BC), obtenha **D** e trace a reta AD, nos casos:

a)

b)

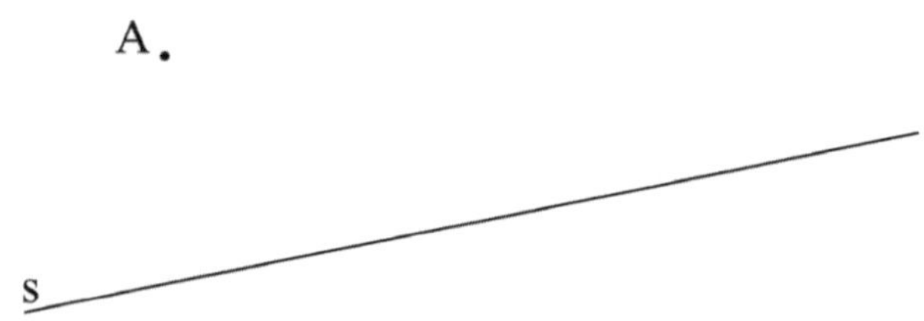

c)

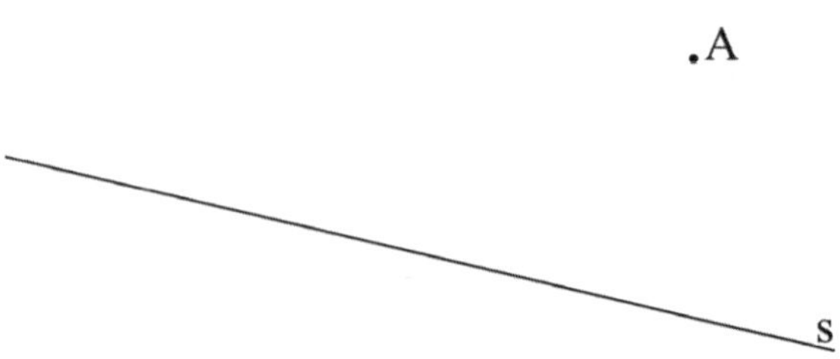

d)

106 Usando o método da construção de um paralelogramo que tem uma diagonal congruente a dois lados (exercício anterior), traçar pelo ponto **P** a reta **r** paralela à reta **s**, nos casos:

a)

b)

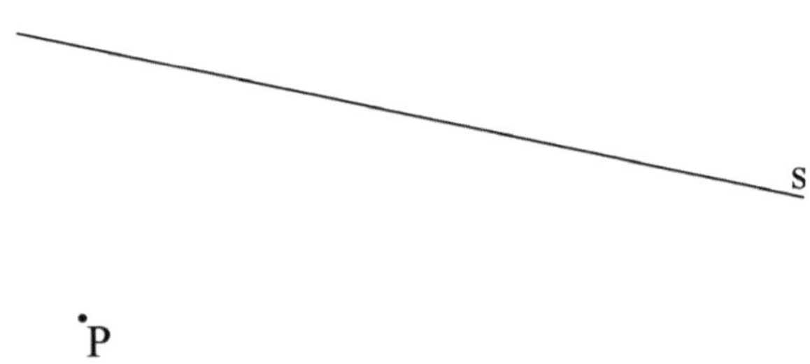

c)

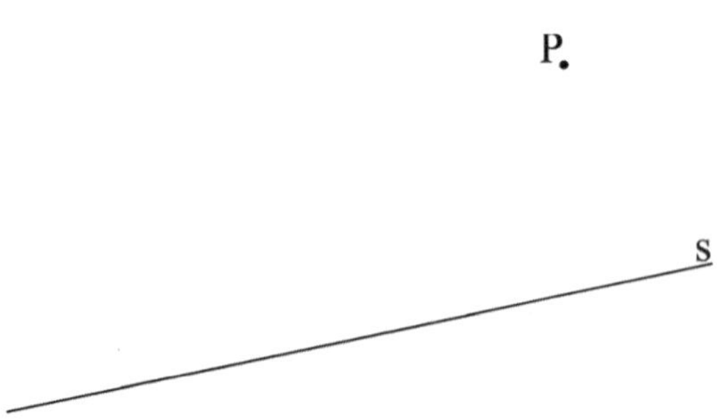

d)

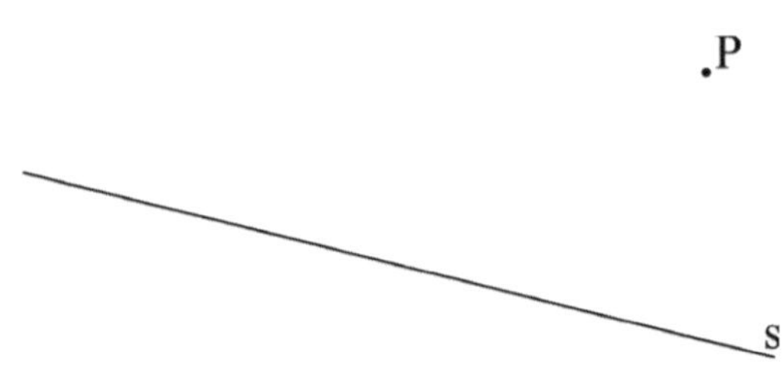

107 Dados o vértice **A** e a reta **s** que contém o lado BC de um losango ABCD, escolhendo uma medida conveniente para o lado deste losango, obtenha **D** e trace a reta AD, nos casos:

a)

b)

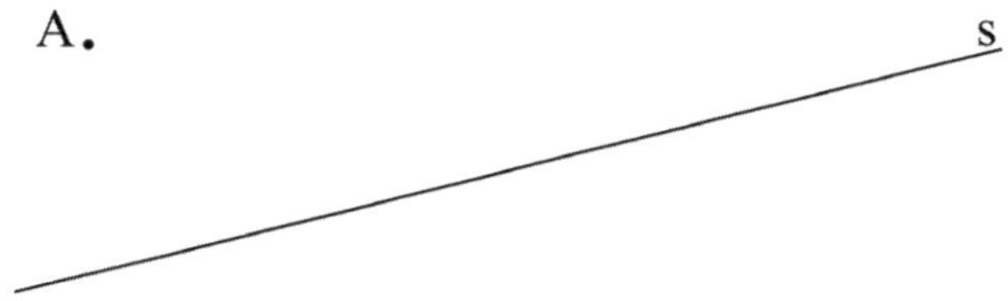

c)

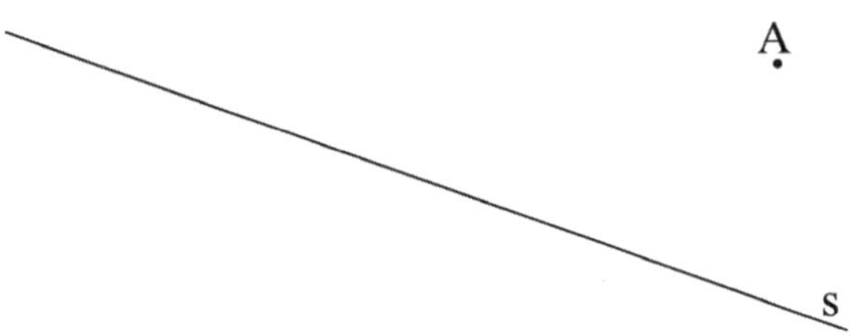

d)

108 Usando o método do losango, traçar pelo ponto **P** a reta paralela à reta **s**,nos casos:

a)

b)

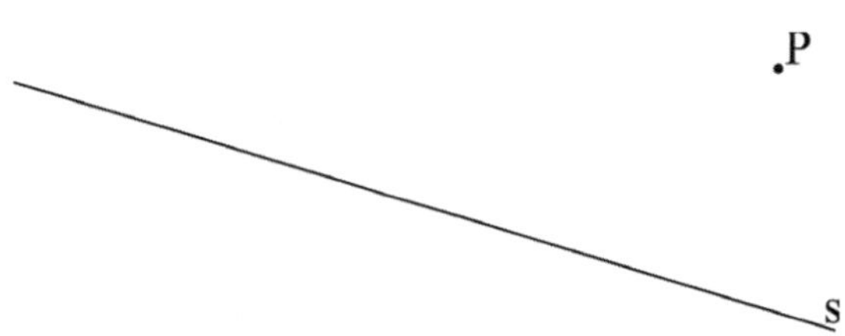

c)

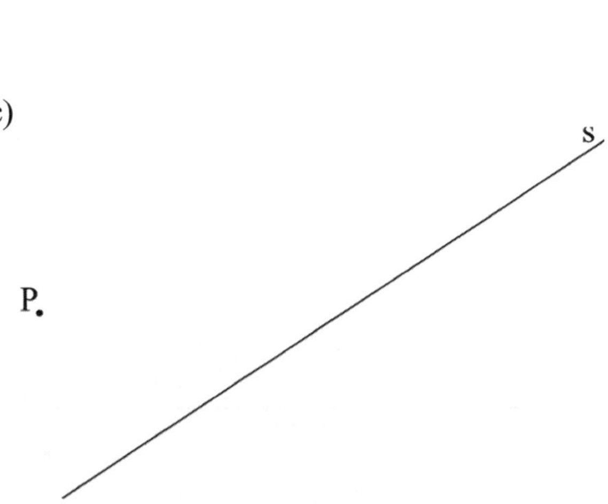

d)

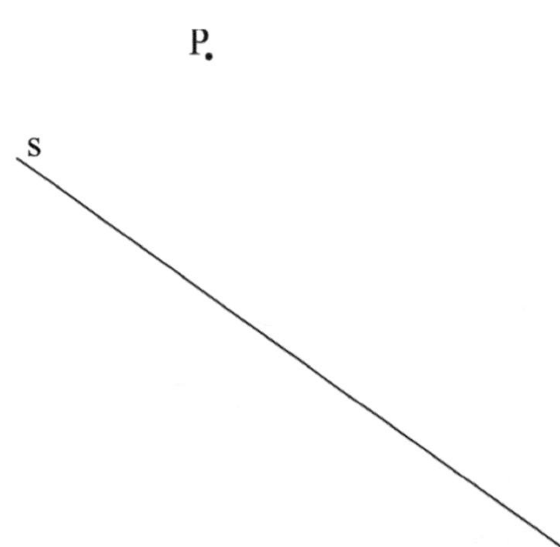

[109] Traçar pelos pontos A, B, … (conforme for o caso) as retas paralelas à reta **r**, nos casos:

a)

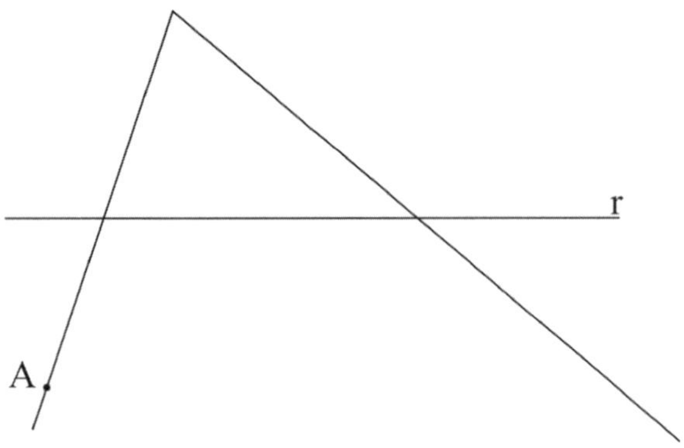

b)

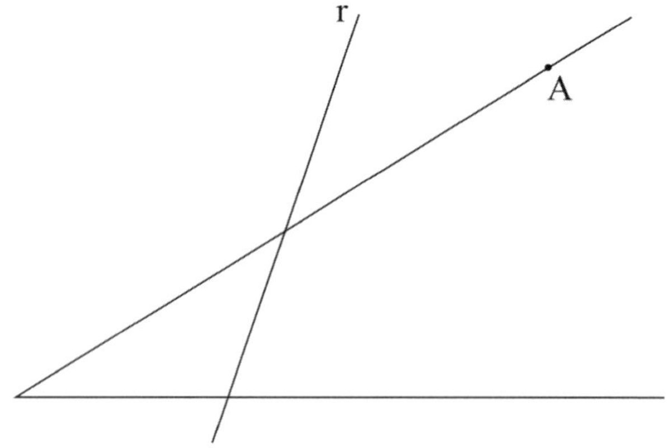

c)

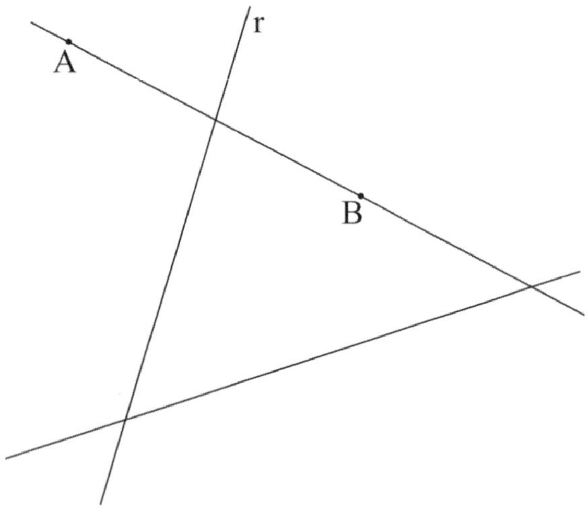

d)

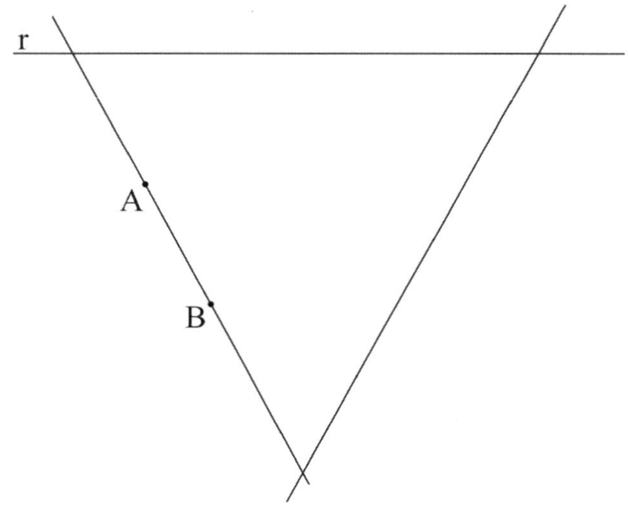

e)

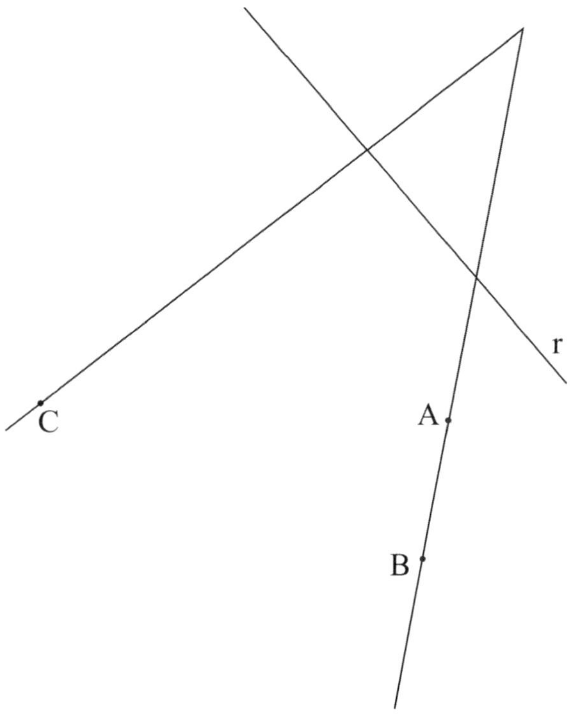

f)

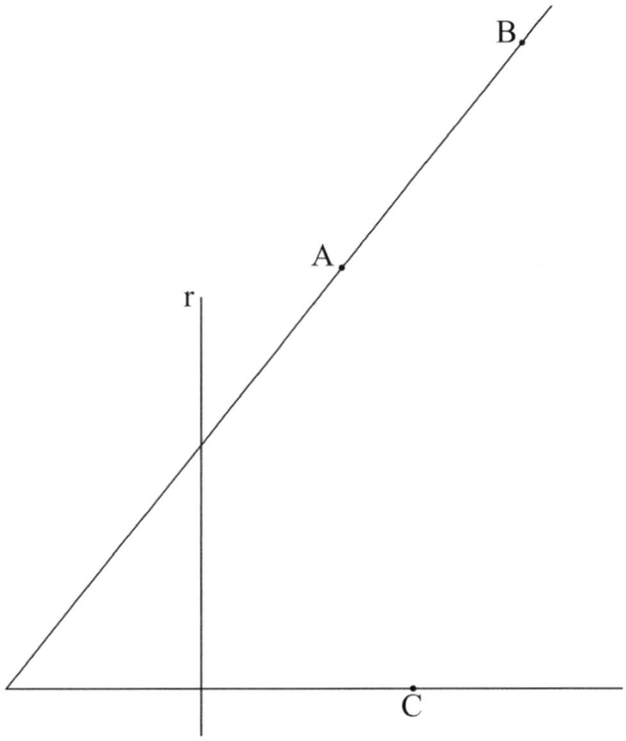

2. Retas perpendiculares

2.1) Triângulo isósceles

Definição: Triângulo isósceles é aquele que tem dois lados congruentes (têm medidas iguais).
Ângulo do vértice: é ângulo formado pelos dois lados congruentes.
Base: é o lado oposto ao ângulo do vértice.

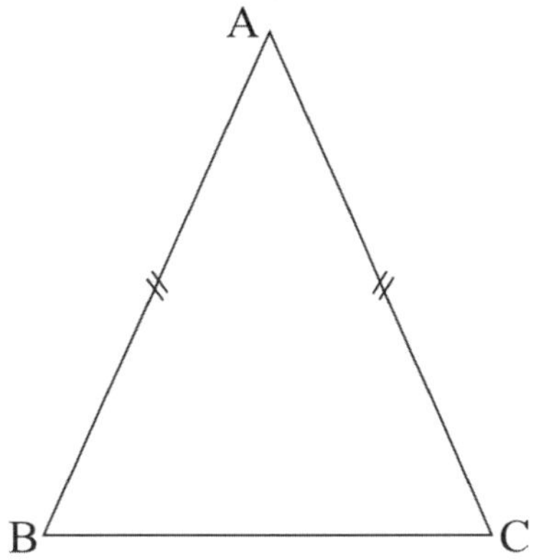

$AB = AC \Leftrightarrow ABC$ é isósceles de base BC.
$\hat{A}$ é o ângulo do vértice
$\overline{BC}$ é a base
$\overline{AB}$ e $\overline{AC}$ são os lados oblíquos à base
$\hat{B}$ e $\hat{C}$ são os ângulos da base

Obs: Todo triângulo equilátero é também isósceles (ele é isósceles três vezes)

Triângulo isósceles acutângulo

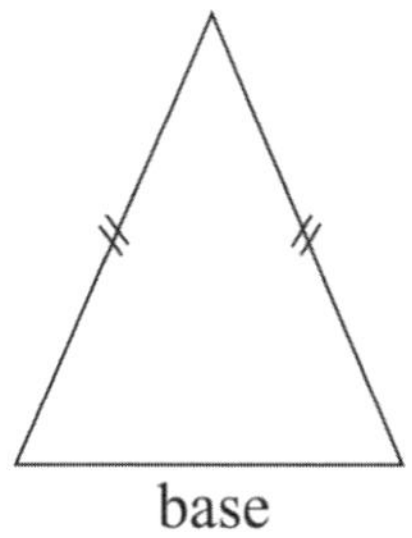

Triângulo isósceles retângulo

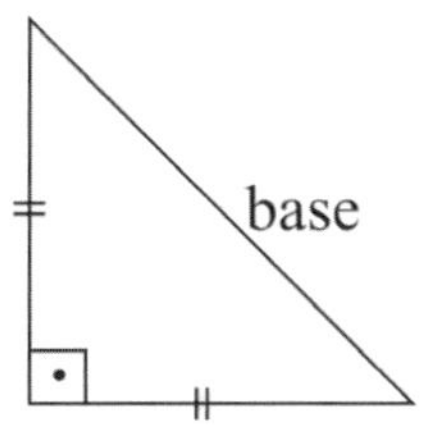

Triângulo isósceles obtusângulo

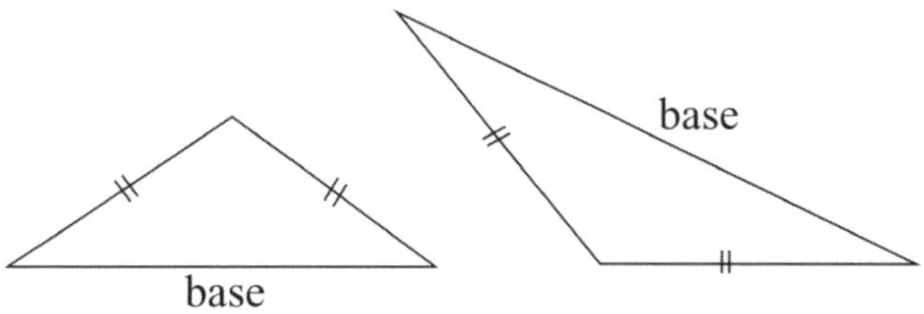

2.2) Altura, bissetriz e mediana

Altura: O segmento que tem uma extremidade num vértice de um triângulo e a outra na reta que contém o lado oposto, e é perpendicular a esta reta, é chamado altura do triângulo.
Todo triângulo tem três alturas, uma relativa à cada vértice (ou lado).

Bissetriz: O segmento com uma extremidade em um vértice e a outra no lado oposto a ele, contido na bissetriz do ângulo de um triângulo é chamado bissetriz interna do triângulo.
Todo triângulo tem **três bissetrizes internas**, uma relativa a cada vértice (ou lado).

Mediana: O segmento cujas extremidades são um vértice e o ponto médio do lado oposto de um triângulo é chamado mediana deste triângulo.

Todo triângulo tem **três medianas**, uma relativa a cada vértice (ou lado).

Altura:

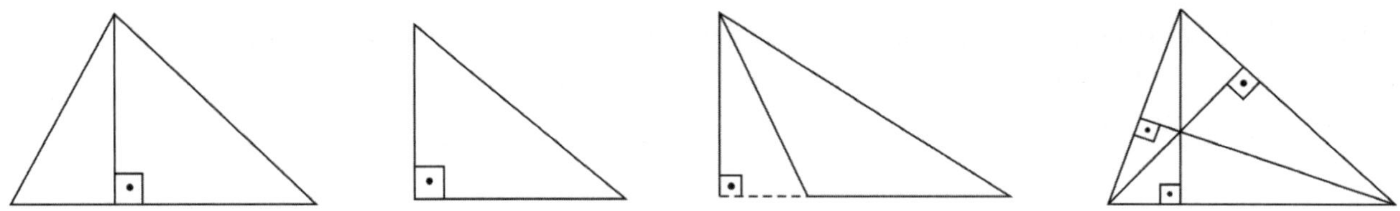

Bissetriz:

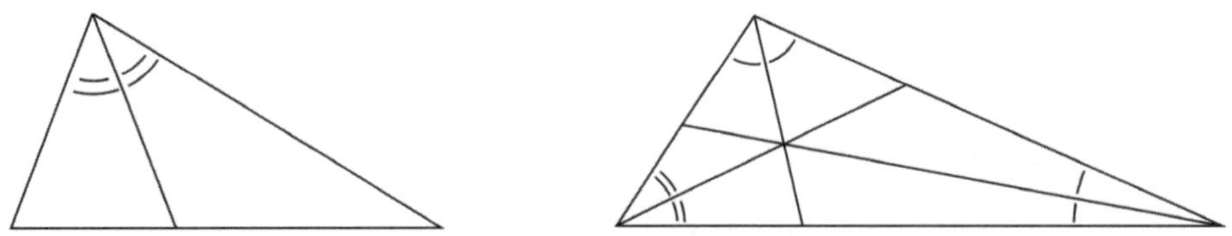

Mediana:

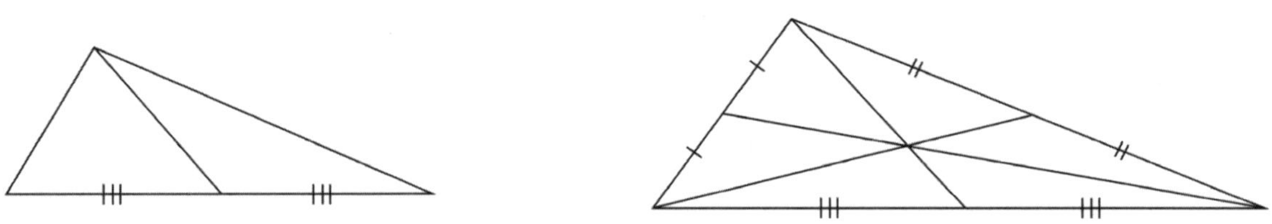

Altura, bissetriz e mediana relativa a um mesmo vértice (ou lado) de um triângulo escaleno:

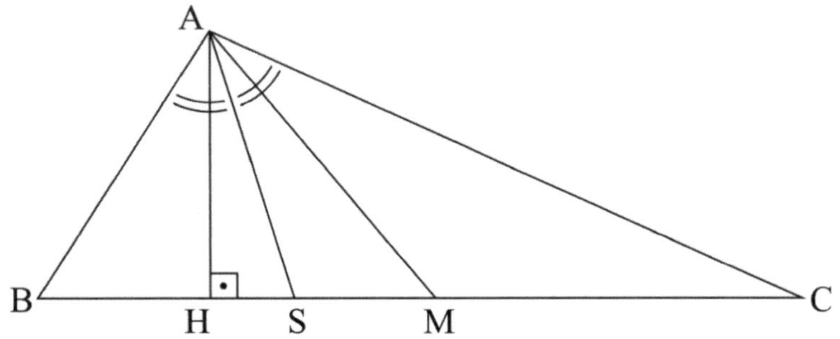

$\overline{AH}$ é altura relativa ao vértice A

$\overline{AS}$ é bissetriz relativa ao vértice A

$\overline{AM}$ é mediana relativa ao vértice A

Propriedade: A altura, bissetriz e mediana, relativas à base de um triângulo isósceles são coincidentes.

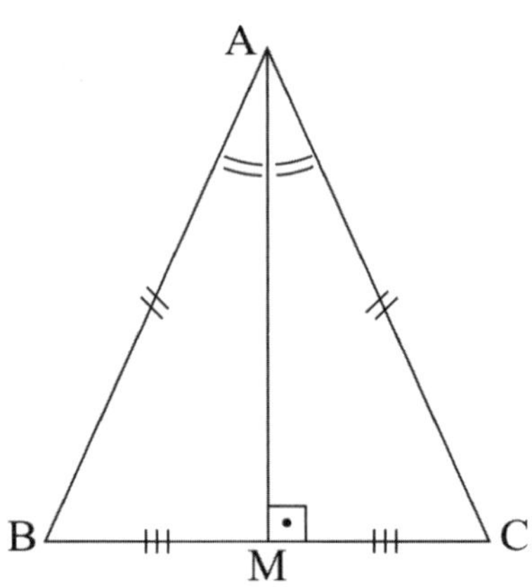

Se o triânguloABC é isósceles de base BC, então

$\overline{AM}$ é altura $\Rightarrow$ $\overline{AM}$ é bissetriz e mediana

$\overline{AM}$ é bissetriz $\Rightarrow$ $\overline{AM}$ é altura e mediana

$\overline{AM}$ é mediana $\Rightarrow$ $\overline{AM}$ é altura e bissetriz

2.3) A perpendicular por um ponto

1° caso: O ponto não pertence à reta

Conduzir por um ponto **P** fora de uma reta **r**, a reta que é perpendicular a ela.

Basta encaixarmos dois triângulos isósceles, um com a base BC sobre **r** e o vértice oposto à base em **P** e um outro qualquer de base BC. Como as alturas relativas à base BC são medianas e BC tem um único ponto médio, a reta determinada por **P** e o outro vértice, oposto a BC, é a reta que passa por **P** e é perpendicular a **r**.

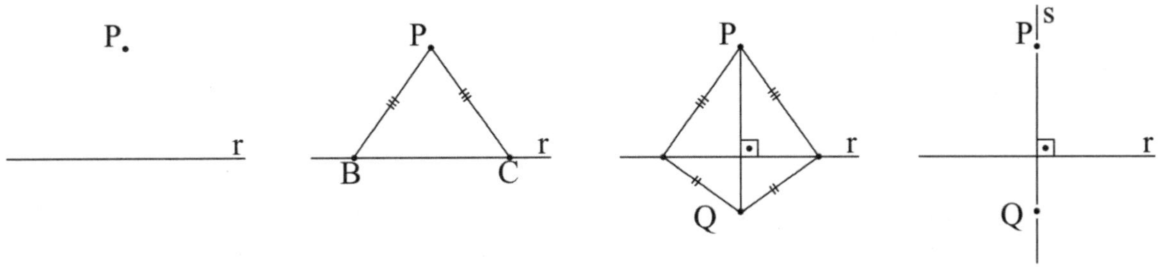

Construção:

1°) Com centro em **P** e raio arbitrário traçamos um arco que corta **r** em **B** e **C**.

2°) Com centros em **B** e **C** e mesmo raio (pode ser diferente do anterior) traçamos dois arcos que se cortam em **Q**. A reta **s** determinado por **P** e **Q** é a reta que passa por **P** e é perpendicular a **r**.

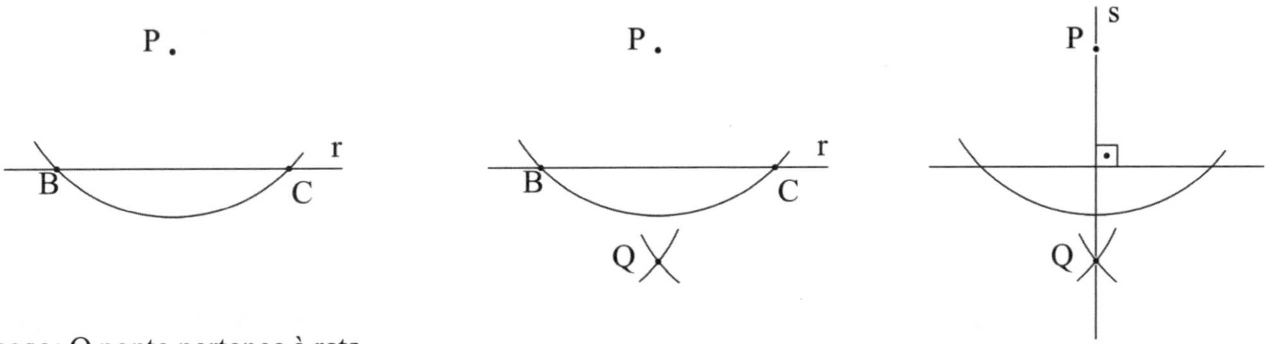

2° caso: O ponto pertence à reta

Conduzir por um ponto **P**, pertencente a uma reta r, a reta que é perpendicular a ela. Basta encaixarmos um triângulo isósceles qualquer com base BC em **r** onde **P** é o ponto médio de BC. A mediana relativa a BC é também altura, logo a reta determinada por **P** e o vértice, oposto à base BC, é a reta que passa por **P** e é perpendicular à reta **r**.

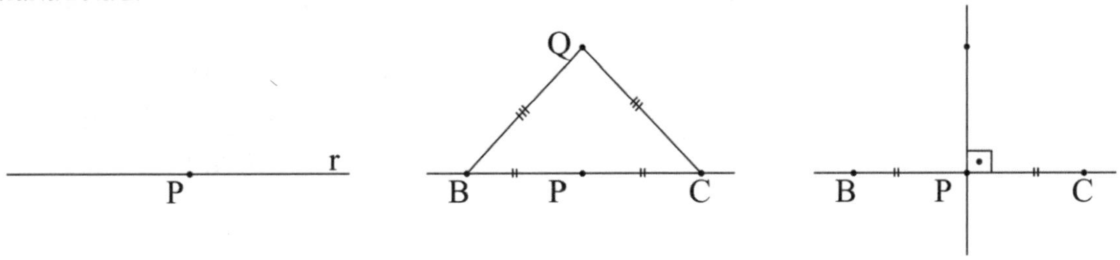

Construção:

1°) Com centro em **P** e raio arbitrário traçamos um arco que corta **r** em **B** e **C**.

2°) Com centros em **B** e **C** e raio maior que o anterior traçamos dois arcos que se cortam em **Q**.

A reta **s** determina por **P** e **Q** é a reta procurada.

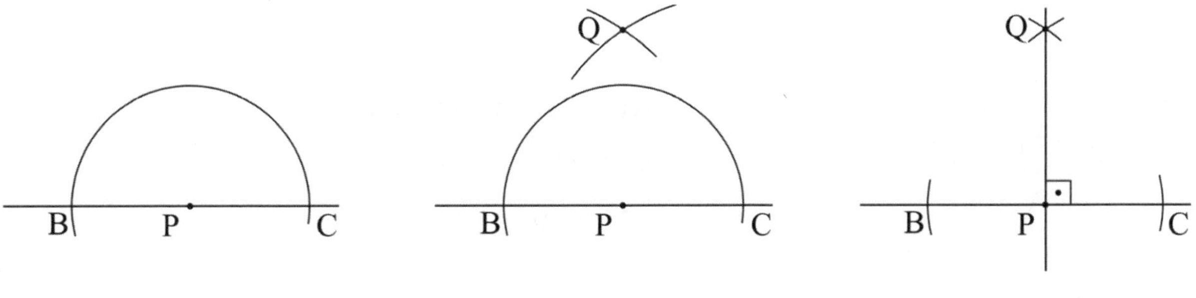

3. Mediatriz e bissetriz

3.1) Mediatriz de um segmento. A reta perpendicular a um segmento, conduzida pelo ponto médio do segmento é chamada **mediatriz** desse segmento.

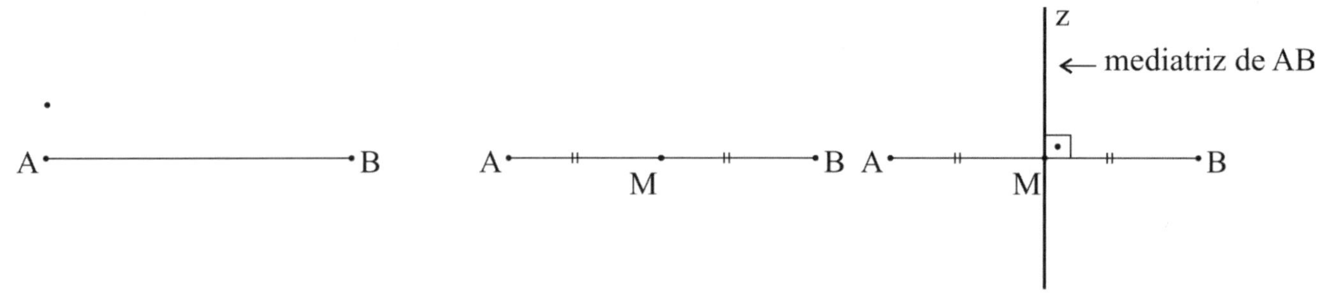

3.2) Bissetriz de um ângulo: A semi-reta com origem no vértice de um ângulo, interna ao ângulo (contida no setor angular determinado pelo ângulo), que determina com os lados do ângulo, dois ângulos de medidas iguais, é chamada **bissetriz** desse ângulo.

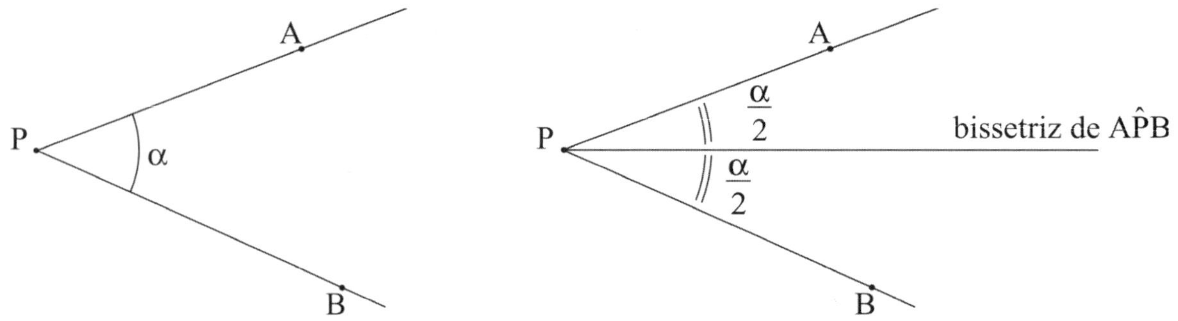

3.3) Losango

Definição: Losango é o paralelogramo que tem lados adjacentes congruentes (ou é o quadrilátero que tem lados congruentes entre si).

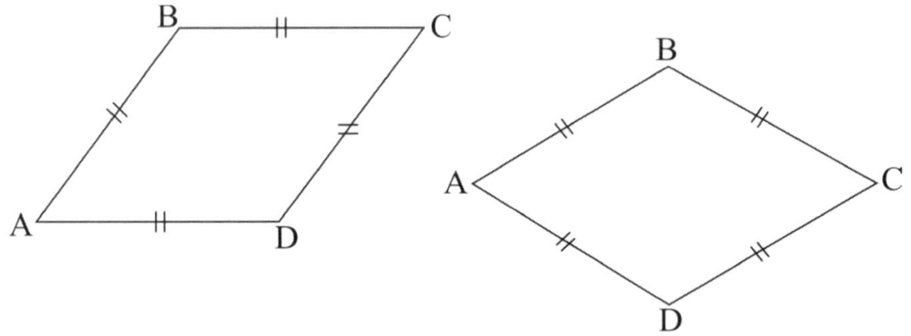

I. ABCD é um paralelogramo e AB = BC, então ABCD é um **losango**.

II. AB = BC = CD = AD então ABCD é um **losango**.

3.4) Propriedades

P1: Em todo losango, o ponto de intersecção das diagonais é o ponto médio de cada uma delas. (As diagonais se cortam ao meio).

Obs: Esta propriedade é válida para todos os paralelogramos.

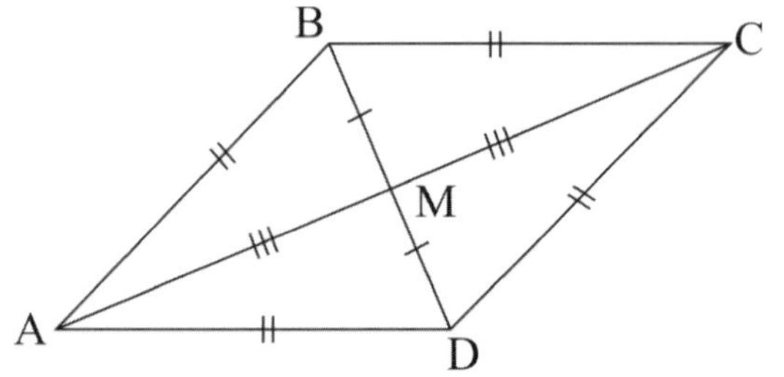

ABCD é um losango e $\overline{AC} \cap \overline{BD} = \{M\}$

Então: **M** é ponto médio de $\overline{AC}$ e $\overline{BD}$

AM = MC e BM = MD

P2: Em todo losango, as diagonais são perpendiculares.
Obs: Como todo quadrado é losango,então...

P3: Em todo losango, as diagonais são bissetrizes dos seus ângulos.
Obs: Como todo quadrado é losango, então...

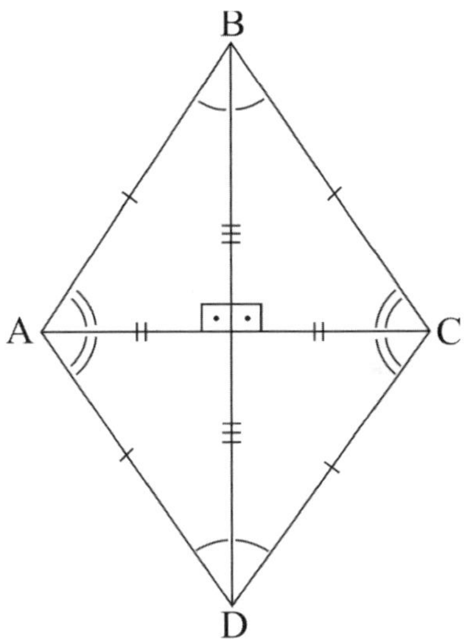

ABCD é um losango. Então:

I. $\overline{BD}$ é perpendicular a $\overline{AC}$

II. $\overline{AC}$ é bissetriz de $\hat{A}$ e de $\hat{C}$

$\overline{BD}$ é bissetriz de $\hat{B}$ e $\hat{D}$

A reta que passa pelo **ponto médio** de um segmento e é **perpendicular** a ele é chamada **mediatriz** deste segmento. Então, no losango, a reta que contém uma diagonal é mediatriz da outra diagonal.

3.5) Construção da mediatriz

Traçar a mediatriz de um segmento AB dado.

Basta construirmos dois triângulos isósceles de base AB e ligarmos os vértices opostos às bases ou basta construirmos um losango que tem como uma diagonal AB, a reta que contém a outra diagonal é a mediatriz de AB.

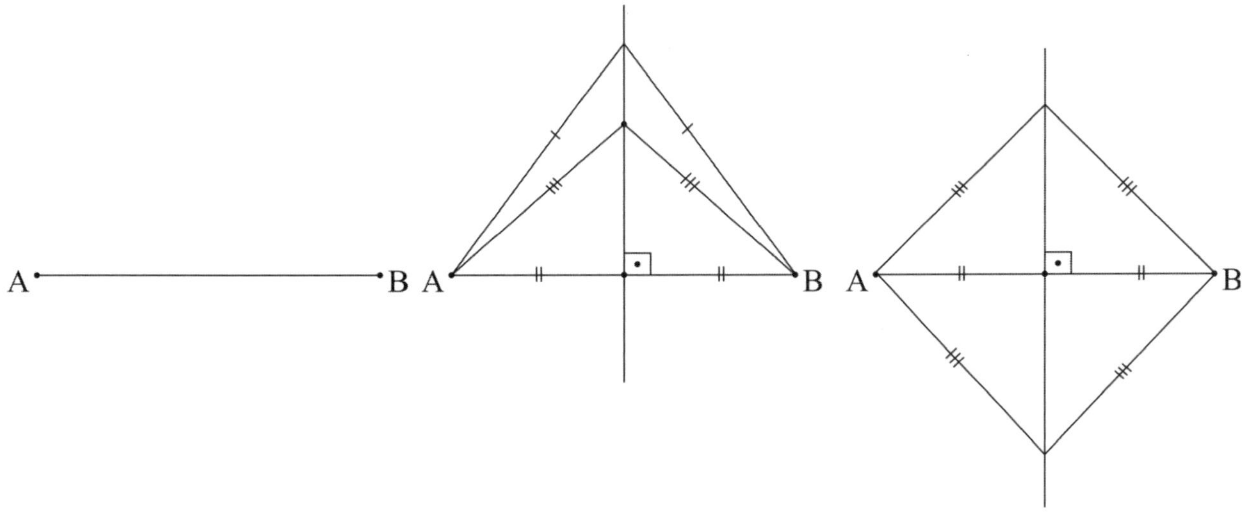

Obs: Quando traçamos a mediatriz de um segmento AB, determinamos também o ponto médio do segmento.

Construção:

1° modo (triângulos isósceles de base AB).

1°) Com centros em A e B e mesmo raio traçamos dois arcos que se cortam em P.

2°) Com centros em A e B e outro raio traçamos dois arcos que se cortam em Q. A reta PQ é a mediatriz de AB.

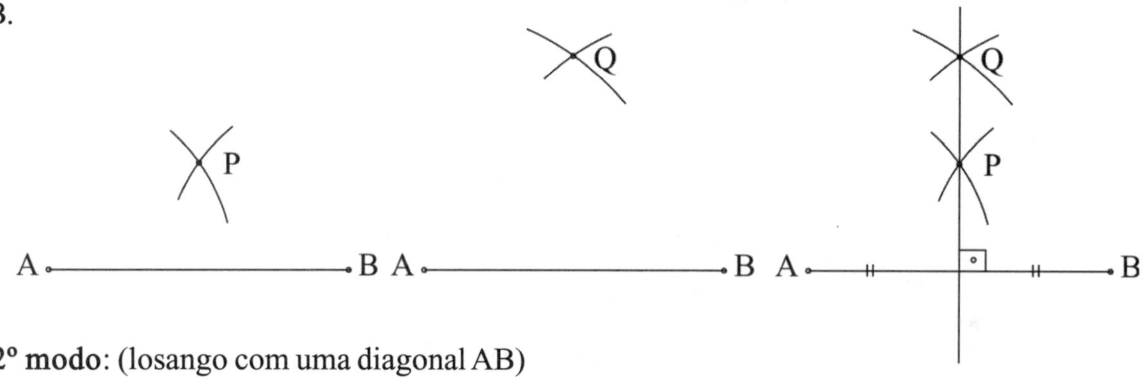

2° modo: (losango com uma diagonal AB)

Com centros em A e B traçamos dois arcos de mesmo raio que se cortam em P e Q.
Note que PAQB é losango e que a reta que contém PQ é mediatriz de AB.

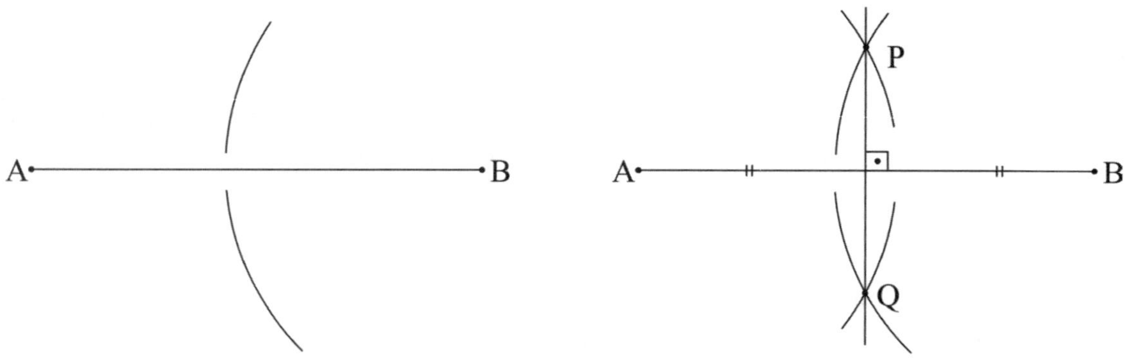

3.6) Construção da bissetriz

Traçar a bissetriz de um ângulo dado.

Basta encaixar um losango no ângulo de modo que um dos ângulos do losango seja o ângulo dado. A semi-reta que tem origem no vértice do ângulo dado e contém uma diagonal do losango é a bissetriz ângulo dado.

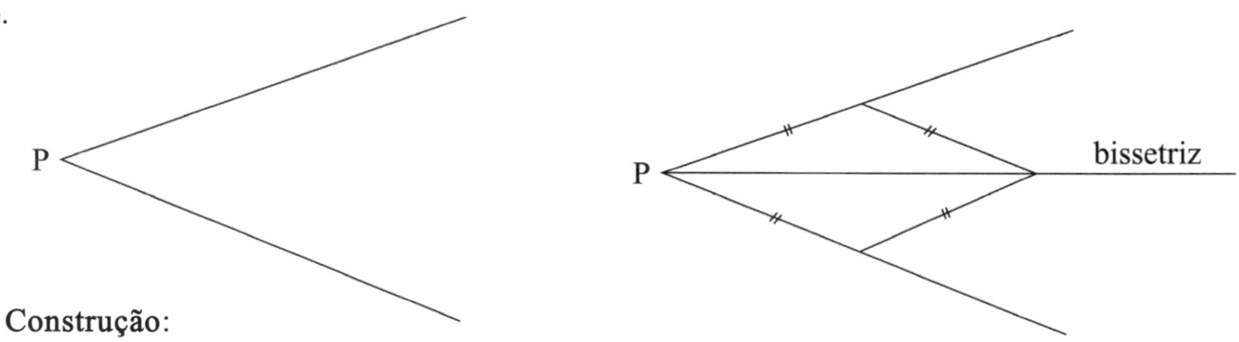

Construção:

1°) Com centro no vértice **P** do ângulo e raio arbitrário traçarmos um arco que corta os lados do ângulo nos ponto **A** e **B**.

2°) Com centros em **A** e **B** e mesmo raio traçarmos dois arcos que se cortam em **Q**. O quadrilátero APBQ é um losango. Então $\overrightarrow{PQ}$ é bissetriz do ângulo dado.

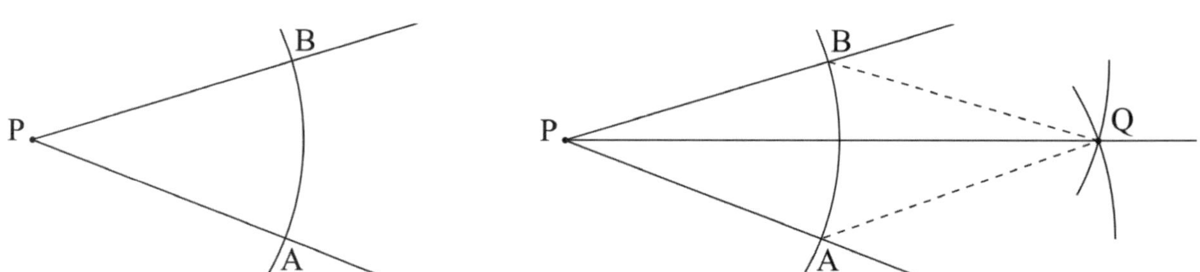

EXERCÍCIOS

110 Dado um segmento BC, escolhendo uma medida qualquer para ser a medida do lado oblíquo às bases, construir um triângulo isósceles de base BC nos casos:

a)

b)

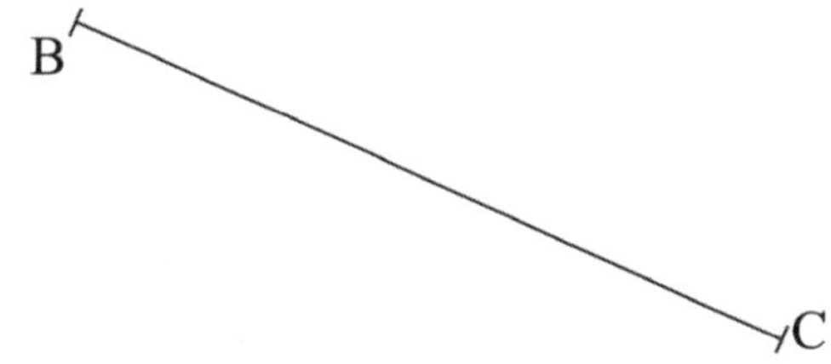

c)

d)

111 Dados o vértice **A** e a reta **r** que contém a base BC de um triângulo isósceles ABC, de base BC, escolhendo uma medida qualquer para ser a medida do lado oblíquo à base, construir ABC, nos casos:

a)

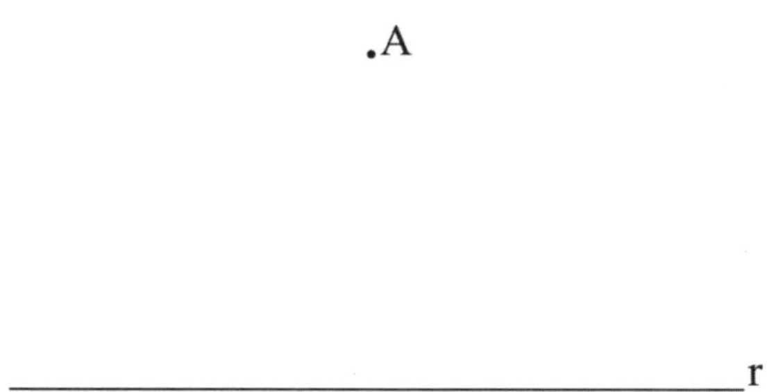

b)

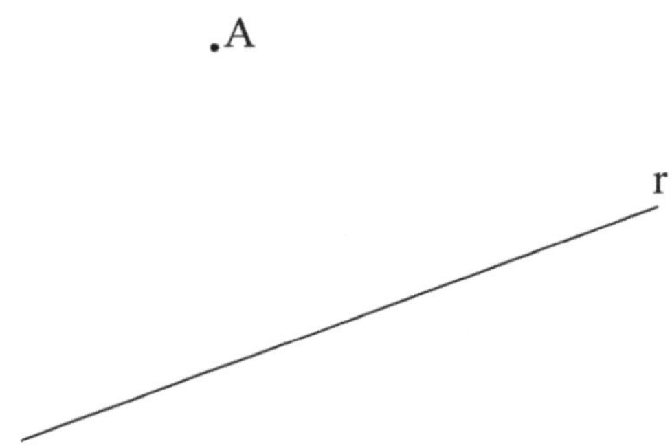

c)

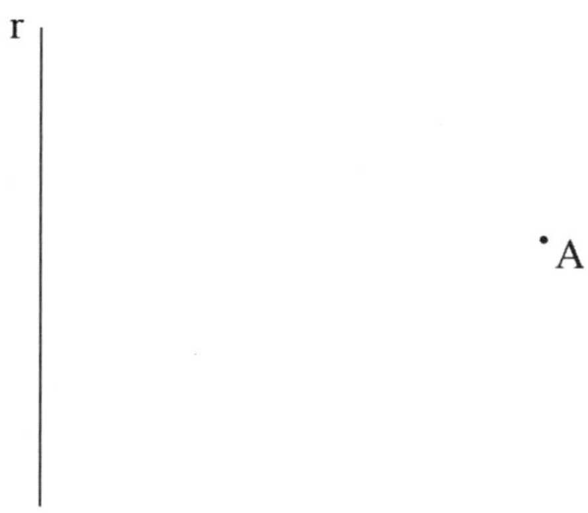

d)

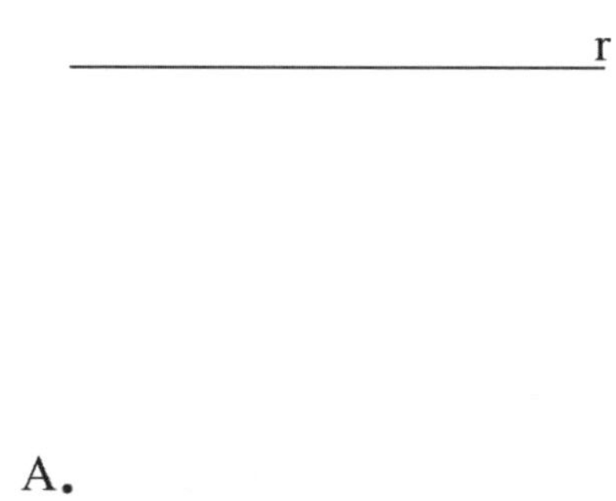

112 Dado um segmento BC e o seu ponto médio **M**, construir um triângulo isósceles qualquer de base BC, e traçar a mediana, altura e bissetriz, relativas ao lado BC, nos casos:

a)

b)

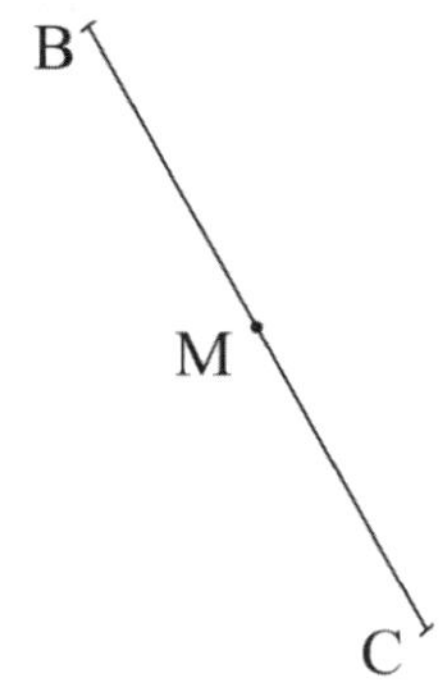

113 Dado um ponto **M** sobre uma reta **r**, tomar dois pontos **B** e **C**, quaisquer sobre **r**, de modo que **M** seja ponto médio de BC, nos casos:

a)

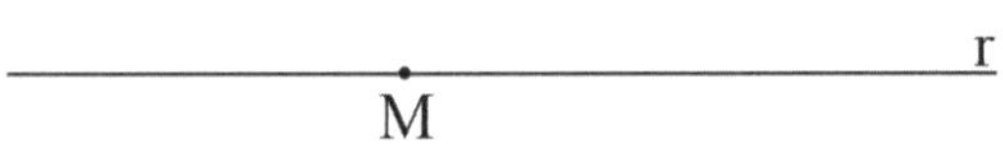

b)

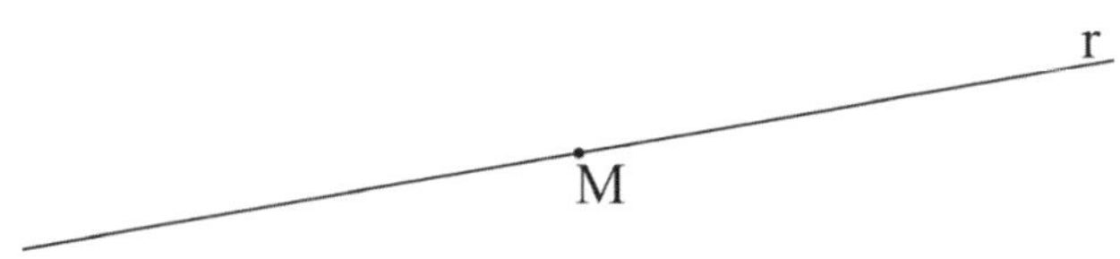

114 Dado um ponto **M** sobre uma reta **r**, construir um triângulo isósceles ABC qualquer, de base BC, de modo que M seja ponto médio de BC e BC esteja em **r**, nos casos:

a)

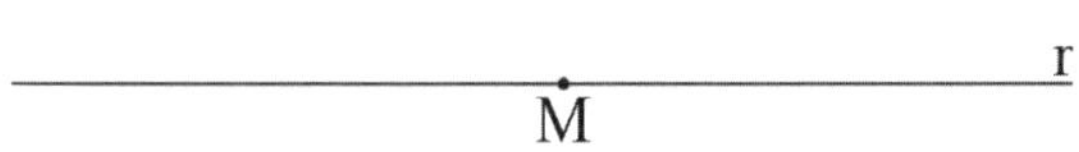

b)

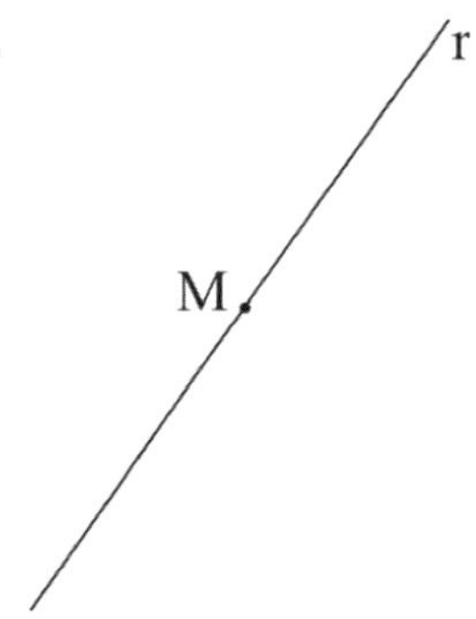

c)

d)

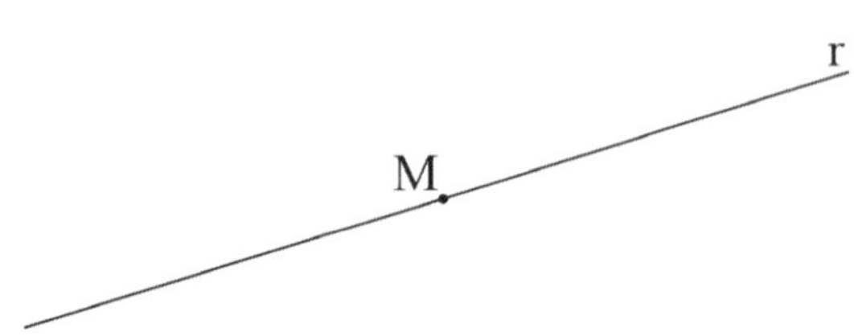

115 Dado o ponto **M** sobre a reta **r** que contém a base BC de um triângulo isósceles ABC de base BC qualquer, onde **M** é ponto médio do BC, obtenha o vértice **A** e traçar a reta AM, nos casos:

a)

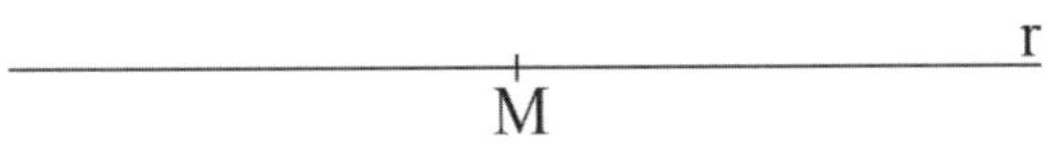

b)

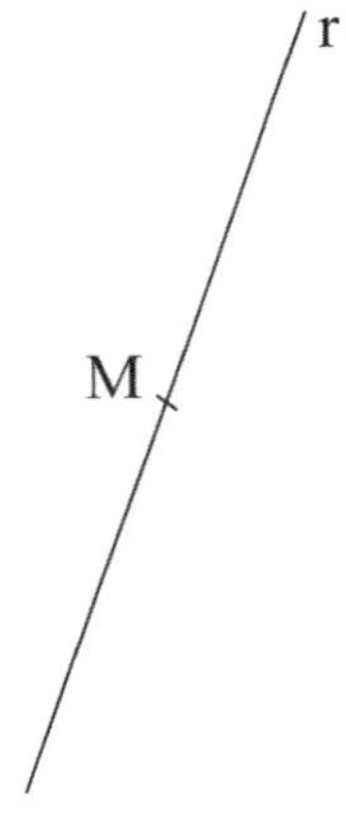

116 Dado o ponto **M** sobre a reta **r**, considere todos os triângulos isósceles de base BC contida em **r**, com **M** sendo ponto médio de BC. Traçar a reta que contém as alturas relativas a base BC de todos esses triângulos, nos casos:

a)

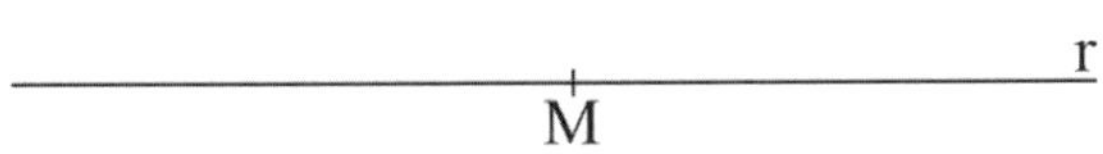

b)

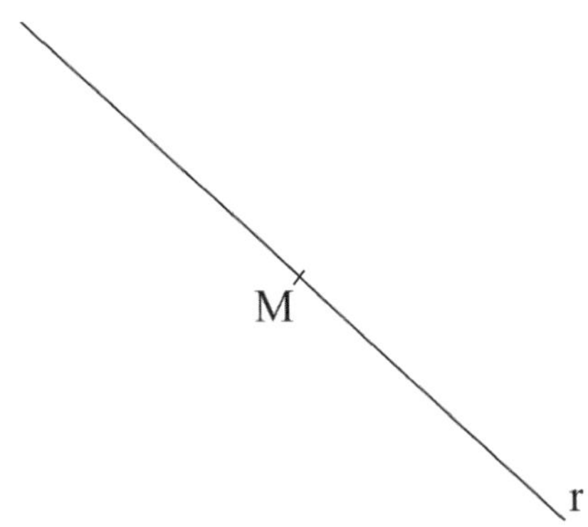

117 Dado o ponto **P** da reta **r**, traçar a reta que passa por **P** e é perpendicular a **r**, nos casos:

a)

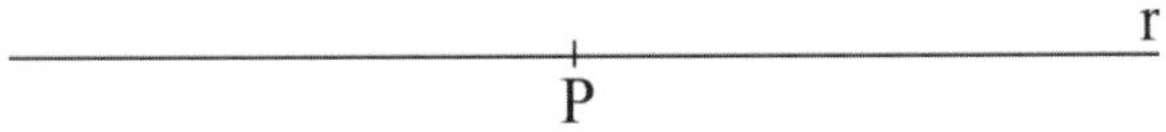

b)

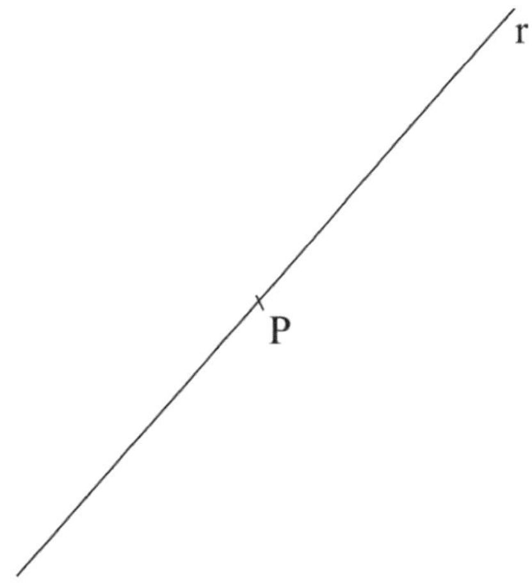

118 Dado o segmento BC, obtenha dois pontos distintos **P** e **Q** de modo que os triângulos PBC e QBC sejam isósceles de base BC, e trace a reta PQ, nos casos:

a)

b)

119 Dado o segmento BC, obtenha o ponto médio de BC, nos casos:

a)

b)

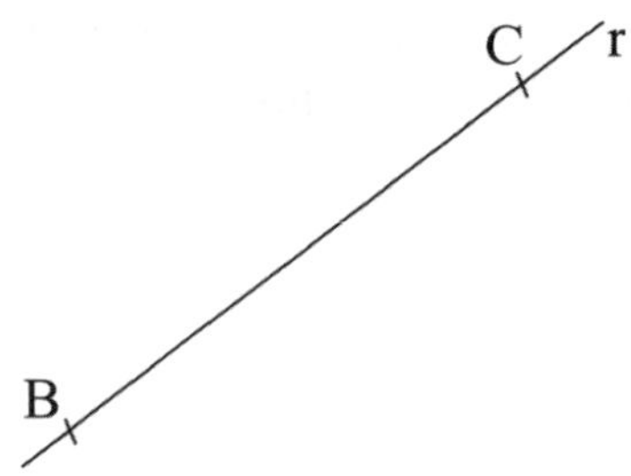

120 Dados o ponto **P** e a reta **r**, obtenha um ponto Q qualquer, distinto de **P**, de modo que PBC e QBC sejam isósceles de base BC, com BC em **r**, nos casos:

a)

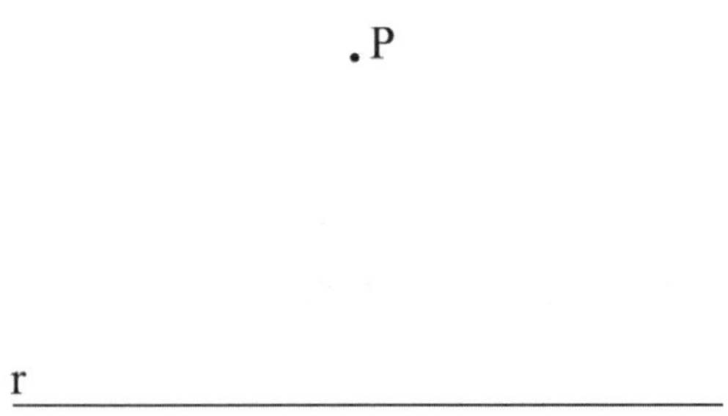

b)

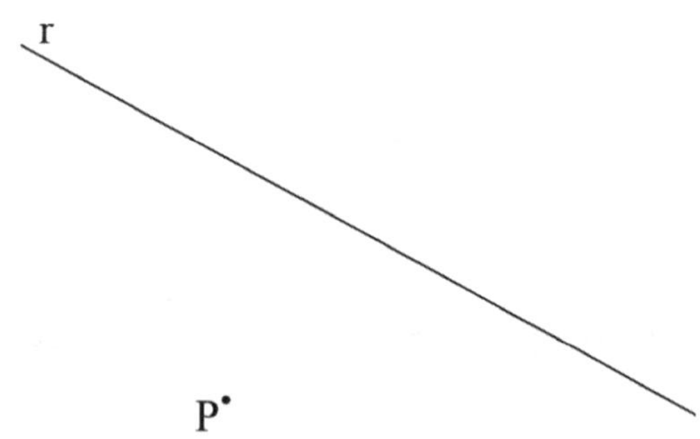

121 Traçar pelo ponto **P** a reta perpendicular à reta **r**, nos casos:

a)

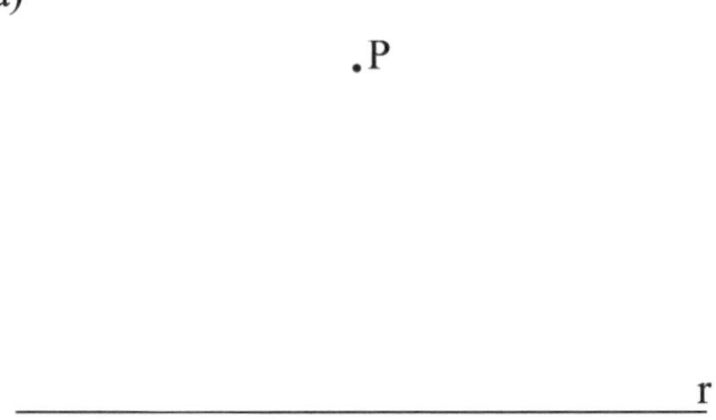

b)

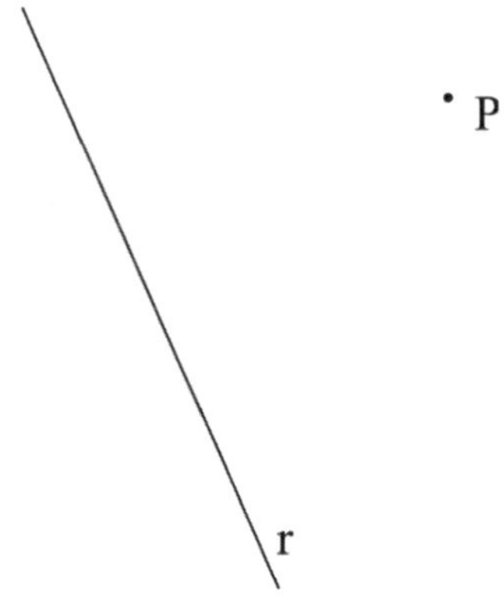

122 Traçar pelo ponto **P** a reta perpendicular a reta **r**, nos casos:

a)

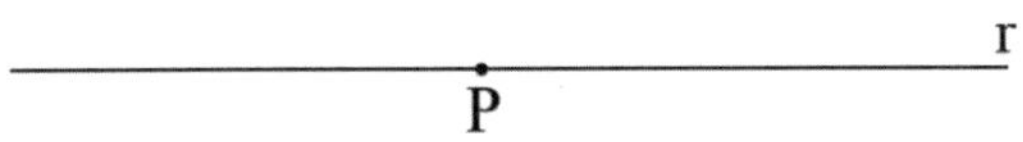

b)

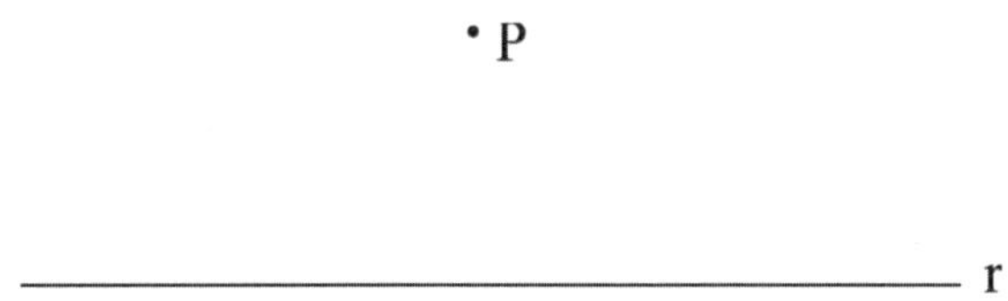

c)

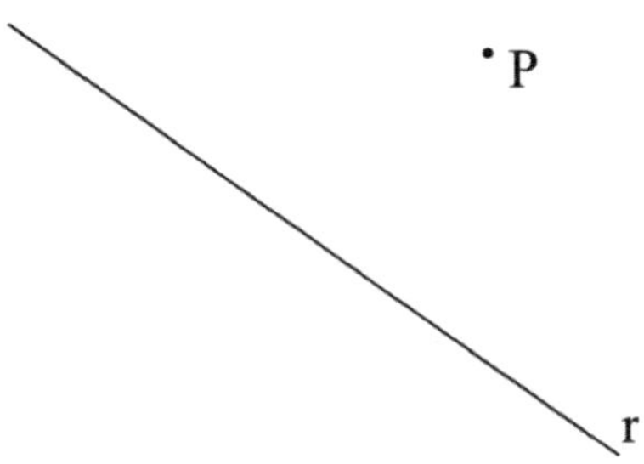

d)

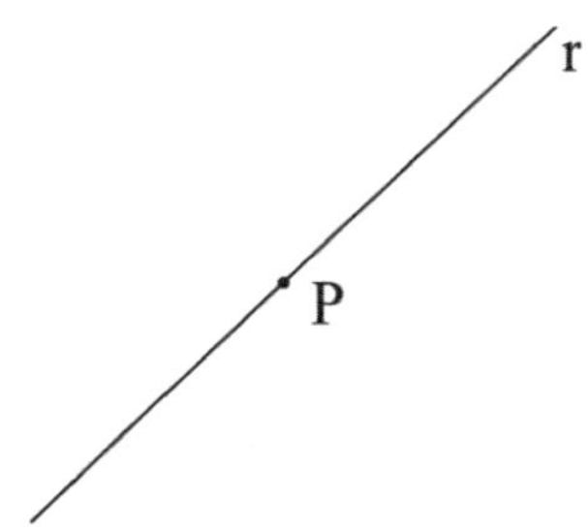

123 Desenhar um losango qualquer de modo que o segmento BD dado seja uma de suas diagonais, nos casos:

a)

b)

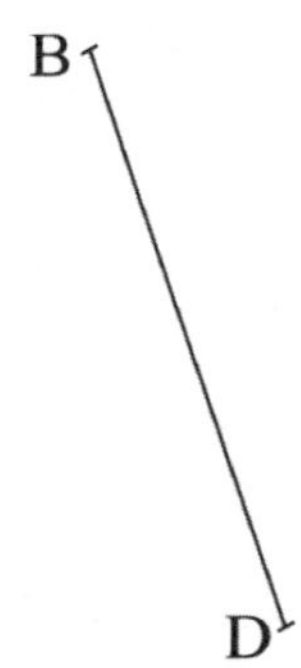

124 Sendo o segmento BD dado uma diagonal de um losango, traçar a reta que contém a outra diagonal, nos casos:

a)

b)

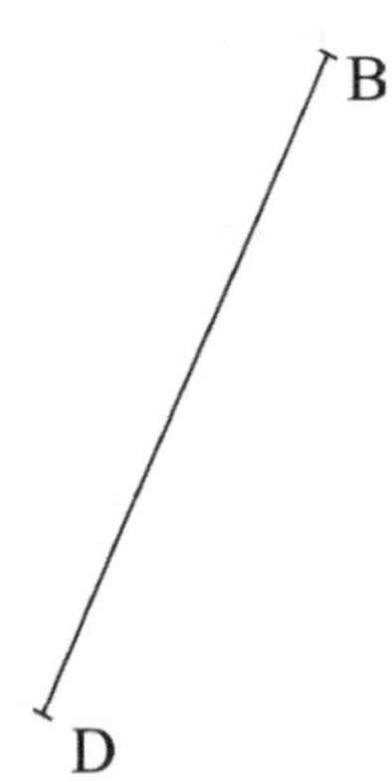

125 Traçar a mediatriz do segmento AB, nos casos:

a)

b)

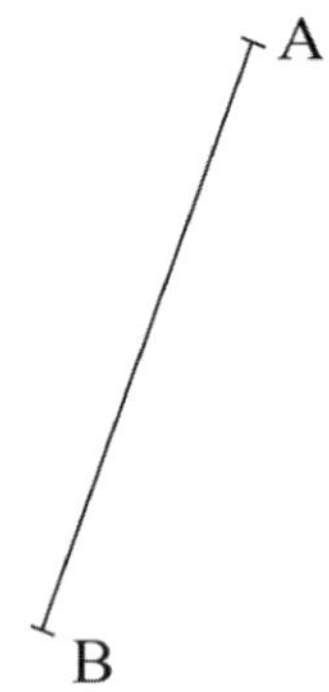

126 Determinar o ponto médio de AB, nos casos:

a)

b)

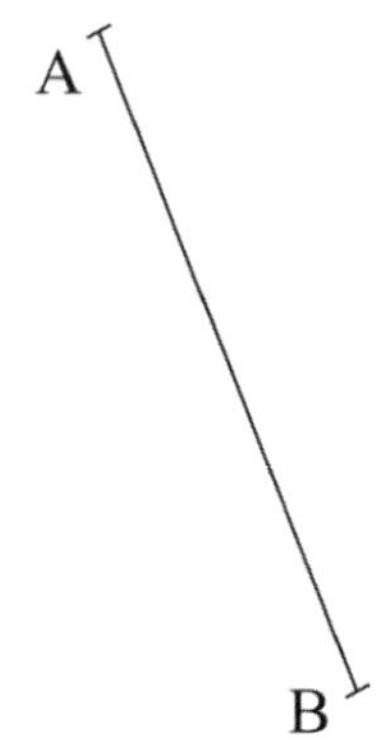

127 Dados o ponto **A** e a reta **r** que contém a diagonal BD de um losango ABCD, escolhendo uma medida qualquer para ser a medida do lado desse losango, construir esse losango, nos casos:

a)

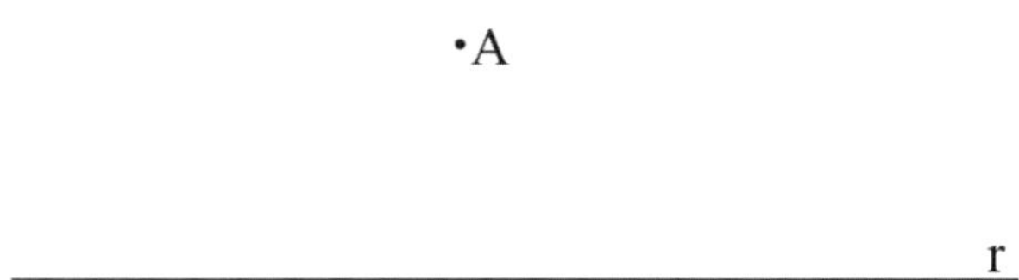

b)

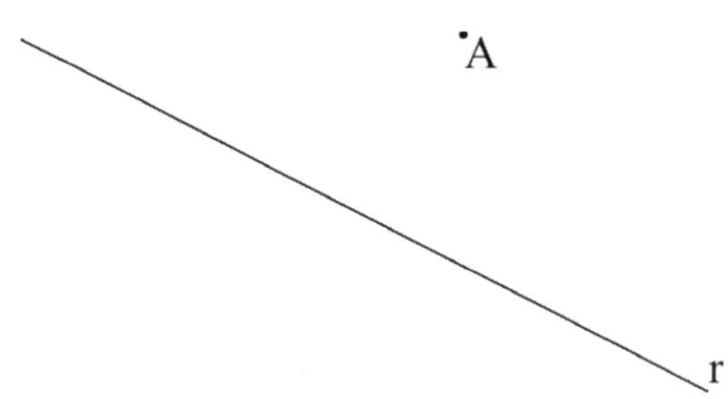

128 Dados o ponto **A** e a reta **r** que contém a diagonal BD de um losango ABCD, obtenha o vértice **C** desse losango, nos casos:

a)

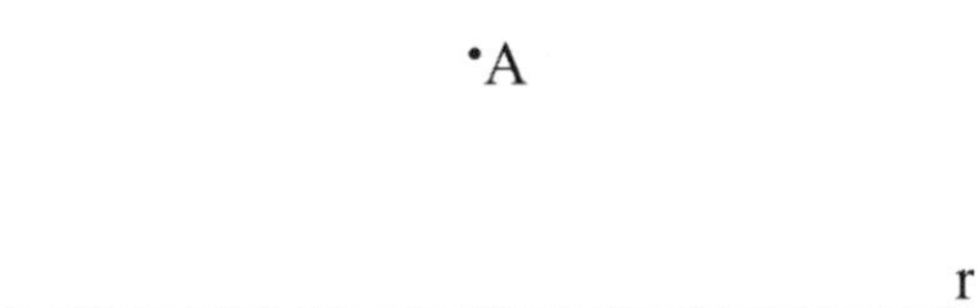

b)

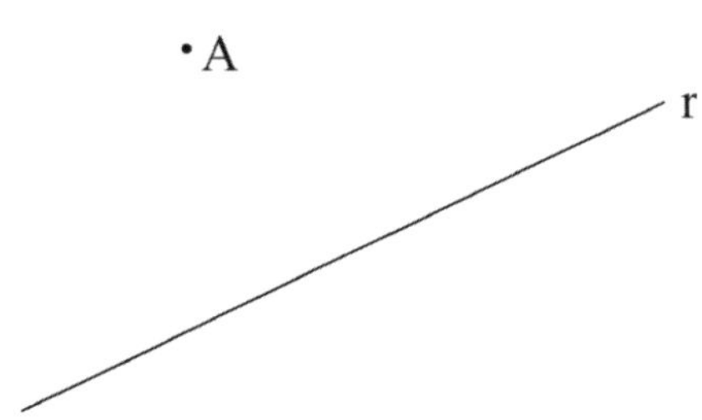

129 Dados um ponto **P** e uma reta r que não passa por **P**, sendo **P** um vértice de um losango que tem uma diagonal em **r**, traçar a reta que contém a outra diagonal,nos casos:

a)

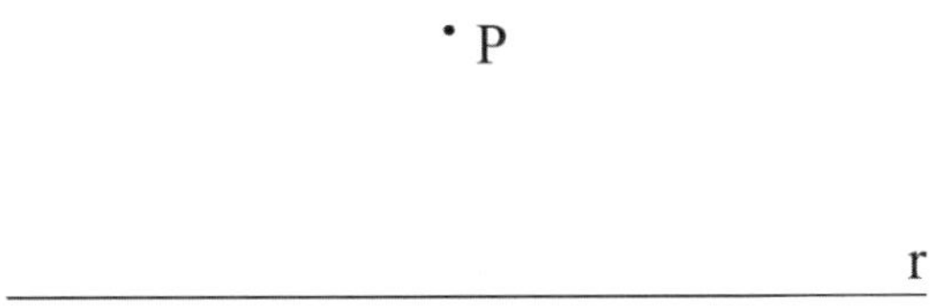

b)

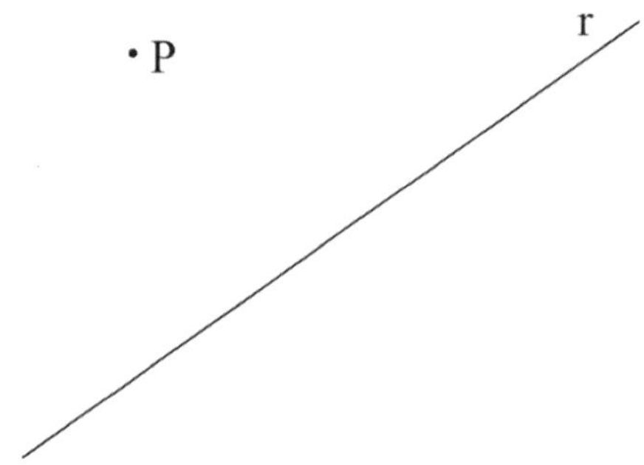

130 Dados o ponto **P** e uma reta **r**, traçar por **P** a reta perpendicular a **r**, nos casos:

a)

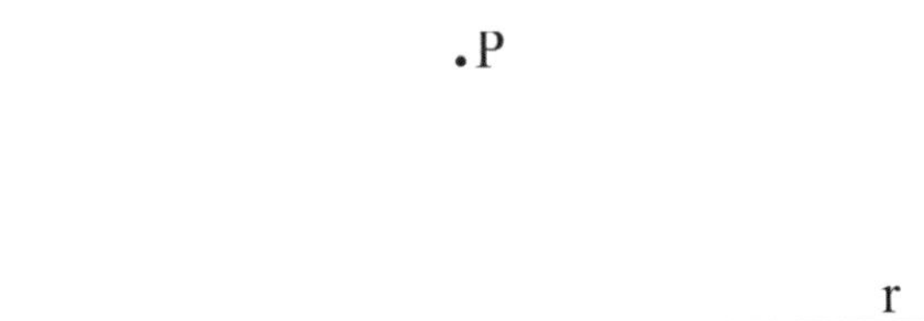

b)

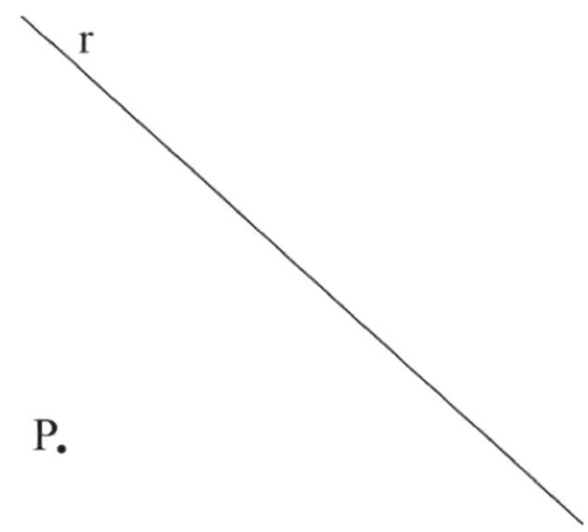

131 Em cada caso é dado um ângulo. Construir um losango qualquer, de modo que o ângulo dado seja um de seus ângulos, nos casos:

a)

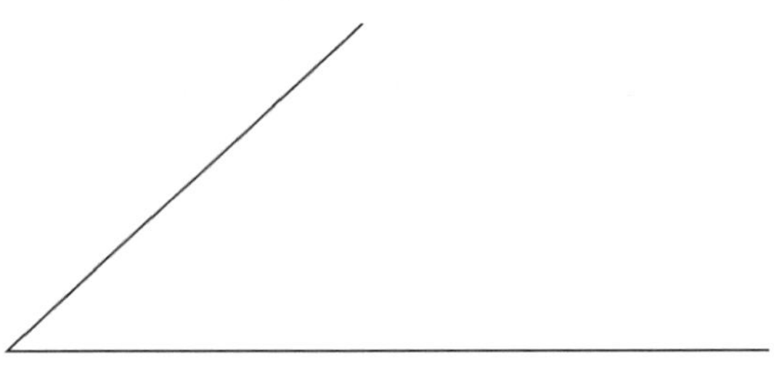

b)

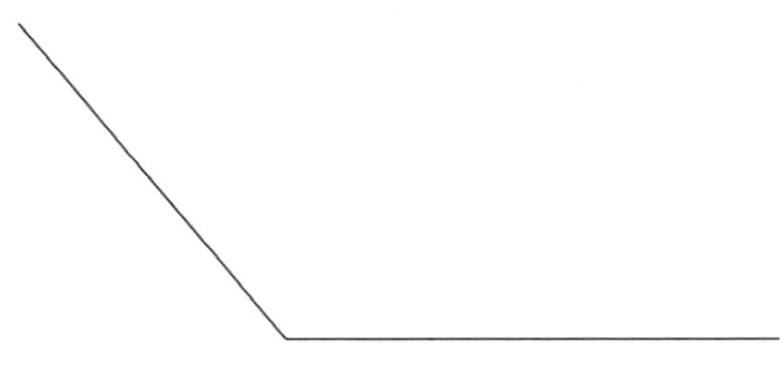

c)

d)

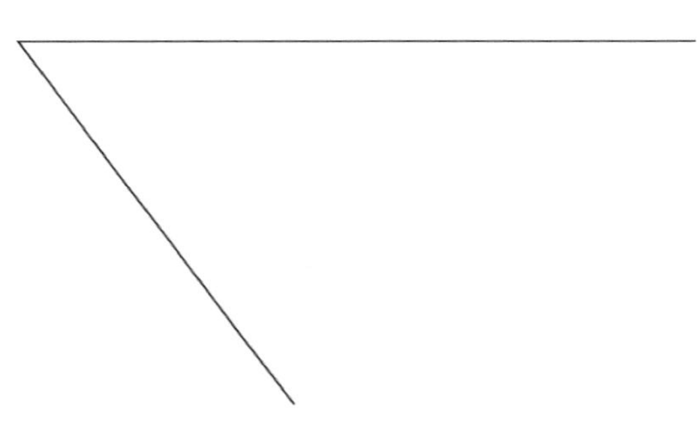

132 Em cada caso é dado um ângulo de um losango, traçar a reta que contém a diagonal desse losango que tem uma extremidade no vértice desse ângulo.

a)

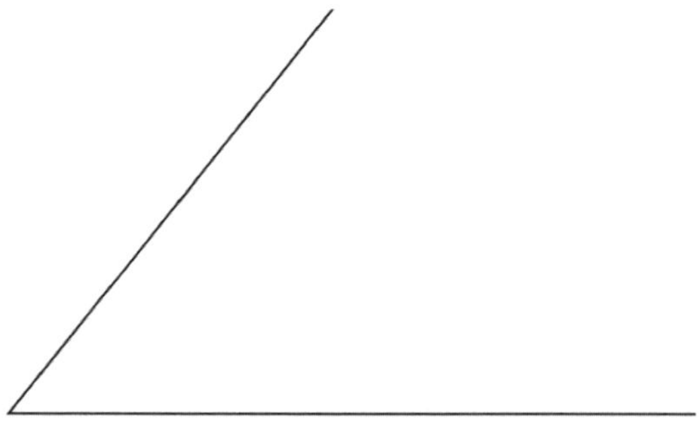

b)

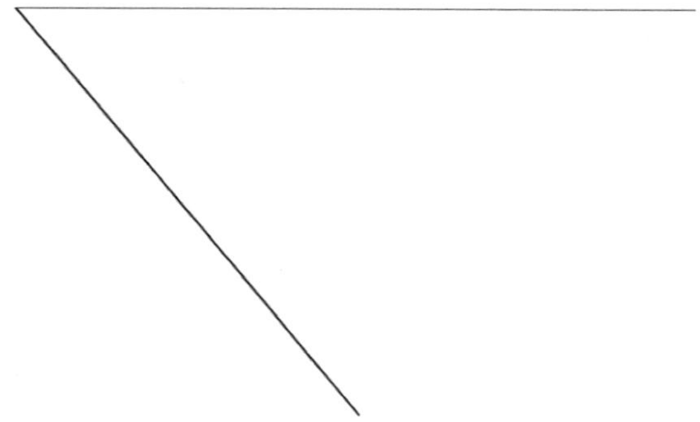

133 Traçar a bissetriz do ângulo dado, nos casos:

a)

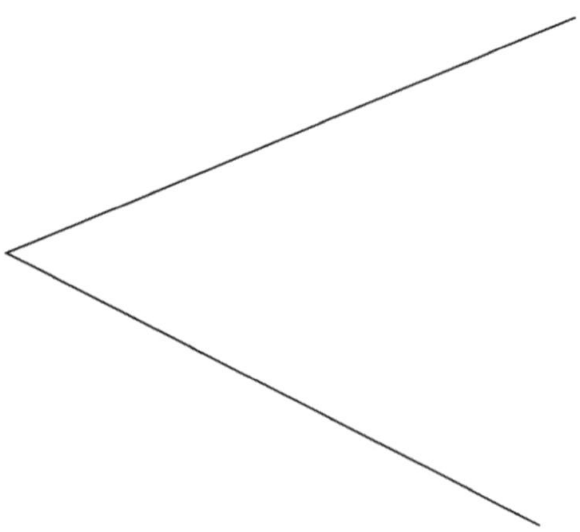

b)

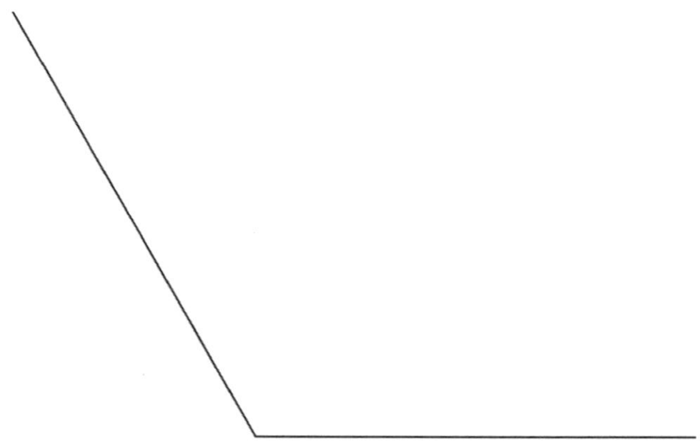

134 Dado o triângulo ABC, traçar a altura, bissetriz e mediana, relativas ao lado BC (ou ao vértice A).

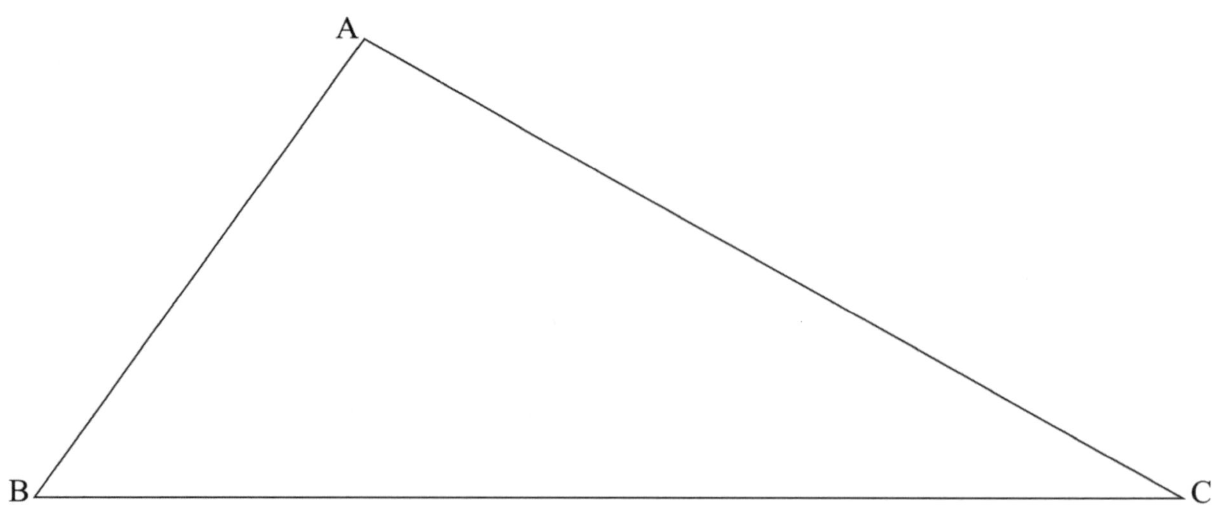

135 Construir um

a) quadrado de lado **a**

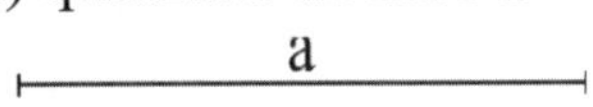

b) retângulo de lados **a** e **b**

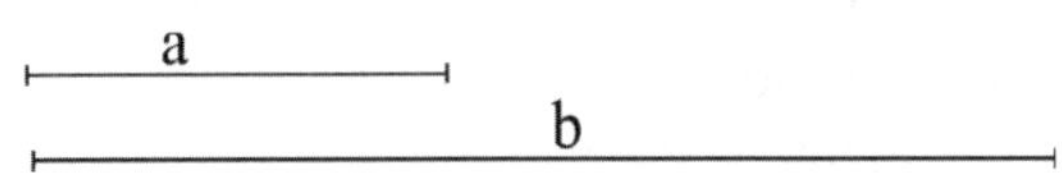

136 Construir um triângulo retângulo, nos casos:

a) com catetos **b** e **c**

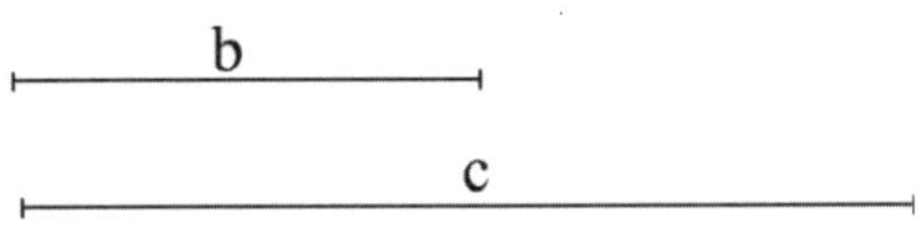

b) com cateto **b** e hipotenusa **a**

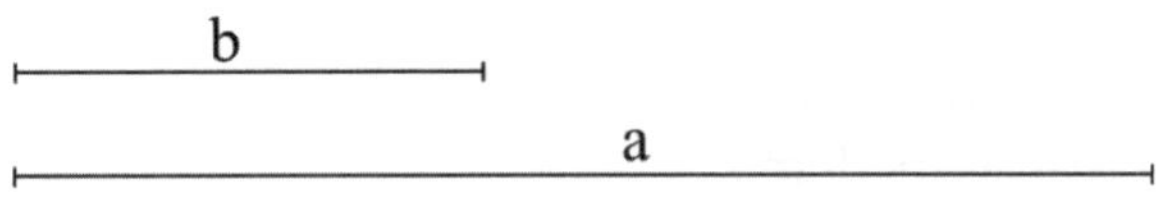

137 Em cada caso é dado um segmento AB.

a) Traçar a sua mediatriz

b) Achar o seu ponto médio

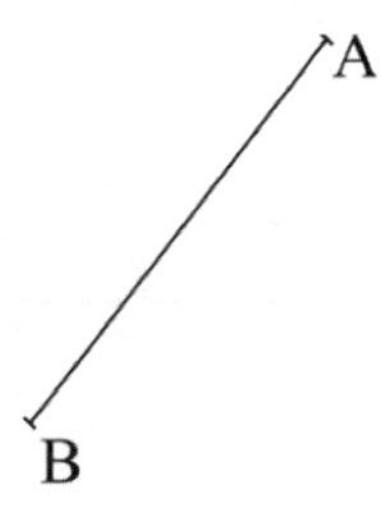

c) Divida-o em 4 partes de medidas iguais.

138 Construir um quadrado cujo lado mede a metade do segmento AB dado.

139 Construir um retângulo cujos lados medem $\frac{1}{4}$(AB) e $\frac{3}{4}$(AB), dado o segmento AB.

140 Construir um losango dadas as diagonais **a** e **b**.

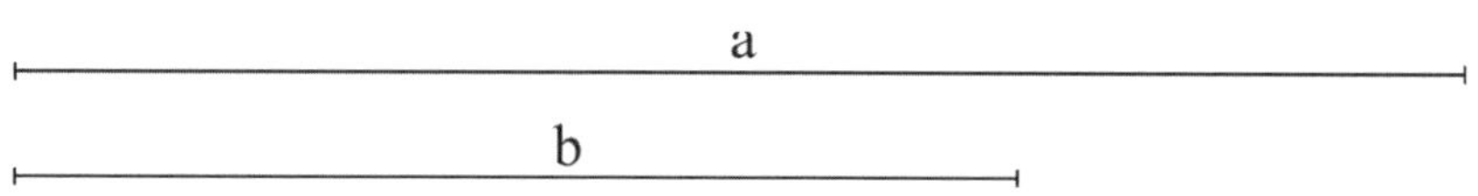

141 Em cada caso desenhe dois segmentos não colineares, com uma extremidade em comum, com medidas **a** e **b** dadas, variando a medida do ângulo entre eles, de um caso para o outro, e em seguida contruir um quadrilátero de lados opostos congruentes, com **a** e **b** sendo dois de seus lados:

a) a = 4 cm, b = 6 cm
b) a = 3,5 cm, b = 7 cm
c) a = 4,2 cm, b = 3,1 cm
d) a = b = 4,5 cm

142 Partindo de um ângulo (variar a medida de um caso para o outro) qualquer, que será um dos ângulos de um paralelogramo com lados **a** e **b**, contruir este paralelogramo, nos casos:

a) a = 47 mm, b = 69 mm
b) a = 25 mm, b = 51 mm
c) a = 82 mm, b = 43 mm
d) a = b = 53 mm

143 Construir um paralelogramo com lados **a** e **b** e uma diagonal **d**, nos casos:

a) a = 6 cm, b = 3,5 cm, d = 5 cm
b) a = 6,6 cm, b = 4 cm, d = 7 cm
c) a = 6,5 cm, b = 4,5 cm, d = 10 cm
d) a = 4,5 cm, b = 6,5 cm, d = 9 cm
e) a = b = 6 cm, d = 4,5 cm
f) a = b = d = 5,5 cm
g) a = b = 5,5 cm, d = 8,5 cm
h) a = b = 5,5 cm, d = 7,8 cm
i) a = 4 cm, b = 3 cm, d = 8 cm (E aí?)

144 Construir um triângulo com lados **a**, **b** e **c** e por cada vértices traçar a reta paralela ao lado opostos nos casos:

(Quantos paralelogramos você obteve em cada caso?)

a) a = 45 mm, b = 55 mm, c = 65mm
b) a = 61 mm, b = 33 mm, c = 71 mm
c) a = 38 mm, b = 79 mm, c = 51 mmm
d) a = 35 mm, b = c = 48 mm
e) a = b = c = 51 mm
f) a = 68 mm, b = c = 44 mm

145 Construir quatro quadriláteros quaisquer, variando entre um e outro o ângulo entre as diagonais e traçar, pelas vértices, retas paralelas às diagonais.

146 Construir um triângulo com lados **a**, **b** e **c**, com uma régua milimetrada assinale os pontos médios dos lados, meça os segmentos determinados pelos pontos médios e compare com **a**, **b** e **c**, nos casos:

a) a = 80 mm, b = 70 mm, c = 90 mm
b) a = 88 mm, b = 92 mm, c = 80 mm
c) a = c = 100 mm, b = 160 mm
d) a = 100 mm, b = 80 mm, c = 60 mm
e) a = b= c = 124 mm
f) a = b = 112 mm, c = 144 mm

147 Traçar uma reta r qualquer, tomar um ponto **P** fora de **r**, usando o método do paralelogramo com uma diagonal com uma extremidade em **P** e outra em **r** sendo congruente a dois lados opostos, traçar pelo ponto **P** a reta paralelas à reta **r**. Repetir este exercício várias vezes, variando a posição da reta **r**.

148 Traçar uma reta r qualquer, tomar um ponto **P** fora de **r** e usando o método do losango traçar pelo ponto **P** a reta paralela à reta **r**. Repetir este exercício várias vezes, variando a posição da reta **r**.

149 Traçar uma reta r qualquer, tomar um ponto **P** fora de r e tomando dois pontos quaisquer sobre **r**, pelo modo da determinação do quarto vértice de um paralelogramo, traçar pelo ponto **P** a reta paralela à reta **r**.

Repetir este exercício várias vezes.

150 Traçar uma reta r qualquer, tomar um ponto **A** em **r** e um ponto **B** fora de **r** traçar por **A** e **B** as retas perpendiculares à reta **r**.

(Repetir este exercício várias vezes).

151 Traçar um segmento AB qualquer a traçar a sua mediatriz. Repetir este exercício várias vezes tomando os pontos para determinar a mediatriz ora em semi-planos opostos ora no mesmo semi-plano, com origens na reta AB.

152 Traçar um ângulo qualquer e traçar sua bissetriz. Repetir várias vezes, ora "encaixado" losangos de lados diferentes num mesmo ângulo, para testar a precisão.

153 Dados os segmentos **a**, **b**, **c**, **d** e **e**, construir o que se pede:

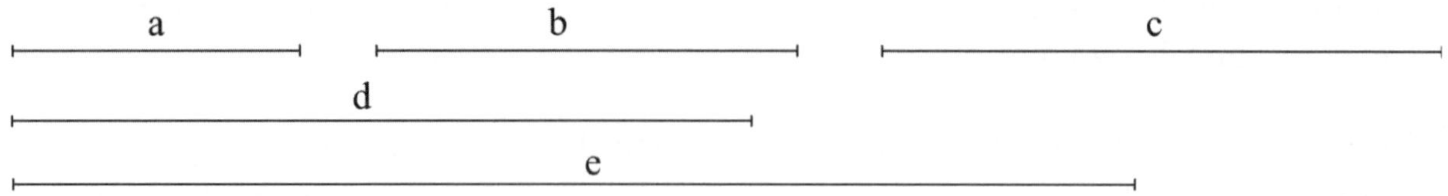

a) Quadrados com lados **a**, **b** e **c**

b) Circunferências com diâmetros **b**, **c** e **d**

c) Retângulos com lados **a** e **c**, **b** e **d**, **b** e **e** e **c** e **d**

d) Triângulos retângulos com catetos **a** e **b**, **a** e **c** e **b** e **d**

e) Triângulos retângulos com um cateto e hipotenusa sendo, respectivamente, **a** e **b**, **a** e **c**, **b** e **d**, **c** e **e**

f) Losangos com diagonais **a** e **d**, **b** e **c**, **b** e **e** e **d** e **e**

g) Losangos com uma diagonal e um lado sendo, respectivamente, **b** e **a**, **a** e **b**, **d** e **c**, **c** e **d**, **c** e **b**, **e** e **d**

h) Retângulo com um lado e diagonal sendo, respectivamente, **a** e **b**, **b** e **c**, **b** e **d** e **c** e **e**

154 Construir um quadrado de lado com 35 mm e depois um outro cujo lado seja a diagonal do primeiro.

155 Construir um losango ABCD nos casos:

a) Â é agudo qualquer e AC = 8,1 cm

b) Â é o obtuso qualquer e AC = 5,3 cm

c) Â é agudo qualquer e AC = 9,3 cm

d) Â é obtuso qualquer e AC = 6,1 cm

156 Em cada caso construir um triângulo ABC e traçar a altura, mediana e bissetriz relativas ao lado BC.

a) AB = 81 mm, AC = 105 mm, BC = 121 mm

b) AB = 115 mm, AC = 93 mm, BC = 135 mm

c) AB = 78 mm, AC = 139 mm, BC = 91 mm

d) AB = 150 mm, AC = 70 mm, BC = 95 mm

157 Em cada caso construir um triângulo ABC e traçar a altura bissetriz e mediana relativas ao lado BC.

a) AB = 60 mm , BC = AC = 110 mm

b) AB = AC = 127 mm , BC = 74 mm

c) AB = AC = BC = 91 mm

d) AB = AC = 94 mm , BC = 71 mm

e) AB = BC = 81 mm e AC = 141 mm

III TRIÂNGULOS

1. Retas paralelas e uma transversal

Os ângulos formados por duas retas, paralelas ou não, cortadas por uma reta transversal, de acordo com a posição ocupada recebem os seguintes nomes.

1.1) Alternos

I) Alternos internos: Em cada figura os ângulos assinalados são chamados **ângulos alternos internos**.

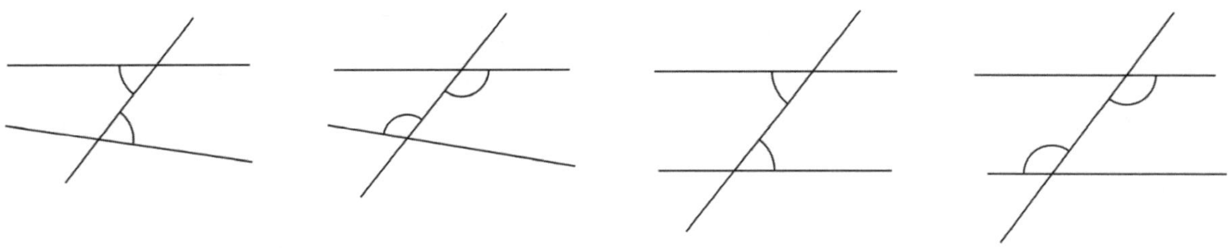

II) Alternos externos: Em cada figura os ângulos assinados são chamados **ângulos alternos externos**.

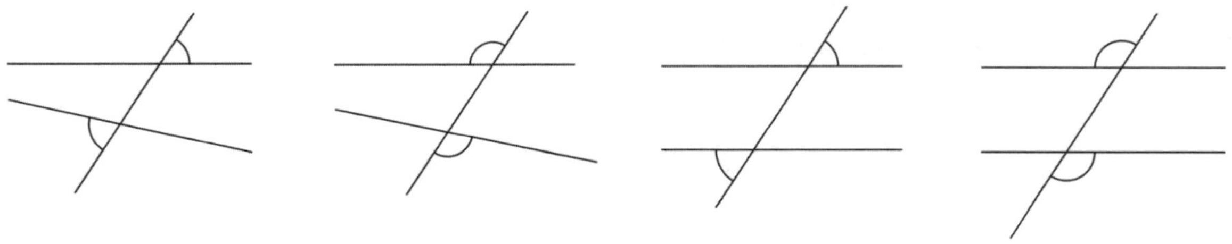

1.2) Colaterais

I) Colaterais internos: Em cada figura os ângulos assinalados são chamados **ângulos colaterais internos**.

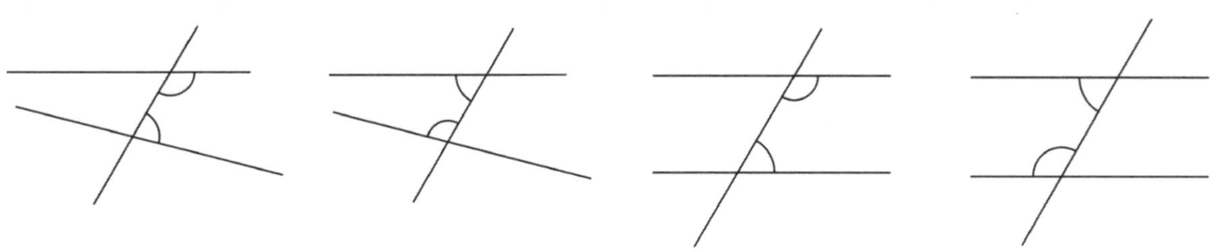

II) Colaterais externos: Em cada figura os ângulos assinalados são chamados **ângulos colaterais externos**.

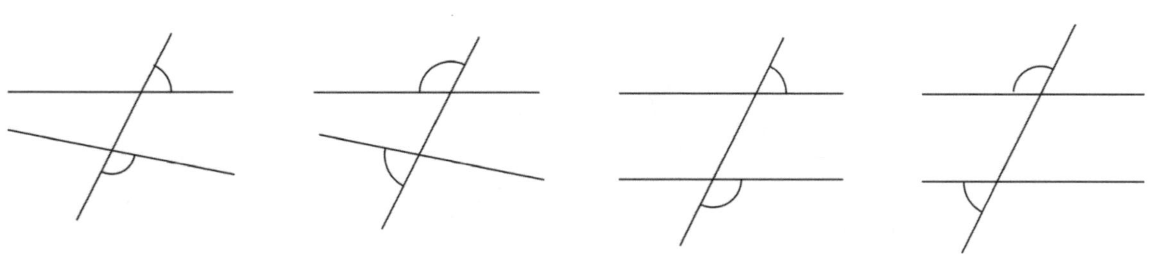

1.3) Correspondentes: Em cada figura os ângulos assinalados são chamados **ângulos correspondentes**.

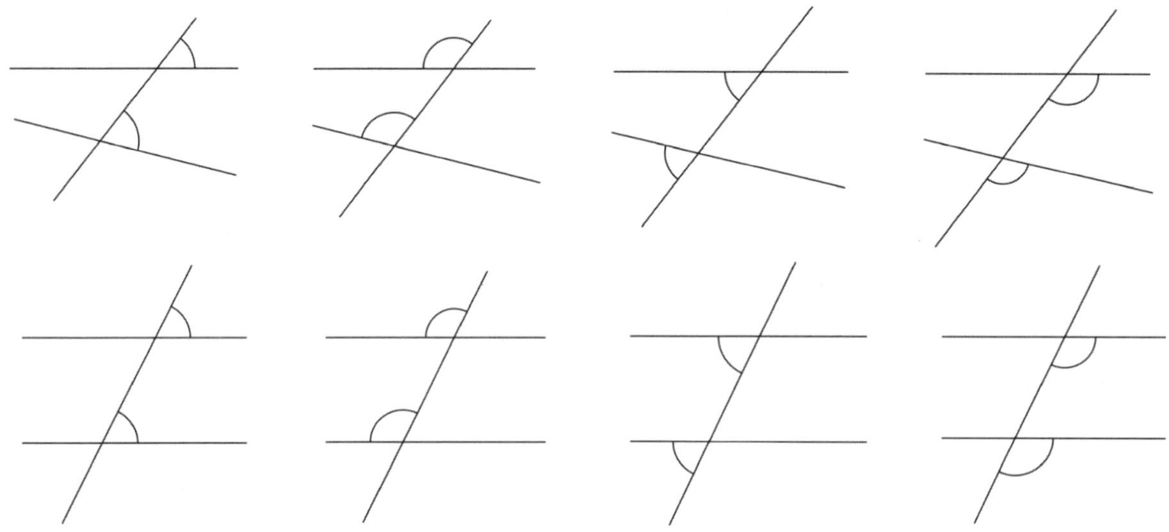

Em seguida olhe 4 casos, sobre os ângulos formados por duas retas **a** e **b** cortadas por uma transversal **t**. Está indicada na figura as medidas dos 8 ângulos que elas formam.

I) Os oito ângulos tem a mesma medida.

As retas **a** e **b** são paralelas e os 8 ângulos são retos.

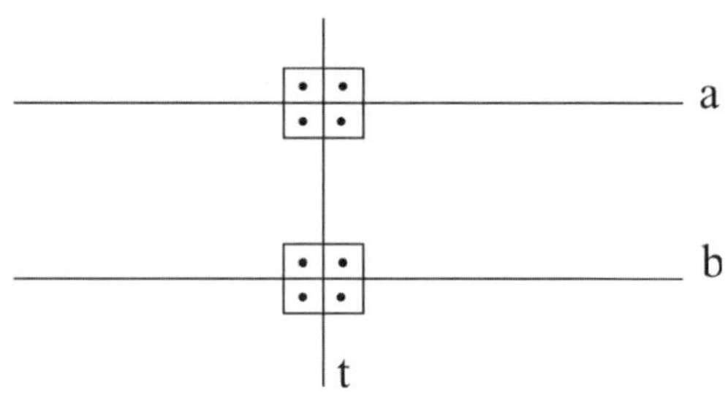

II) Há 4 medidas diferentes para os 8 ângulos.

As retas **a** e **b** e **t** irão determinar um triângulo que se for isósceles não terá a base sobre a reta **t**.

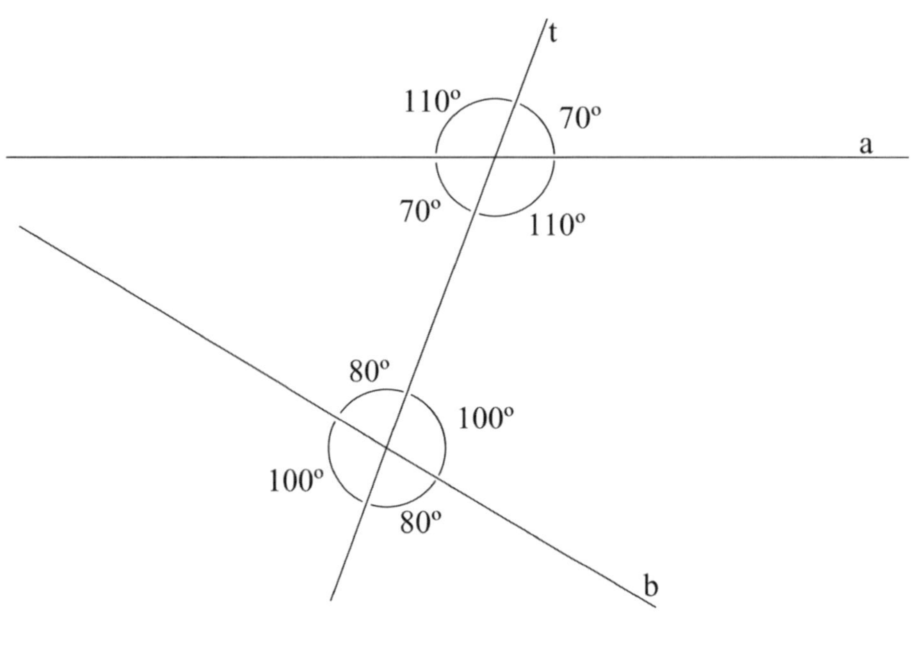

III) Há 2 medidas diferentes para os 8 ângulos.

- Dois ângulos colaterais, internos ou externos, são congruentes.
- Dois ângulos alternos, internos ou externos, são suplementares.
- Dois ângulos correspondentes são suplementares.

Neste caso as retas determinam um triângulo isósceles com base na reta **t**.

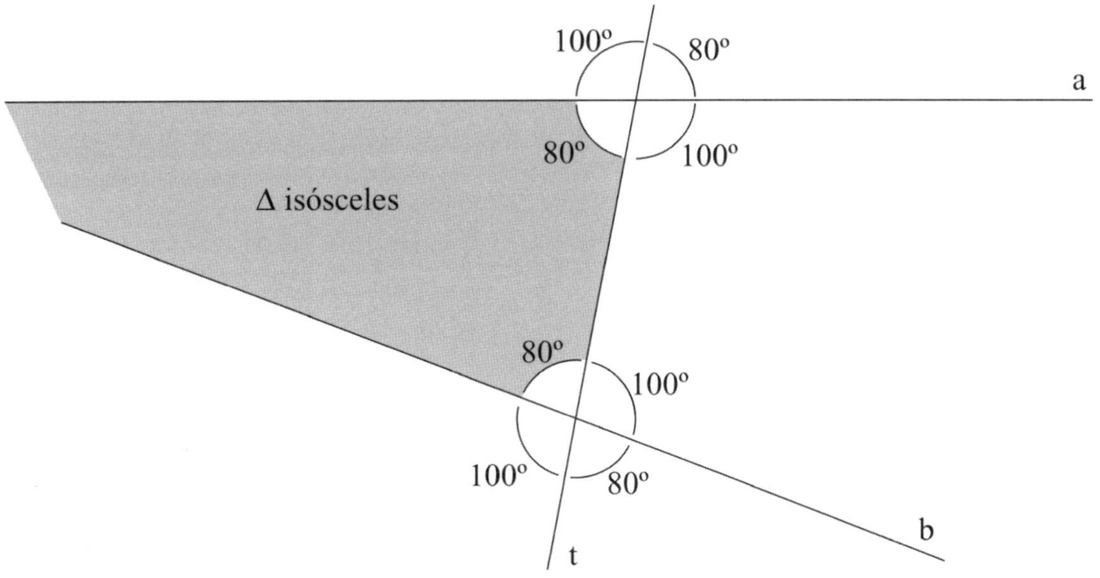

IV) Há 2 medidas diferentes para os 8 ângulos.

- Dois ângulos alternos, internos ou externos, são congruentes.
- Dois ângulos correspondentes são congruentes.
- Dois ângulos colaterais, internos ou externos, são suplementares.

Neste caso as retas **a** e **b** são paralelas. E vale também a recíproca.

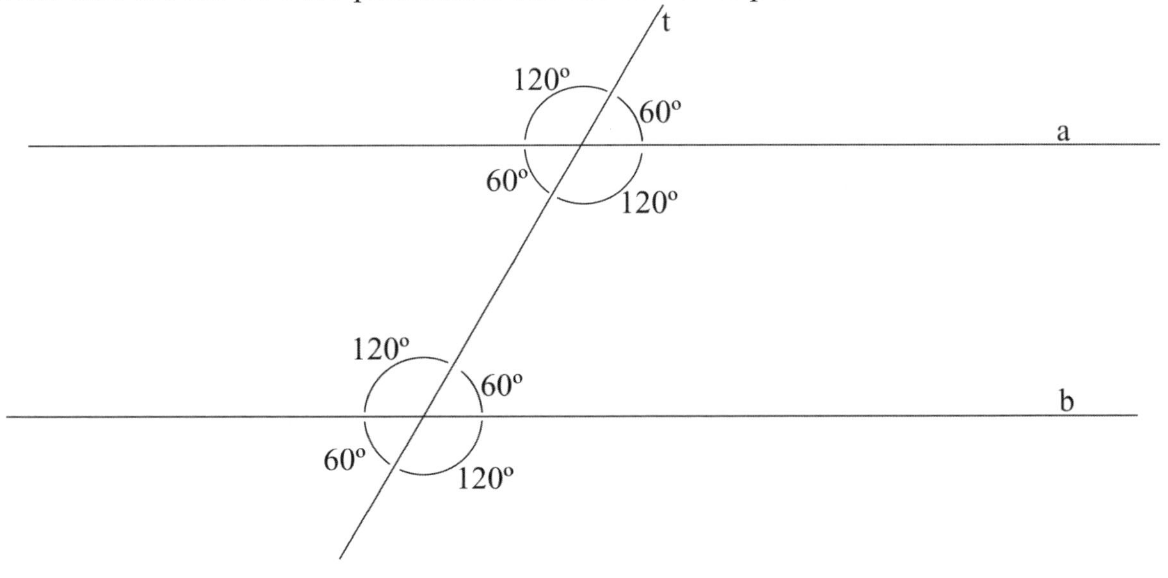

1.4) Teorema: Se duas retas **a** e **b** cortadas por uma reta transversal **t** determinam dois ângulos alternos internos congruentes (medidas iguais), então as retas **a** e **b** são paralelas.

Outros enunciados equivalentes.

"Se dois ângulos alternos externos são congruentes, então **a** e **b** são paralelas"

"Se dois ângulos correspondentes são congruentes, então **a** e **b** são paralelas".

"Se dois ângulos colaterais, internos ou externos, são suplementares, então **a** e **b** são paralelas".

Vale também o recíproco desse teorema: "Se duas retas paralelas **a** e **b** são cortadas por uma reta tansversal **t**, então dois ângulos alternos internos determinados são congruentes".

Outros enunciados equivalentes:

"Se **a** e **b** são paralelas, então dois ângulos alternos externos são congruentes".

"Se **a** e **b** são paralelas, então dois ângulos correspondentes são congruentes".

"Se **a** e **b** são paralelas, então dois ângulos colaterais, internos ou externos, são suplementares".

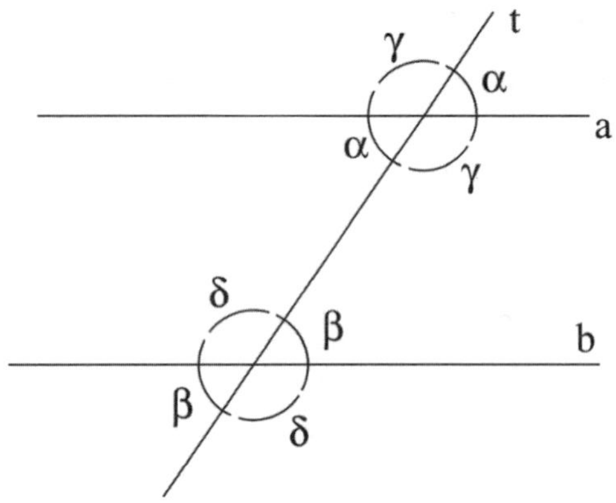

$\alpha = \beta \Leftrightarrow a//b$

$\gamma = \delta \Leftrightarrow a//b$

$\alpha + \delta = 180^\circ \Leftrightarrow a//b$

$\beta + \gamma = 180^\circ \Leftrightarrow a//b$

Exemplos:

1º) Se duas retas paralelas **a** e **b** são cortadas por uma transversal e um dos ângulos agudos determinado mede 50º, então todos os agudos medem 50º e todos os obtusos medem 130º.

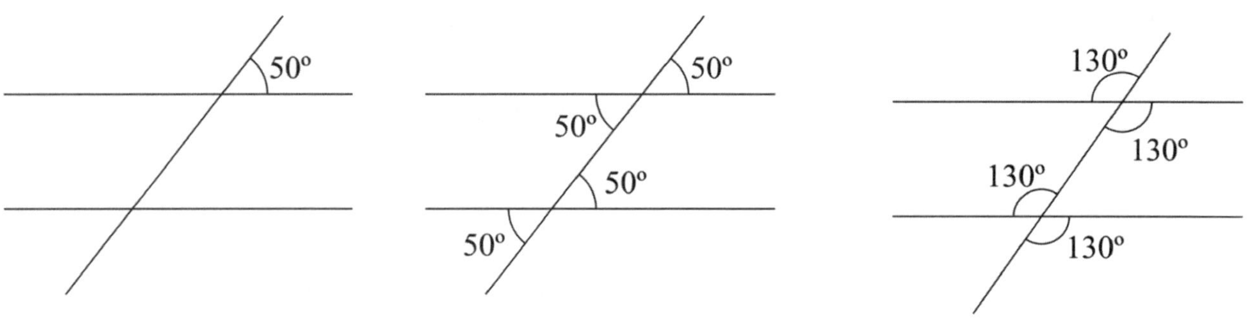

2º) Se 3 segmentos são tais que a sua configuração é a mesma da letra Z (ou N) maiúscula, normal ou espelhada, note que os ângulos que esses segmentos determinam são dois ângulos alternos internos, portanto, congruentes.

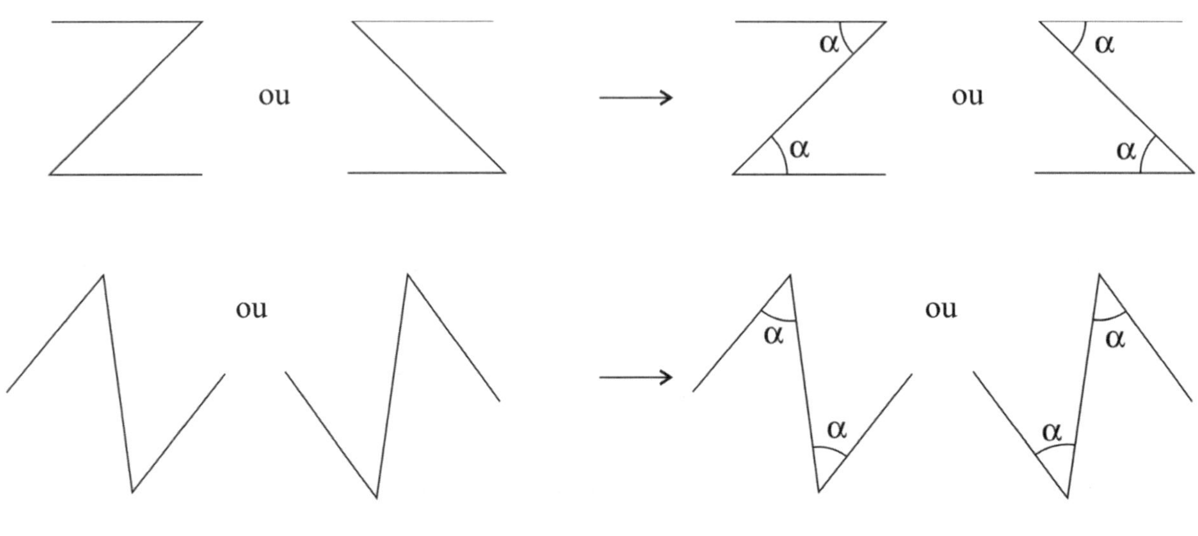

1.5) Duas consequências

1º) Se dois ângulos são tais que os lados de um têm o mesmo sentido que os lados do outro, ou sentidos opostos aos lados do outro, então esses ângulos são **congruentes** (tem medidas iguais).

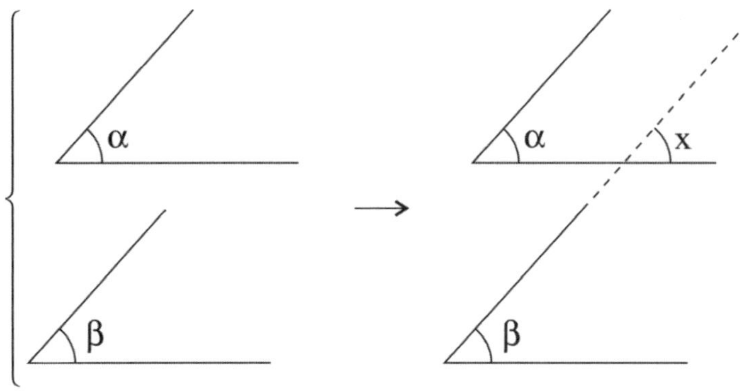

$$\begin{cases} \alpha \text{ e } x \text{ são correspondentes } \Rightarrow \alpha = x \\ x \text{ e } \beta \text{ são correspondentes } \Rightarrow x = \beta \end{cases}$$

$$\alpha = x \quad \text{e} \quad x = \beta \Rightarrow \boxed{\alpha = \beta}$$

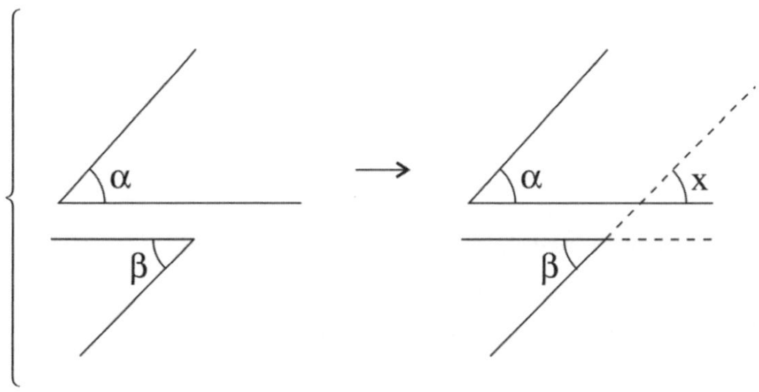

$$\begin{cases} \alpha \text{ e } x \text{ são correspondentes } \Rightarrow \alpha = x \\ x \text{ e } \beta \text{ são alternos } \Rightarrow x = \beta \end{cases}$$

$$\alpha = x \quad \text{e} \quad x = \beta \Rightarrow \boxed{\alpha = \beta}$$

2º) Se dois ângulos são tais que um lado de um tem o mesmo sentido que um lado do outro e os outros dois lados tem sentidos opostos, então esses ângulos são **suplementares** (a soma das medidas é 180º).

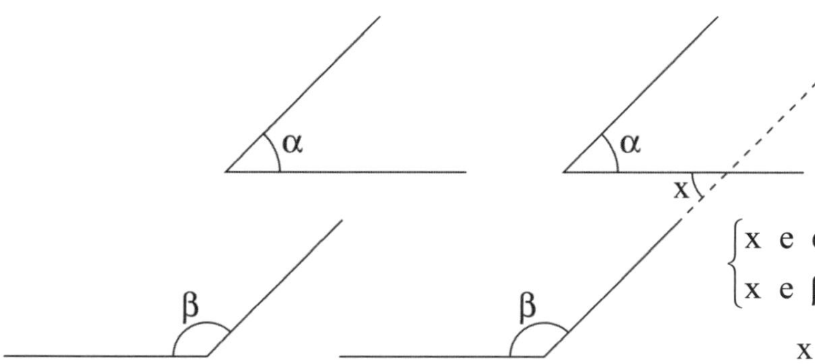

$$\begin{cases} x \text{ e } \alpha \text{ são alternados internos } \Rightarrow x = \alpha \\ x \text{ e } \beta \text{ são colaterais internos } \Rightarrow x + \beta = 180^\circ \end{cases}$$

$$x = \alpha \quad \text{e} \quad x + \beta = 180^\circ \Rightarrow \boxed{\alpha + \beta = 180^\circ}$$

2. Triângulos

Já sabemos do capítulo I que triângulo é o polígono que tem 3 lados. Sabemos também o que é ângulo interno e o que é ângulo externo. Algumas outras informações já vistas e outras novas veremos em seguida.

2.1) Classificação quanto aos lados

Equilátero: É o triângulo cujos lados são congruentes entre si. Os lados têm medidas iguais.
Isósceles: É o triângulo que tem dois lados congruentes. Dois lados têm a mesma medida.
Escaleno: É o triângulo que não tem dois lados congruentes. As medidas dos lados são diferentes entre si.

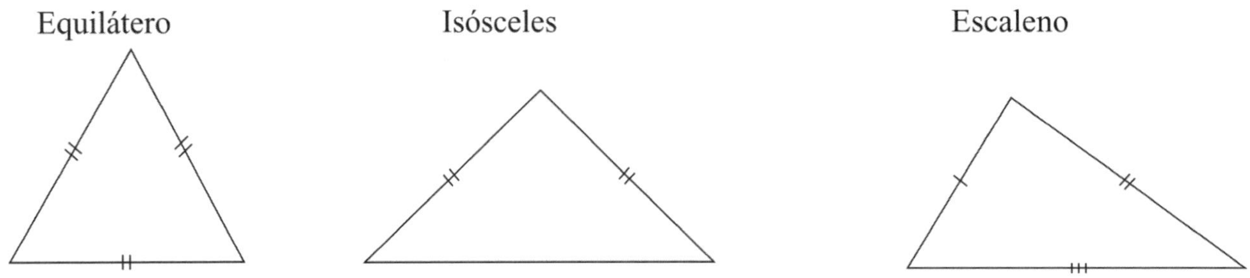

Obs:

1) De acordo com a definição, todo triângulo equilátero é também isósceles.

2) Quando um triângulo for isósceles, o ângulo formado pelos lados congruentes é chamado ângulo do vértice e o lado oposto a ele é chamado base do triângulo.

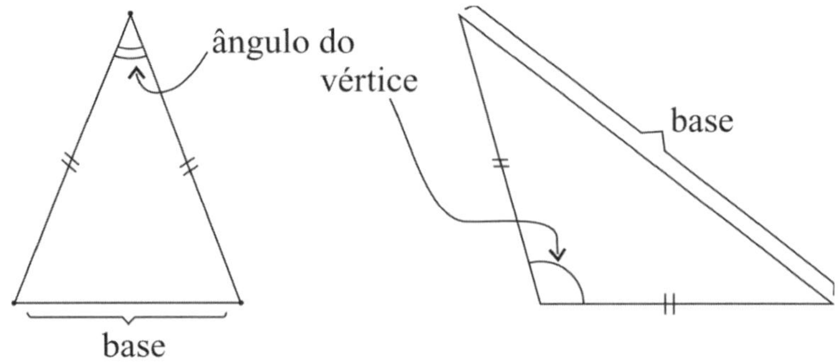

2.2) Classificação quanto aos ângulos

Acutângulo: O triângulo cujos três ângulos são agudos é chamado **triângulo acutângulo**.
Retângulo: O triângulo que tem um ângulo reto é chamado **triângulo retângulo**.
Obtusângulo: O triângulo que tem um ângulo obtuso é chamado **triângulo obtusângulo**.

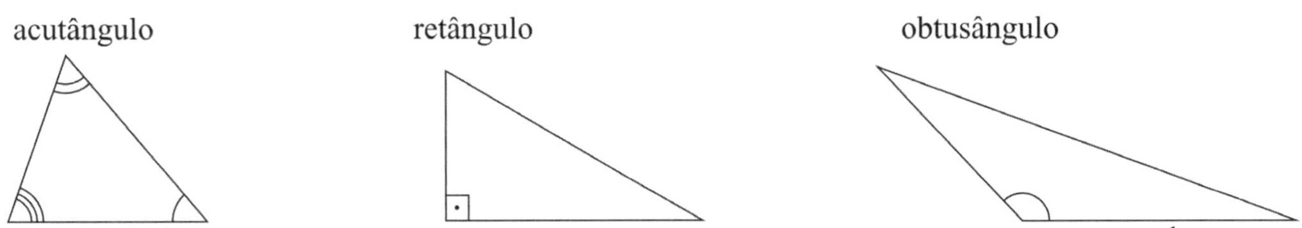

Obs:

1) No triângulo retângulo, os lados que formam o ângulo reto são chamados catetos do triângulo e o oposto ao ângulo reto é chamado hipotenusa.

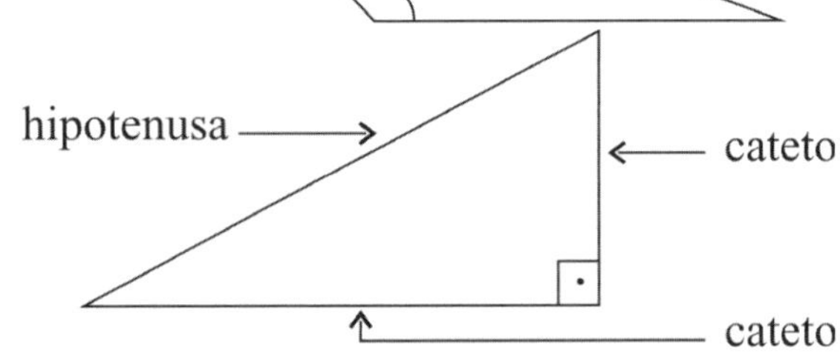

2) Os triângulos retângulo e obtusângulo podem ser escaleno ou isósceles mas não podem ser equiláteros.

Triângulo retângulo **Triângulo obtusângulo**

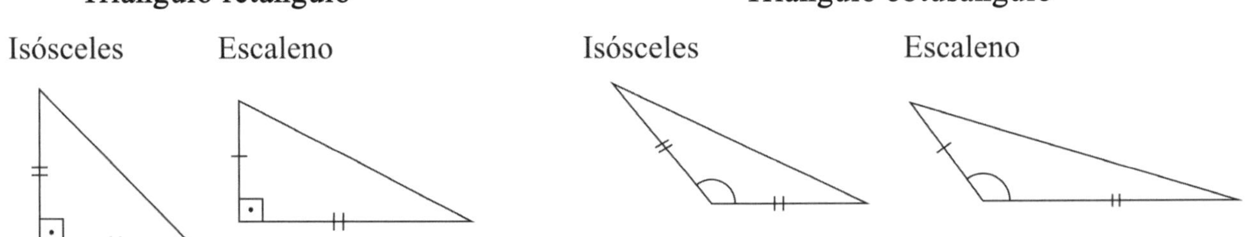

3) O triângulo obtusângulo e triângulo retângulo têm, cada um, dois ângulos agudos.

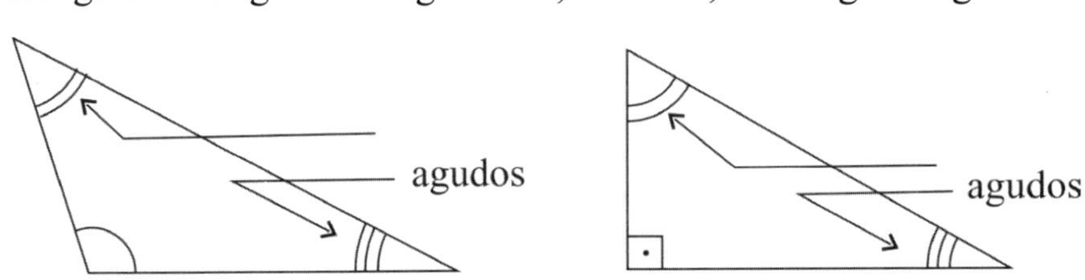

3. Altura de um triângulo

Um segmento cujas extremidades são um vértice de um triângulo e a projeção ortogonal dele sobre a reta que contém o lado oposto a ele é chamado **altura do triângulo**, relativa a esse vértice. Ou é chamado altura relativa ao lado oposto.

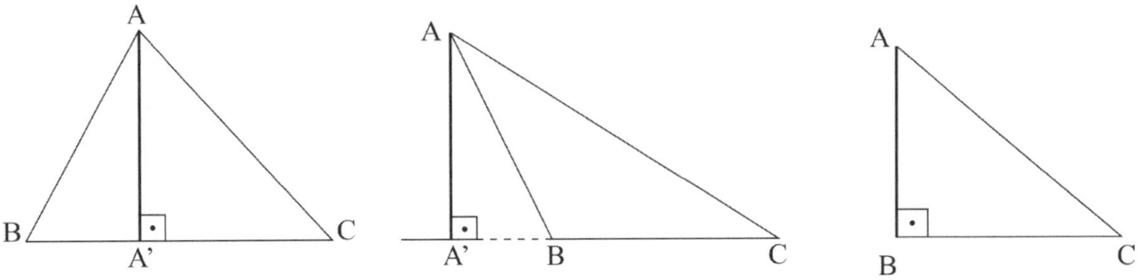

Nas duas primeiras figuras $\overline{AA'}$ são alturas relativas ao vértice **A** ou dizemos também que elas são alturas relativas ao lado BC. Na terceira figura o próprio lado AB é altura relativa ao vértice **A** ou altura relativa ao lado BC.

De acordo com a definição, cada triângulo tem três alturas, uma relativa a cada vértice (ou uma relativa a cada lado).

3.1) Alturas do triângulo acutângulo

As três alturas do **triângulo acutângulo** estão na região triangular que ele determina. Note que as três alturas passam pelo mesmo ponto.

Ele é chamado **ortocentro** do triângulo.

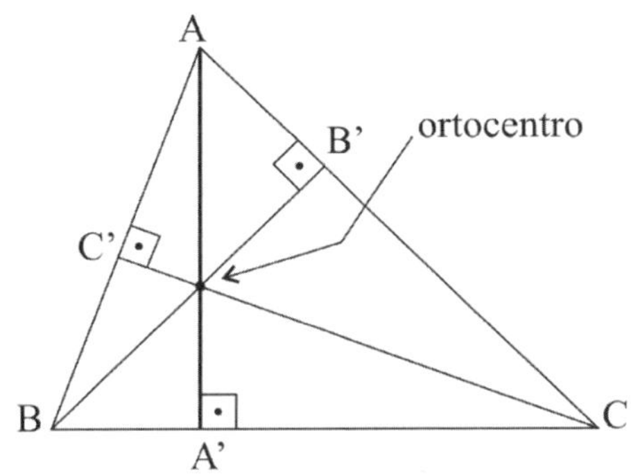

3.2) Alturas do triângulo obtusângulo

Duas alturas de um triângulo obtusângulo são externas ao triângulo e uma está na região triangular.

Note que as alturas, neste caso não têm ponto em comum, mas as retas que contêm as alturas têm um ponto em comum, que é o ortocentro do triângulo.

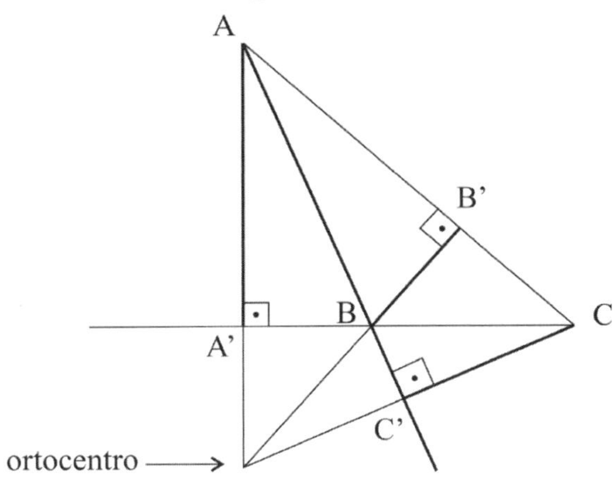

3.3) Alturas do triângulo retângulo

Duas alturas de um triângulo retângulo são os lados do triângulo que formam o ângulo reto (são os catetos). Cada cateto é altura relativa ao outro.

A outra altura está na região triangular.

O ortocentro do triângulo retângulo é o vértice do ângulo reto do triângulo.

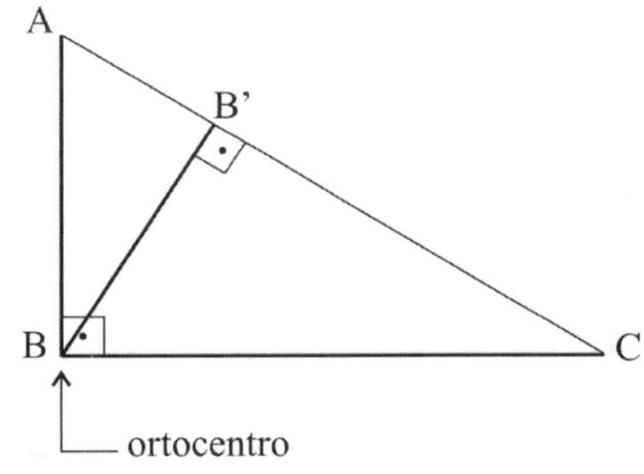

4. Bissetrizes de um triângulo

Um segmento cujas extremidades são um vértice do triângulo e um ponto do lado oposto, contido na bissetriz de um ângulo interno do triângulo é chamado bissetriz interna desse triângulo.

De acordo com a definição, cada triângulo tem três bissetrizes internas, uma relativa a cada vértice ou a cada lado.

Prova-se que as três bissetrizes internas de um triângulo passam por um mesmo ponto. Esse ponto é chamado **incentro** do triângulo e é o centro da circunferência **inscrita** no triângulo.

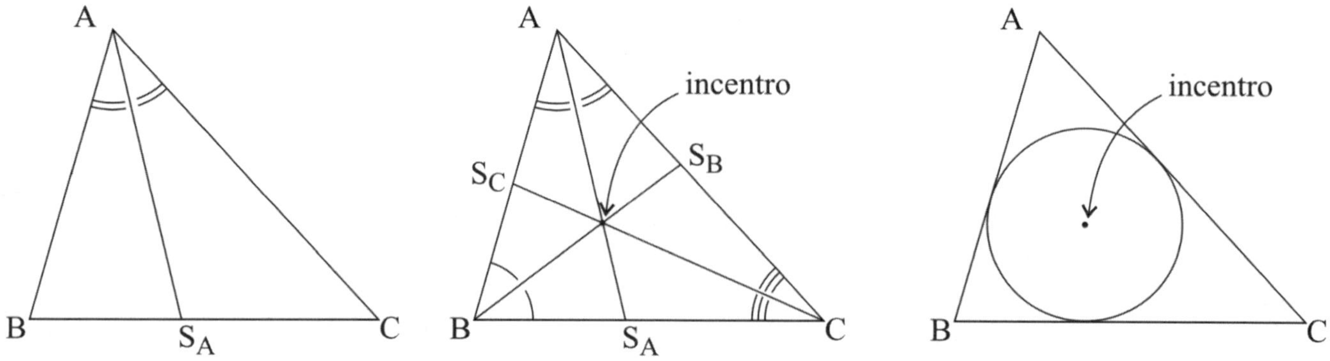

5. Mediatrizes de um triângulo

As mediatrizes dos lados de um triângulo são também chamadas mediatrizes do triângulo. De acordo com a definição, cada triângulo tem três mediatrizes.

Prova-se que as mediatrizes de um triângulo passam por um mesmo ponto. Esse ponto é chamado circuncentro do triângulo e ele é o centro da circunferência circunscrita ao triângulo.

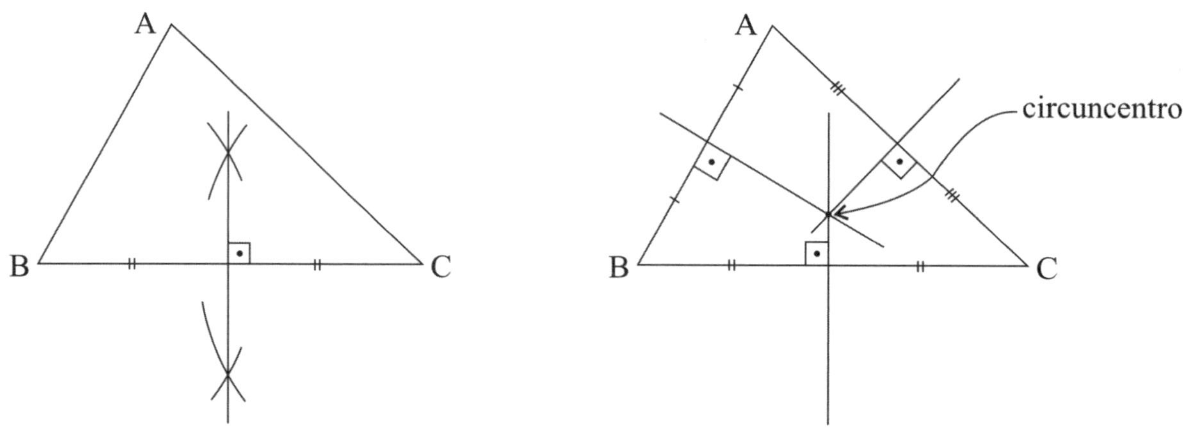

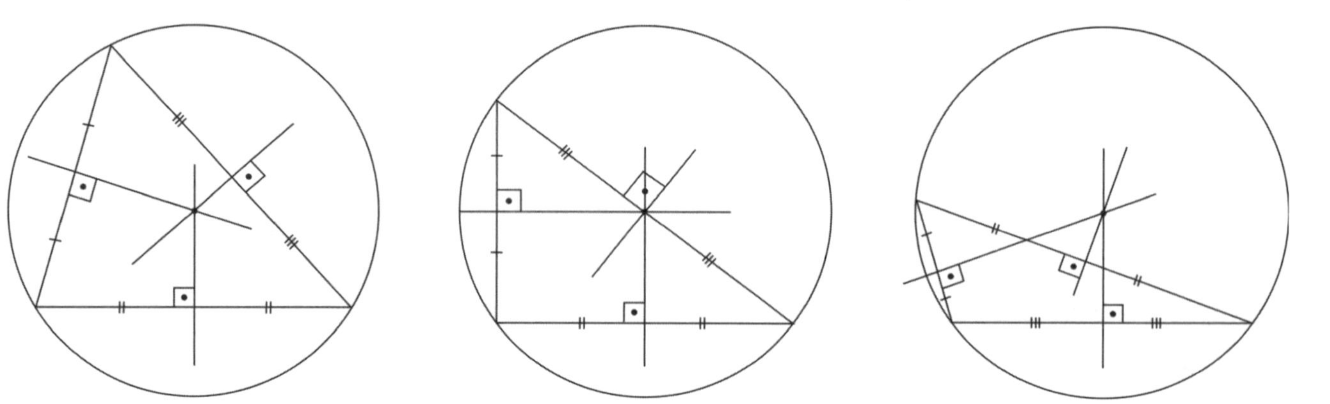

Obs: O circuncentro de um **triângulo acutângulo** é **interno** ao triângulo

O circuncentro de um triângulo retângulo é o **ponto médio da hipotenusa** do triângulo.

O circuncentro de um triângulo obtusângulo é **externo** ao triângulo.

6. Medianas de um triângulo

Um segmento cujas extremidades são um vértice e o ponto médio do lado oposto é chamado mediana desse triângulo.

De acordo com a definição, cada triângulo tem três medianas, uma relativa a cada vértice ou a cada lado.

Prova-se que as três medianas de um triângulo passam pelo mesmo ponto. Esse ponto é chamado baricentro do triângulo.

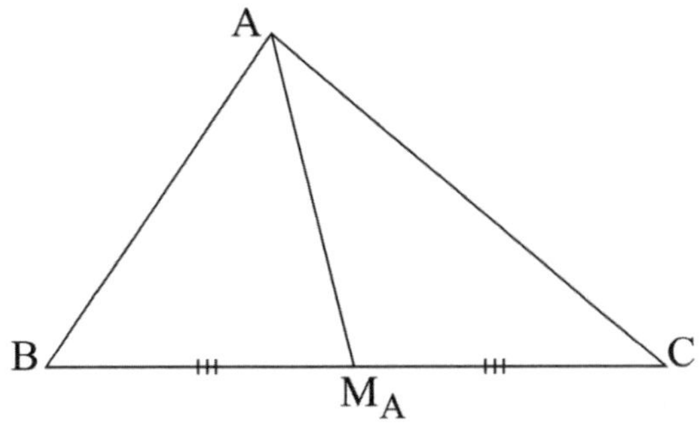

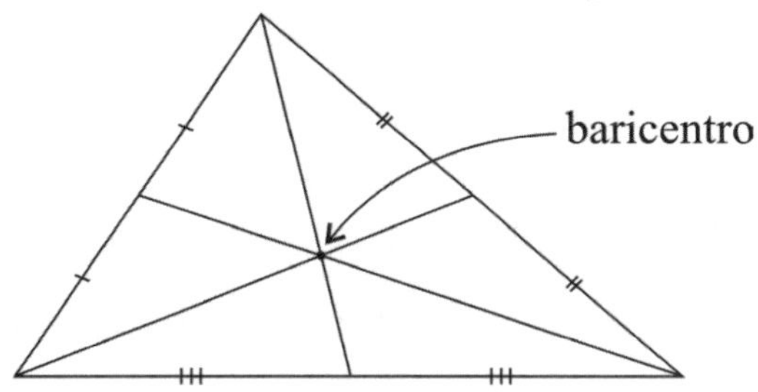

7. Soma dos ângulos internos

"A soma dos ângulos internos de um triângulo é igual a 180°"

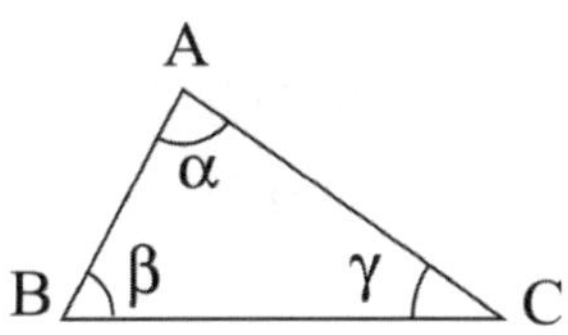

$\boxed{\hat{A}+\hat{B}+\hat{C}=180^\circ}$ ou $\boxed{\alpha+\beta+\gamma=180^\circ}$

Vejamos:

Basta traçarmos por um vértice uma reta paralela ao lado oposto. Desta forma obtemos dois pares de ângulos alternos internos (lembre-se de Z e Z espelhado), como esses ângulos são congruentes, chegamos ao resultado.

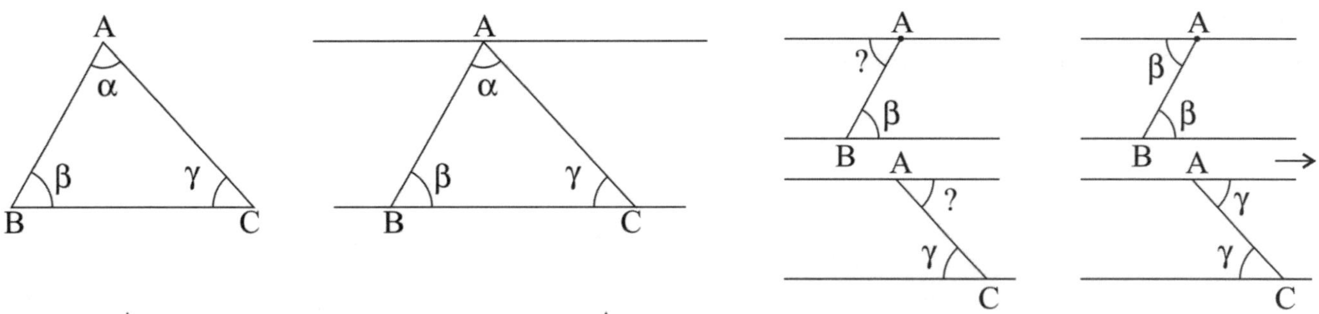

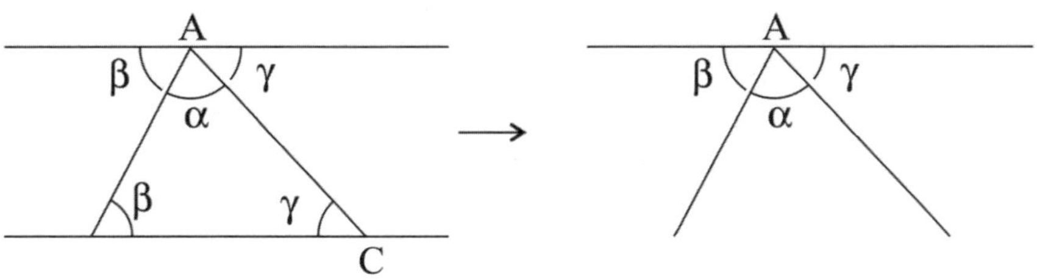

Note que

$\alpha+\beta+\gamma=180^\circ$ ou

$\boxed{\hat{A}+\hat{B}+\hat{C}=180^\circ}$

7.1) Consequências

I) À soma dos ângulos externos, considerando um em cada vértice, de um triângulo é igual a 360°.

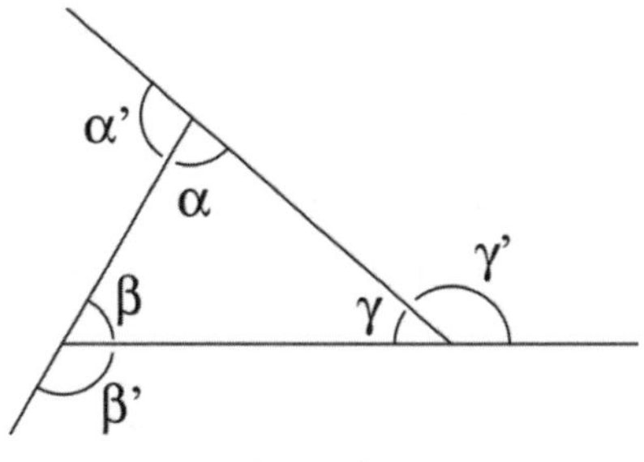

$$\begin{cases}\alpha' + \alpha = 180^\circ \\ \beta' + \beta = 180^\circ \\ \gamma' + \gamma = 180^\circ\end{cases} \Rightarrow \alpha' + \alpha + \beta' + \beta + \gamma' + \gamma = 540^\circ$$

$$(\alpha' + \beta' + \gamma') + (\alpha + \beta + \gamma) = 540^\circ$$

$$\alpha' + \beta' + \gamma' + 180^\circ = 540^\circ$$

$$\boxed{\alpha' + \beta' + \gamma' = 360^\circ}$$

II) “Cada ângulo externo de um triângulo é igual à soma dos dois ângulos internos não adjacentes a ele”.

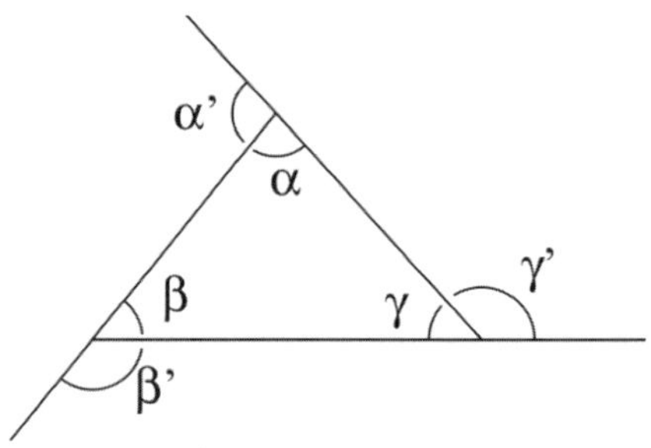

$$\begin{cases} \gamma' + \gamma = 180^\circ \\ \alpha + \beta + \gamma = 180^\circ \end{cases} \Rightarrow \begin{cases} (\gamma') + \gamma = 180^\circ \\ (\alpha + \beta) + \gamma = 180^\circ \end{cases} \Rightarrow$$

$$\boxed{\gamma' = \alpha + \beta}$$

Da mesma forma obtemos que $\alpha' = \beta + \gamma$ e $\beta' = \alpha + \gamma$

8. Triângulo isósceles

8.1) Altura, bissetriz e mediana relativas à base

“A altura a bissetriz e a mediana relativas à base de um triângulo isósceles são coincidentes. E sempre que um segmento for um desses elementos, ele será também os outros dois”.

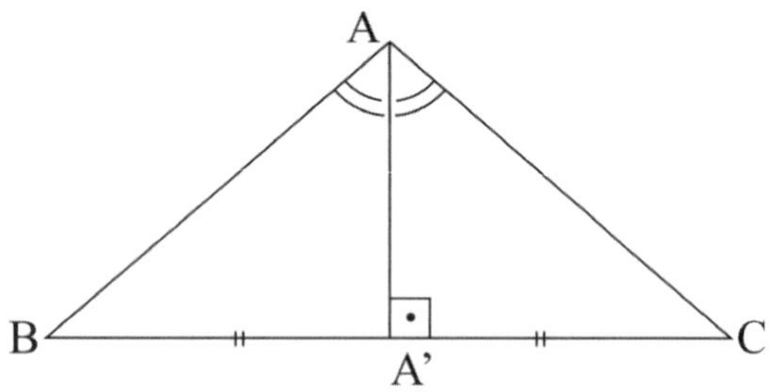

Para o triângulo ABC isósceles de base $\overline{BC}$ (AB = AC).

$$\begin{cases} AA' \text{ é altura } \Rightarrow AA' \text{ é mediana e bissetriz} \\ AA' \text{ é mediana } \Rightarrow AA' \text{ é altura e bissetriz} \\ AA' \text{ é bissetriz } \Rightarrow AA' \text{ é mediana e altura} \end{cases}$$

Obs: As propriedades não demonstrados neste caderno serão provadas posteriormente.

8.2) Alturas congruentes

“As alturas relativas aos lados congruentes de um triângulo isósceles são também congruentes” (vale o recíproco).

Obs: As do triângulo retângulo isósceles coincidem com os catetos.

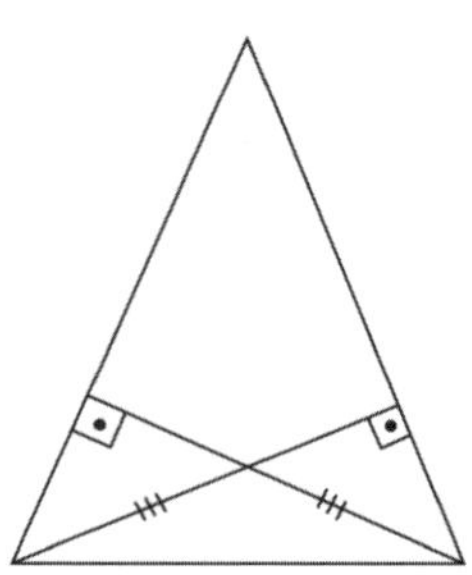

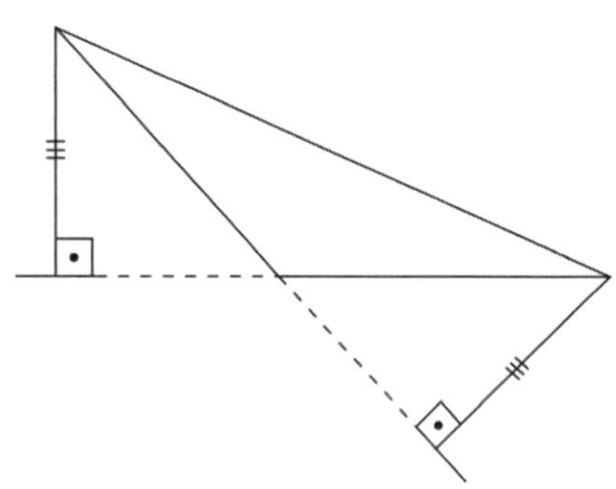

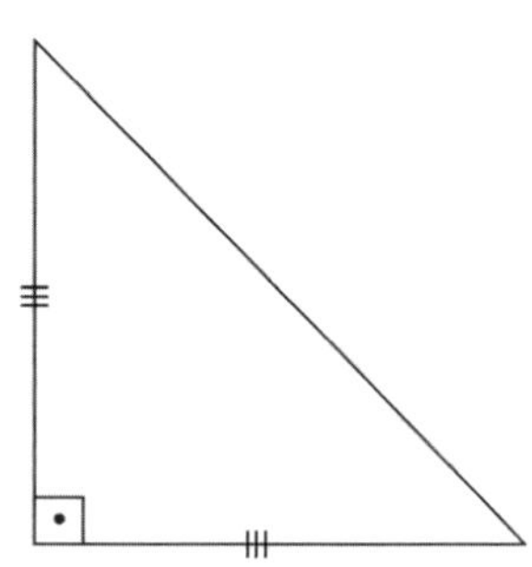

Obs: Prova-se também que as bissetrizes (e também as medianas) relativas aos lados congruentes são congruentes.

8.3) Ângulos da base

“Os ângulos das bases de um triângulo isósceles são congruentes” (vale o recíproco)

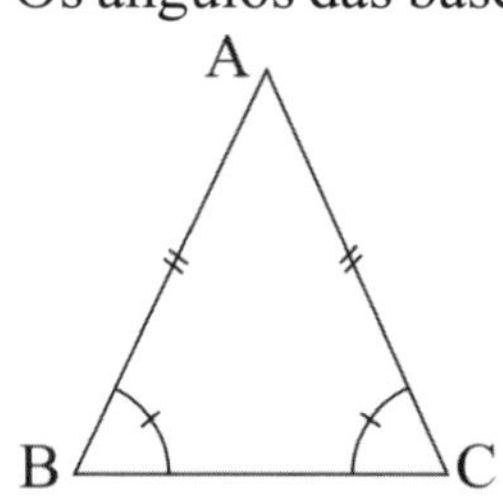

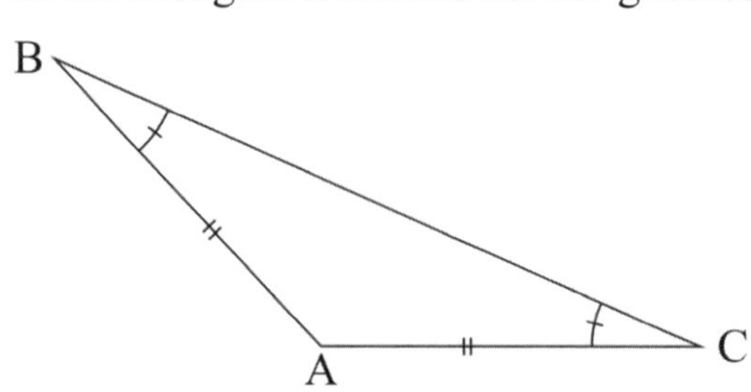

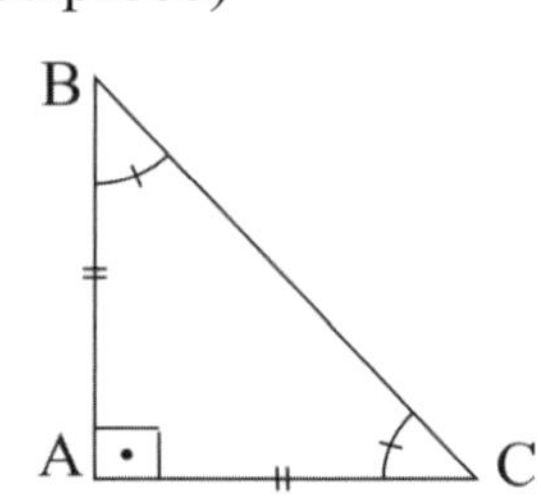

Triângulo ABC é isósceles de base BC (AB = AC) $\Leftrightarrow$ $\hat{B} = \hat{C}$

9. Triângulo retângulo

9.1) Ângulos agudos

"Os ângulos agudos de um triângulo retângulo são complementares"

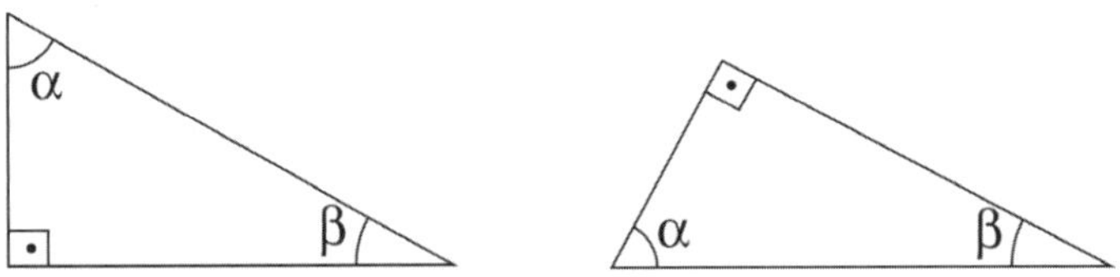

$\alpha + \beta + 90^\circ = 180^\circ \Rightarrow \boxed{\alpha + \beta = 90^\circ}$

Obs: Quando ele for isósceles, teremos: $\alpha = \beta = 45^\circ$.

9.2) Mediana medindo metade do lado não adjacente

"Se uma mediana de um triângulo mede a metade do lado ao qual ela é relativa, então esse triângulo é triângulo retângulo e esse lado é a hipotenusa do triângulo.

Sendo **r** a medida da mediana, então o lado em questão medirá **2r**.

Note que a mediana em questão determina no triângulo dois **triângulos isósceles** e como os ângulos da base de um triângulo isósceles são congruentes, sendo α e β as medidas, dos ângulos agudos do triângulo, temos:

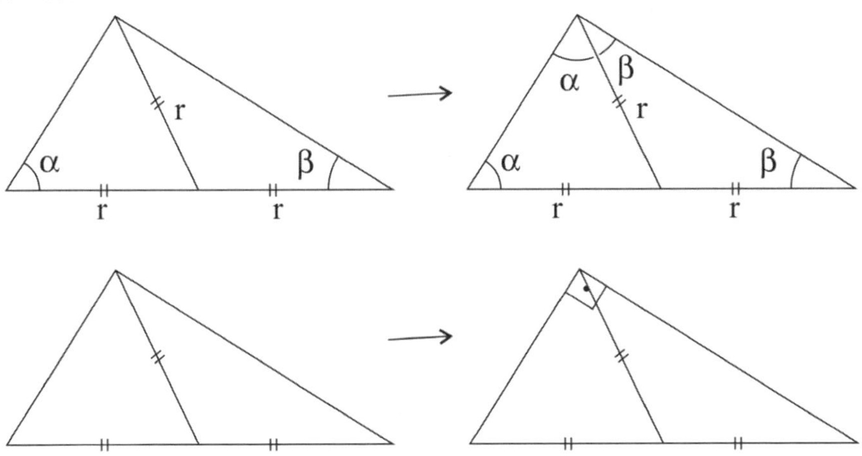

$\alpha + \beta + \alpha + \beta = 180^\circ$

$(\alpha + \beta) + (\alpha + \beta) = 180^\circ$

$\boxed{\alpha + \beta = 90^\circ}$

9.3) Um lado de um triângulo é o diâmetro da circunferência circunscrita

"Todo triângulo inscrito em uma circunferência, onde um lado é diâmetro dela, é um **triângulo retângulo** e esse lado é a sua hipotenusa.

Basta traçarmos o raio que vai até o vértice oposto ao diâmetro em questão que cairemos no item anterior.

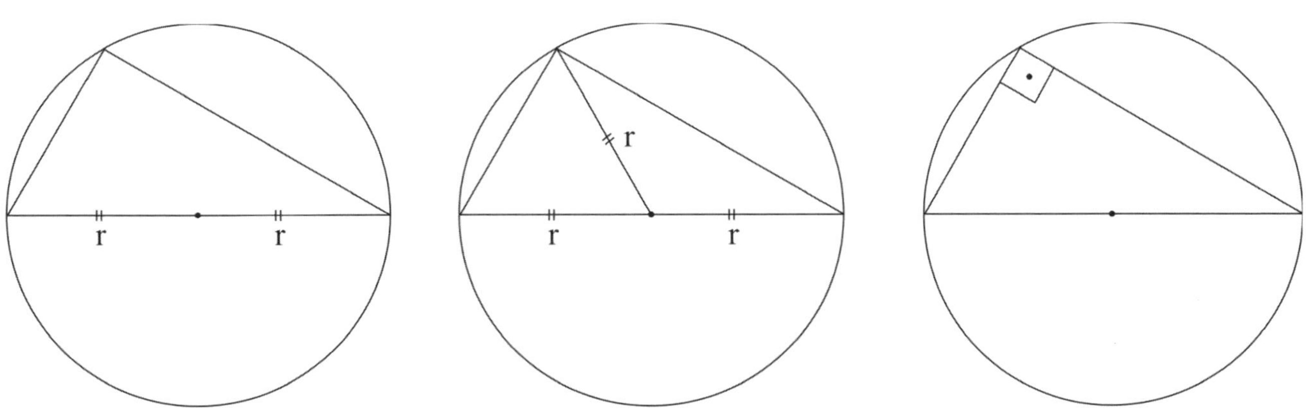

10. Ângulo com régua e compasso

10.1) Congruência de isósceles (LLL)

Se a base e os lados oblíquos à ela de um triângulo isósceles são congruentes (medidas iguais), respectivamente, à base e ao lados oblíquos à ela de outro triângulo isósceles, então esses triângulos são congruentes (caso LLL de congruência de triângulos). E como consequência, os ângulos da base de um são congruentes aos ângulos da base do outro e o ângulo oposto a base de um é congruente ao ângulo oposto à base do outro.

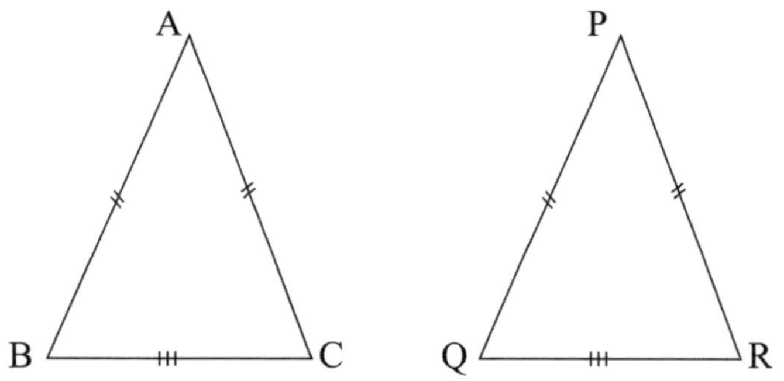

$\Delta ABC \cong \Delta PQR$

$\hat{B} = \hat{C} = \hat{Q} = \hat{R}$ e $\hat{A} = \hat{P}$

Desta forma, dado um triângulo isósceles, se contruirmos um triângulo congruente a ele, acabamos por construir também, um ângulo congruente ao ângulo oposto à base do triângulo dado. Este é um método que nos permite construir um ângulo congruente a um ângulo dado.

10.2) Transporte de ângulo

Dado um ângulo $a\hat{Q}b$ e uma semi-reta Pc, construir, em um dos semiplanos com origem na reta de Pc, um ângulo congruente a $a\hat{Q}b$, de modo que um de seus lados seja Pc.

1º) Traçarmos um arco de centro **Q** e raio **r** qualquer, que corta Qa e Qb nos pontos **A** e **B**. O triângulo AQB obtido é isósceles de base AB.

2º) Traçarmos um arco de centro **P** e raio também r, no semiplano escolhido, que corta Pc no ponto **C**.

3º) Traçarmos um arco de centro **C** e raio AB, que corta o arco anterior no ponto **D**.

O triângulo CPD obtido é isósceles de base CD, congruente ao AQB. Logo, $A\hat{Q}B$ é congruente a $C\hat{P}D$, isto é, $\hat{P} = \hat{Q}$.

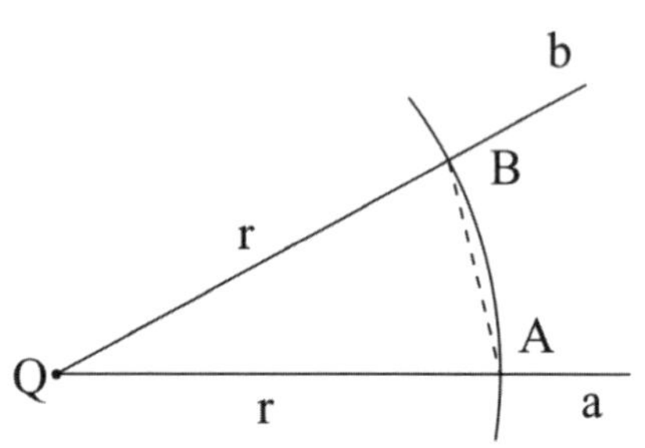

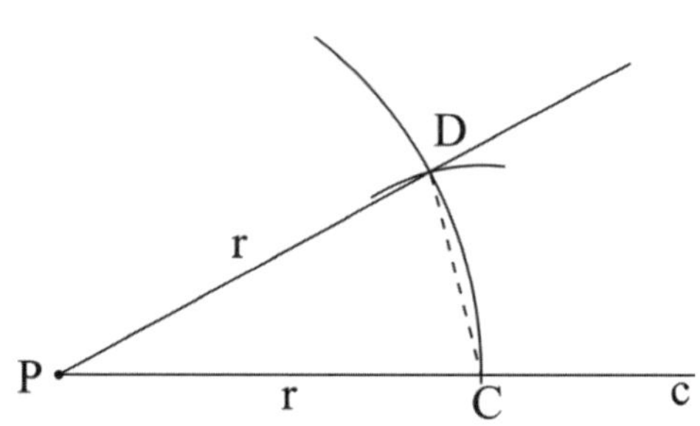

10.3) Soma de ângulos e diferença de ângulos

Dados dois ângulos de medidas α e β, $\alpha > \beta$, determinar um ângulo cuja medida seja $\alpha + \beta$ e um ângulo cuja medida $\alpha - \beta$.

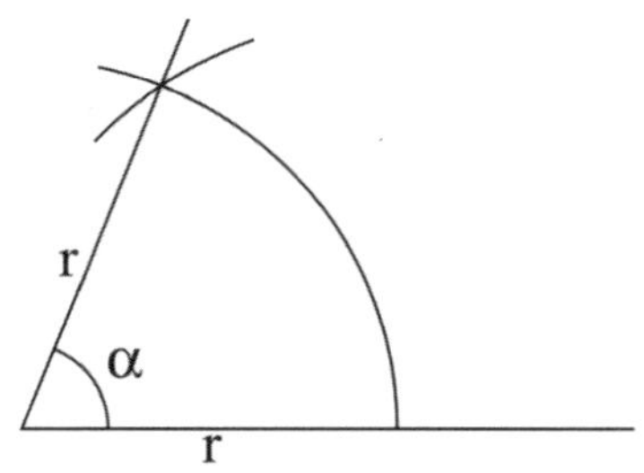

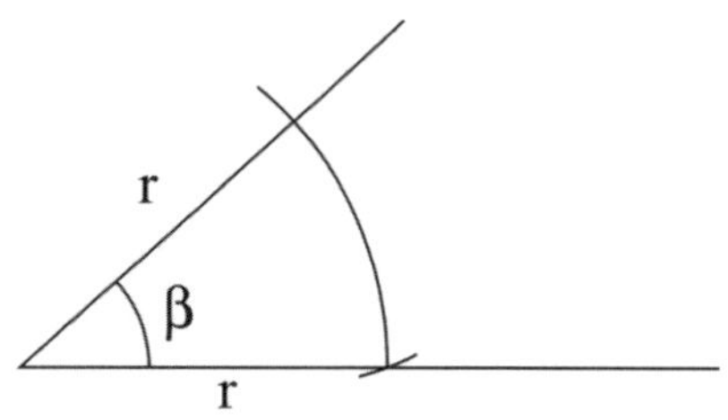

1º) Traçarmos arcos com raios de medidas r, qualquer, com centros nos vértices dos ângulos dados e na origem de uma semi-reta Ps qualquer. Seja **A** o ponto onde o arco de centro em **P** corta **s**.

2º) Para obter a **soma**, no arco com uma extremidade **A**, tomamos um ponto **B**, sendo que o arco $\widehat{AB}$ seja a soma dos arcos determinados pelos lados dos ângulos de medidas α e β dados. Obtém-se, desta forma, um ângulo $A\hat{P}B$ tal que $A\hat{P}B = \alpha + \beta$.

3º) Para obter a **diferença**, no arco com uma extremidade **A**, tomamos um ponto C, sendo que o arco $\widehat{AC}$ seja a **diferença** dos arcos determinados pelos lados dos ângulos de medidas α e β dados. Obtenha-se, destas forma, um ângulo $A\hat{P}C$ tal que $A\hat{P}C = \alpha - \beta$.

Soma

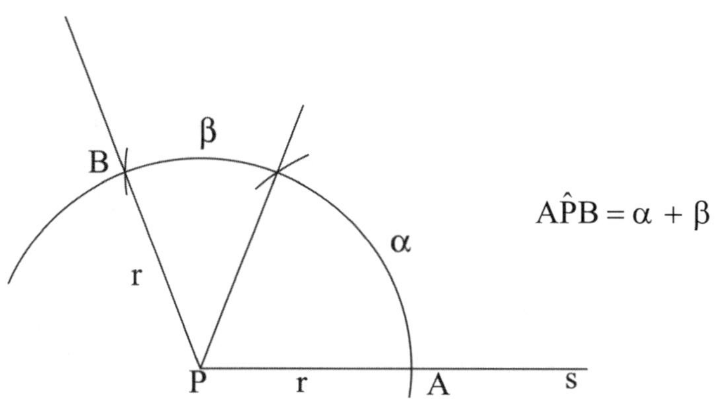

Diferença

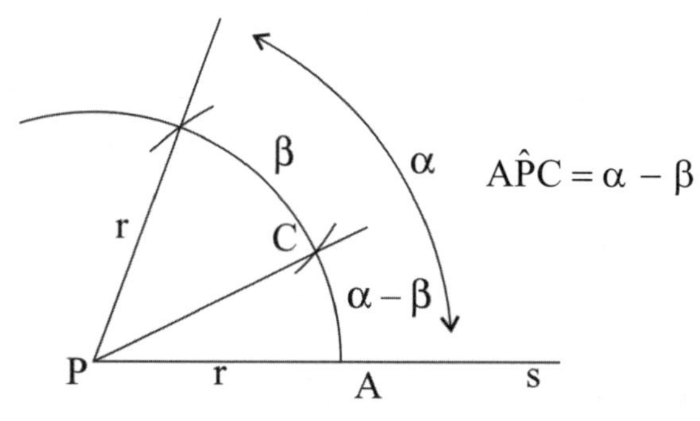

10.4) Terceiro ângulo de um triângulo

Dados dois ângulos de um triângulo (β e γ), vejamos como determinar o terceiro ângulo(α) desse triângulo.

Como a soma dos ângulos de um triângulo é 180º, basta somarmos β e γ e determinarmos o suplemento dessa soma:

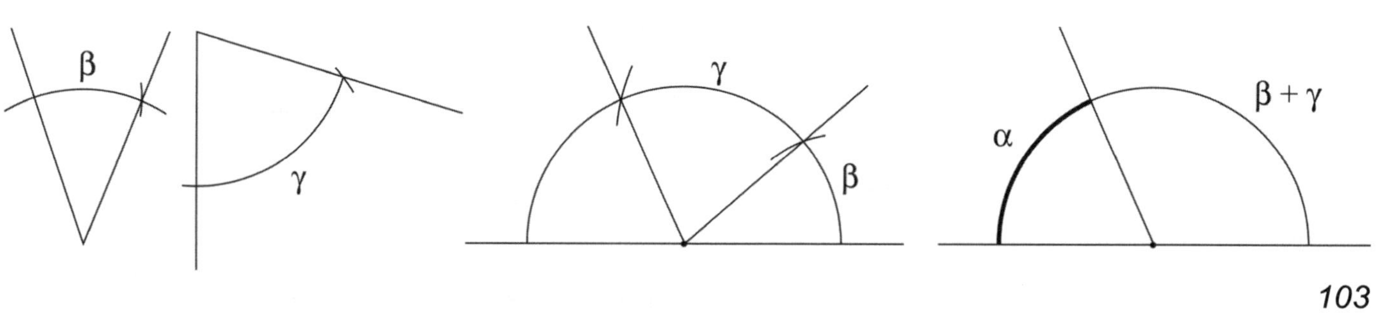

EXERCÍCIOS

158 Em cada caso são dados pares de retas paralelas cortadas por tranversais, destacar.

a) Dois ângulos alternos internos

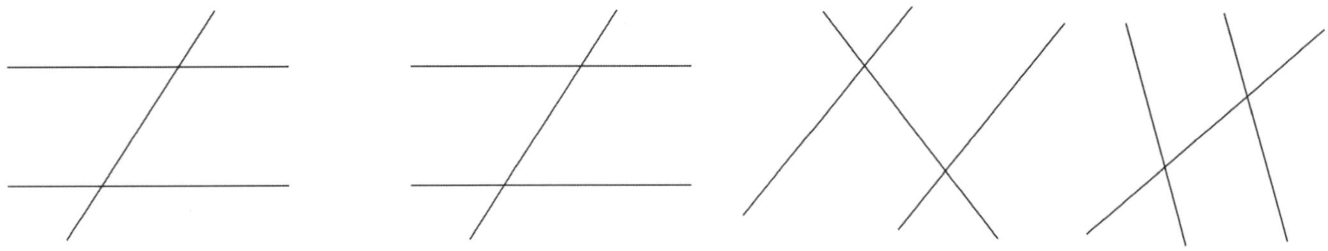

b) Dois ângulos alternos externos

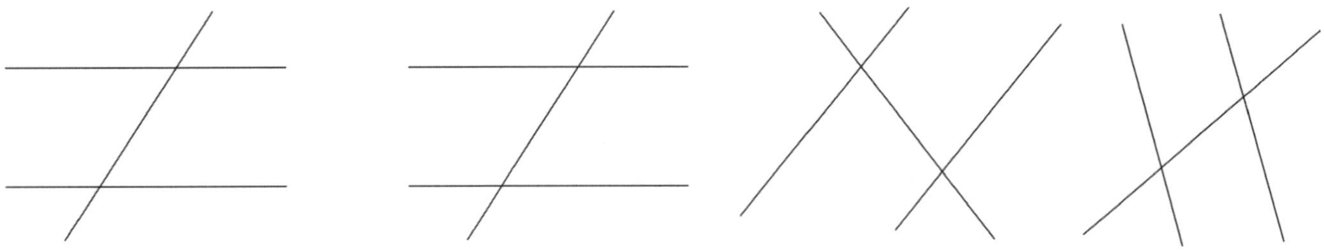

c) Dois ângulos colaterais internos

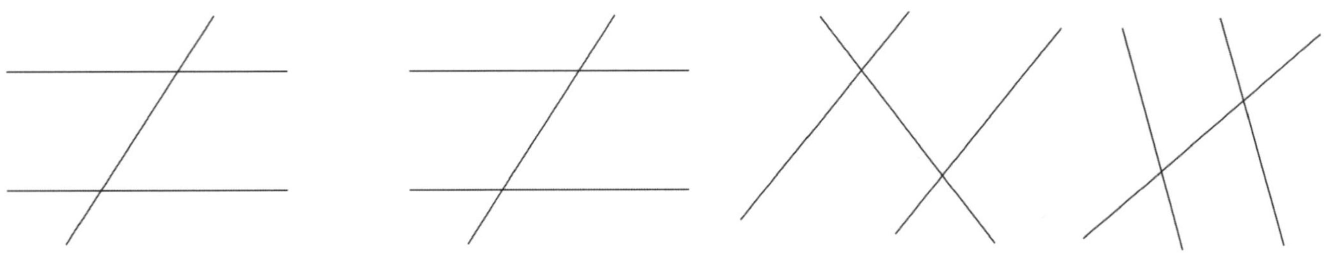

d) Dois ângulos colaterais externos

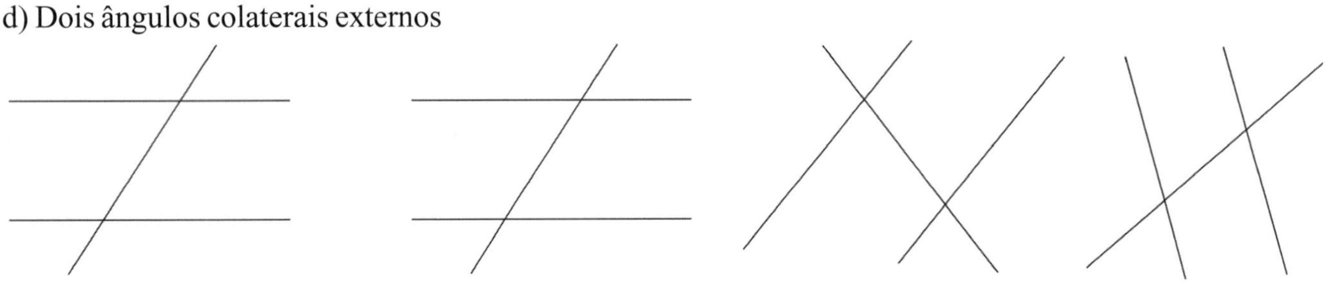

e) Dois ângulos correspondentes

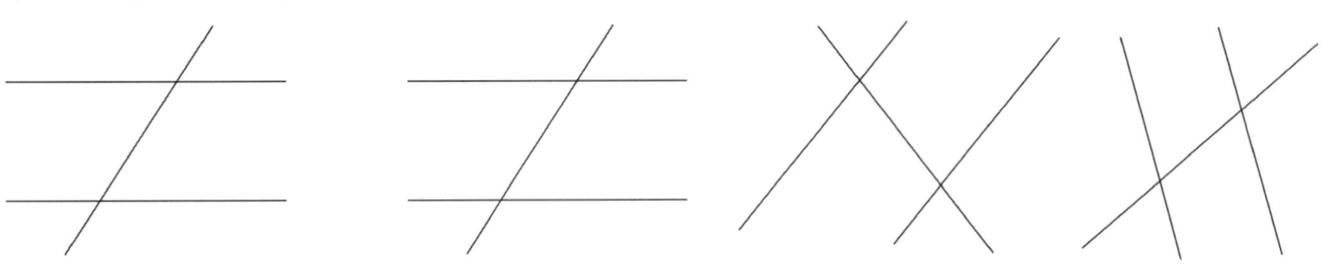

159 Dadas duas retas concorrentes e a medida de um dos ângulos, completar com as medidas dos outros, nos casos:

a)

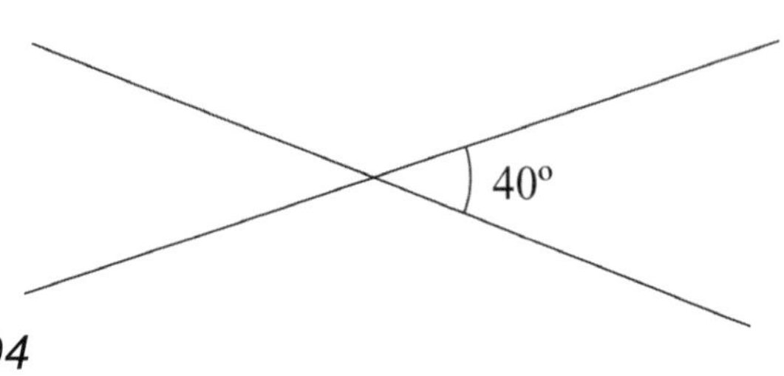

b)

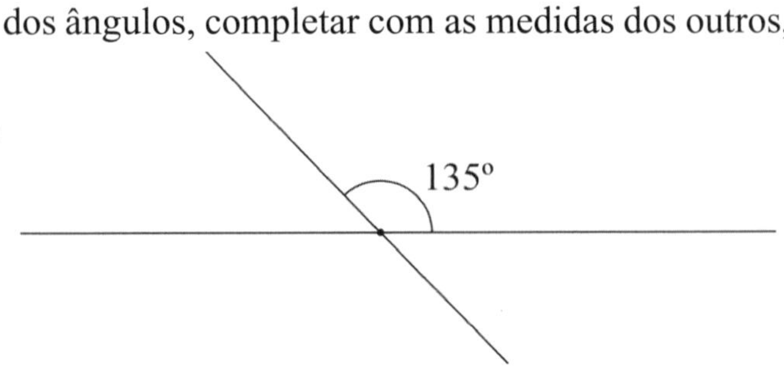

160 Em cada figura temos duas retas paralelas cortadas por uma transversal. Indicar na figura a medida do ângulo assinalado.

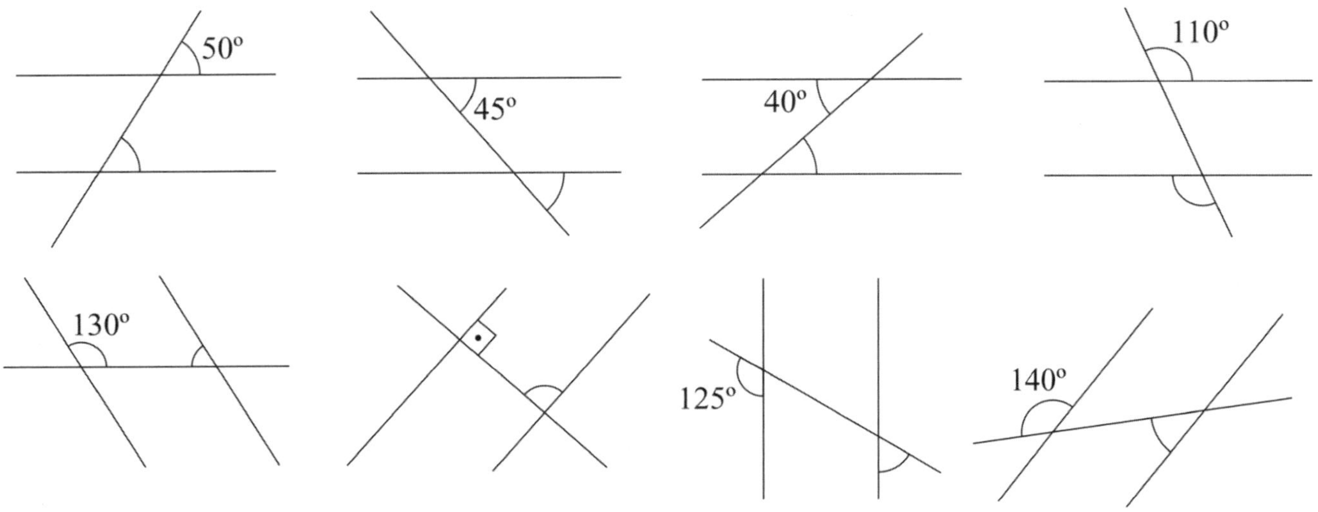

161 Em cada figura temos duas paralelas cortadas por uma transversal. Dada a medida de um ângulo, indicar as medidas dos outros, 7 ângulos.

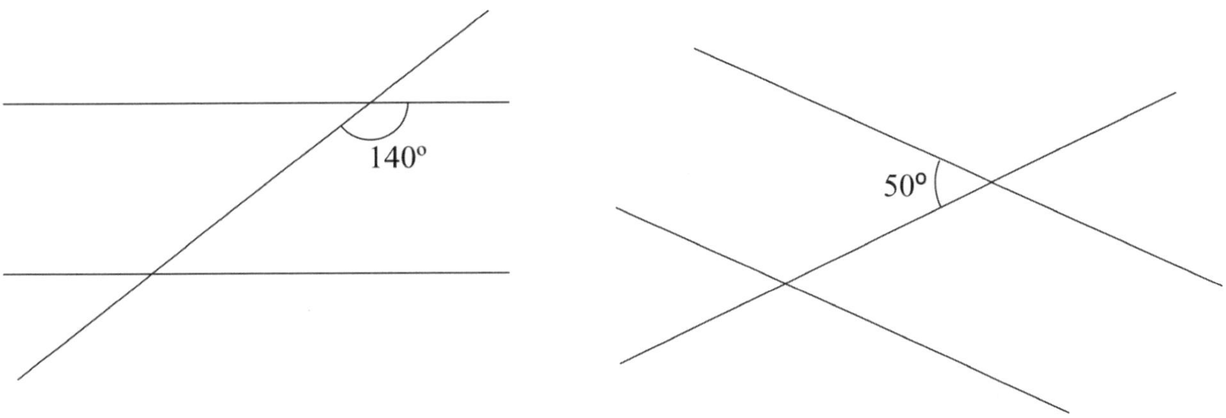

162 Os lados dos ângulos dados são paralelos entre si e têm o mesmo sentido ou sentidos opostos. Dada uma medida, indicar as medidas dos outros, nos casos:

a)

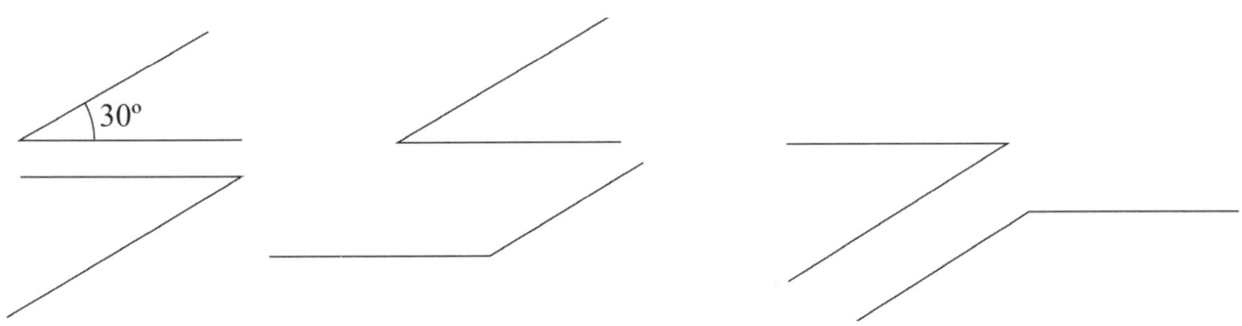

b)

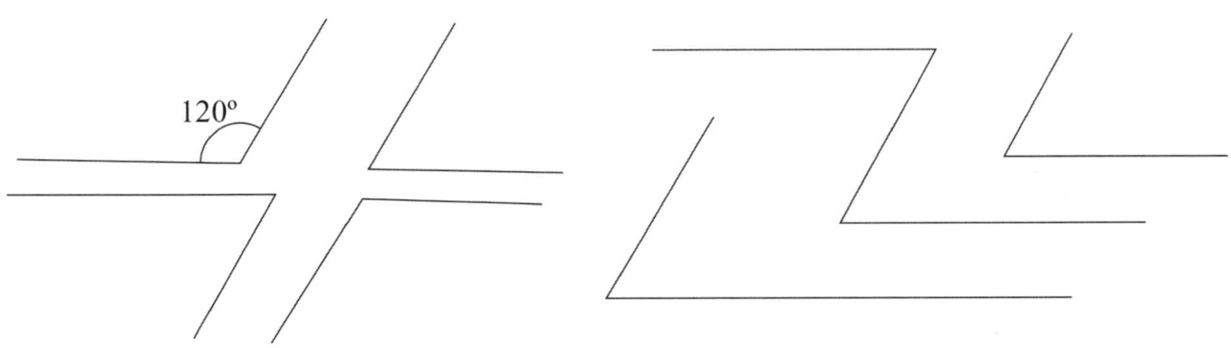

163 A respeito de dois ângulos formado por duas retas paralelas cortadas por uma transversal podemos afirmar que se eles são:

a) alternos internos, então eles são ______________
b) correspondentes, então eles são ______________
c) colaterais internos, então eles são ______________
d) alternos externos ______________
e) colaterais externos ______________
f) agudos, então eles são ______________
g) obtusos, então eles são ______________
h) um agudo e outro obtuso, então ele são ______________

164 Dados dois segmentos paralelos e um terceiro determinado por duas extremidades deles, determinando dois ângulos alternos internos, tendo em alguns casos a configuração de um Z (ou N) maiúsculo, espelhado ou não, dada uma medida indicar a medida do outro ângulo.

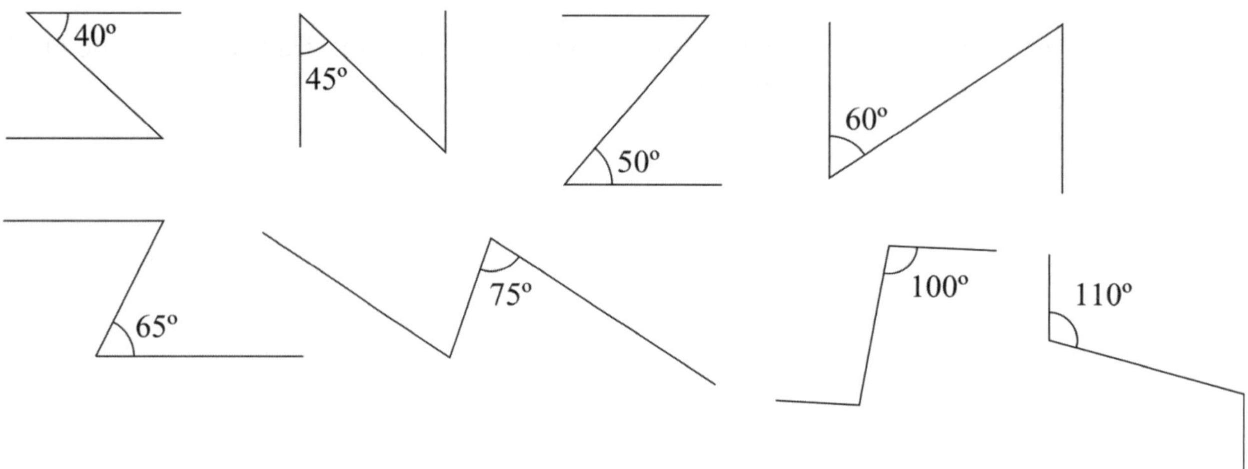

165 Dados dois segmentos paralelos e outro determinado por duas extremidades deles, determinando dois ângulos colaterais internos, dada a medida de um, indicar a medida do outro.

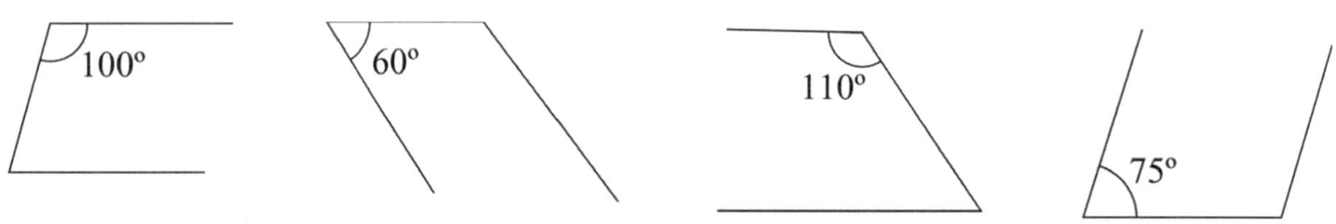

166 Em cada figura temos um triângulo e uma reta conduzida por um vértice, paralela ao lado oposto. Dadas duas medidas, indicar as medidas dos dois ângulos indicados.

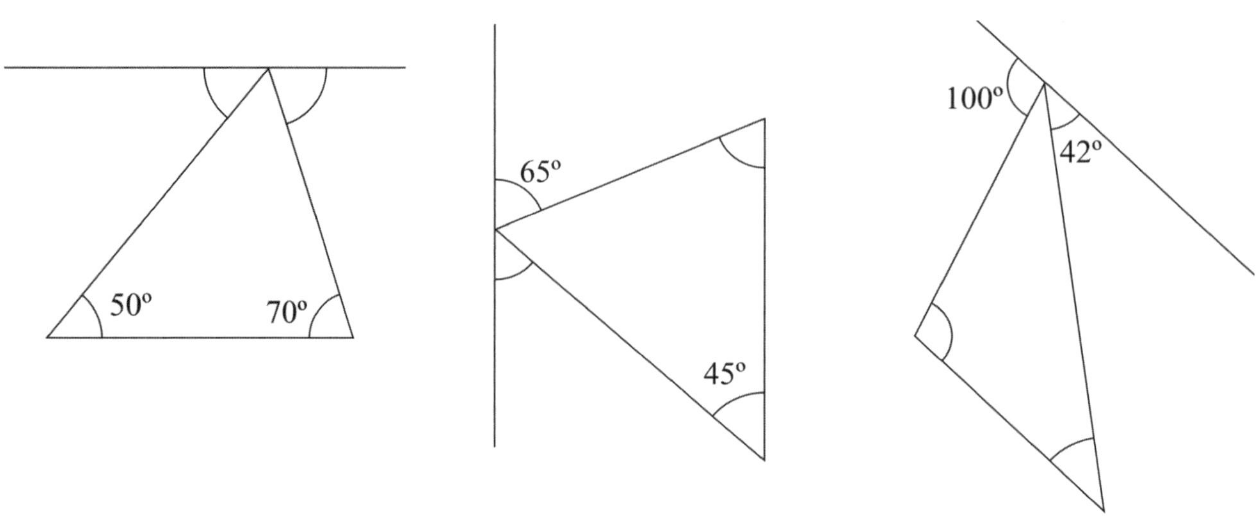

167 Dados dois ângulos de um triângulo, indicar a medida do terceiro ângulo em cada figura.

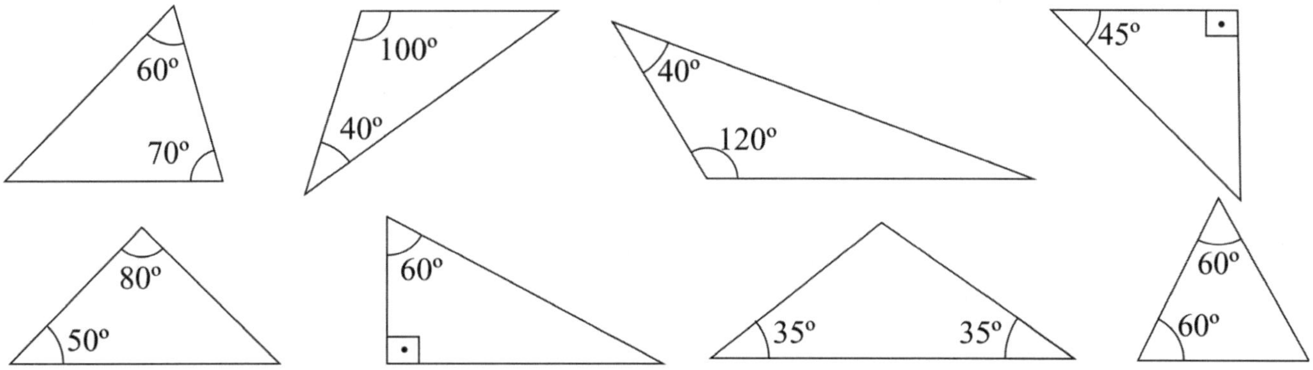

168 Em cada figura temos um triângulo isósceles ABC de base BC (AB = AC). Dada a medida de um ângulo da base, indicar a medida do outro da base.

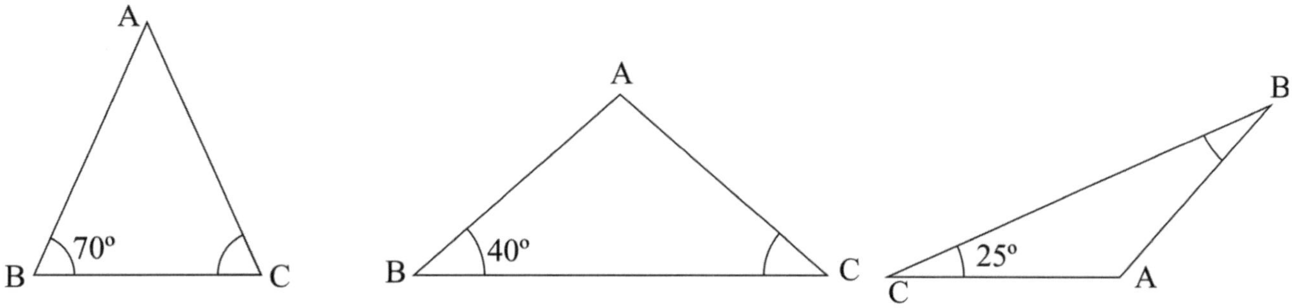

169 Em cada figura temos um triângulo isósceles ABC de base BC. Dada a medida do ângulo do vértice, indicar na figura as medidas dos outros dois ângulos.

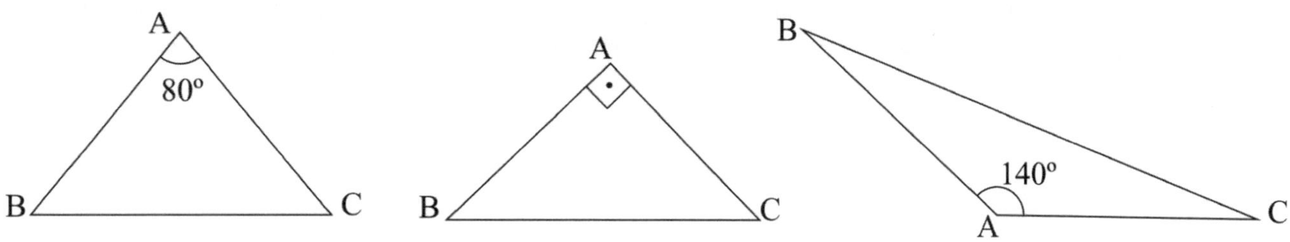

170 Em cada figura temos um triângulo ABC isósceles de base BC. Dada a medida de um ângulo, indicar a medida dos outros dois.

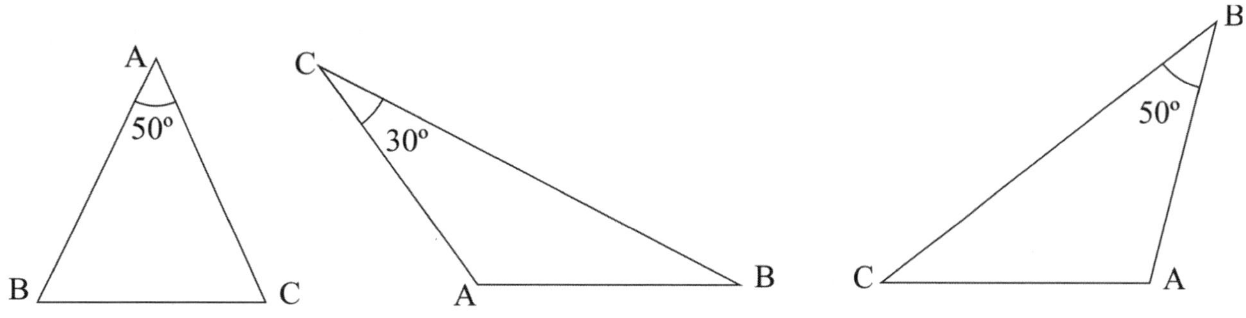

171 Em cada figura temos um triângulo retângulo. Dada a medida de um agudo indicar na figura a medida do outro agudo.

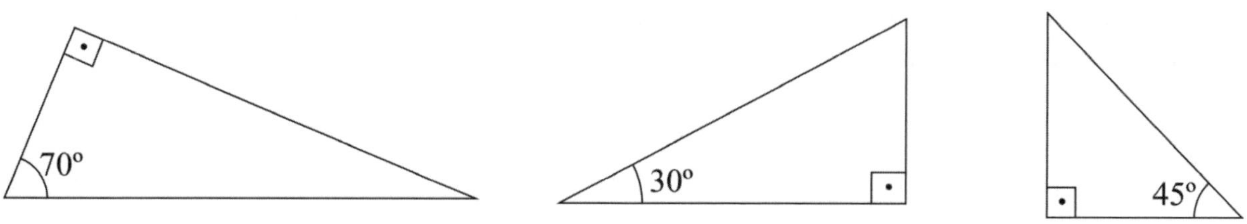

172 Em cada figura é dado um triângulo. Determine a medida de um ângulo externo, dadas as medidas dos internos não adjacentes a ele.

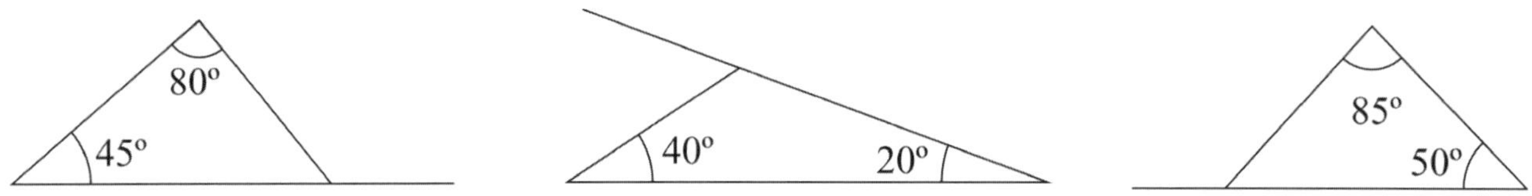

173 Em cada figura são dadas as medidas de um ângulo interno e a de um externo nas adjacente a ele. Determine a medida do outro interno não adjacente ao externo dado.

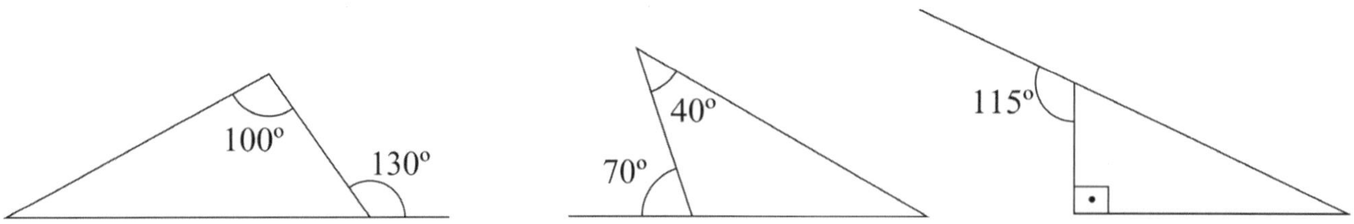

174 Dados dois ângulos internos de cada triângulo, determine a medida do externo assinalado.

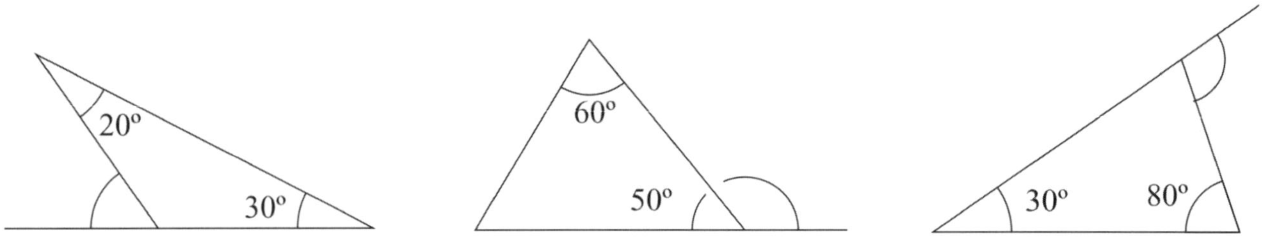

175 Em cada figura temos dois segmentos paralelos e outros dois que não se cortam determinados pelas extremidades deles. Dados dois ângulos, indicar as medidas daos outros dois.

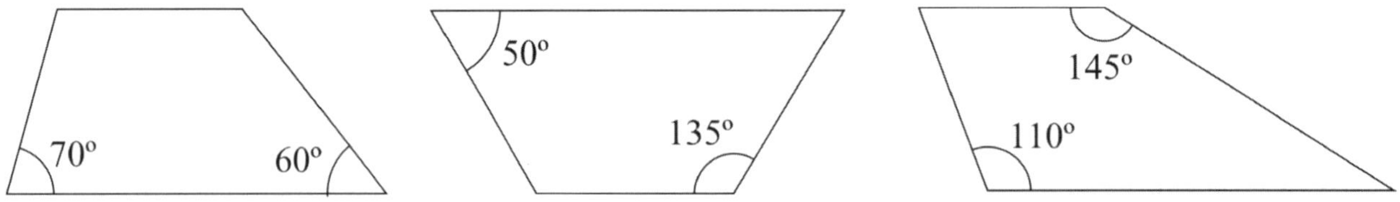

176 Em cada figura temos dois segmentos paralelos e outros dois que se cortam determinados pelas extremidades deles. Dados dois ângulos indicar as medidas dos outros dois adjacentes aos lados paralelos.

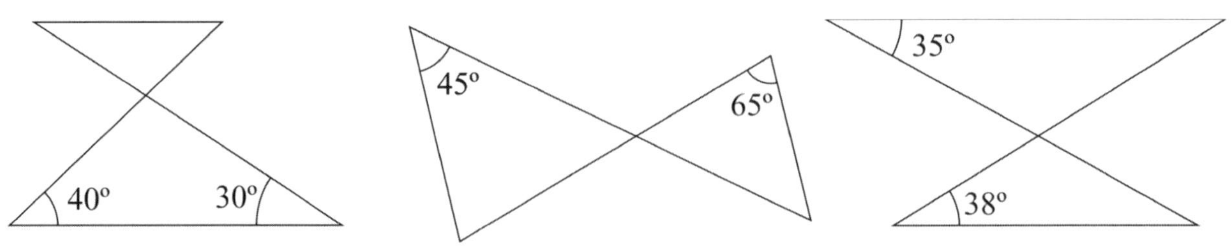

177 Sabemos que 3 vezes 180° é igual a 540° e que a soma dos ângulos internos de um triângulo é 180°. Veja se a partir disso, é possível concluir que a soma dos ângulos externos (considerando apenas um em cada vértice) de um triângulo é 360°?

178 Em cada figura são dados dois ângulos externos de um triângulo. Indicar na figura a medido do terceiro ângulo externo.

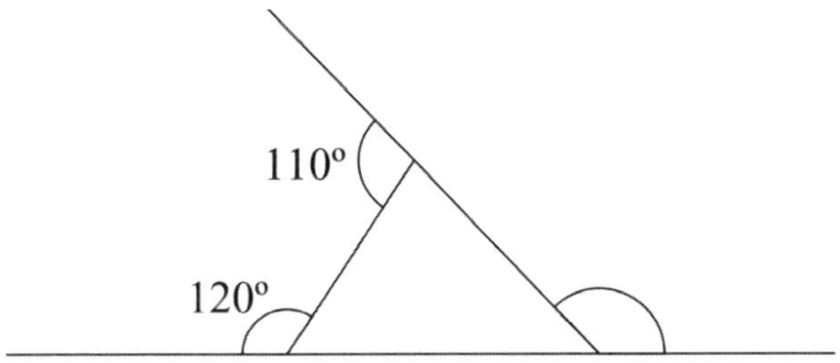

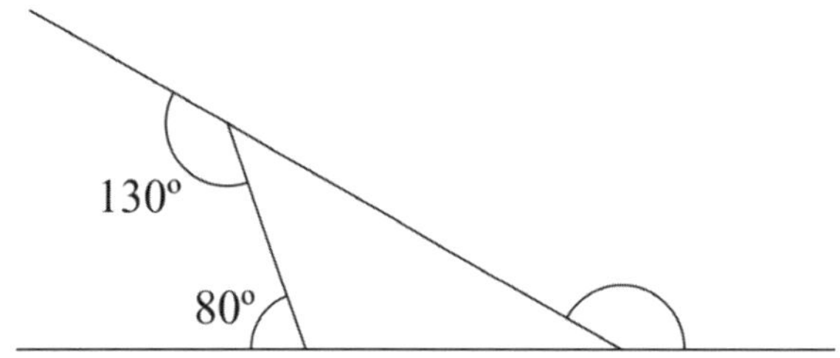

179 Em cada caso é dado um triângulo ABC com a mediana relativa ao lado BC medindo a metade deste. Determine a medida de $B\hat{A}C$.

a)

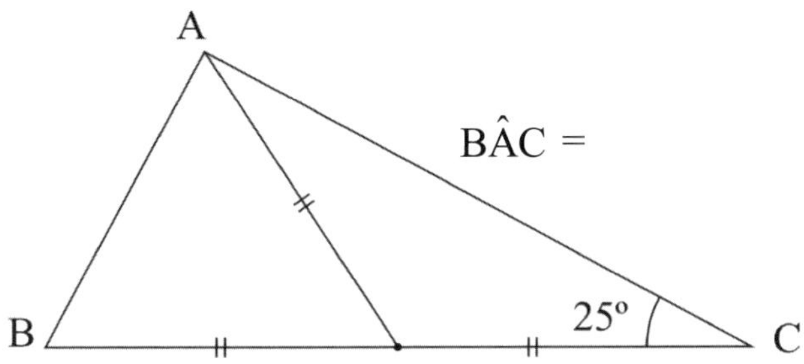

b)

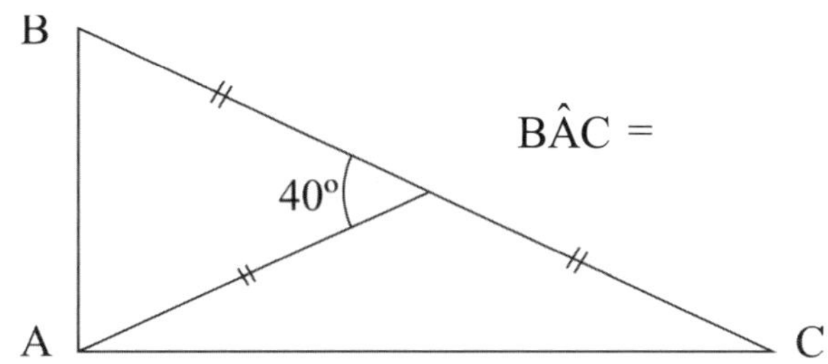

180 De um triângulo ABC sabemos que a mediana relativa ao lado BC mede a metade de BC (AM = BC : 2). Levando em conta as medidas indicadas na figura, indicar na figura os ângulos assinalados e completar as igualdades.

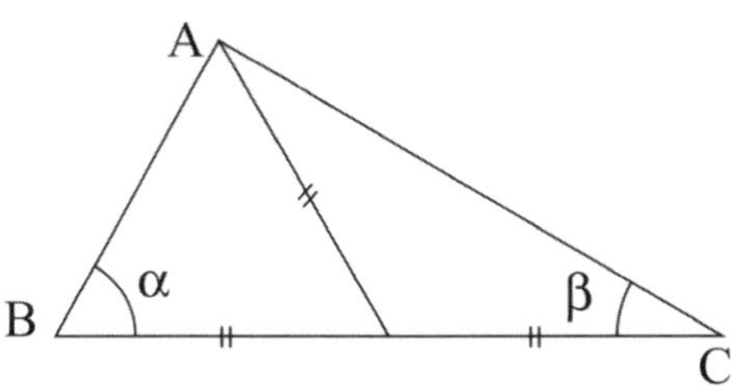

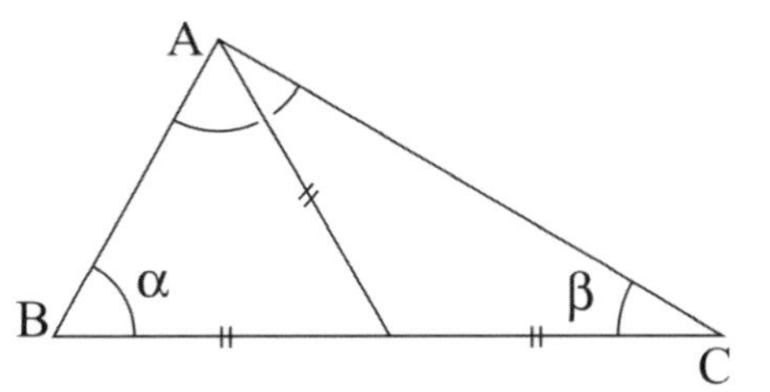

$\alpha + \beta + \quad + \quad =$

$(\alpha + \beta) + (\quad + \quad) =$

$\alpha + \beta =$

$B\hat{A}C =$

181 Em cada caso é dado uma circunferência de diâmetro BC. Indicar na figura as medidas dos ângulos assinalados.

a)

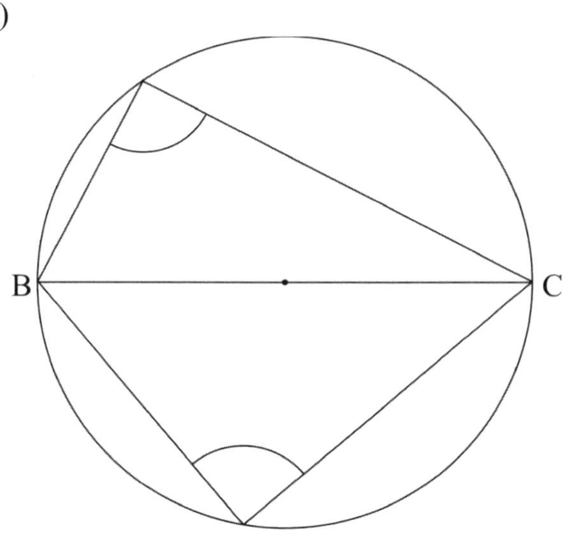

b)

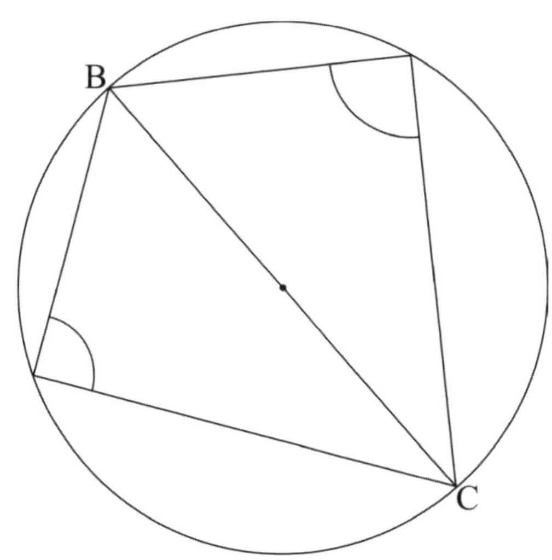

182 Dada uma circunferência de diâmetro AB, traçar duas retas **r** e **s** perpendiculares, uma passando apenas por **A** e outra apenas por **B**. Traçar também duas retas **a** e **b**, satisfazendo as mesma condições de **r** e **s**, nos casos:

a)

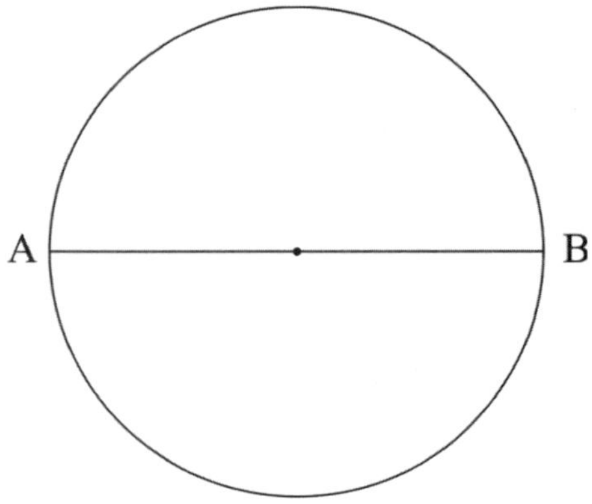

b)

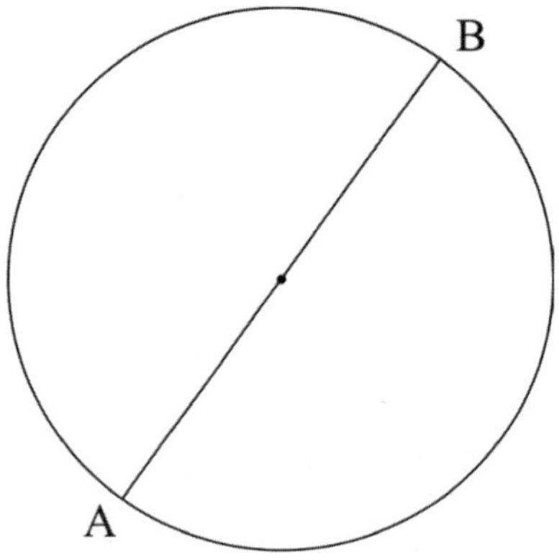

183 Dadas duas bissetrizes internas de um triângulo, traçar a outra, nos casos:

a)

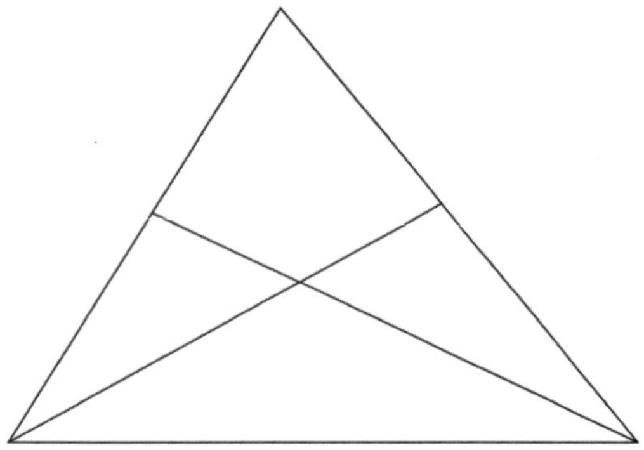

b)

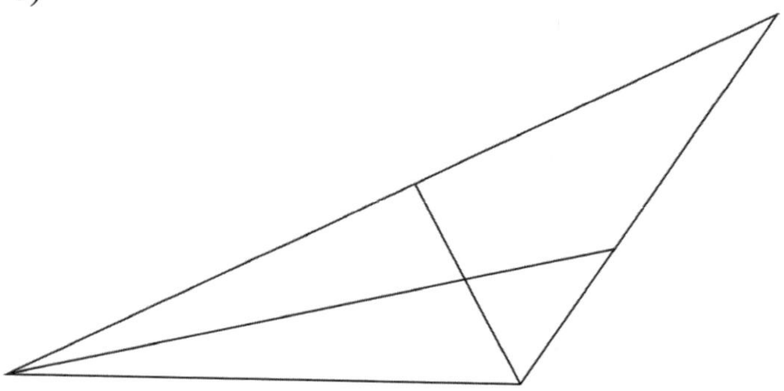

184 Dadas duas medianas de um triângulo, traçar a outra mediana, nos casos:

a)

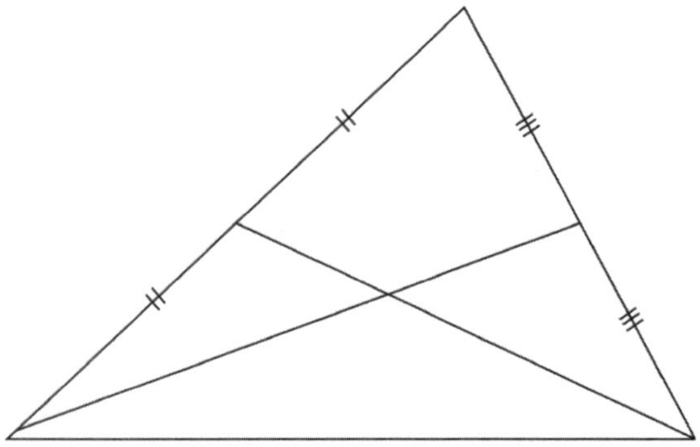

b)

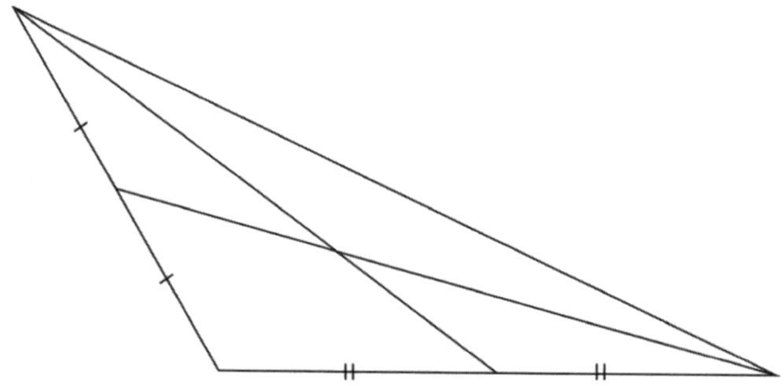

185 Dadas duas alturas de um triângulo acutângulo, traçar a outra altura nos casos:

a)

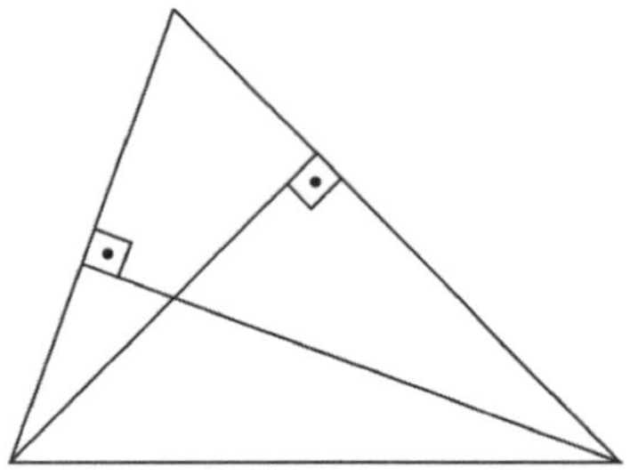

b)

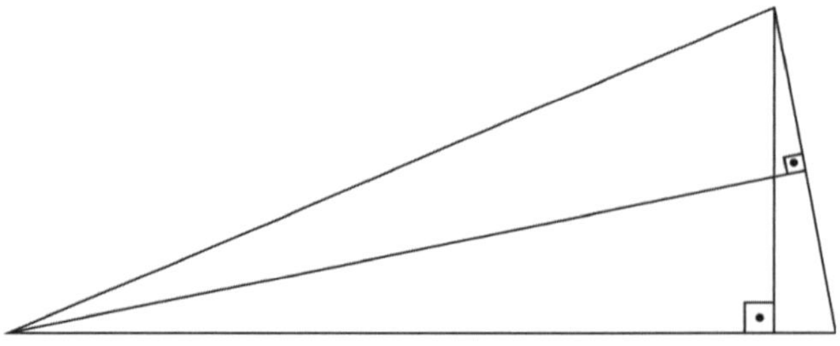

186 Em cada caso é dado um triângulo obtusângulo e duas de suas alturas. Traçar a outra.

a)

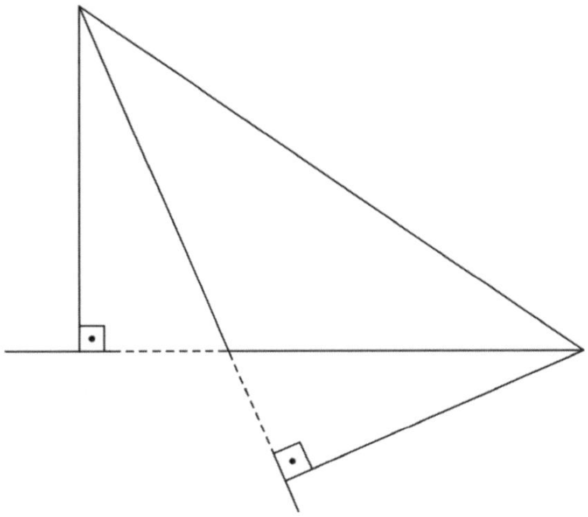

b)

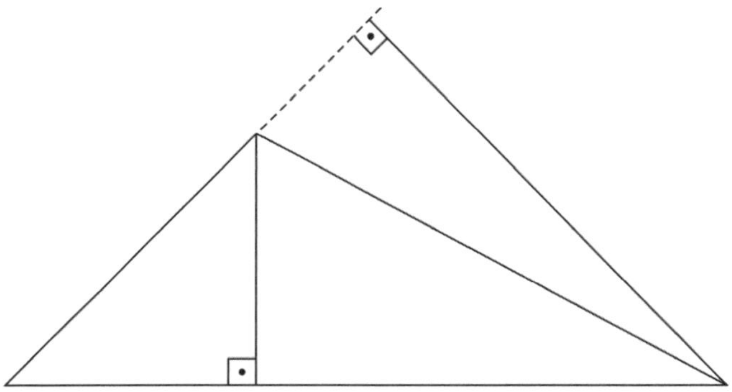

187 Em cada caso são dados dois triângulos retângulos de hipotenusa BC em comum, com dois catetos concorrentes. Traçar pela intersecção dos catetos, usando apenas régua, a reta perpendicular à hipotenusa BC.

a)

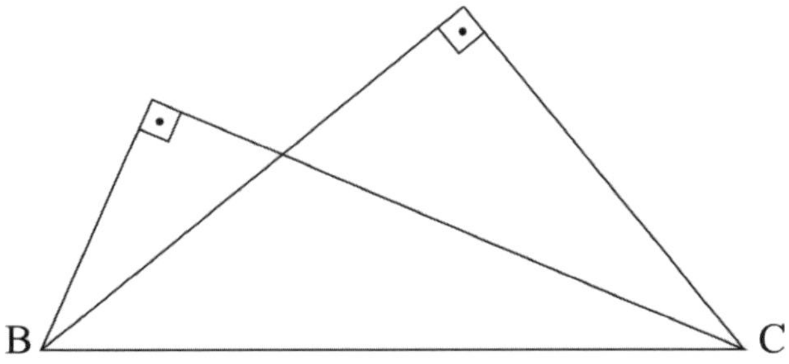

b)

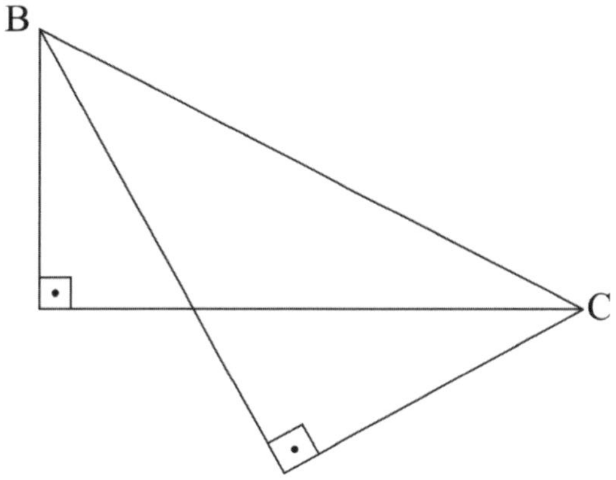

188 Dados dois triângulos retângulos de hipotenusa BC em comum, traçar usando apenas régua, pelo ponto de intersecção das retas que contêm os catetos que não têm extremidades em comum, a reta que é perpendicular à hipotenusa BC.

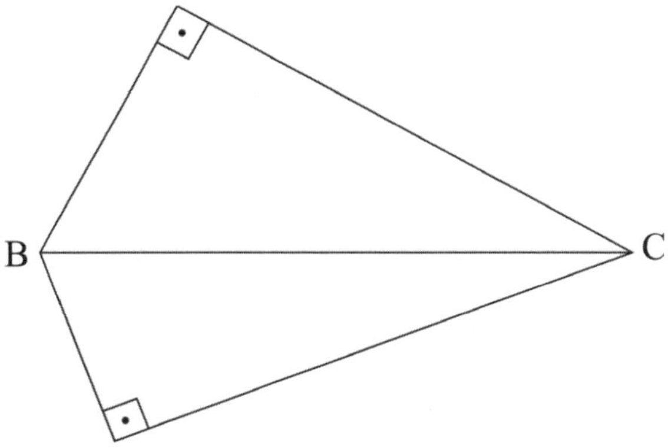

189 Traçar a mediatriz do segmento AB, nos casos:

a)

b)

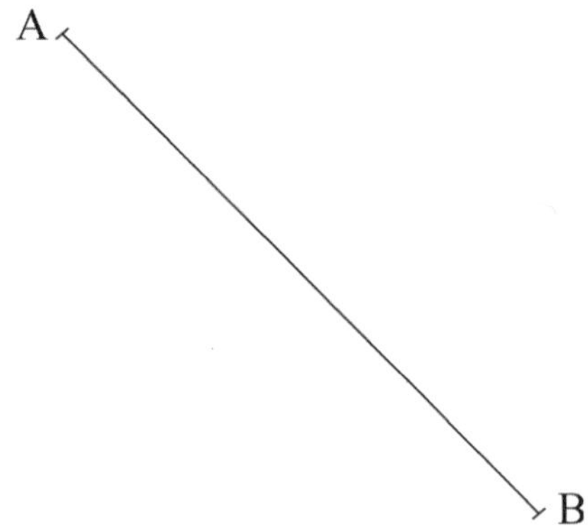

c)

d)

190 Determine o ponto médio do segmento AB, nos casos:

a)

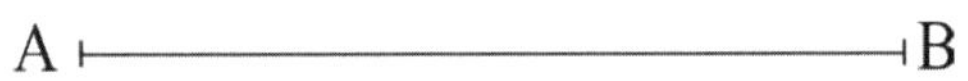

b)

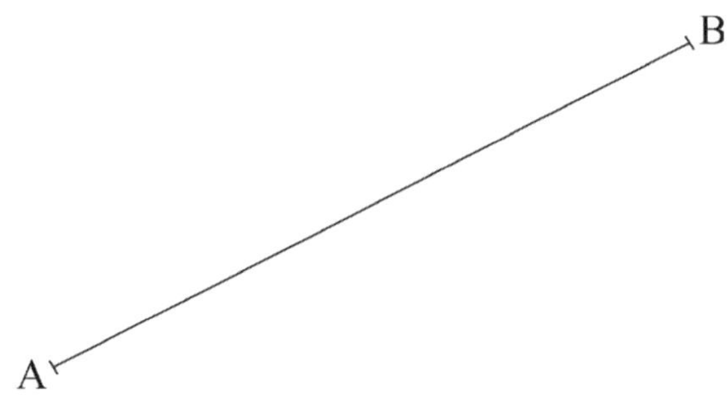

191 Traçar a circunferência de diâmetro AB, nos casos:

a)

b)

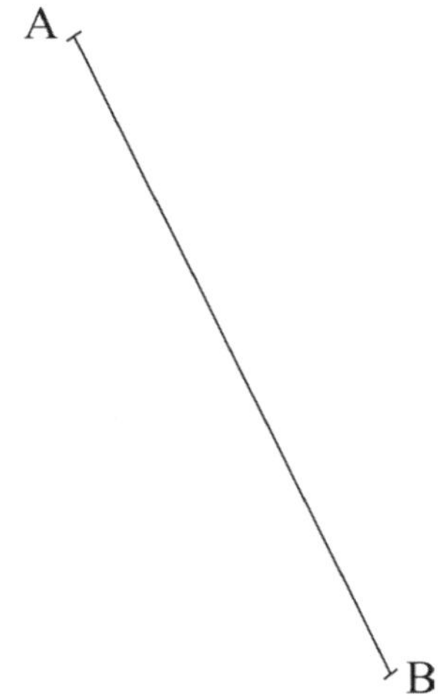

192 Traçar dois triângulos retângulos quaisquer de hipotenusa BC, usando o compasso apenas para achar o ponto médio de BC e traçar a circunferência de diâmetro BC.

a)

b)

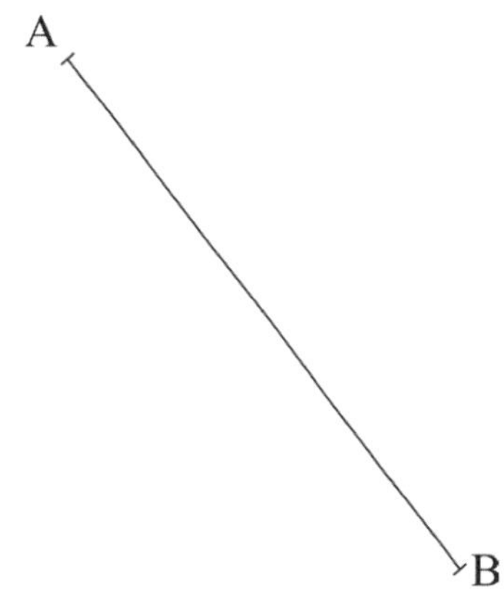

193 Traçar dois pares de retas perpendicular onde as retas de cada par passam cada uma por um dos pontos dados **A** e **B**, sendo que nem **A** nem **B** são pontos de intersecção delas, nos casos:

a)

b)

194 Dado um triângulo ABC e uma circunferência de diâmetro BC, traçar as alturas do triângulo relativas aos vértices **B** e **C**, nos casos:

a)

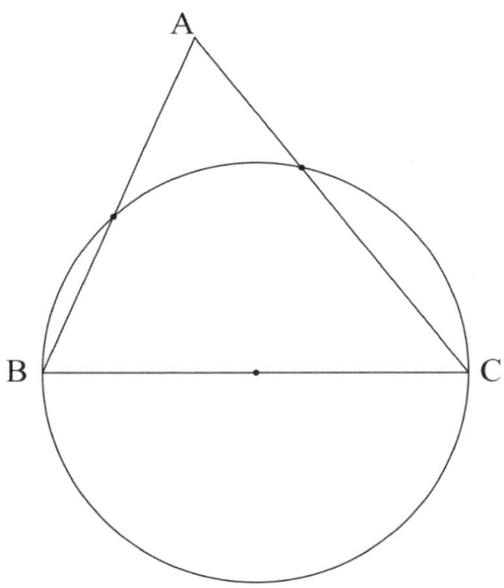

b)

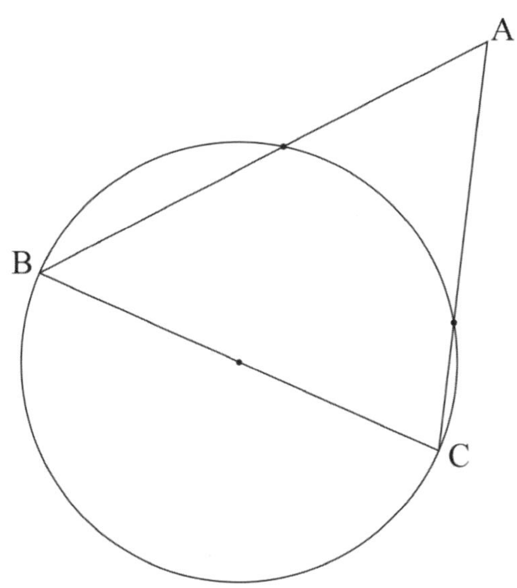

195 Em cada caso são dados um triângulo e uma circunferência sendo um de seus diâmetros um dos lados do triângulo. Utilizando-se dessa circunferências, traçar as alturas do triângulo. (Não é para usar esquadros).

a)

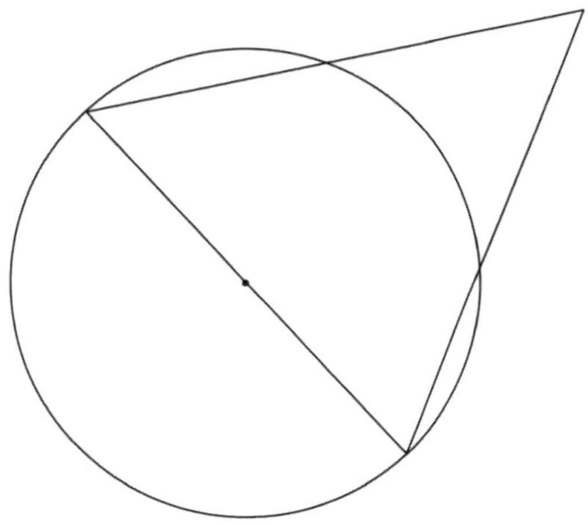

b)

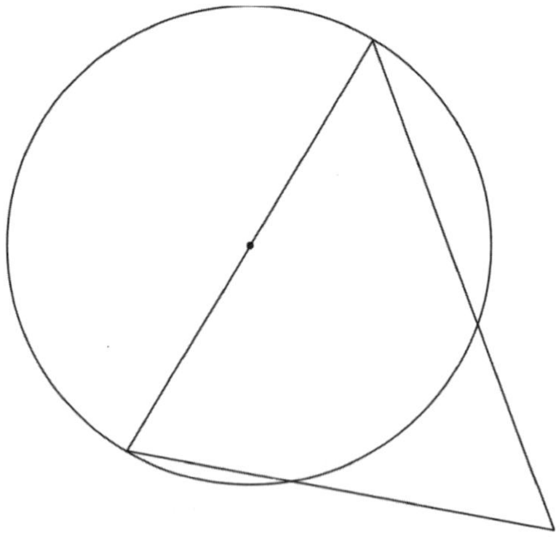

c)

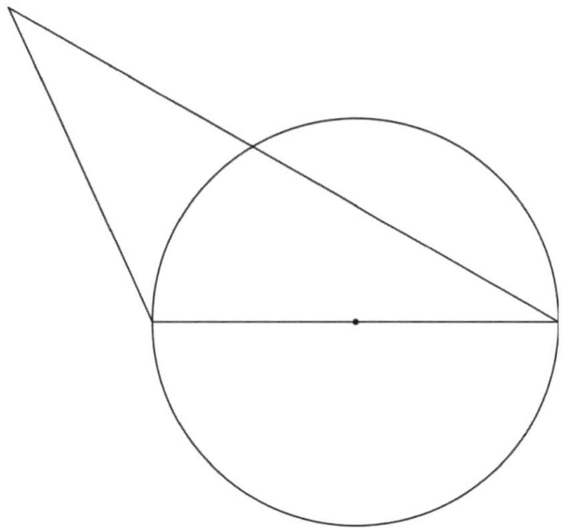

d)

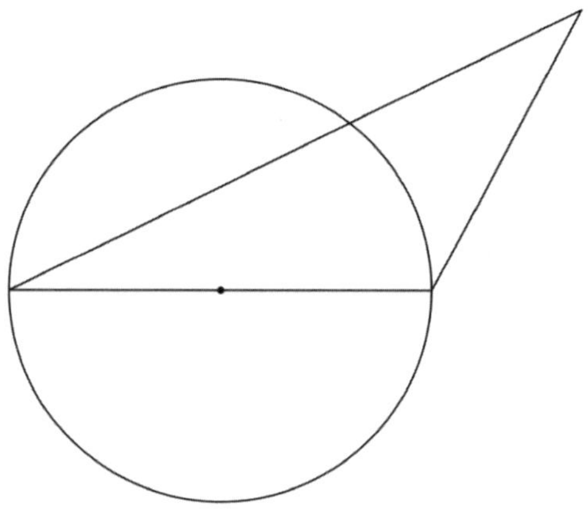

e)

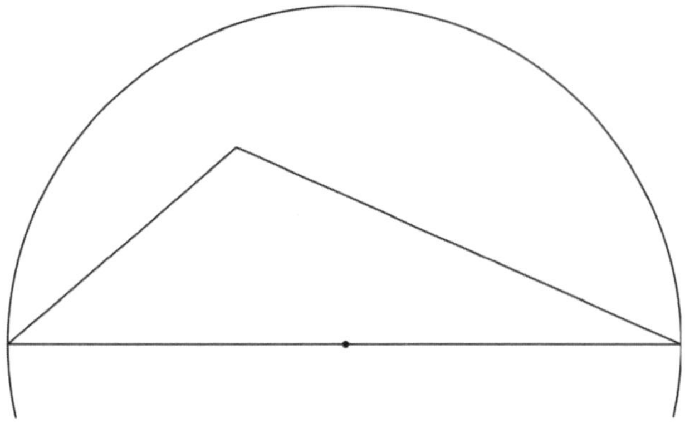

f)

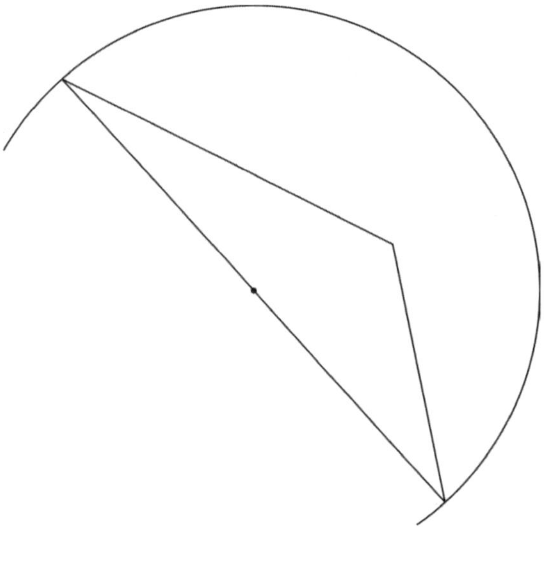

196 Dado uma circunferência de diâmetro BC e um ponto **P** fora dessa circunferência e da reta BC, traçar usando apenas régua, a reta que passa por **P** e é perpendicular à reta BC.

a)

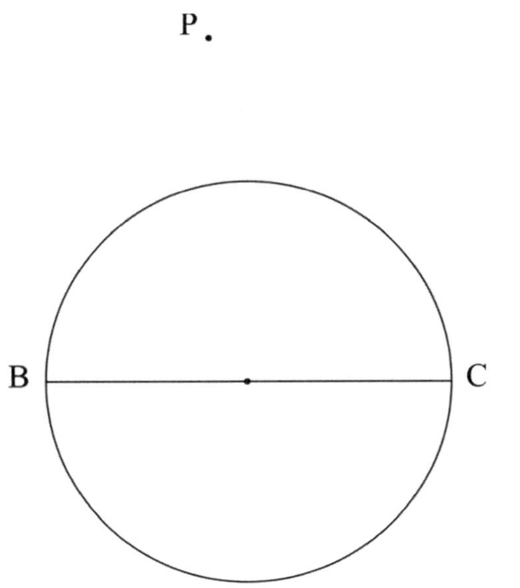

b)

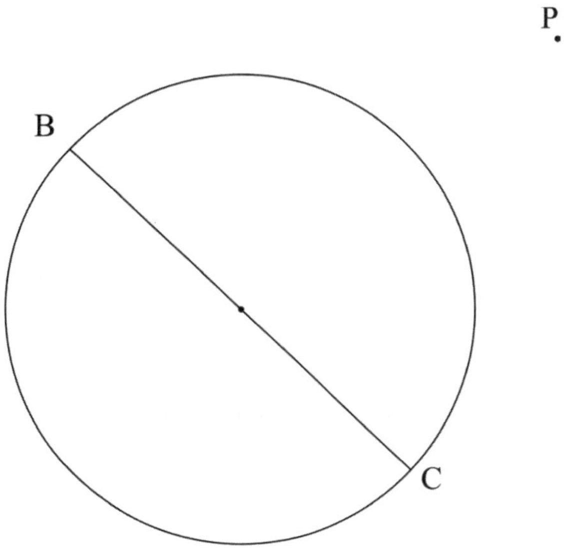

c)

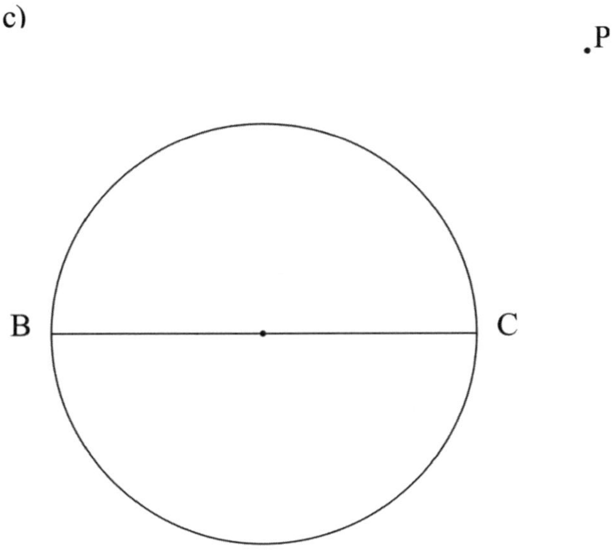

d)

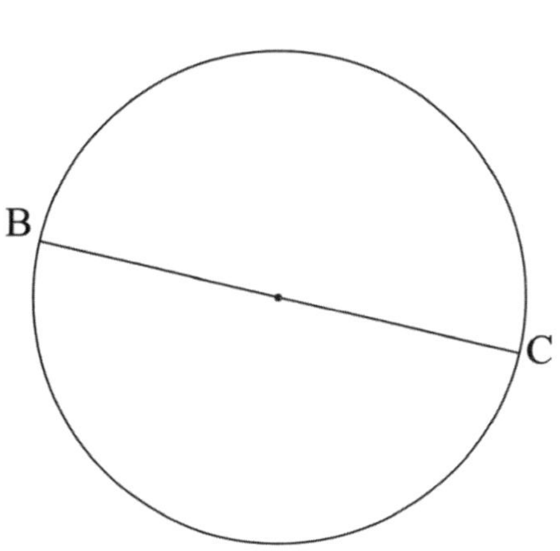

e)

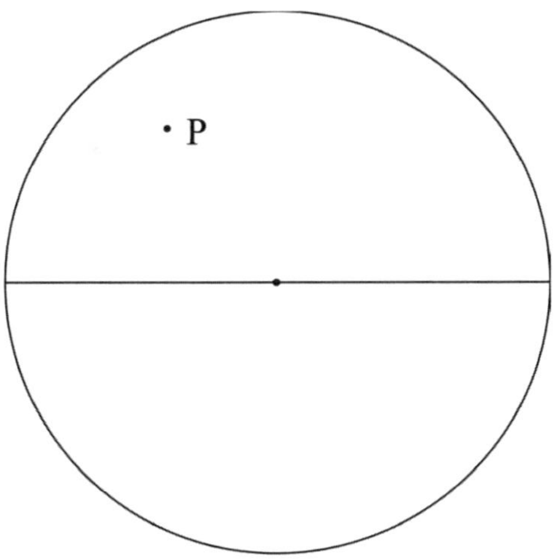

f)

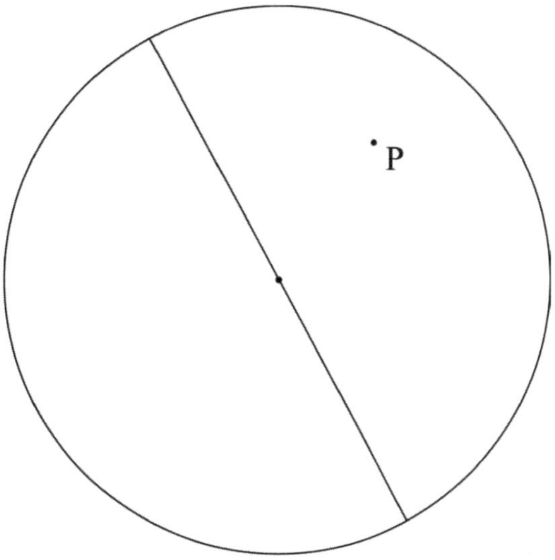

197 Determinar o ponto médio do lado BC do triângulo ABC, nos casos:

a)

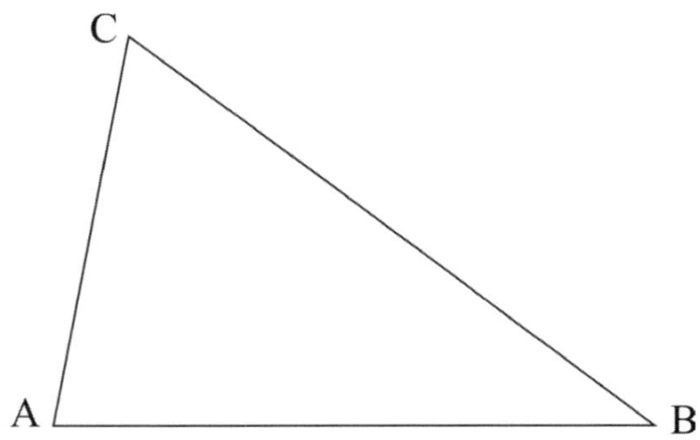

b)

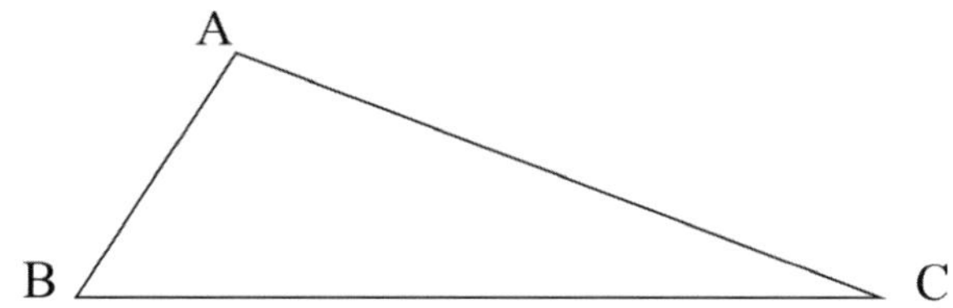

198 Auxiliando-se da circunferência que tem como um de seus diâmetros o maior lado do triângulo dado, traçar as alturas desse triângulo, nos casos:

a)

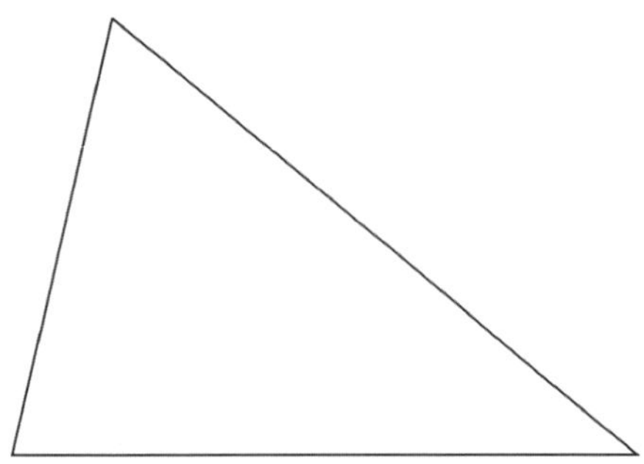

b)

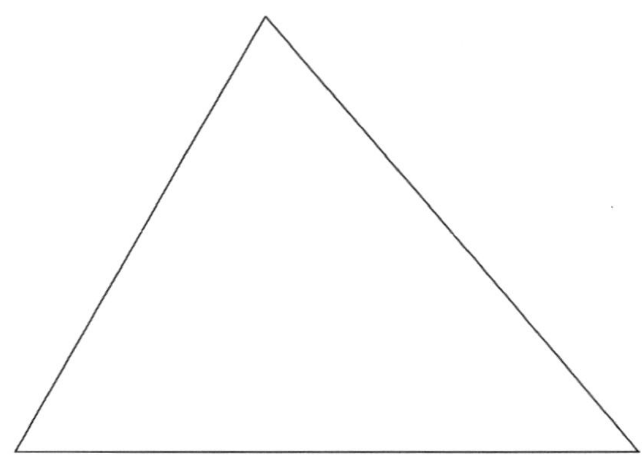

c)

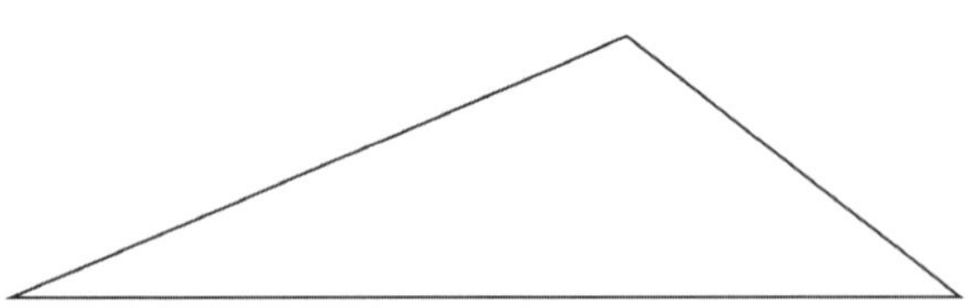

d)

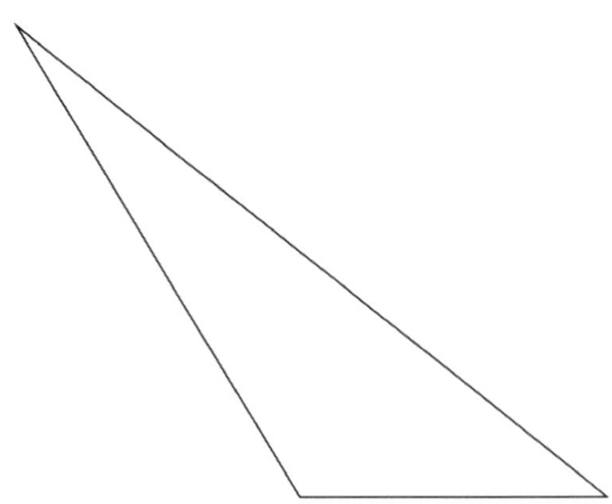

199 Usando régua e compasso, traçar pelo ponto **P** a reta perpendicular à reta **r**, nos casos:

a)

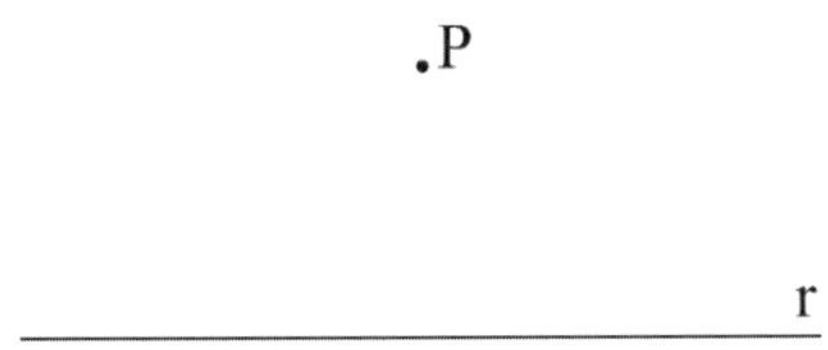

b)

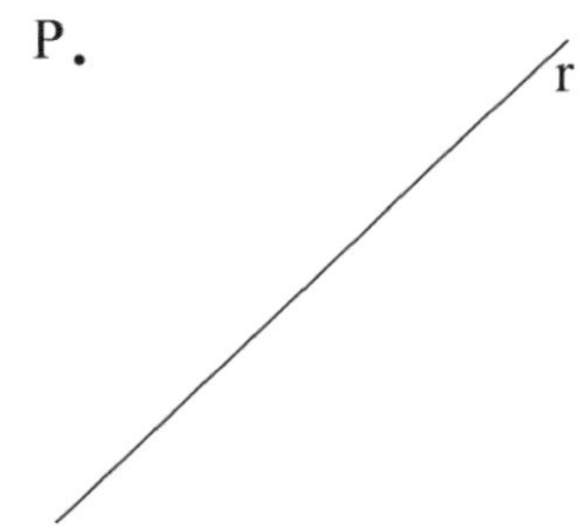

c)

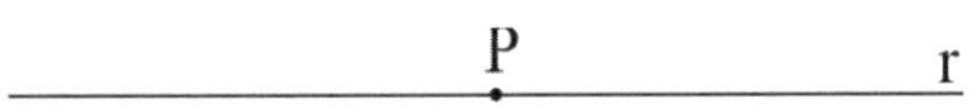

d)

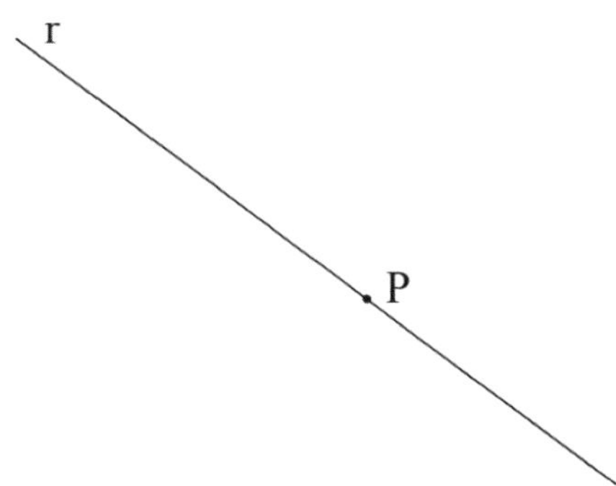

200 Usando régua e compasso, traçar a altura relativa as lado BC do triângulo dado, nos casos:

a)

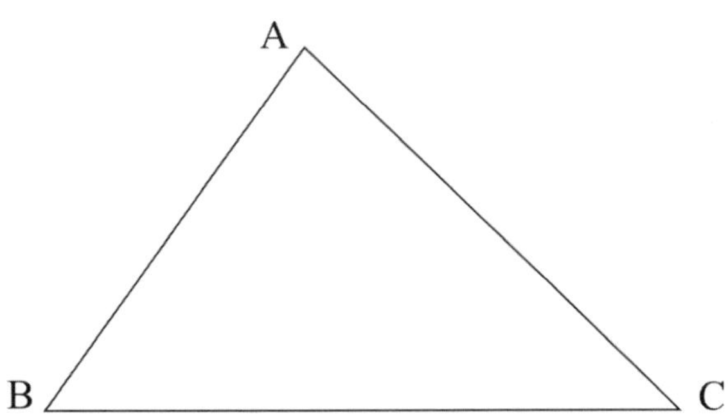

b)

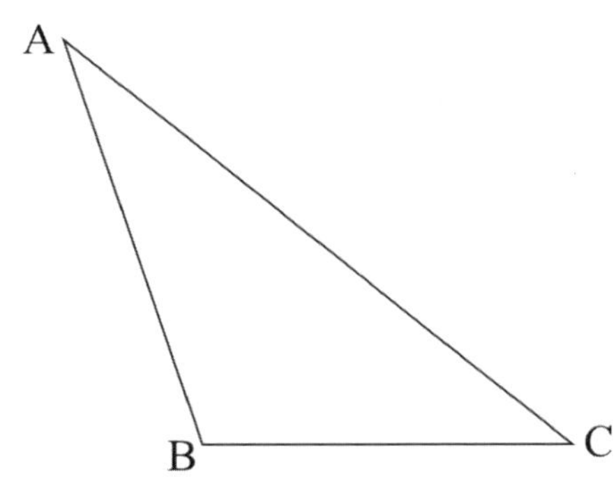

c)

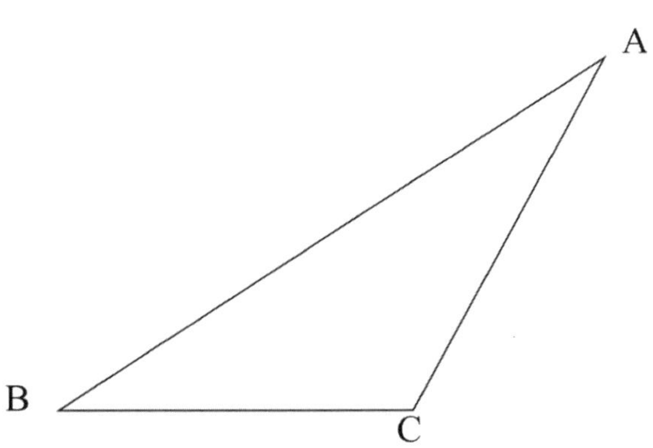

d)

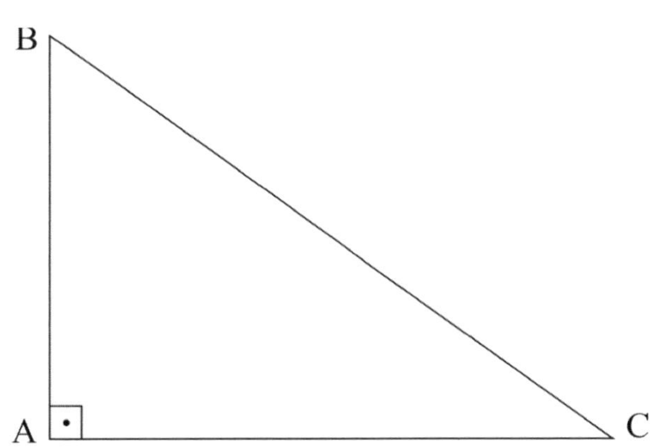

201 Traçar as mediatrizes dos lados AC e BC do triângulo ABC dado, nos casos:

a)

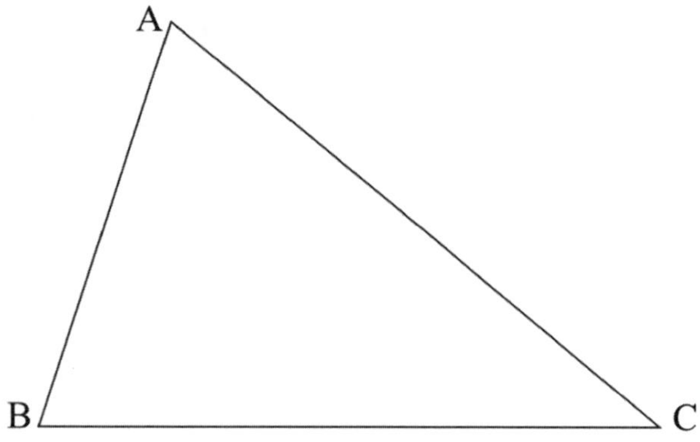

b)

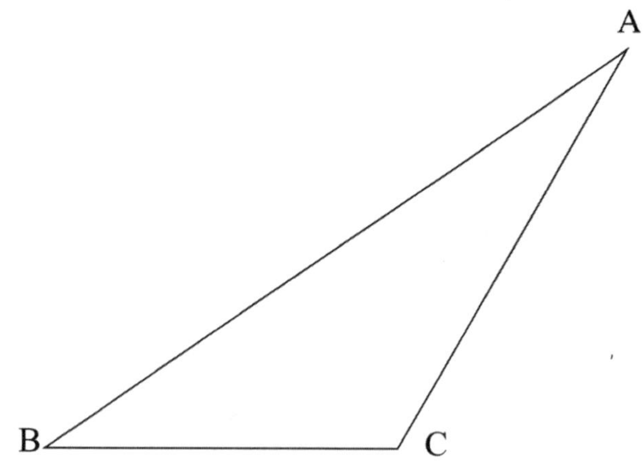

202 Traçar a mediana relativa ao lado BC do triângulo ABC, nos casos:

a)

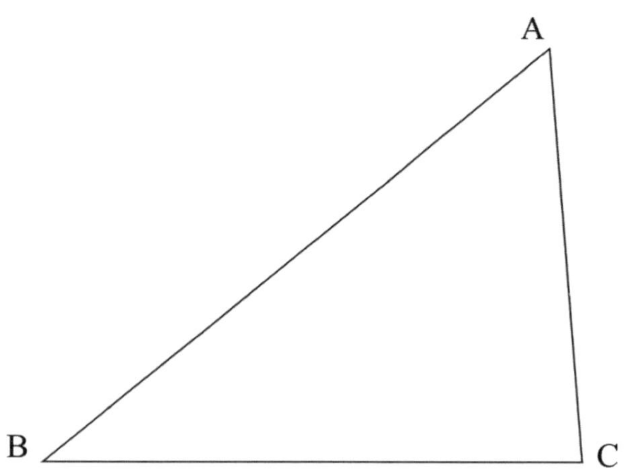

b)

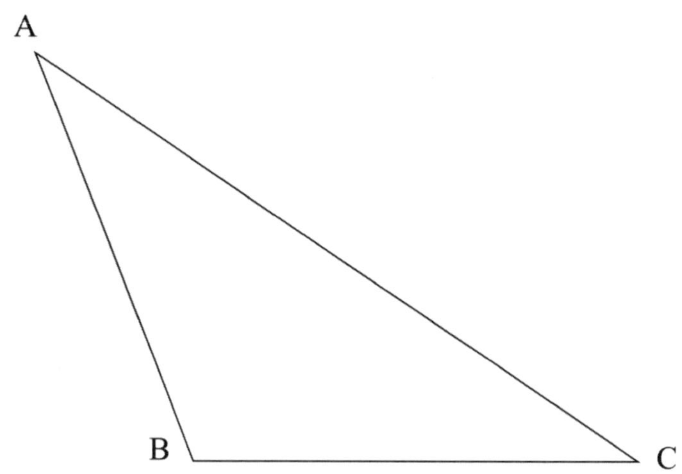

203 Traçar as bissetrizes dos ângulos dados.

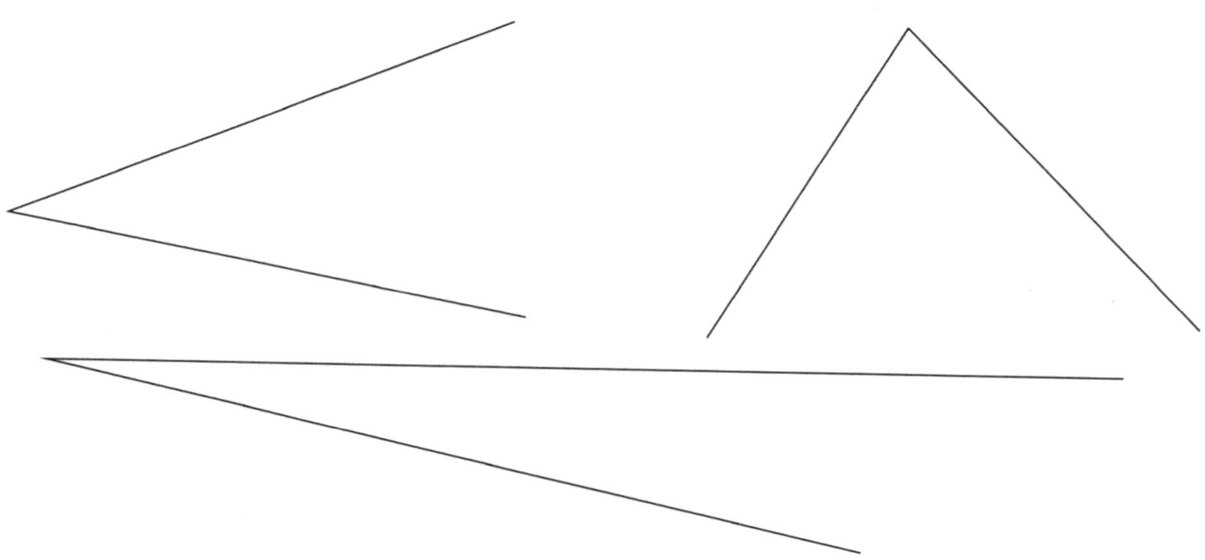

204 Traçar a bissetriz relativa ao vértice A do triângulo ABC, nos casos.

Obs: Quando falarmos apenas bissetriz de um triângulo, estamos nos referindo à interna.

a)

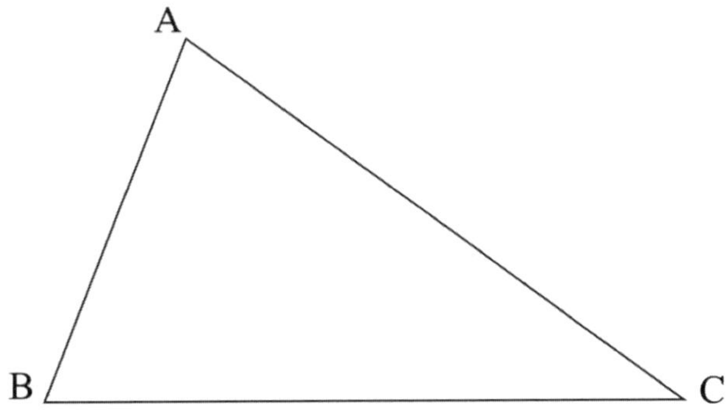

b)

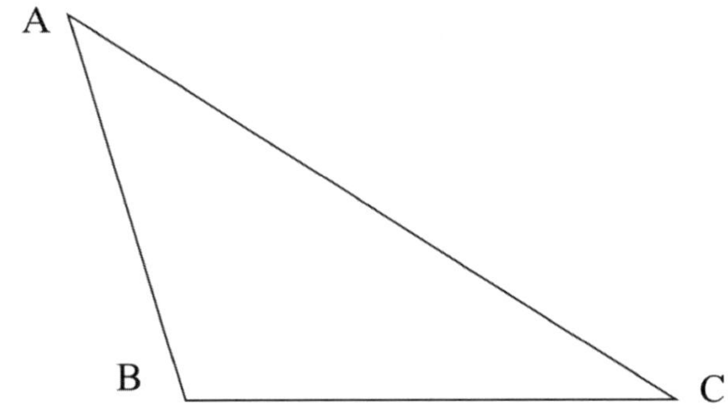

205 Determinar os **incentros** dos triângulos dados. (Bastam duas bissetrizes).

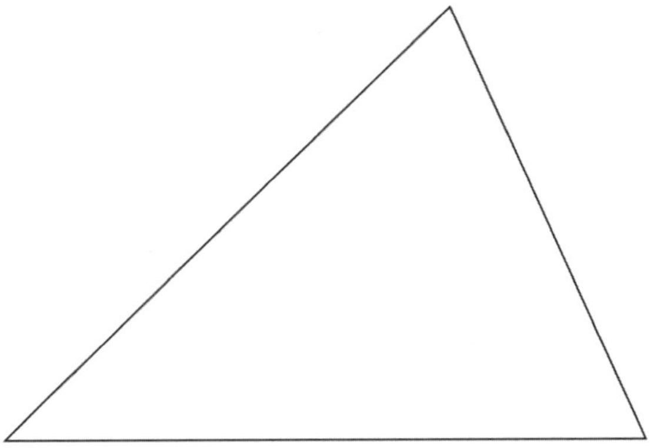

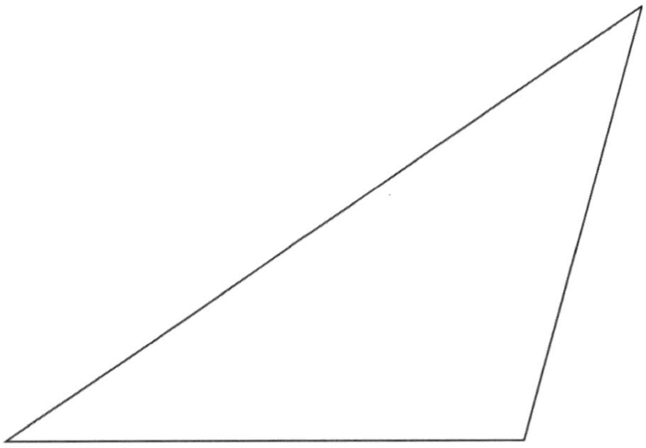

206 Determinar os **baricentros** dos triângulos dados. (Bastam duas medianas).

Obs: Para traçarmos a mediana precisamos traçar primeiramente a mediatriz de um lado.

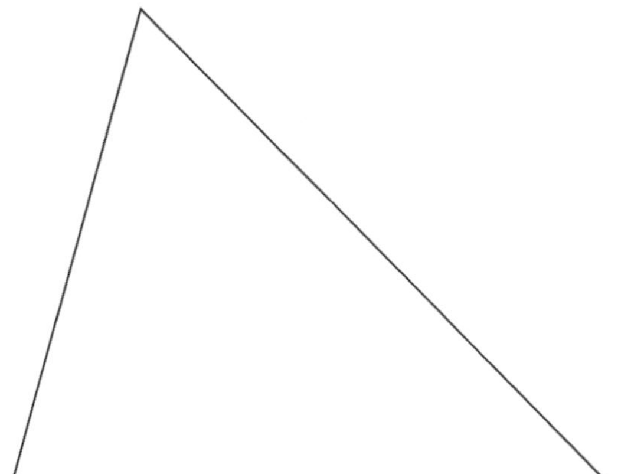

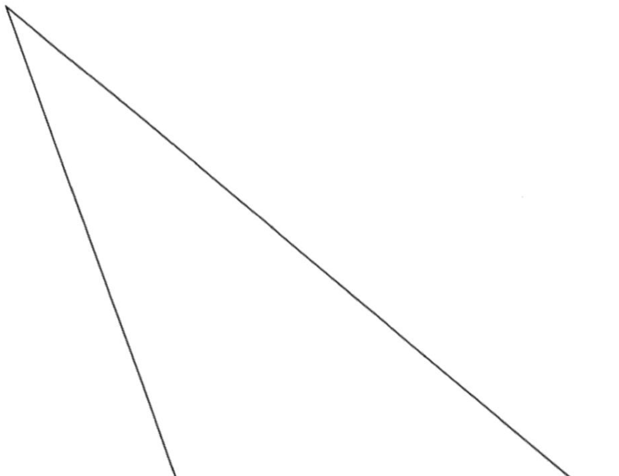

207 Determinar os circuncentros dos triângulos dados. (Bastam duas mediatrizes).

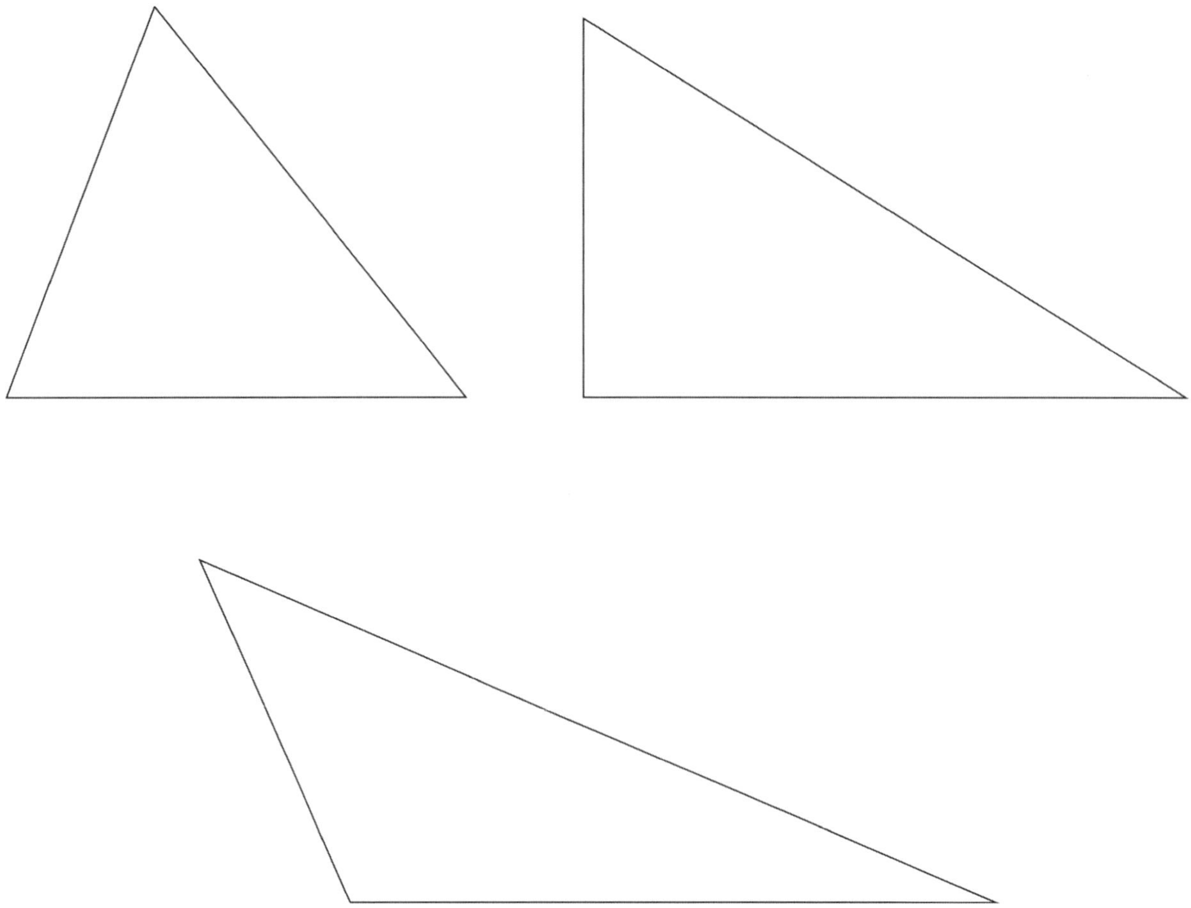

208 Determine os ortocentros dos triângulos dados. (Bastam as retas de duas alturas).

Obs: Procurar fazer esse exercício traçando uma única perpendicular com régua e compasso.

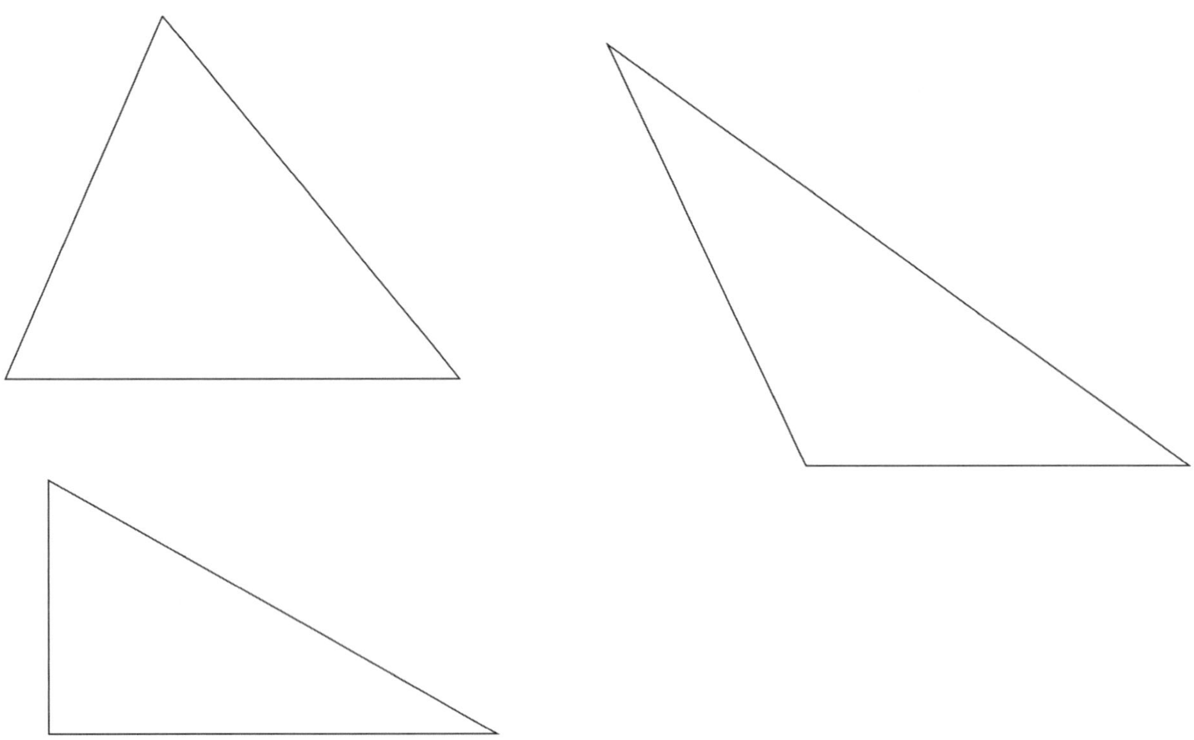

209 Traçar a altura, a bissetriz e a mediana relativas ao lado BC do triângulo ABC dado, nos casos:

a) Triângulo isósceles de base BC

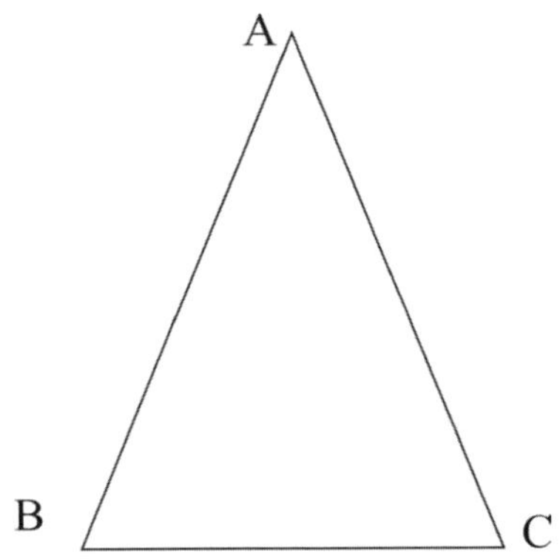

b) Triângulo equilátero

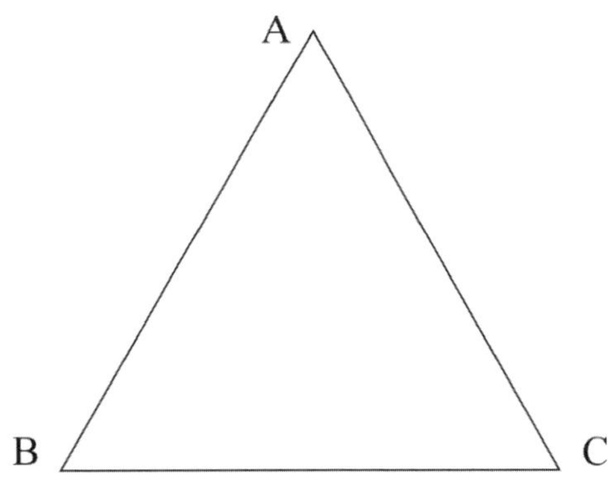

c)

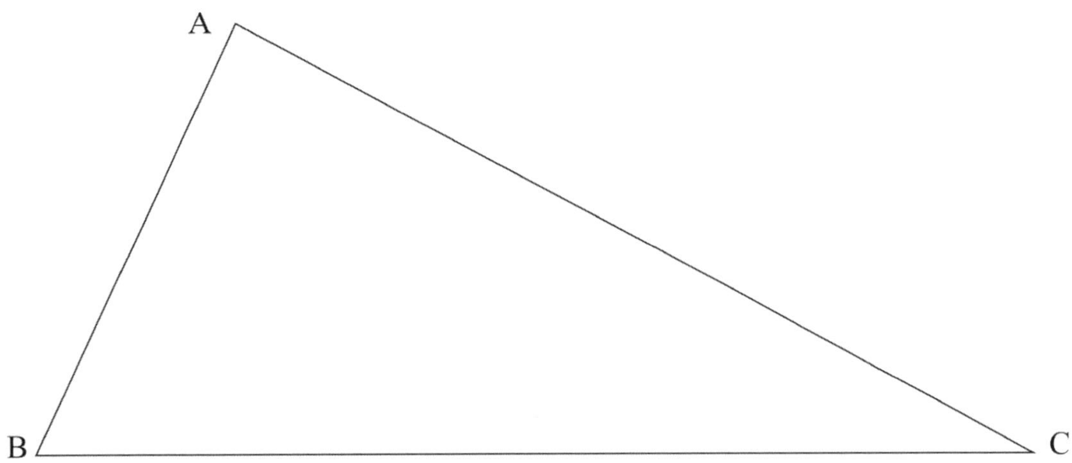

210 Dados os ângulos α e β, transportar, com compasso esses ângulos de modo que a semi-reta de origem **P** seja um lado de α e a de origem **Q** seja um lado de β.

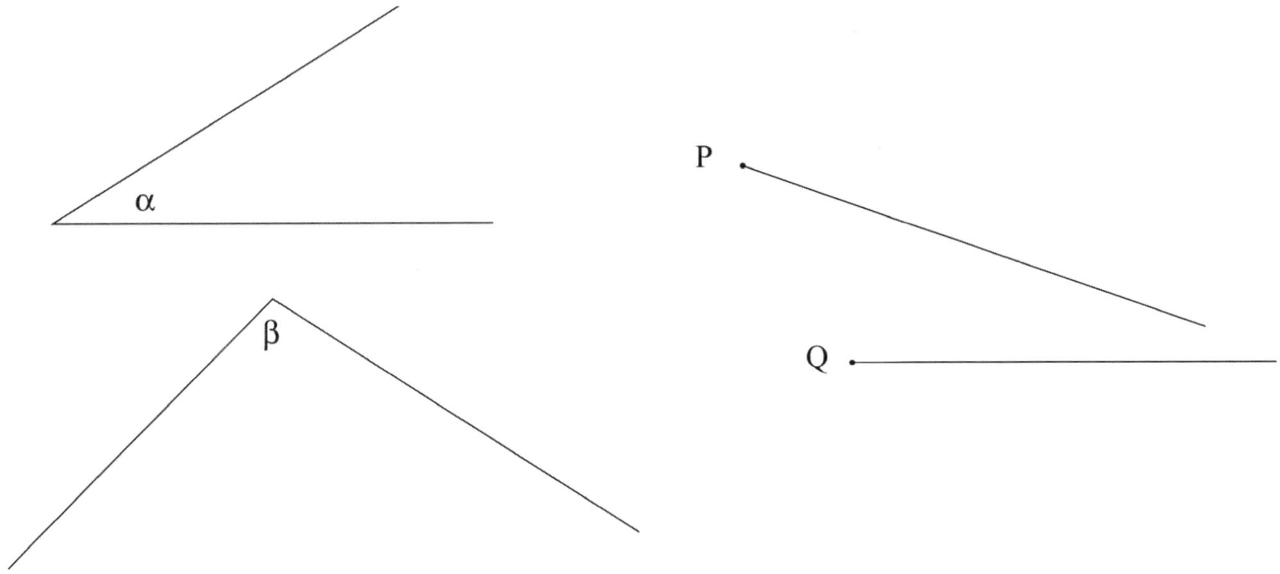

211 Dados os ângulos **α** e **β**, determine $x = \alpha + \beta$ e $y = \alpha - \beta$.
Usar a semi-reta dada para ser um dos lados da resposta.

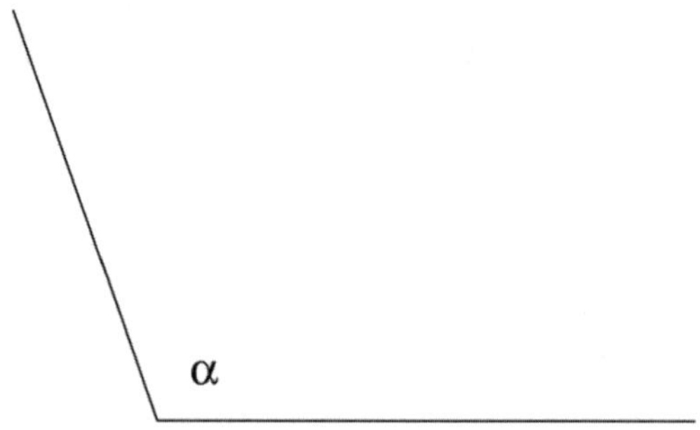

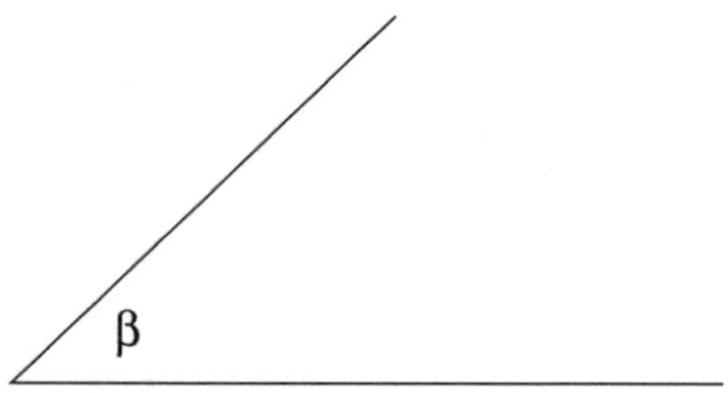

212 Dado α, obter 4α.

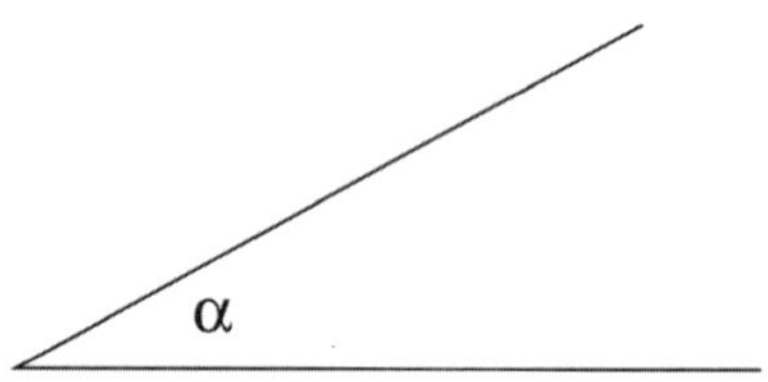

213 Construir um triângulo ABC dados AB, BC e $A\hat{B}C = \beta$.

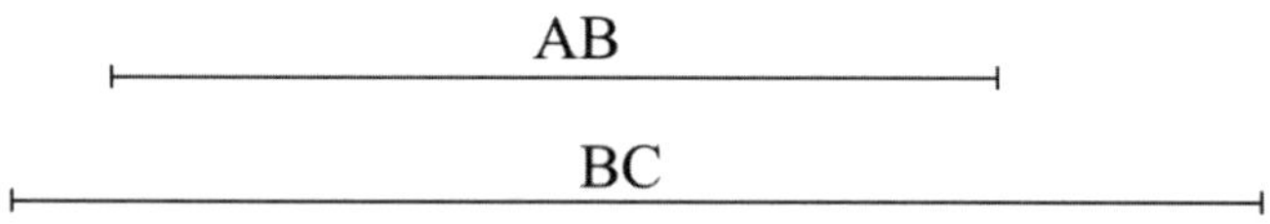

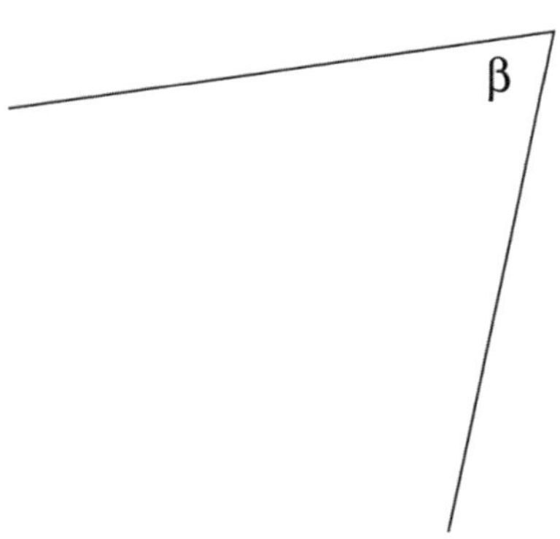

214 Construir um triângulo ABC (completar o desenho), nos casos:

a)

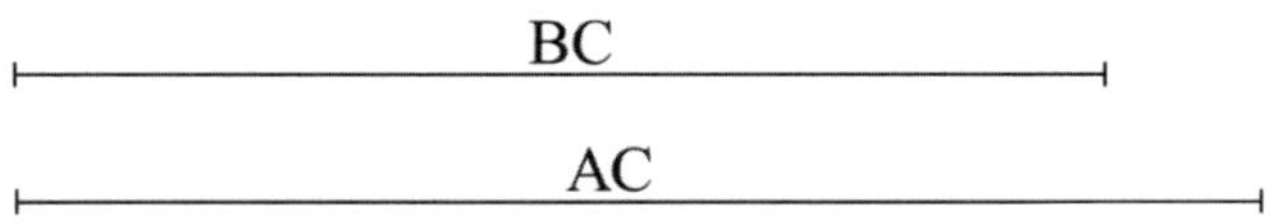

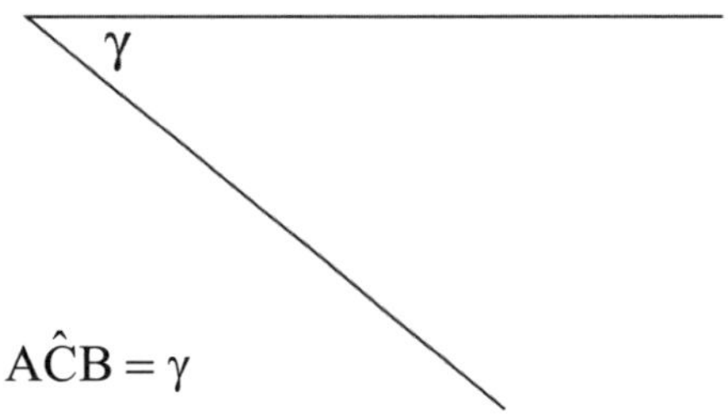

$A\hat{C}B = \gamma$

b)

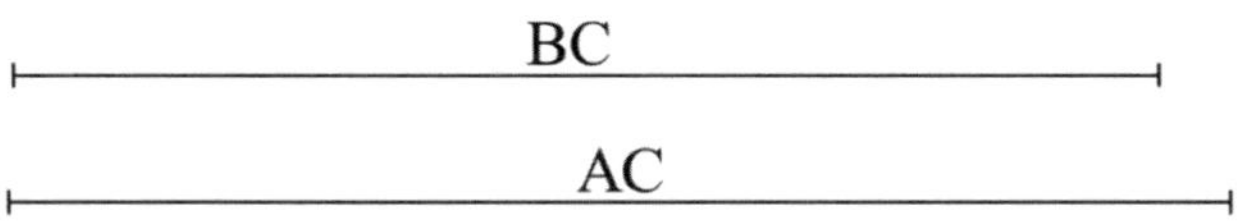

$A\hat{B}C = \beta$

c)

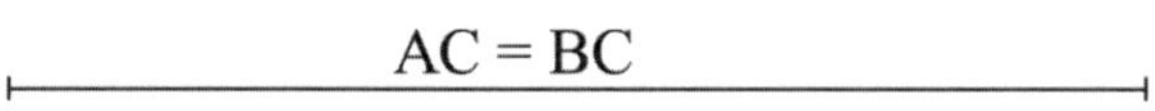

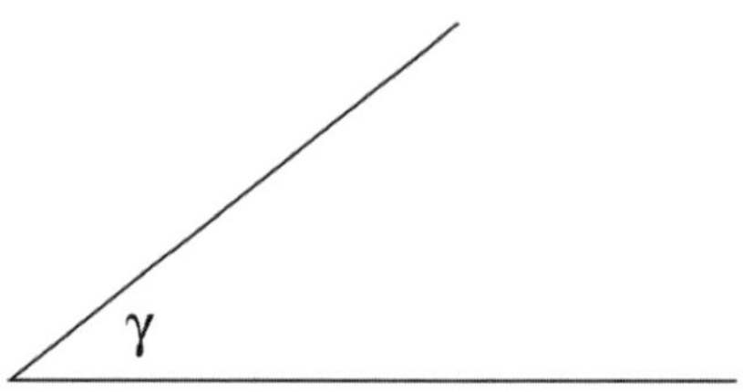

$A\hat{C}B = \gamma$

d) $BC = 7$ cm

$AC = 11$ cm

$A\hat{B}C = 3\alpha$

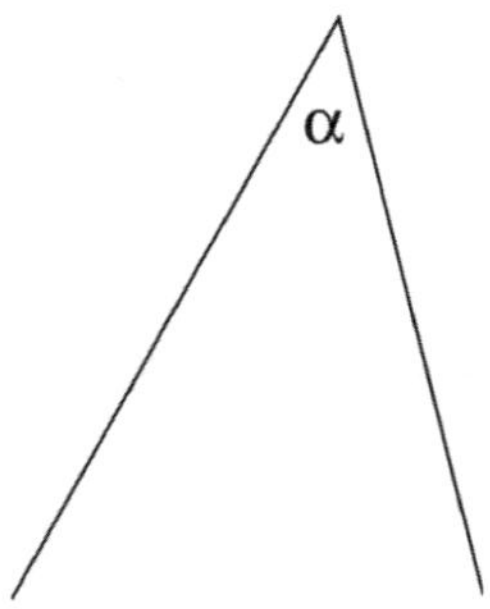

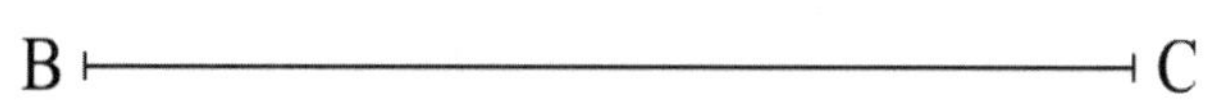

215 Construir um triângulo ABC, nos casos:

a) BC = 80 mm

$A\hat{B}C = \beta$, $A\hat{C}B = \gamma$

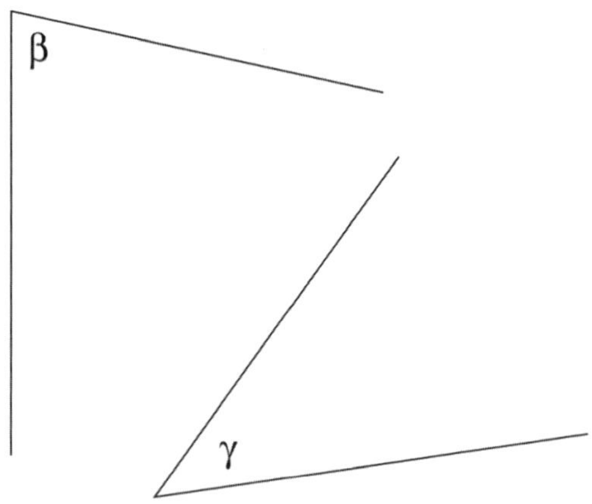

b) AC = 8,5 cm

$A\hat{C}B = \gamma$

$B\hat{A}C = 4\alpha$

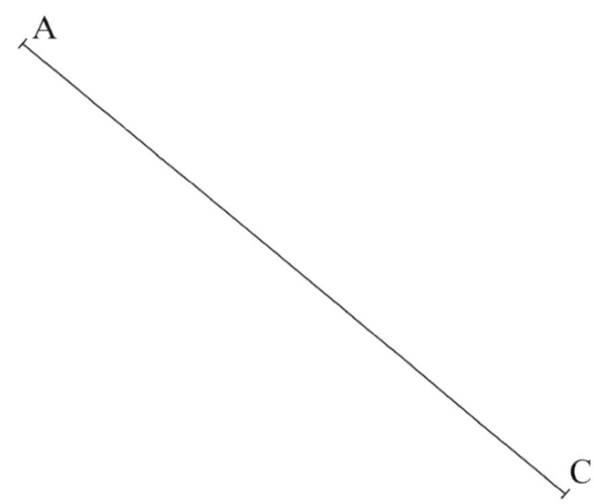

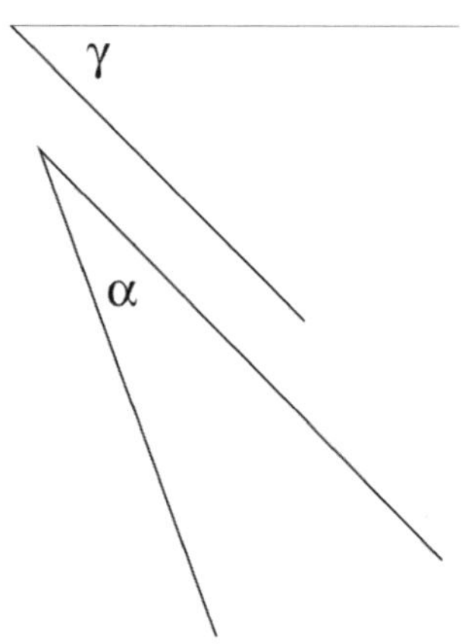

c) BC = 6 cm

$\hat{C} = \gamma$

$\hat{B} = 5\gamma$

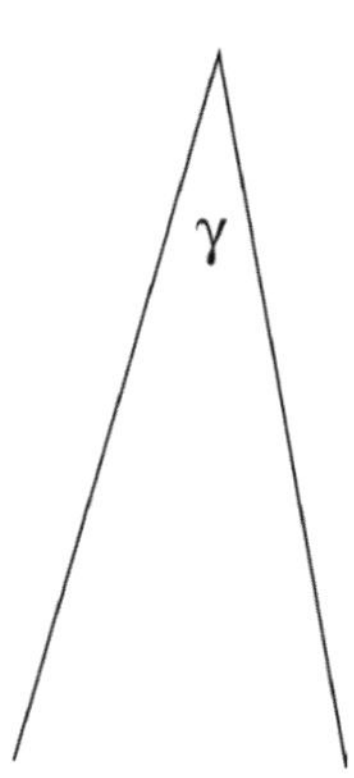

216 Dados α e β, determinar o suplemento de $\alpha + \beta$, nos casos:

a)

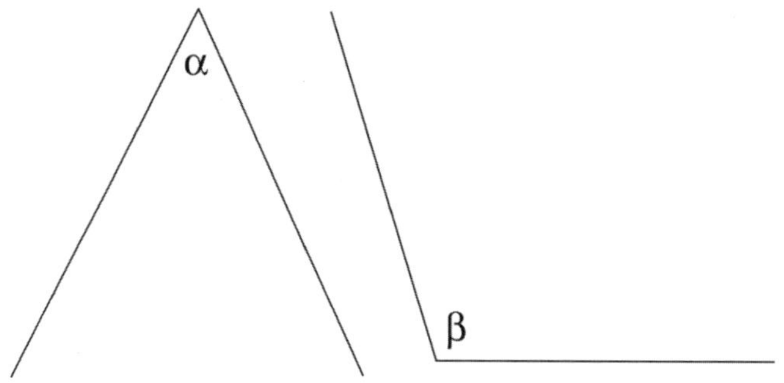

b)

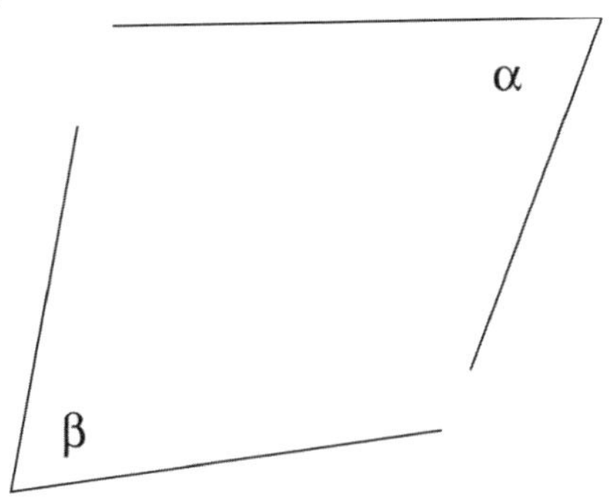

217 Sendo α e β dois ângulos internos de um triângulo, determine o outro ângulo interno desse triângulo.

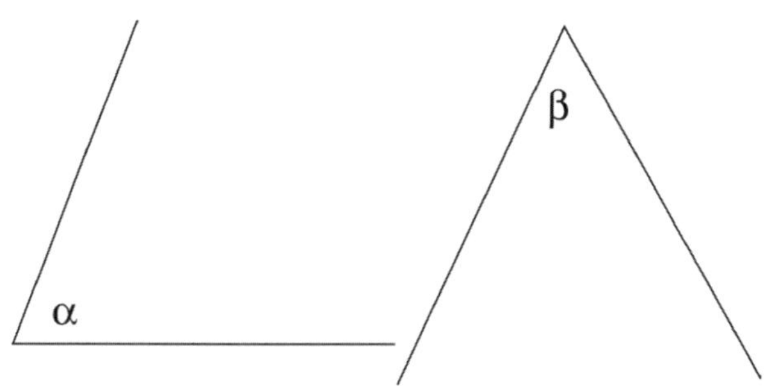

218 Construir um triângulo ABC dados BC, $\hat{B} = \beta$ e $\hat{A} = \alpha$.
BC = 7,5 cm

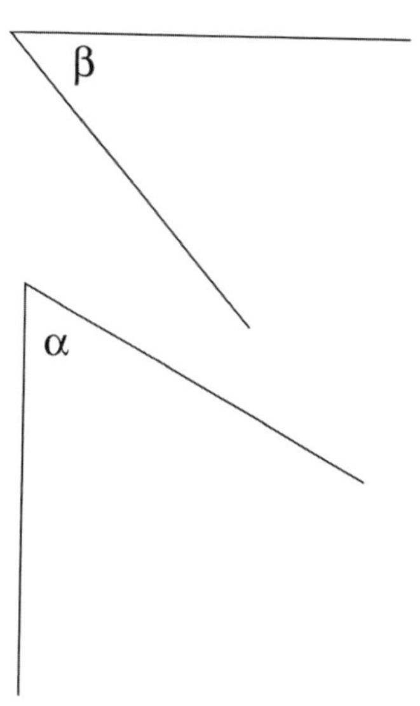

219 Construir um triângulo ABC, nos casos:

a) BC = 65 mm

$\hat{C} = \gamma$, $\hat{A} = \alpha$

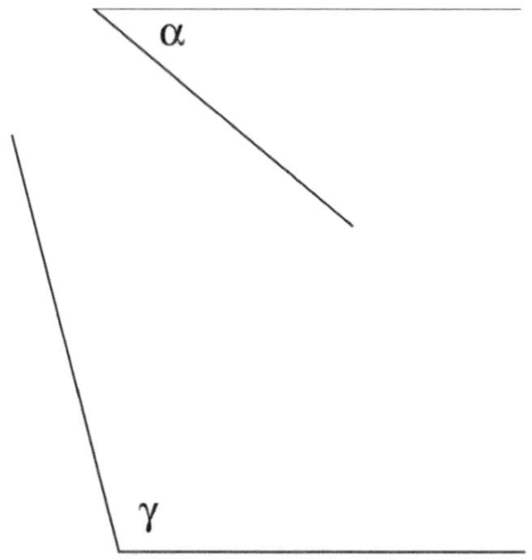

b) BC = 60 mm

$\hat{B} = \beta$

$\hat{A} = \alpha$

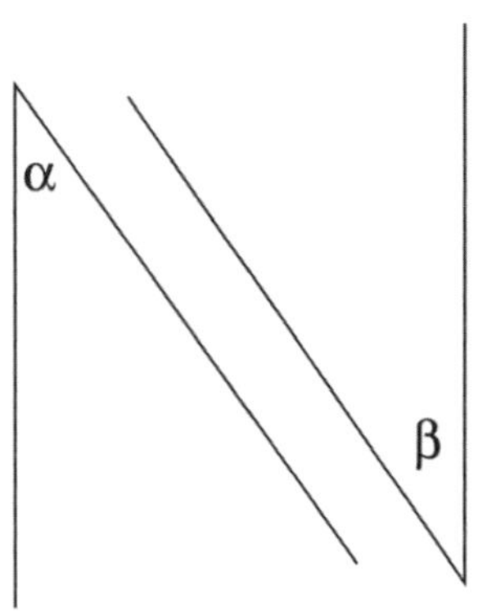

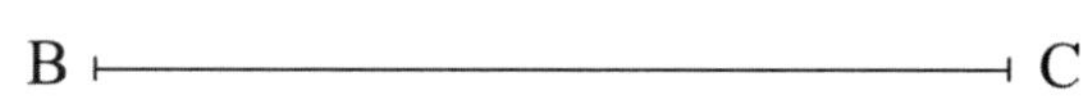

c) AC = 75 mm

$\hat{B} = \beta$

$\hat{C} = \gamma$

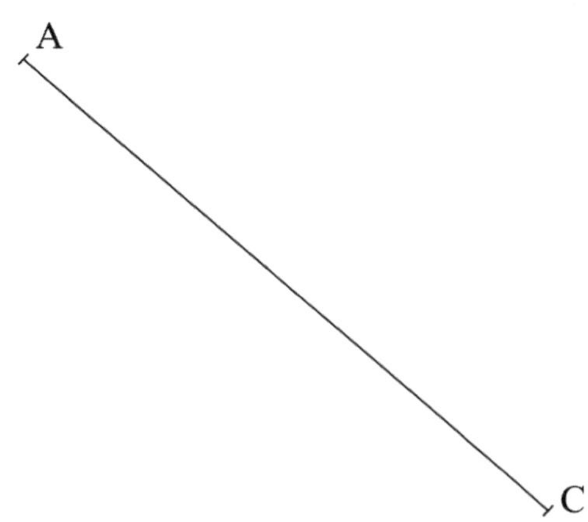

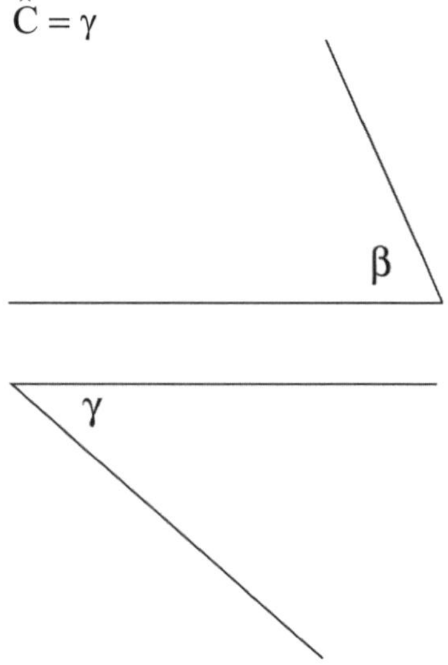

220 Em cada caso é dado um ângulo de um triângulo e o ortocentro **O** desse triângulo. Construir esse triângulo. Usar esquadros para traçar perpendiculares.

a)

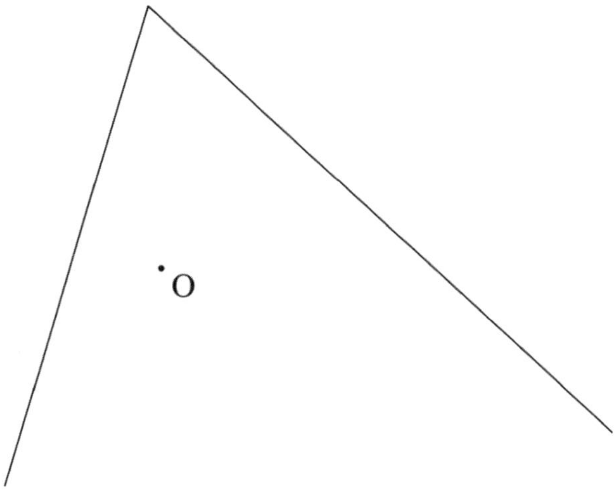

b)

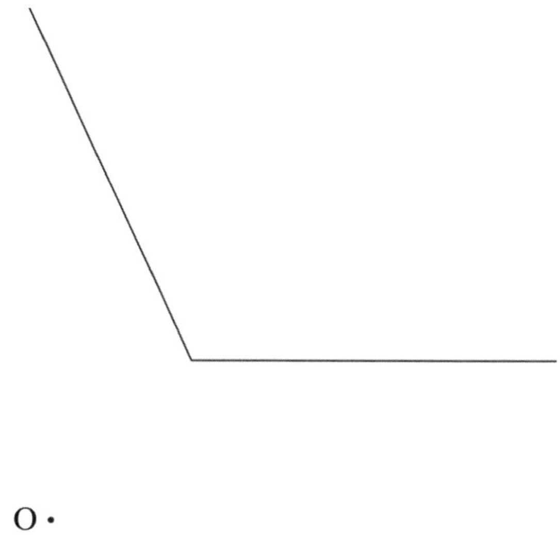

c)

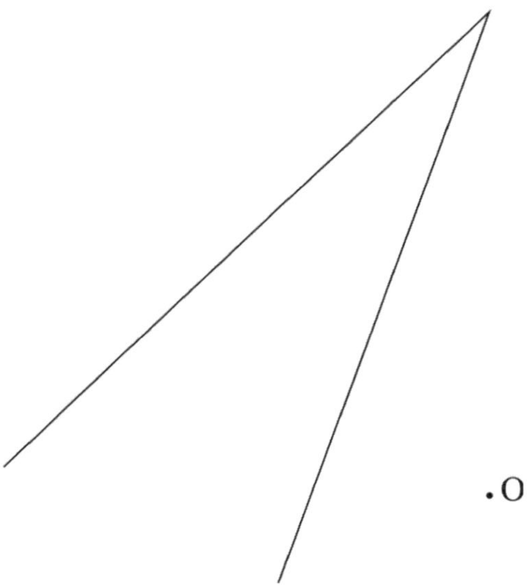

d)

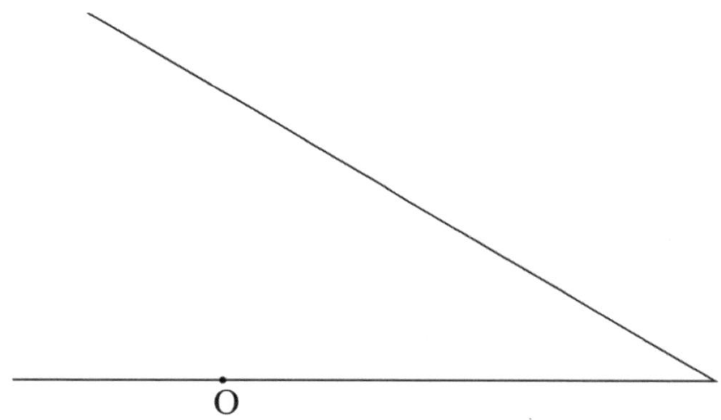

221 Os segmentos dados são partes dos lados do ângulo $B\hat{A}C$ de um triângulo ABC de ortocentro **O**. Desenhar o lado BC desse triângulo, nos casos:

a)

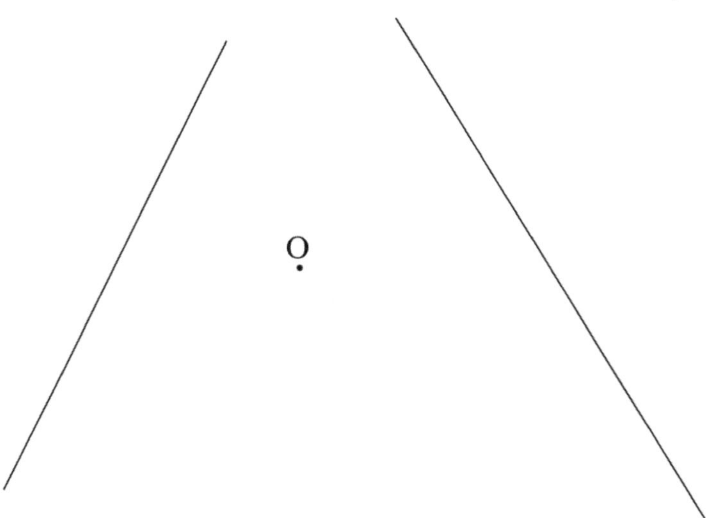

b)

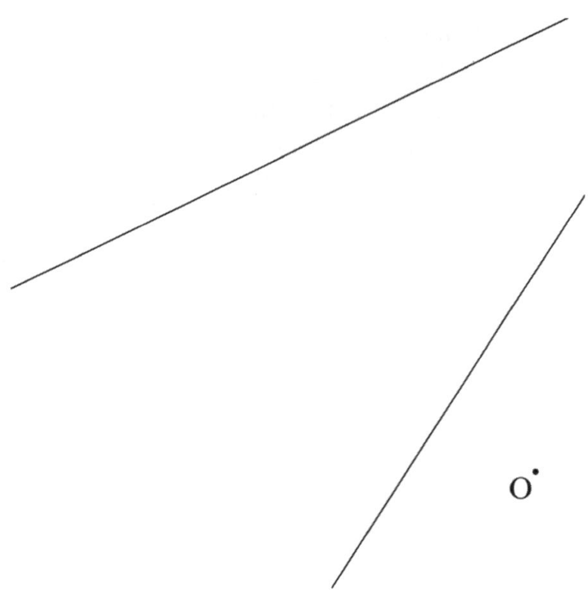

222 Em cada caso são dados duas retas concorrentes em um pnto que não está na página do desenho e um ponto **P**. Traçar a reta que passa por **P** e pelo ponto de intersecção das retas dadas.
Obs: Usar esquadros.

a)

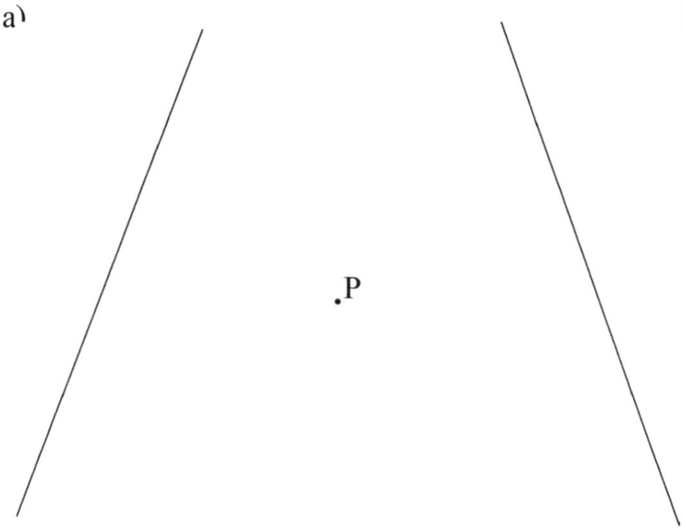

b)

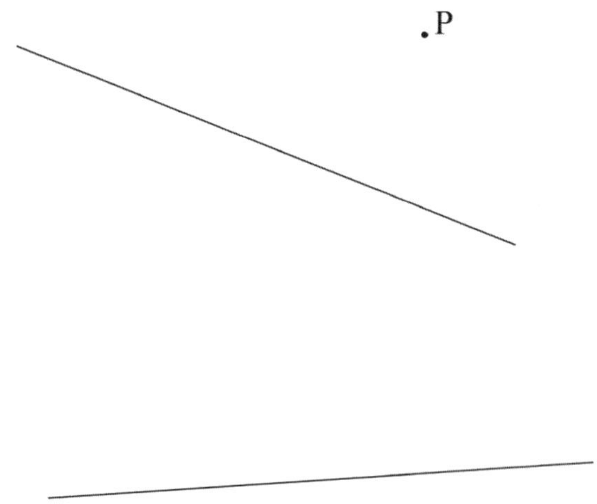

223 Construir um triângulo retângulo ABC de hipotenusa BC, dado um cateto, nos casos:
(Veja como fazer este triângulo, traçando a mediatriz de BC).

a) AC = 6 cm

b) AC = 3,5 cm

224 Construir um triângulo ABC, acutângulo, dado BC e as alturas **g** e **f** relativas, respectivamente, aos vértices **B** e **C**.

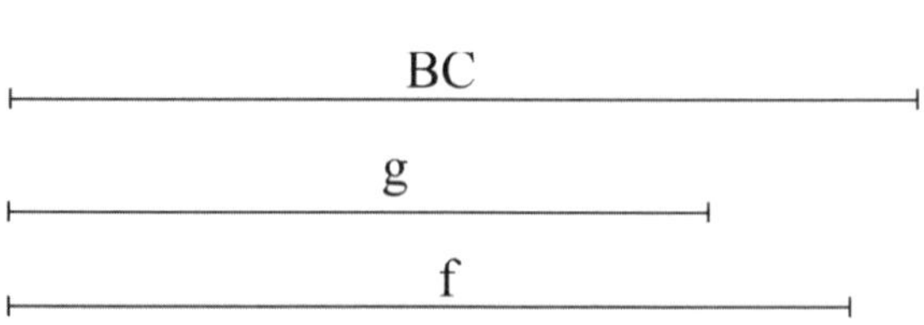

225 Construir um triângulo isósceles ABC de base BC, nos casos:

a)

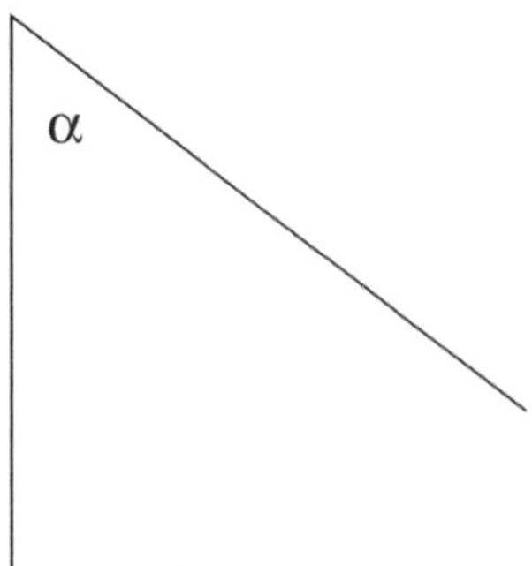

$\hat{A} = \alpha$

b) A altura relativa à base mede **h** e $\hat{B} = \beta$.

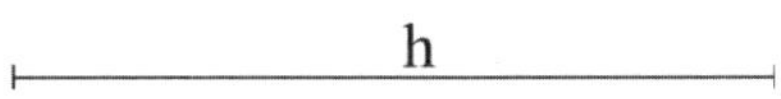

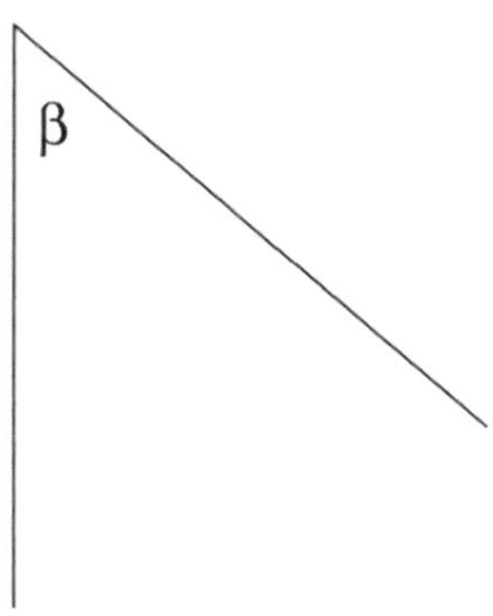

c) A altura relativa ao lado AB mede **h** e $\hat{A} = \alpha$.

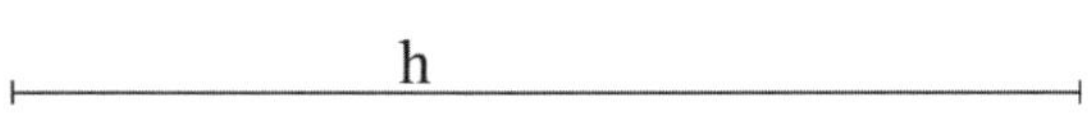

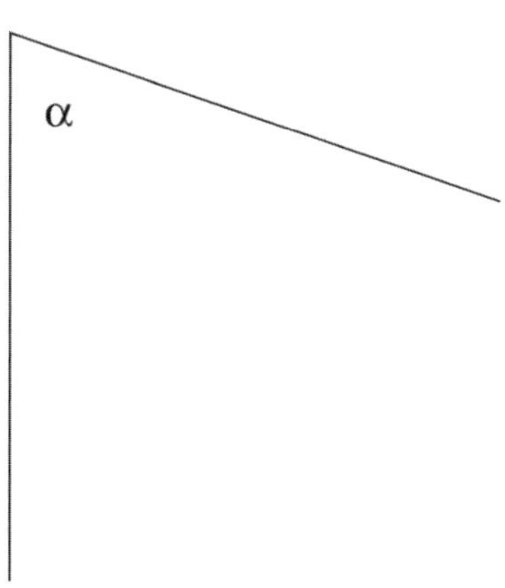

226 Construir um triângulo retângulo, nos casos:
(Para traçar paralelas e perpendiculares pode usar o jogo de esquadros).

a) A altura relativa à hipotenusa é **h** e a projeção ortogonal de um cateto sobre a hipotenusa é **n**.

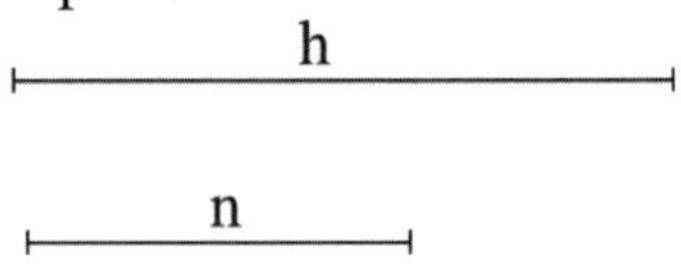

b) A hipotenusa mede 11 cm e a altura relativa à ela mede 4,5 cm.

c) As projeções ortogonais dos catetos sobre a hipotenusa mede 4 cm e 8 cm.

227 Em cada caso são dados dois ângulos internos de um triângulo. Determine a medida do outro.

a) 50° e 70° b) 60° e 60° c) 70° e 50° d) 45° e 45° e) 100° e 70°

228 Em cada caso são dados dois ângulos externos de um triângulo, determine a medida do terceiro ângulo externo. (Considere um externo em cada vértice).

a) 100° e 120° b) 120° e 120° c) 100° e 150° d) 70° e 150° e) 130° e 170°

229 Em cada caso é dado um ângulo agudo de um triângulo retângulo. Determine a medida do outro ângulo agudo.

a) 70° b) 20° c) 50° d) 40°
e) 60° f) 30° g) 10° h) 15°

230 Determine a medida de um ângulo externo de um triângulo, dados as medidas dos ângulos internos não adjacentes a ele.

a) 20° e 30° b) 80° e 30° c) 45° e 45° d) 60° e 30° e) 90° e 50°

231 Dado o ângulo oposto à base de um triângulo isósceles, determine cada ângulo da base, nos casos:

a) 20° b) 80° c) 150° d) 90° e) 10° f) 20°

232 Dado um ângulo da base de um triângulo isósceles, determine os outros dois, nos casos:

a) 70° b) 80° c) 35° d) 45°
e) 55° f) 42° g) 85°

233 Em cada caso construir um triângulo ABC com AB = 7,5 cm, AC = 8 cm e BC = 10 cm e traçar o que se pede:

a) A bissetriz relativa ao lado BC.

b) A mediana relativa ao vértice BC.

c) A altura relativa ao lado AB (Pode ser com esquadros).

234 Em cada caso construir um triângulo ABC com AB = 11 cm , AC = 9 cm , e BC = 12 cm e obter o que se pede:

a) Obter o seu incentro b) Obter o seu ortocentro (Usar uma circunferência).

c) Obter o seu circuncentro e o seu baricentro.

235 Em cada caso construir um triângulo ABC com AB = 11,5 cm , AC = 6 cm e BC = 8 cm e obter o seu

a) Circuncentro b) Ortocentro (Usar uma circunferência).

236 Construir um triângulo retângulo ABC de hipotenusa BC, traçando primeiramente uma semi-circunferência de diâmetro BC, nos casos:

a) BC = 10 cm e AC = 9 cm b) BC = 122 mm e AB = 101 mm

237 Traçar as alturas do triângulo ABC dado, nos casos:

a) AB = 6,5 cm , AC = 8 cm e BC = 12 cm (usando circunferência de diâmetro BC).

b) AB = 8 cm , AC = 6 cm e BC = 12,5 cm (usando circunferência de diâmetro AB).

c) AB = 8,5 cm , AC = 6 cm e BC = 12 cm (usando circunferência de diâmetro AC).

d) AB = 13 cm , AC = BC = 7 cm (usando circunferência de diâmetro BC).

238 Dados os ângulos α , β , γ e δ construir um triângulo ABC, nos casos:

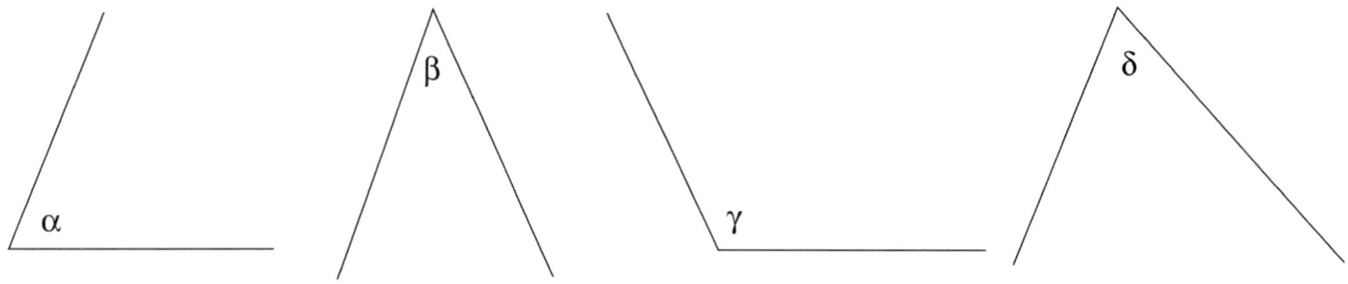

a) AB = 8 cm , BC = 9 cm , $\hat{B} = \alpha$.

b) BC = 6,5 cm , $\hat{B} = \beta$, $\hat{C} = \gamma$.

c) BC = 7,5 cm , $\hat{B} = 2\beta$, $\hat{C} = \beta$.

d) BC = 8 cm , $\hat{B} = \delta$, $\hat{A} = \alpha$.

e) BC = 8,5 cm , $\hat{A} = \beta$, $\hat{C} = \gamma$.

239 Construir um triângulo isósceles ABC de base BC (AB = AC), nos casos:
Obs: Os ângulos α , β , γ e δ, são os do exercícios anterior.

a) BC = 6 cm , $\hat{B} = \alpha$

b) AB = 9 cm , $\hat{A} = \beta$.

c) AB = 10 cm , $\hat{B} = \delta$

d) BC = 13 cm , $\hat{A} = \gamma$.

e) BC = 10 cm e altura relativa a BC com 8 cm.

f) BC = 8 cm e altura relativa AB com 7,5 cm.

g) $\hat{B} = \alpha$ e altura relativa a BC com 7 cm.

h) $\hat{B} = \delta$ e altura relativa a AB com 7,5 cm.

i) $\hat{A} = \gamma$ e altura relativa a AB com 6 cm.

240 Construir um triângulo acutângulo ABC com BC = 8 cm e altura relativas a **B** e **C** com, respectivamente, 7 cm e 7,5 cm.

241 Construir um triângulo obtusângulo sendo o maior lado BC = 14 cm e as alturas relativas a **B** e **C** com 6 cm e 8 cm, respectivamente.

242 Construir um triângulo retângulo, nos casos:
(Para traçar paralelas e perpendiculares pode usar o jogo de esquadros).

a) Um cateto mede 6 cm e a altura relativa à hipotenusa mede 5,5 cm.

b) A altura relativa à hipotenusa mede 5 cm e a projeção ortogonal de um cateo sobre a hipotenusa mede 9 cm.

c) A hipotenusa mede 12 cm e a altura relativa à ela mede 4,5 cm

d) As projeções ortogonais dos catetos sobre a hipotenusa medem 4,5 cm e 9,5 cm.

IV QUADRILÁTEROS CONVEXOS

1. Quadrilátero convexo qualquer

1.1) **Definição**: Considere quatro segmentos $\overline{AB}$, $\overline{BC}$, $\overline{CD}$, $\overline{AD}$, de modo que:

i) não haja dois que sejam colineares (não há dois contidos em uma mesma reta).

ii) que se dois tiverem ponto em comum, que esse ponto seja extremidade deles.

iii) Cada extremidade é um ponto externo ao triângulo determinado pelos outros.

O **conjunto união** desses segmentos é chamado **quadrilátero convexo ABCD**. Podemos também chamá-lo de BCDA ou CDAB ou BADC, etc.

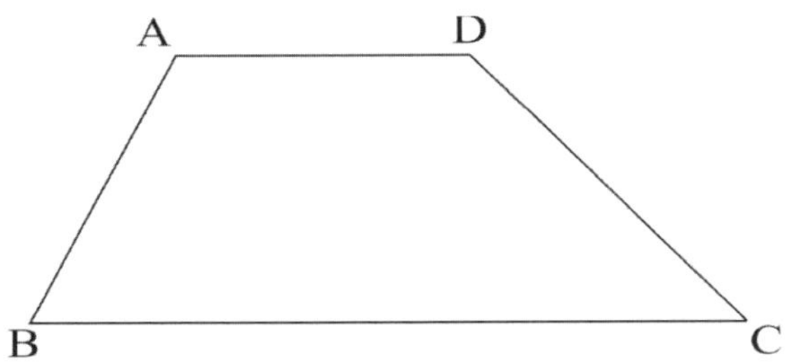

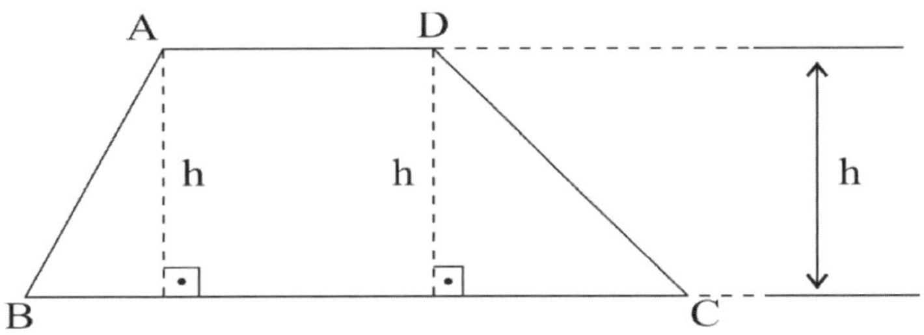

Obs: Neste caderno, quando falarmos apenas quadrilátero, estaremos querendo dizer **quadrilátero convexo**.

Olhe figuras que contrariam a definição

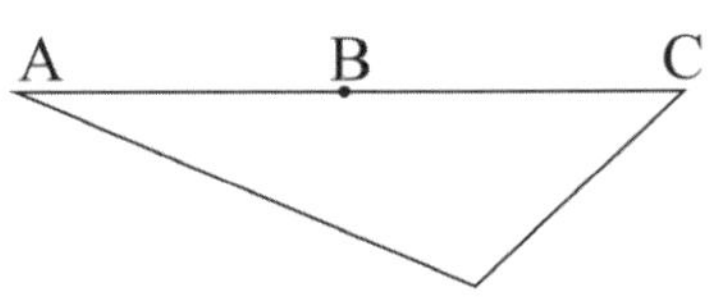

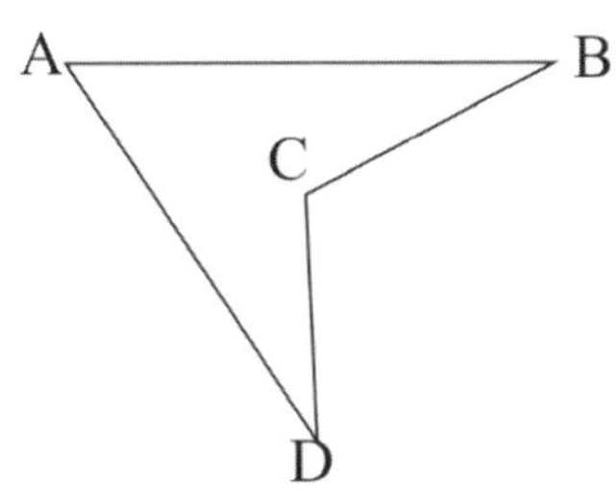

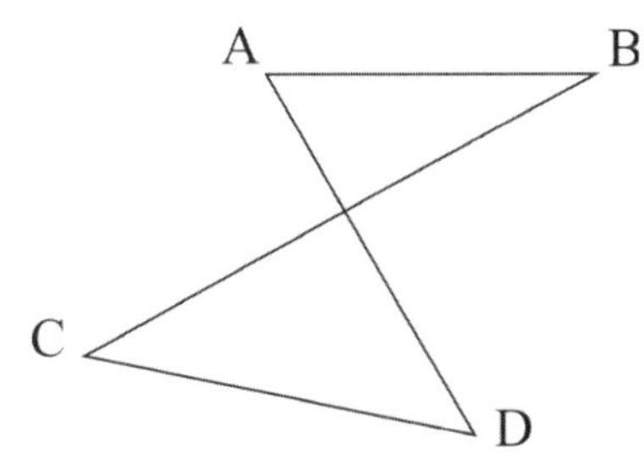

1.2) Nomenclatura

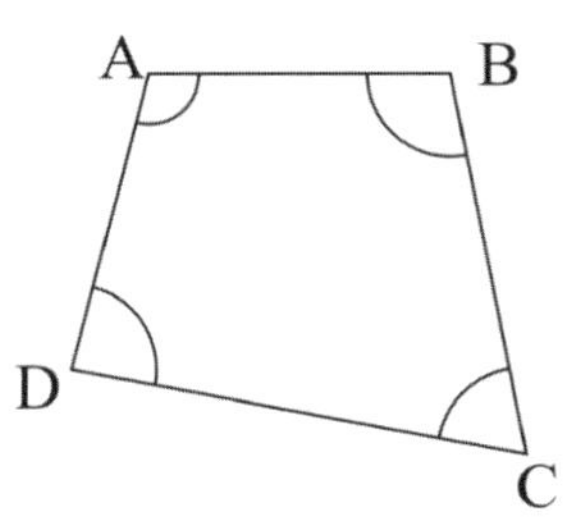

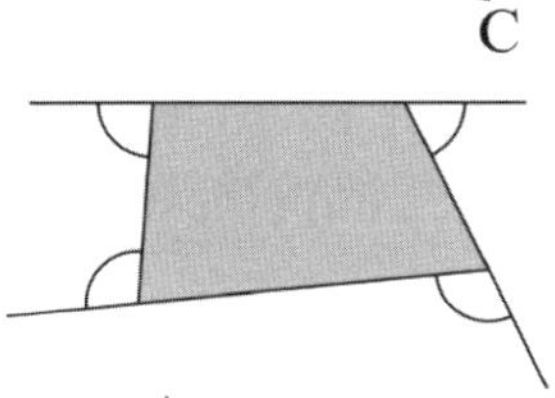

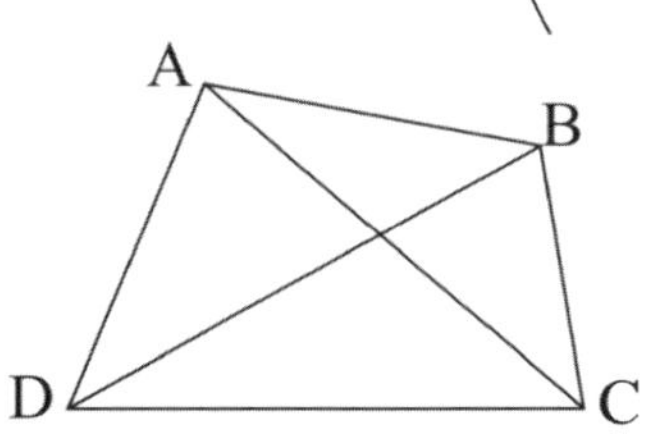

Vértices: São os pontos A, B, C e D.

Lados: São os segmentos $\overline{AB}$, $\overline{BC}$, $\overline{CD}$, $\overline{AD}$.

Vértices consecutivos: A e B, B e C, C e D, A e D.

Vértices opostos: A e C, B e D.

Lados consecutivos (ou **adjacentes**): São dois lados que têm uma vértice em comum: $\overline{AB}$ e $\overline{BC}$, $\overline{BC}$ e $\overline{CD}$, etc.

Lados opostos: São lados que não têm ponto em comum: AB e CD ou AD e BC.

Ângulos internos: São os ângulos $A\hat{B}C$, $B\hat{C}D$, $C\hat{D}A$ e $D\hat{A}B$. Os internos são indicados por $\hat{A}$, $\hat{B}$, $\hat{C}$ e $\hat{D}$.

Ângulos externos: São os adjacentes suplementares aos internos.

Região quadrangular: É região comum aos setores angulares determinados por cada dois lados consecutivos.

Diagonais: São os segmentos com extremidades em vértices opostos: $\overline{AC}$ e $\overline{BD}$.

Perímetro: Soma das medidas dos lados (2p), 2p = AB + BC + CD + AD.

1.3) Propriedades

I) Soma dos ângulos internos

Asoma dos ângulos internos de um quadrilátero convexo é igual à soma dos ângulos internos de dois triângulos. É então igual a 360°.

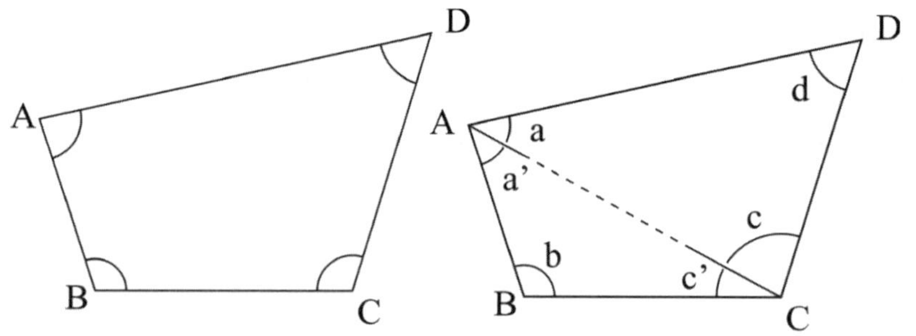

$$1^o)\begin{cases} a' + b + c' = 180^o \\ a + c + d = 180^o \end{cases}$$

$$2^o)\ \hat{A} + \hat{B} + \hat{C} + \hat{D} = (a + a') + b + (c + c') + d \Rightarrow$$

$$\hat{A} + \hat{B} + \hat{C} + \hat{D} = (a' + b + c') + (a + c + d)$$

$$\hat{A} + \hat{B} + \hat{C} + \hat{D} = 180^o + 180^o \Rightarrow \boxed{\hat{A} + \hat{B} + \hat{C} + \hat{D} = 360^o}$$

II) Soma dos ângulos externo

A soma dos ângulos externos, considerando um em cada vértice, de um quadrilátero convexo é igual a 360°.

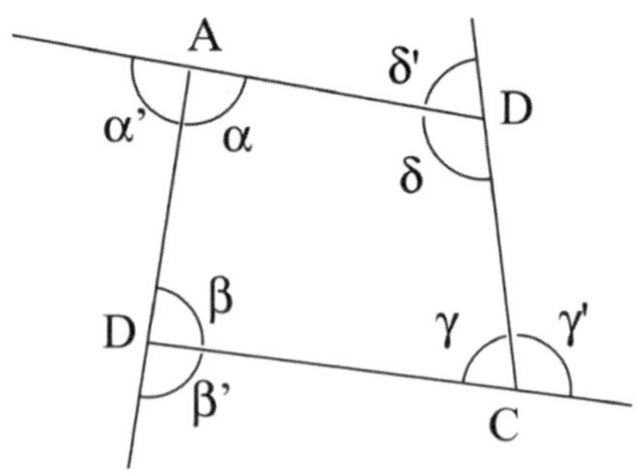

$$1^o)\begin{cases} \alpha + \alpha' = 180^o \\ \gamma + \gamma' = 180^o \\ \delta + \delta' = 180^o \end{cases}$$

Então: $(\alpha + \alpha') + (\beta + \beta') + (\gamma + \gamma') + (\delta + \delta') = 720^o$

Ou: $(\alpha + \beta + \gamma + \delta) + (\alpha' + \beta' + \gamma' + \delta') = 720^o \Rightarrow$

$$360^o + \alpha' + \beta' + \gamma' + \delta' = 720^o \Rightarrow \boxed{\alpha' + \beta' + \gamma' + \delta' = 360^o}$$

2. Trapézios

2.1) Definição: Um quadrilátero é um trapézio se, e somente se, ele tem dois lados paralelos.

Bases: Os lados paralelos são chamados bases do trapézio: $\overline{AD}$ e $\overline{BC}$.

Ângulos da base: São ângulos consecutivos cujos vértices são extremidades de uma mesma base: $\hat{A}$ e D ou $\hat{B}$ e $\hat{C}$.

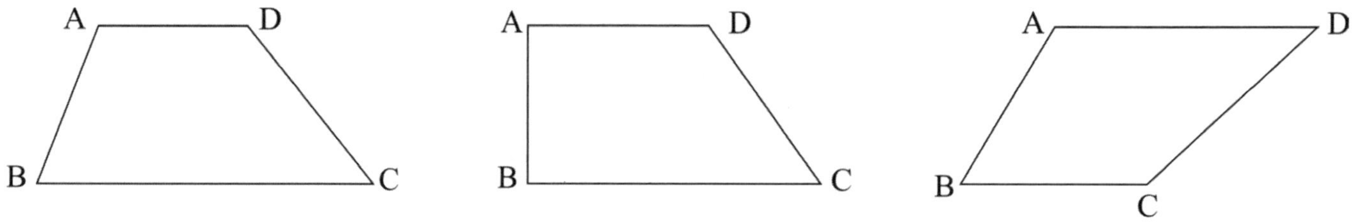

$\overline{AD}$ e $\overline{BC}$ são paralelos (estão em retas paralelas)

2.2) Trapézio isósceles:

É o trapézio cujos lados opostos que não são as bases **são** congruentes e as bases não são congruentes (Lados oblíquos as bases são congruentes).

$\overline{AD}$ e $\overline{BC}$ são bases
$AB = CD$

2.3) Trapézio Escaleno

É o trapézio cujos lados opostos que **não são** bases não são congruentes.

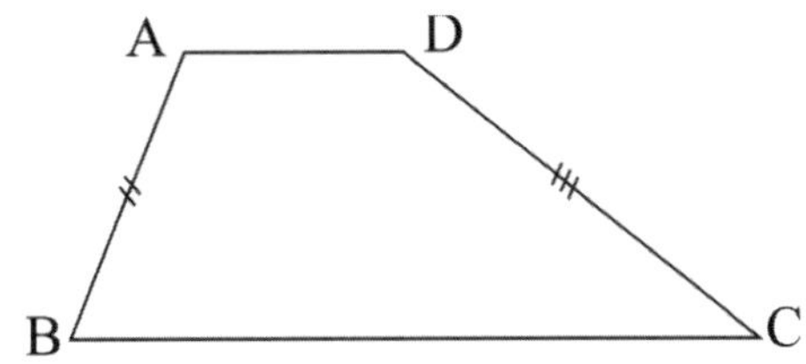

$\overline{AD}$ e $\overline{BC}$ são bases
$AB \neq CD$

2.4) Trapézio Retângulo

É o trapézio cujos lados opostos não bases são um perpendicular às bases e outro oblíquo às bases. (Note que o trapézio retângulo também é escaleno).

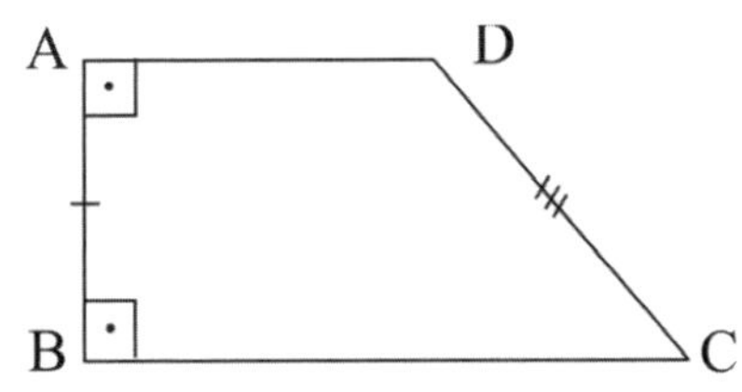

$\overline{AD}$ e $\overline{BC}$ são bases
$\hat{A} = \hat{B} = 90^\circ$
$\hat{C} \neq 90^\circ$ e $\hat{D} \neq 90^\circ$
$AB \neq CD$

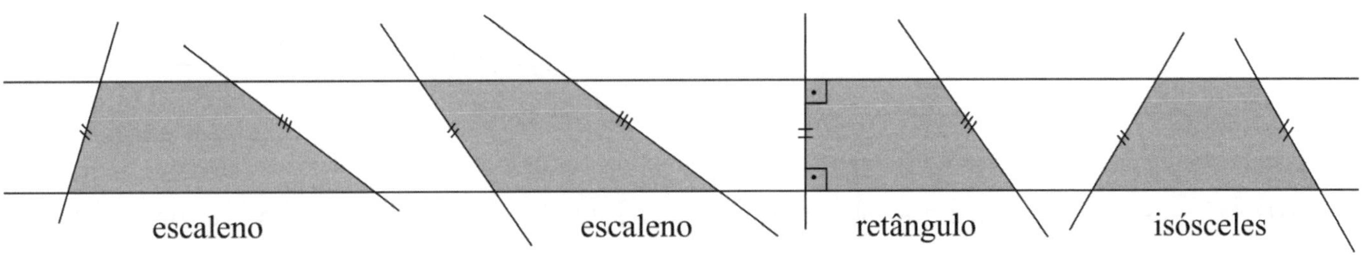

Obs: Note que em um trapézio escaleno não retângulo, os ângulos da base menor não são necessariamente obtusos e os da base maior não são necessariamente agudos. Olhar a segunda figura.

2.5) Altura de um trapézio

A distância entre as retas que contêm as bases de um trapézio é chamada altura do trapézio.

Considere um trapézio ABCD de bases AD e BC. A distância entre as retas AD e BC é a altura do trapézio ABCD.

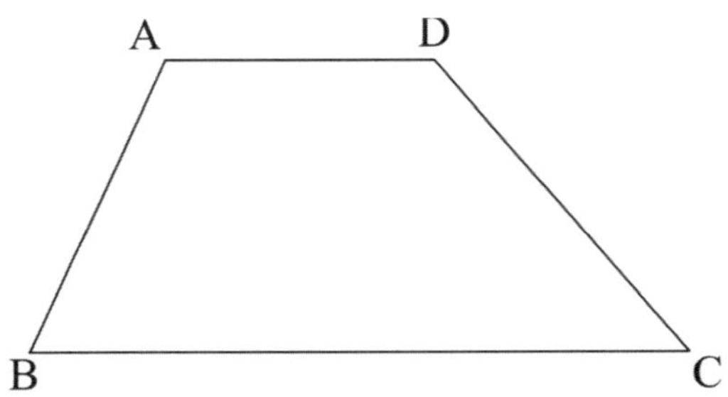

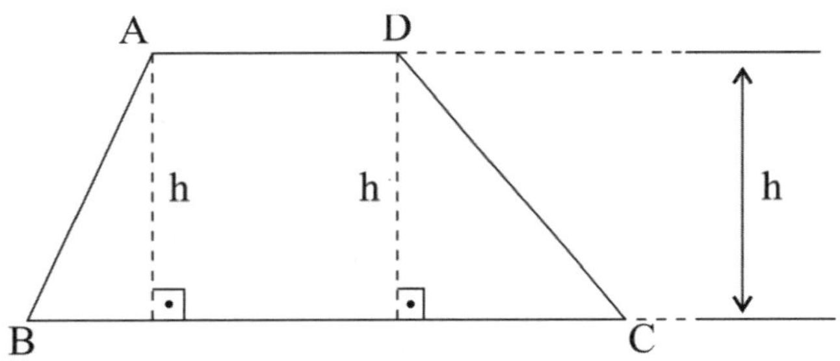

2.6) Propriedades

I) Ângulos suplementares

Dois ângulos de um trapézio, que têm um lado não base em comum, são suplementares (a soma é 180º).

Note que eles são colaterais internos formados por duas paralelas (as bases) e uma transversal (lado não base), que são de fato suplementares.

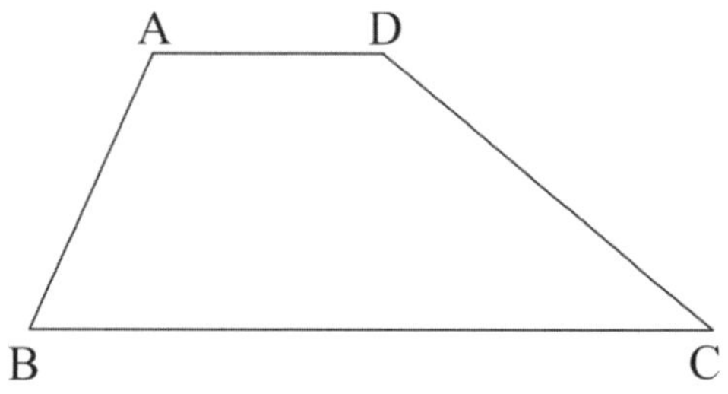

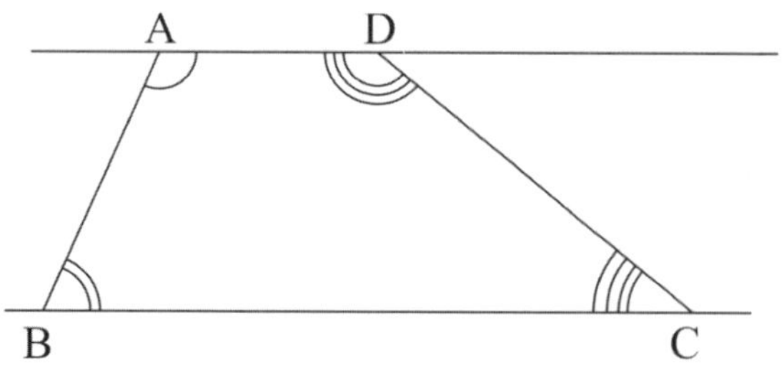

$\hat{A} + \hat{B} = 180^\circ$

$\hat{C} + \hat{D} = 180^\circ$

Obs: Como todo trapézio é um quadrilátero convexo, temos: $\hat{A} + \hat{B} + \hat{C} + \hat{D} = 360^\circ$.

II) **Diagonais**:

As diagonais de um trapézio isósceles são congruentes. (E reciprocamente).

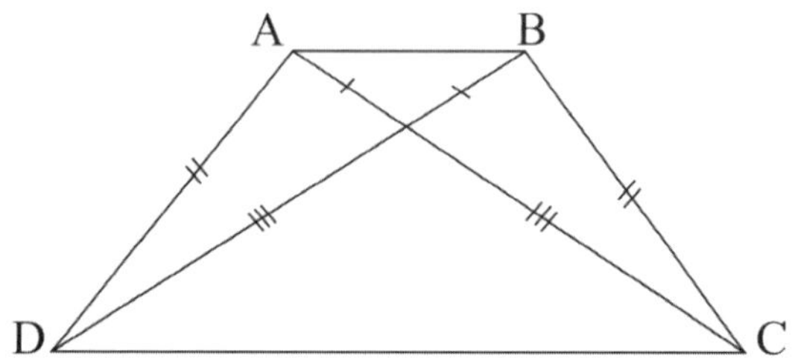

AB e CD são bases do trapézio isósceles	⇒	AC = BD

III) Ângulos de uma mesma base no trapézio isósceles: Os ângulos de uma mesma base de um trapézio isósceles são congruentes. (E reciprocamente).

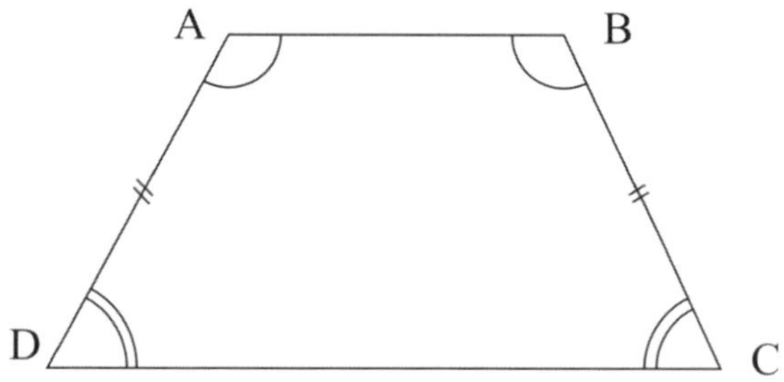

AB e CD são bases do trapézio isósceles	⇒	$\hat{A} = \hat{B}$ e $\hat{C} = \hat{D}$

Obs.: Essas propriedades serão provadas posteriormente.

3. Paralelogramos

3.1) Definição: Um quadrilátero é um paralelogramo se, e somente se, os lados opostos são paralelos.

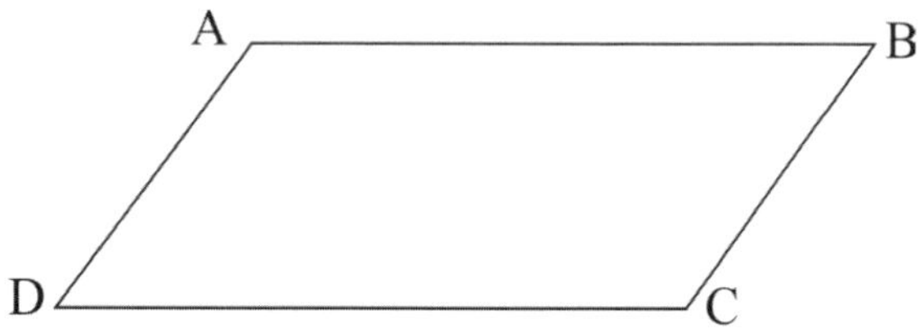

ABCD é paralelogramo	⇔	ABCD é quadrilátero, $\overline{AB} \parallel \overline{CD}$ e $\overline{AD} \parallel \overline{BC}$

3.2) Retângulo: Um quadrilátero é um retângulo se, e somente se, os seus ângulos são congruentes entre si.

(Como $\hat{A} + \hat{B} + \hat{C} + \hat{D} = 360^{\circ}$, temos: $\hat{A} = \hat{B} = \hat{C} = \hat{D} = 90^{\circ}$)

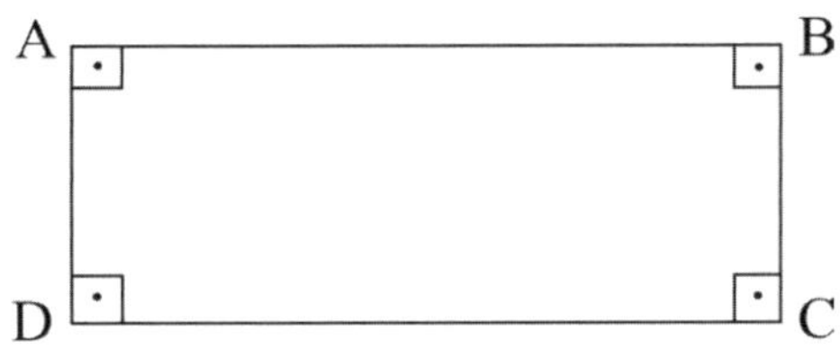

ABCD é retângulo $\Leftrightarrow$ ABCD é quadrilátero, $\hat{A} = \hat{B} = \hat{C} = \hat{D} = 90^{\circ}$

Obs: Prova-se que todo retângulo é também um paralelogramo.
Isto é: lados oposto são paralelos.

3.3) Losango: Um quadrilátero é um losango se, e somente se, os lados são congruentes entre si.

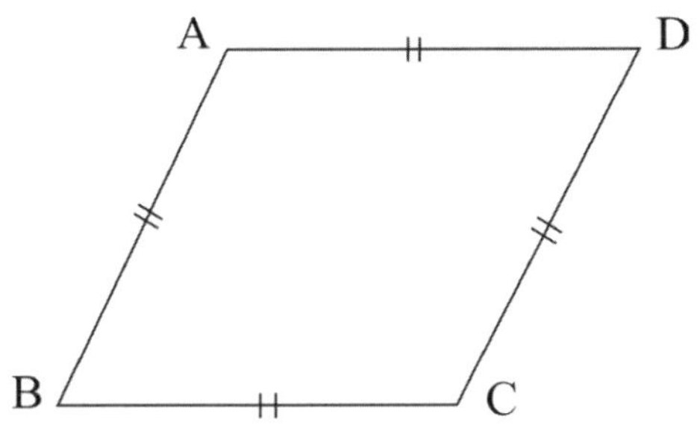

ABCD é losango $\Leftrightarrow$ ABCD é quadrilátero, AB = BC = CD = AD

Obs: Prova-se que todo losango é também paralelogramo.
Isto é: os lados opostos são paralelos.

3.4) Quadrado: Um quadrilátero é um quadrado se, e somente se, os ângulos são congruentes entre si e os lados são congruentes entre si.

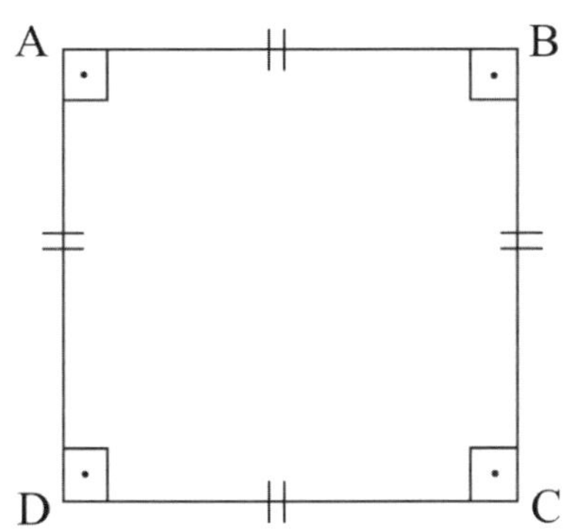

ABCD é quadrado $\Leftrightarrow$ ABCD é quadrilátero, $\hat{A} = \hat{B} = \hat{C} = \hat{D} = 90^{\circ}$ AB = BC = CD = AD

Obs:

1) Prova-se que todo quadrado é também um paralelogramo.
Isto é: os lados opostos são paralelos
2) Podemos definir quadrado dos seguintes modos:
I) Quadrado é o retângulo que tem lados congruentes.
II) Quadrado é o losango que tem ângulos congruentes.
III) Quadrado é o quadrilátero que é retângulo e losango ao mesmo tempo.

Sendo $r // s$, $a // b$, $c // d$, $e // f$ e $g // h$, todos quadriláteros sombreados são paralelogramos.

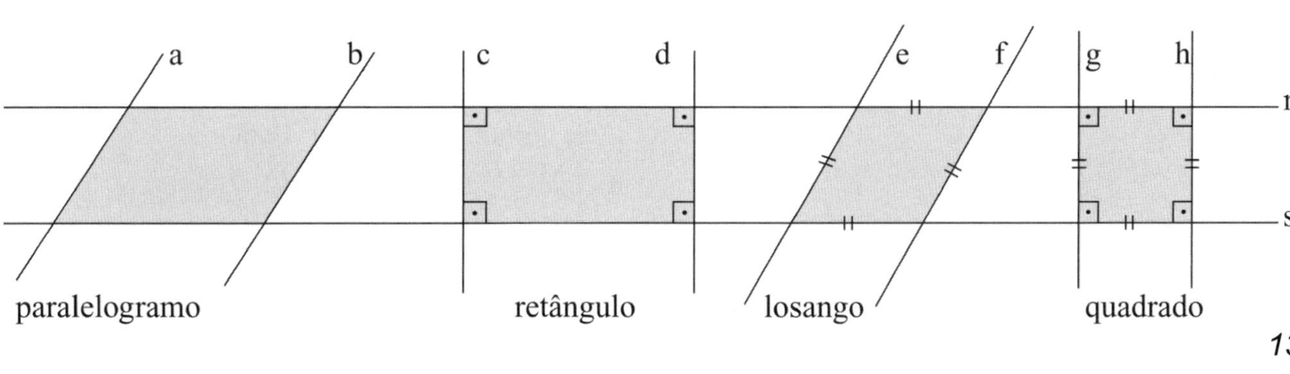

3.5) Alturas de um paralelogramo

As distâncias entre os pares de lados opostos de um paralelogramo são chamadas alturas desse paralelogramo.

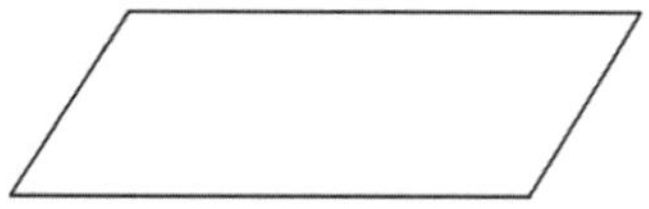

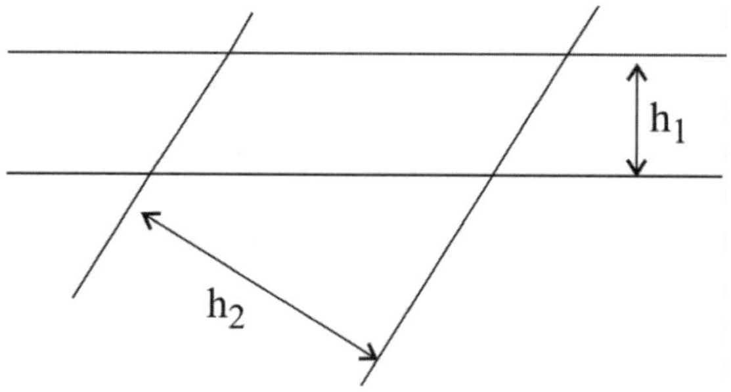

3.6) Propriedades

I) **Lados opostos**

Lados opostos de um paralelogramo são congruentes (e reciprocamente).

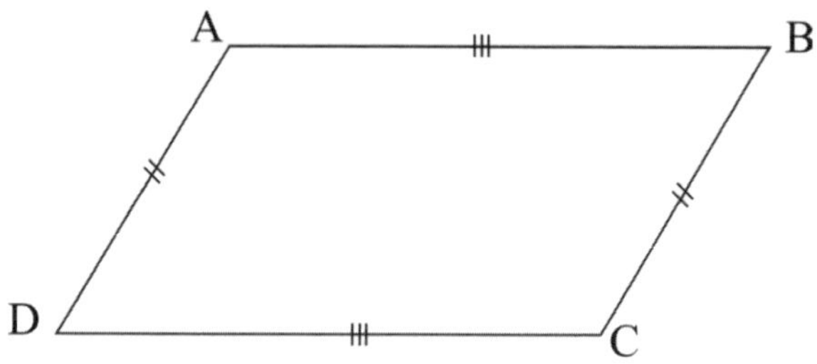

ABCD é um paralelogramo $\Rightarrow$ AB = CD e AD = BC

Obs: Esta propriedade também é válida para o retângulo, losango e quadrado.

II) **Ângulos opostos e ângulos consecutivos**

- **Ângulos opostos** de um paralelogramo **são congruentes** (e reciprocamente).
- **Ângulos consecutivos** de um paralelogramo **são suplementares** (e reciprocamente).

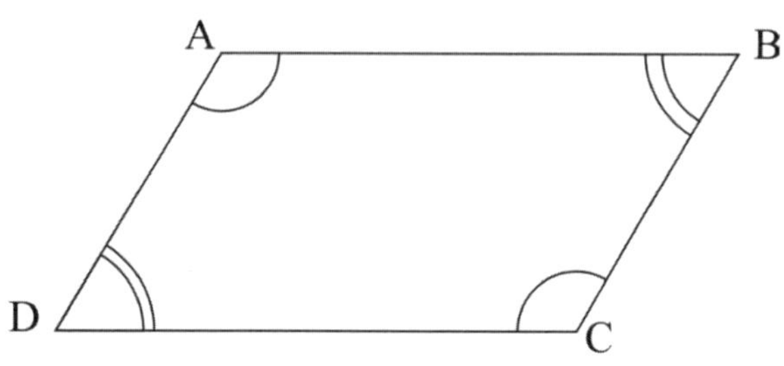

Note que cada par de ângulos consecutivos são dois ângulos **colaterais internos** formado por duas paralelas e uma transversal, então são suplementares. Logo:

$\hat{A} + \hat{D} = 180°, \hat{A} + \hat{B} = 180° \Rightarrow$

$\hat{A} + \hat{D} = \hat{A} + \hat{B} \Rightarrow \hat{D} = \hat{B}$

Da mesma forma obtemos que $\hat{A} = \hat{C}$. Então:

$\boxed{\hat{A} + \hat{B} = \hat{B} + \hat{C} = \hat{C} + \hat{D} = \hat{A} + \hat{D} = 180°}$ e $\boxed{\hat{A} = \hat{C} \text{ e } \hat{B} = \hat{D}}$

Obs: Esta propriedade também é valida para o retângulo, losango e quadrado.

III) **Ponto médio das diagonais**

Em todo paralelogramo, as diagonais se cortam ao meio (e reciprocamente).

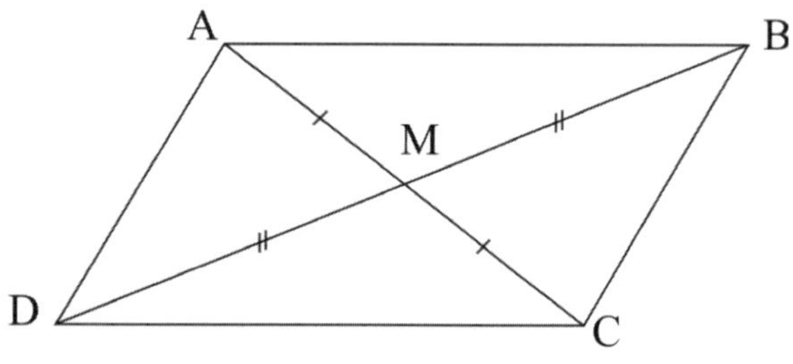

As diagonais de um paralelogramo ABCD se cortam no ponto **M**. Então: AM = CM e BM = DM.

Obs: Esta propriedade também é válida para o retângulo, losango e quadrado.

IV) **Diagonais do retângulo**

As diagonais de um retângulo são congruentes.

(A recíproca dessa propriedade é: Se um paralelogramo tem diagonais congruentes, então ele é um retângulo).

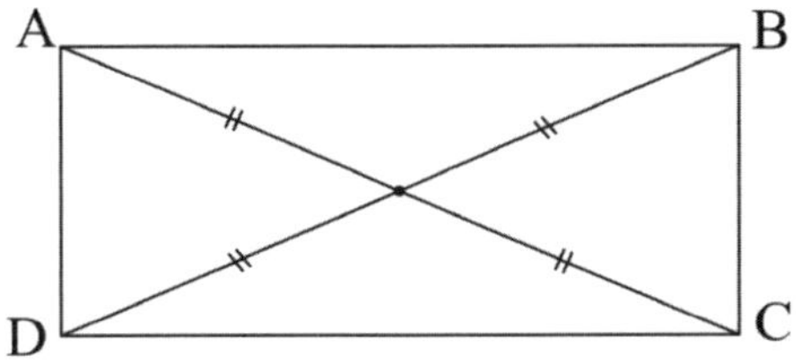

ABCD e um retângulo $\Rightarrow$ AC = BD

Obs: Esta propriedade também é valida para o quadrado.

V) **Diagonais do losango**

As diagonais de um losango são perpendiculares e são bissetrizes dos ângulos opostos.

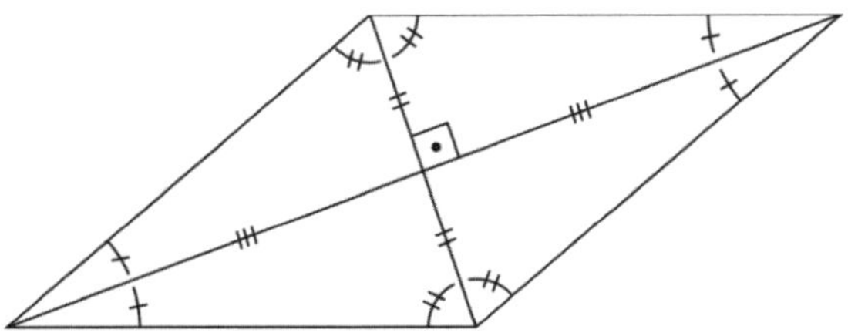

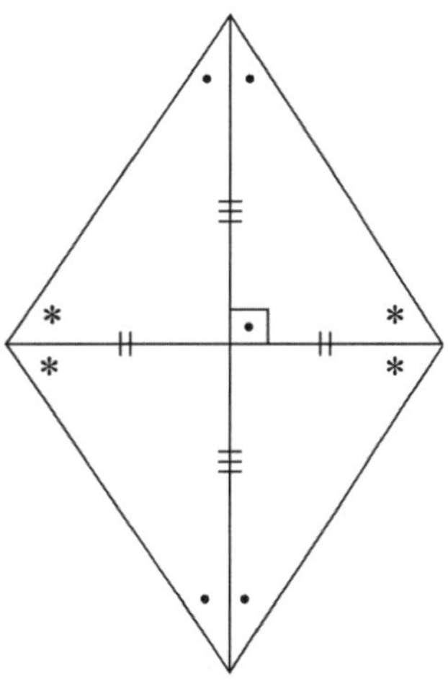

Obs: Esta propriedade também é valida para o quadrado.

Olhe o quadrado

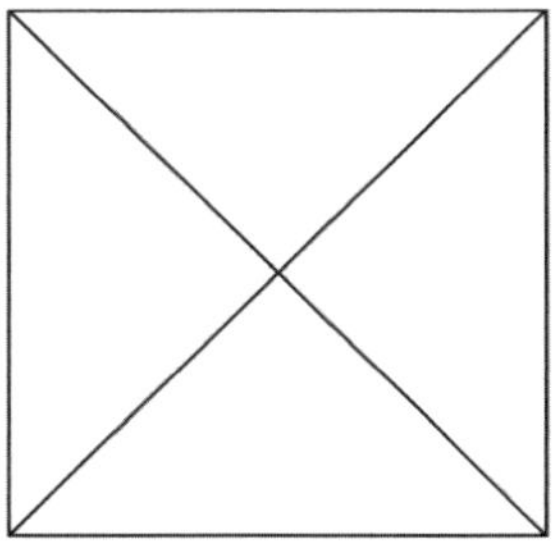

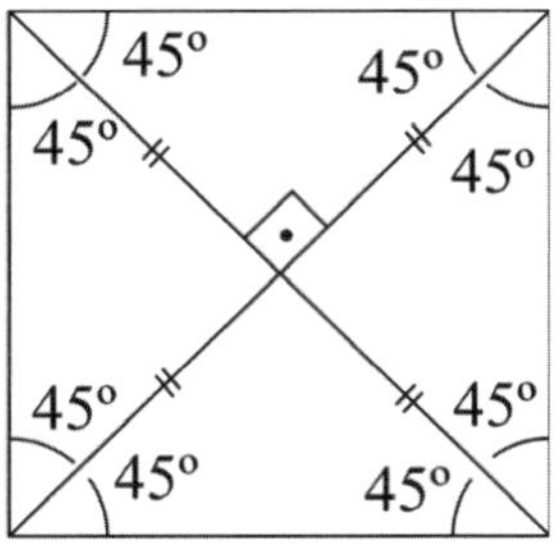

Obs: A duas alturas métricas de um losango são iguais. Para o quadrado e o retângulo as alturas são os próprios lados.

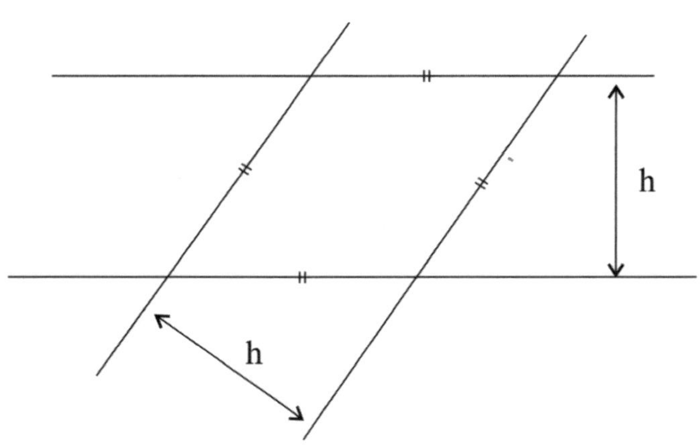

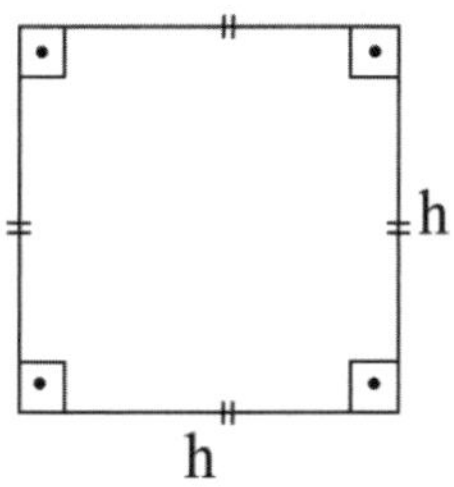

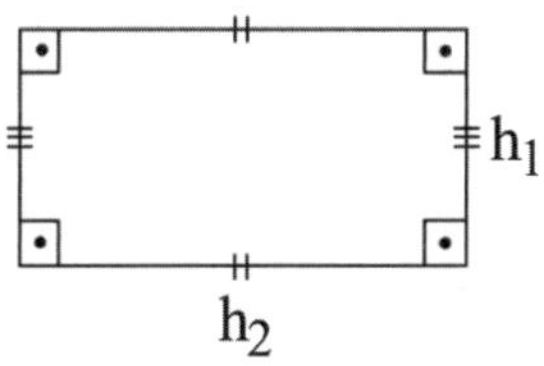

EXERCÍCIOS

243 Um quadrilátero convexo é sempre a união de dois triângulos e como a soma dos ângulos de um triângulo é 180º, obtemos a soma dos ângulos de um quadrilátero. Completar.

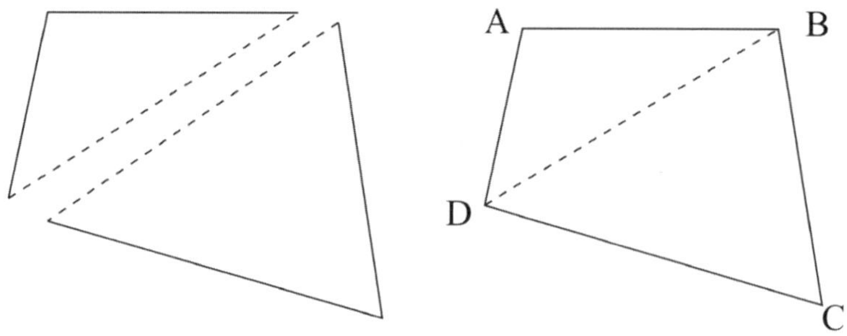

$\hat{A} + \hat{B} + \hat{C} + \hat{D} =$

244 Completar com a medida do quarto ângulo do quadrilátero, nos casos:

a)

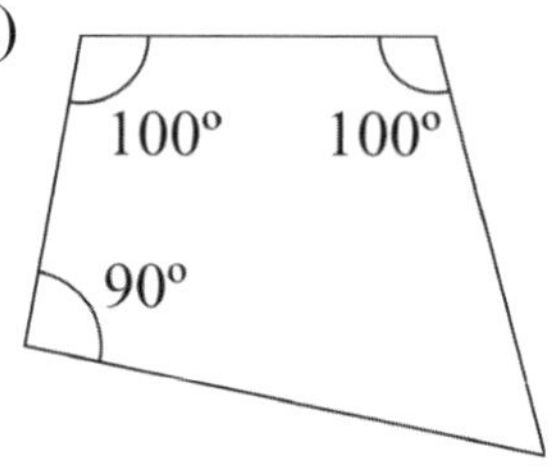

b)

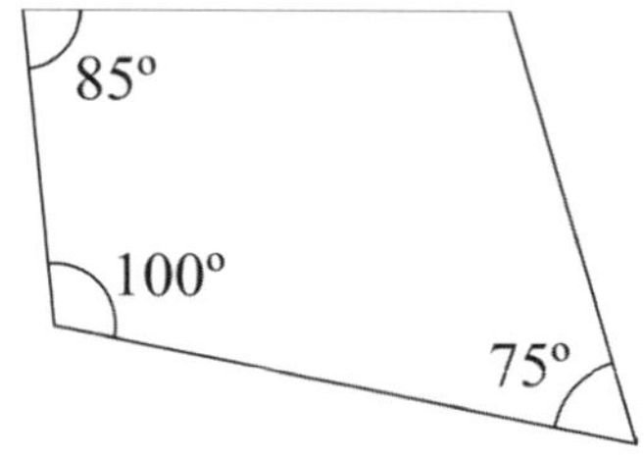

c)

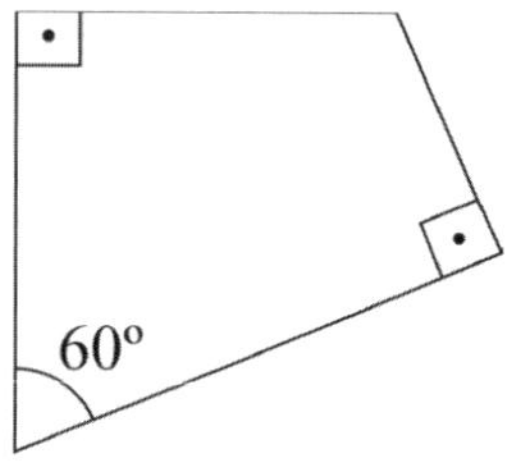

d)

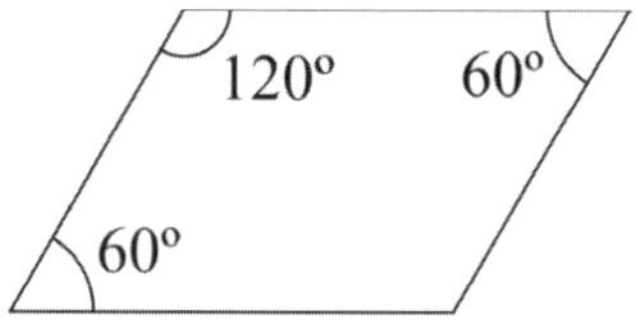

e)

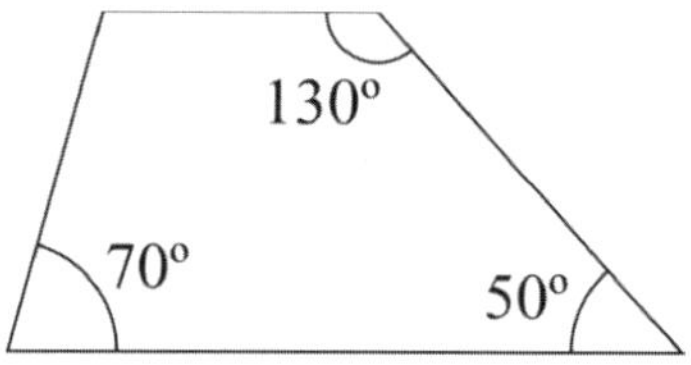

f)

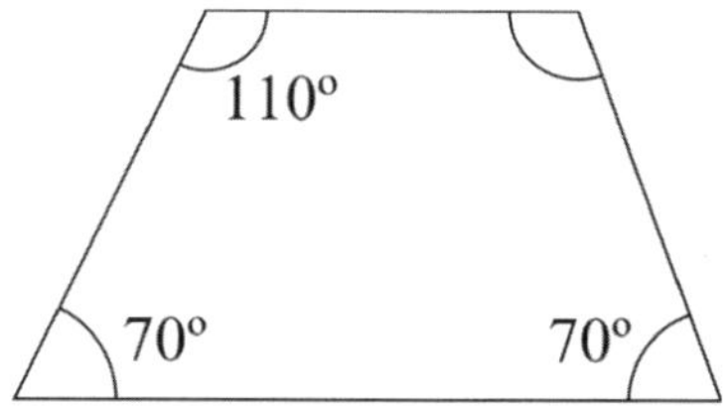

245 Como a soma de um interno com o externo adjacente, em cada vértice é 180º, se fizermos 4. (180º) = 720º , estamos achando a soma dos internos mais a soma dos externos. Como a soma dos internos é 360º , a soma dos externos será 720º – 360º. Completar.

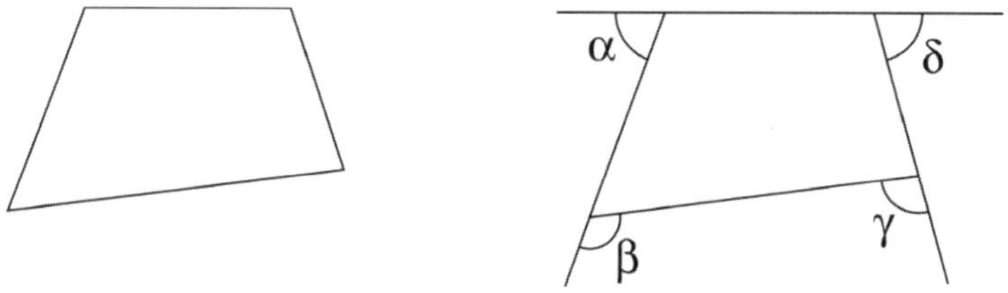

$\alpha + \beta + \gamma + \delta =$

246 Completar com a medida do quarto ângulo externos, nos casos:

a)

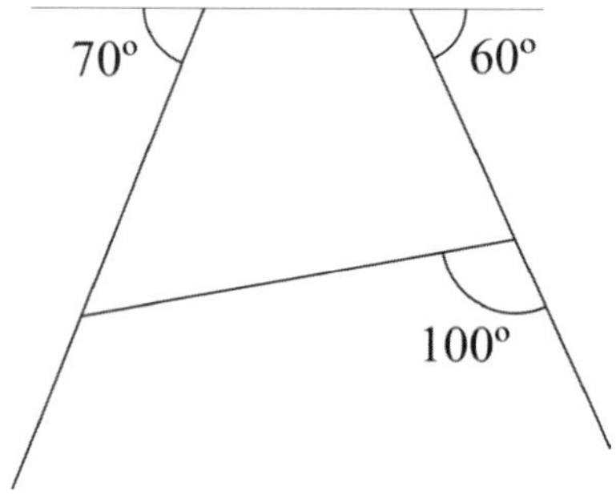

b)

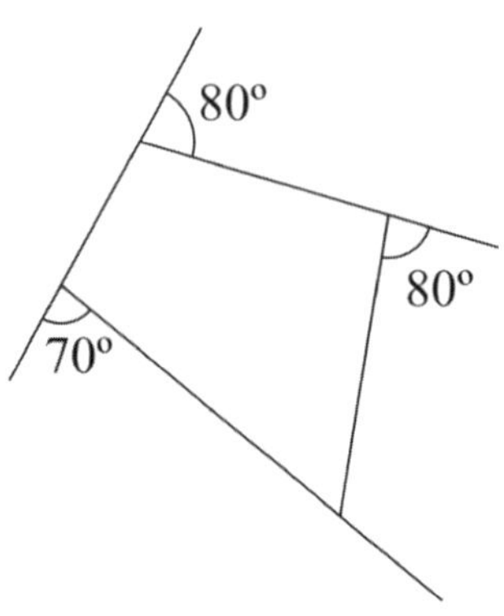

c)

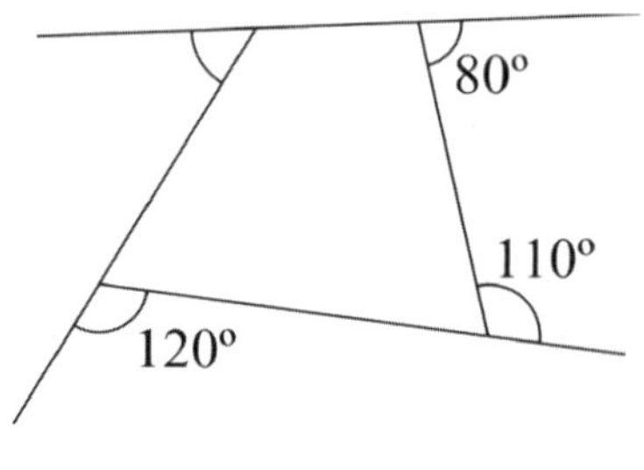

247 Em cada caso são dados três ângulos de um quadrilátero, determine o outro.

a) 90º , 90º , 90º e | b) 60º , 120º , 100º e
c) 70º , 60º , 90º e | d) 110º , 120º , 100º e
e) 60º , 70º , 80º e | f) 80º , 100º , 70º e

248 Em cada caso são dados três ângulos externos de um quadrilátero, um em cada vértice, determine a medida do quarto ângulo externo.

a) 90º , 90º , 90º e | b) 100º , 110º , 80º e
c) 60º , 100º , 110º | d) 70º , 80º , 90º e
e) 100º , 100º , 100º e | f) 95º , 85º , 90º e

249 Em todo trapézio, como as bases são paralelas, os seus ângulos formam dois pares de ângulos colaterais que são suplementares. Dados dois ângulos de um trapézio indicar as medidas dos outros dois, nos casos:

a)
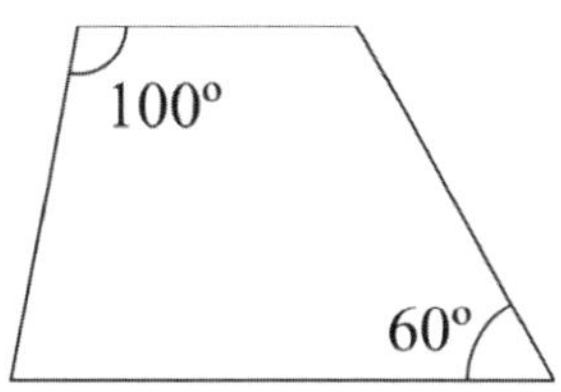

b)
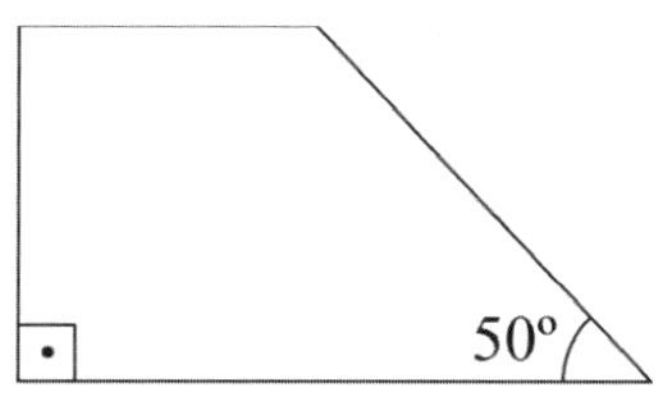

c)
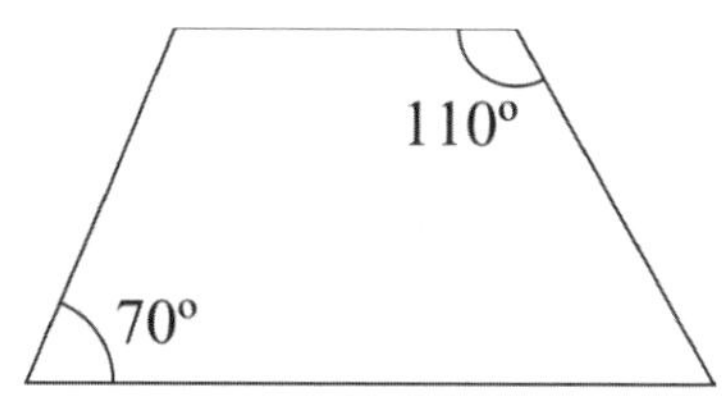

250 Em cada caso temos um trapézio isósceles. Dado um ângulo indicar as medidas dos outros.

a)
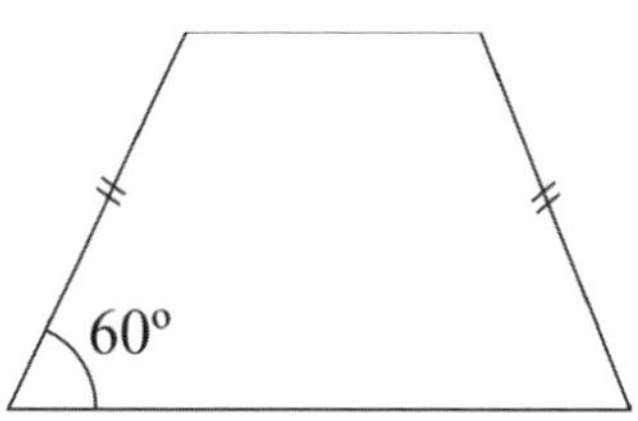

b)
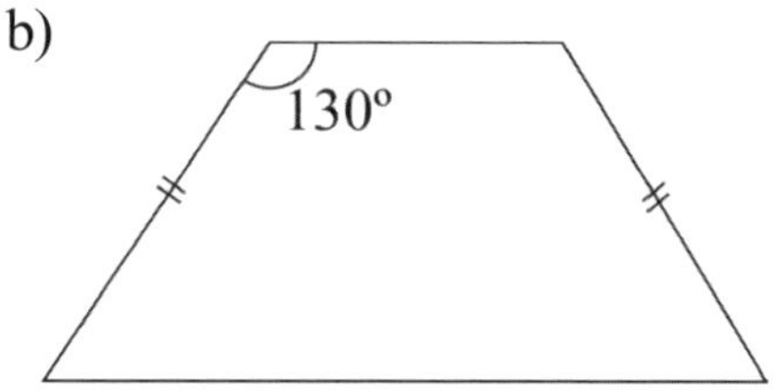

c)
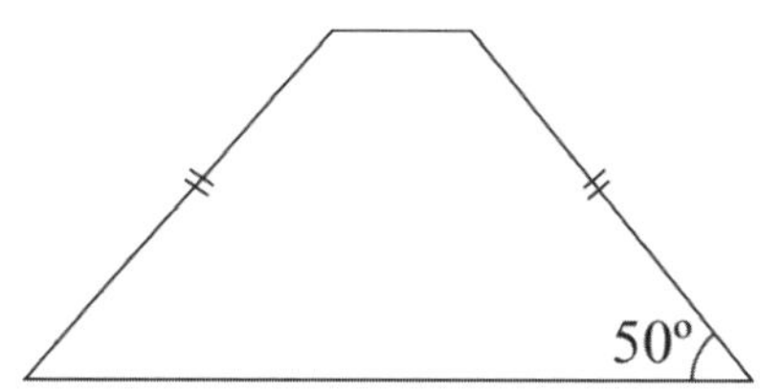

251 Em cada caso são dados as medidas de dois ângulos opostos de um trapézio. Determine as medidas dos outros dois:

a) 60º e 100º , | b) 60º e 120º , | c) 20º e 120º ,
d) 40º e 110º , | e) 70º e 40º | f) 10º e 5º ,

252 Em cada caso é dada a medida de um ângulo de um trapézio isósceles. Determine os outros.

a) 40º , | b) 60º , | c) 100º ,
d) 150º , | e) 150º , | f) 10º ,

253 Como dois ângulos opostos de um paralelogramo formam com um outro dois pares de ângulos colaterais internos, que neste caso são suplementares, concluímos que dois opostos são congruentes. Dado o paralelogramo abaixo, completar.

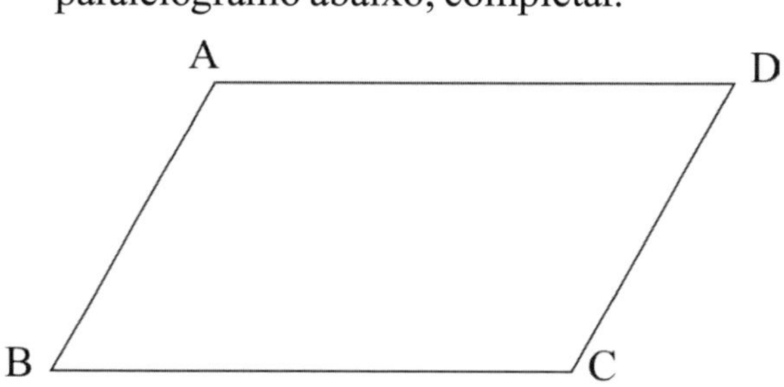

$\hat{A}$ __ $\hat{C}$ | $\hat{B}$ __ $\hat{D}$
$\hat{A}$ __ $\hat{B}$ | $\hat{B}$ __ $\hat{C}$
$\hat{C}$ __ $\hat{D}$ | $\hat{A}$ __ $\hat{D}$

254 Em cada caso é dado um paralelogramo, indicar na figura as medidas dos outros ângulos.

a)
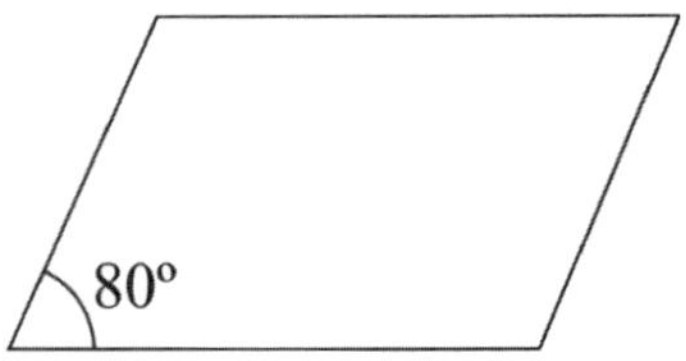

b)
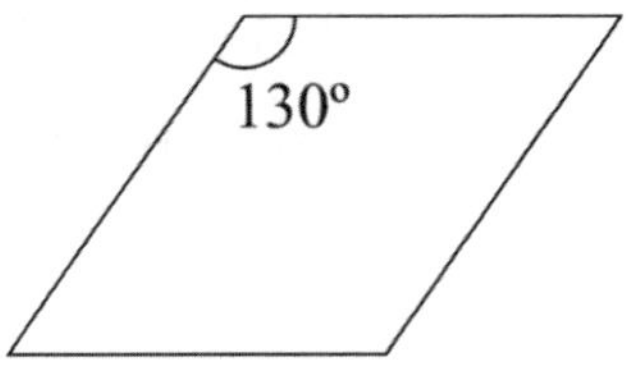

c)
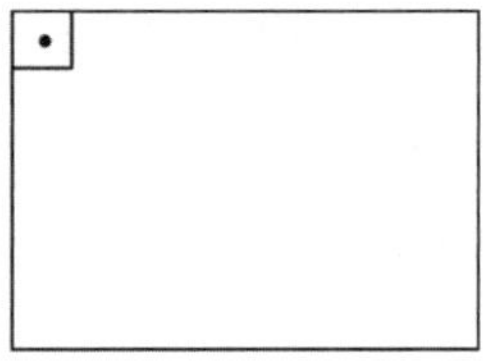

d)
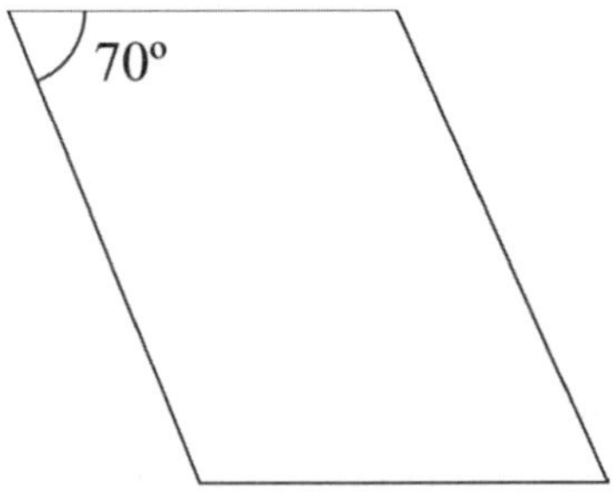

e)
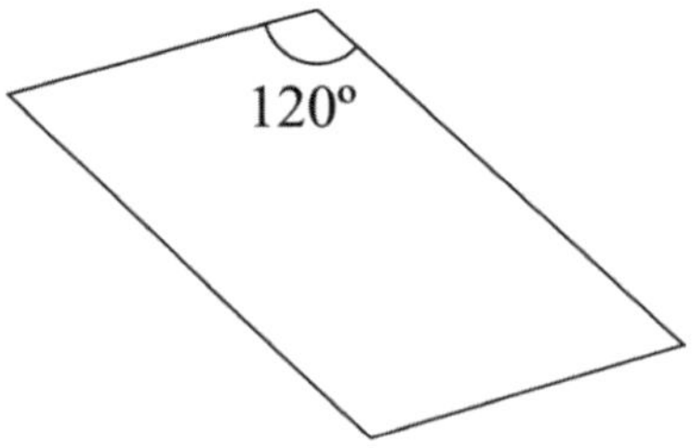

f)
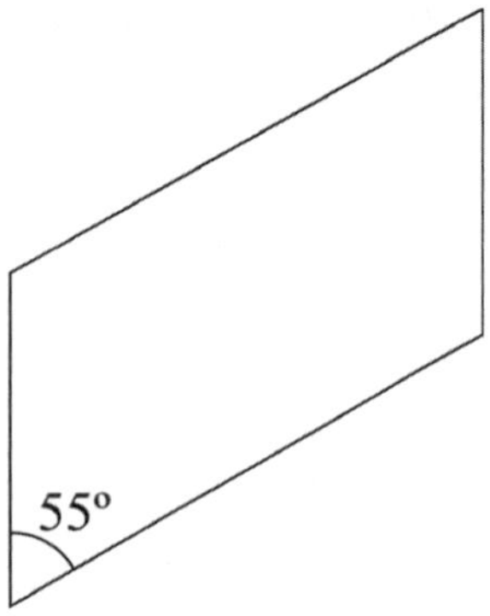

255 Em cada caso é dado um ângulo de um paralelogramo. Determine as medidas dos outros.

a) 60º ,
b) 40º ,
c) 100º ,
d) 130º ,
e) 150º ,
f) 5º ,

256 Dados três ângulos de um quadrilátero, obter o quarto ângulo, nos casos:
Obs: É para fazer o transporte de ângulo com régua o compasso e **não** com transferidor.

a)
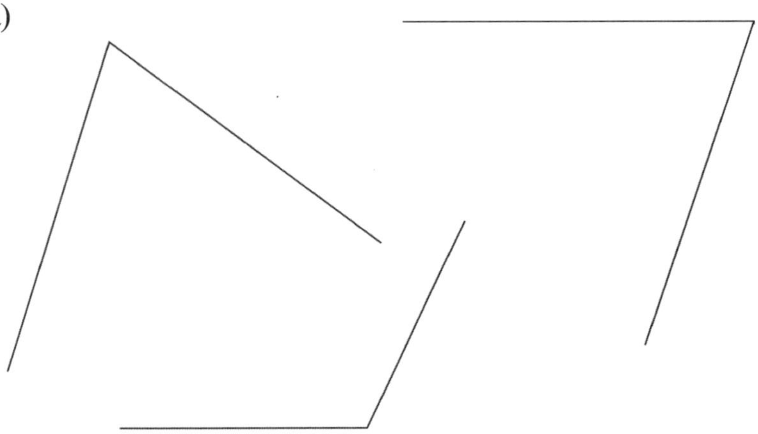

b)

257 Construir um quadrilátero ABCD dado um esboço e algumas medidas. A unidade das medidas dos segmentos, indicadas na figura, é o **cm**.

a)

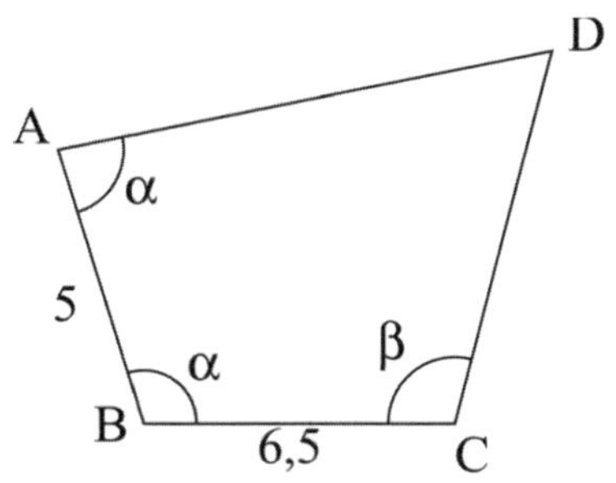

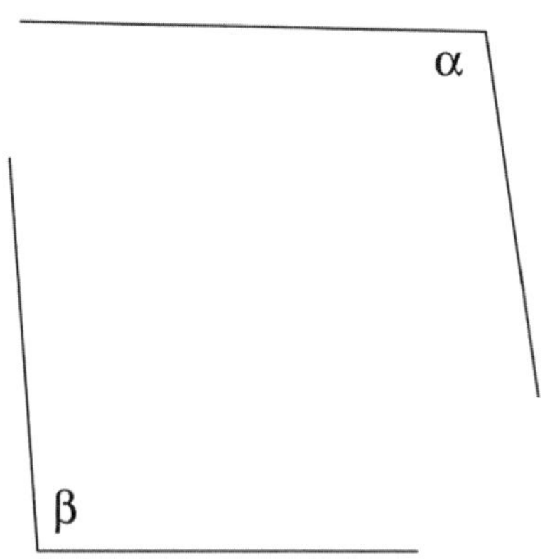

b)

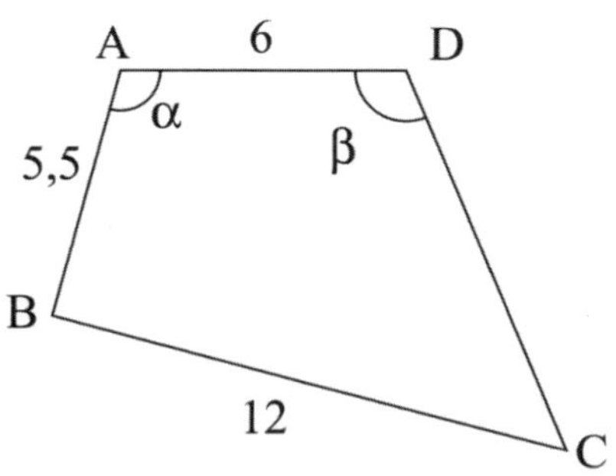

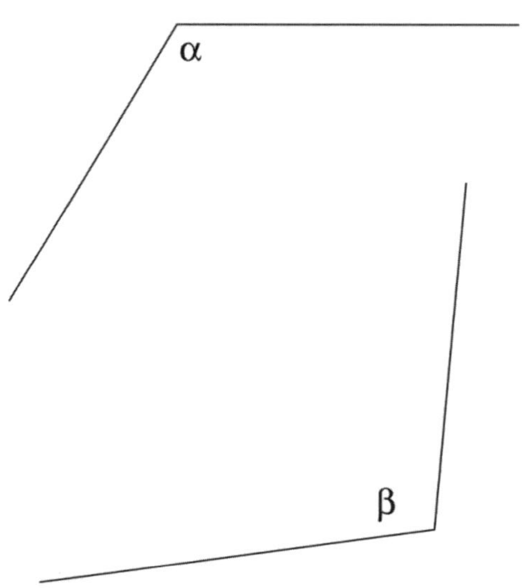

258 Dado o esboço construir o quadrilátero, nos casos:

a)

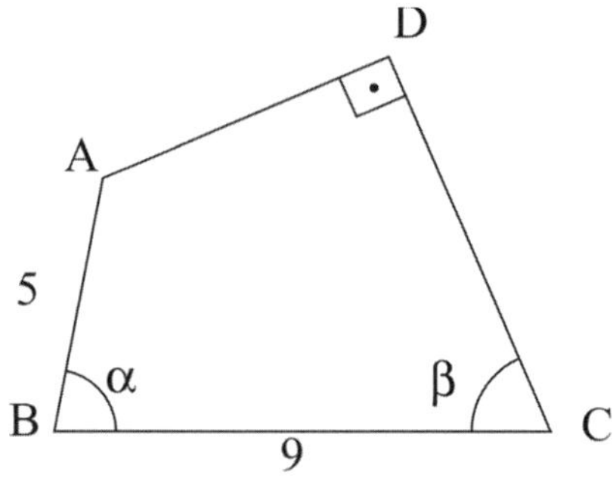

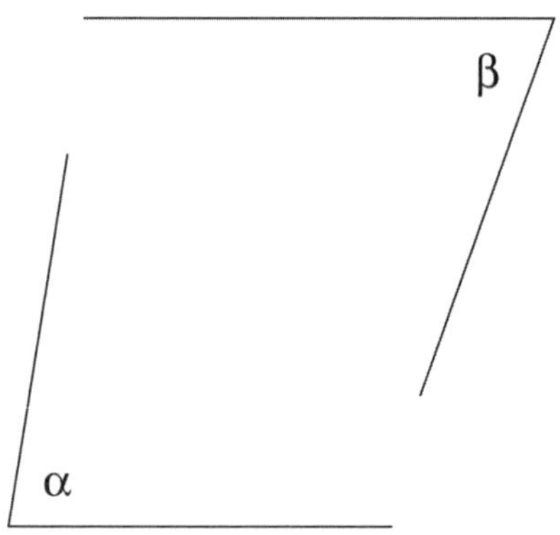

b)

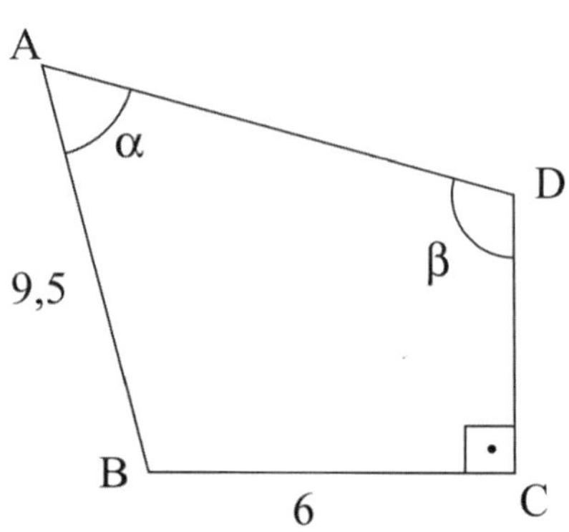

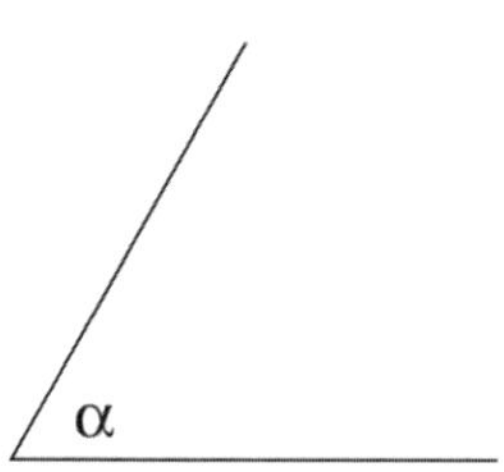

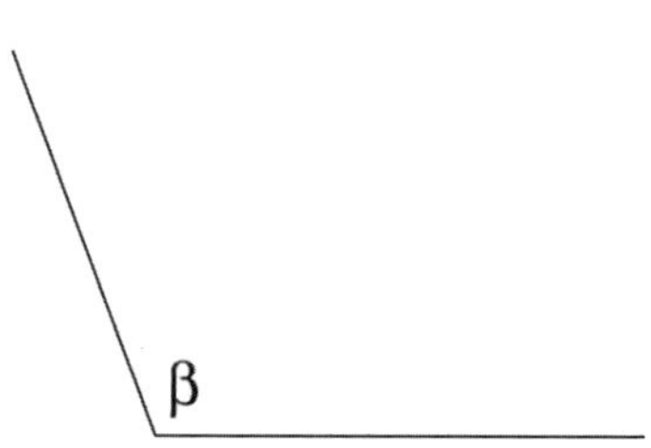

[259] De acordo com o esboço construir o quadrilátero ABCD, nos casos:

a)

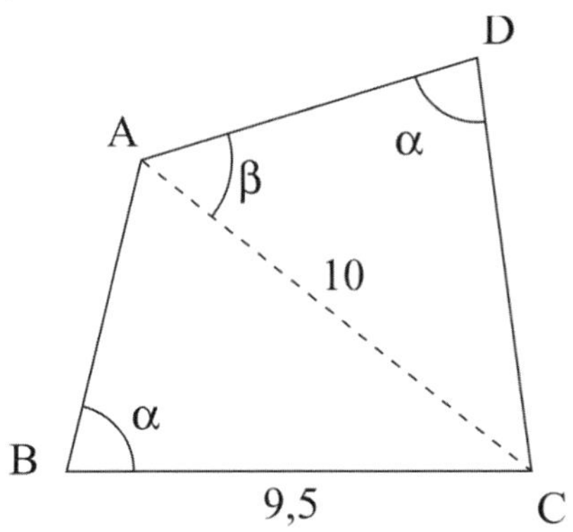

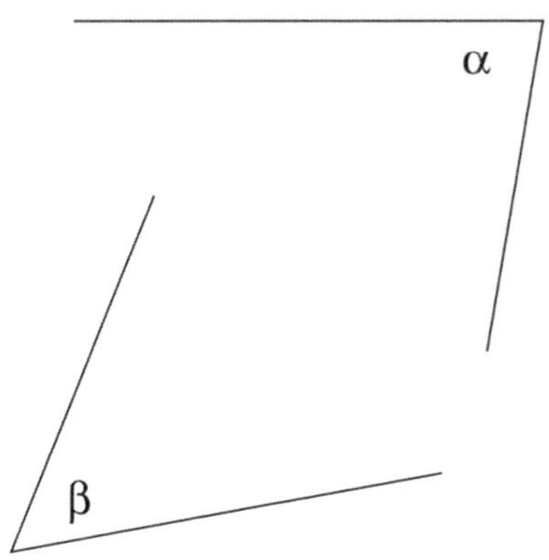

b)

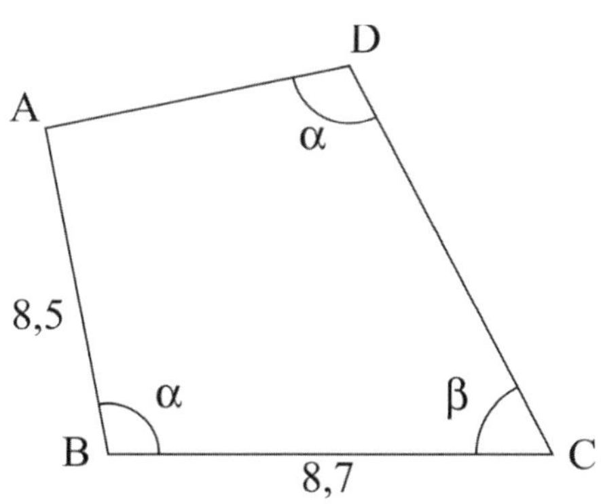

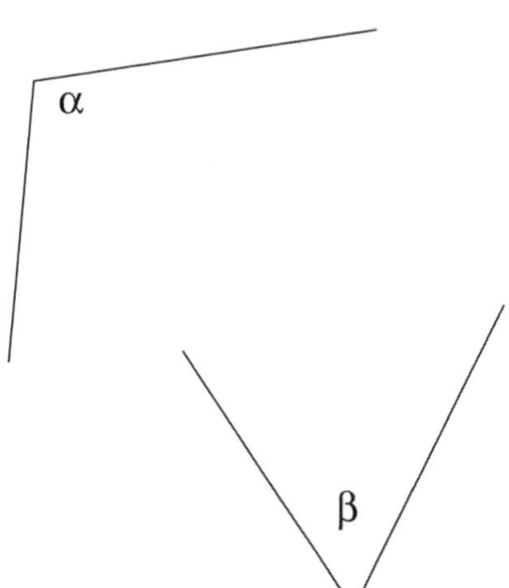

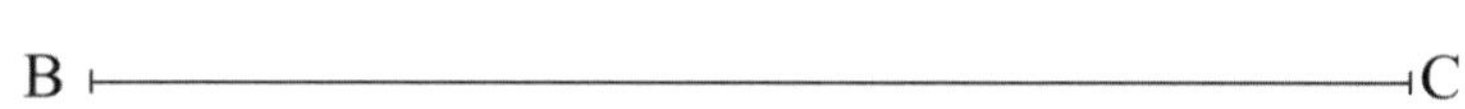

260 Construir um trapézio ABCD de bases AB e CD, dado esboço, nos casos:
Obs: As retas paralelas e perpendiculares podem ser traçadas com esquadros.

a)

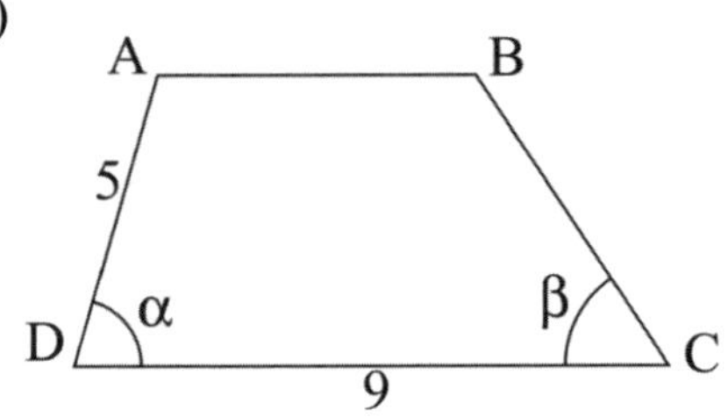

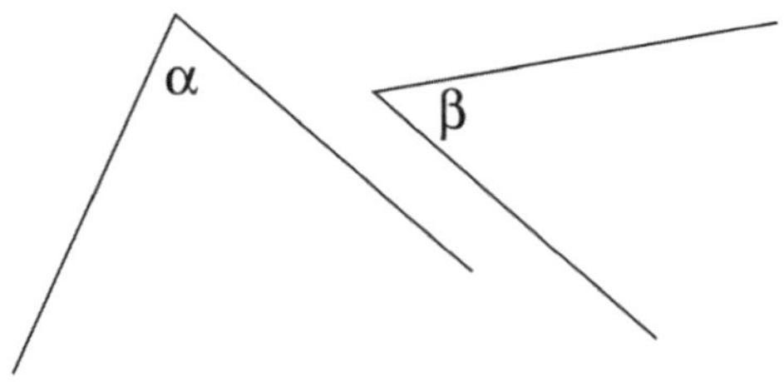

b)

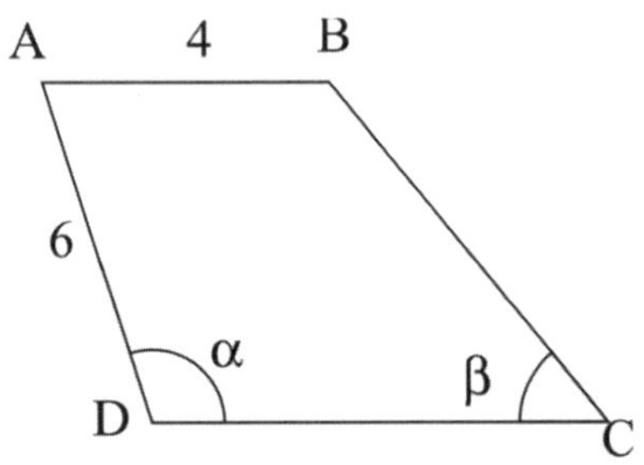

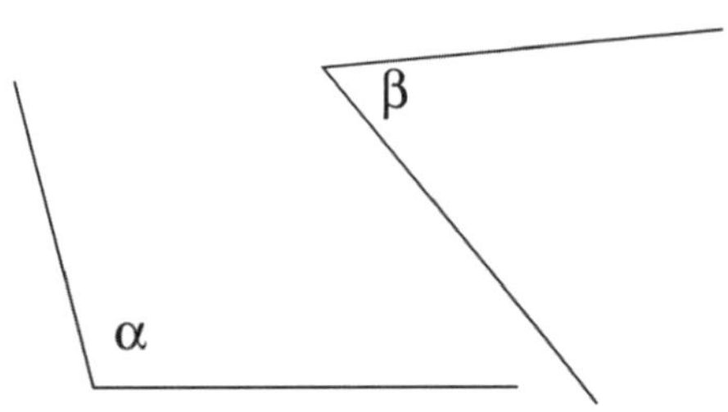

c)

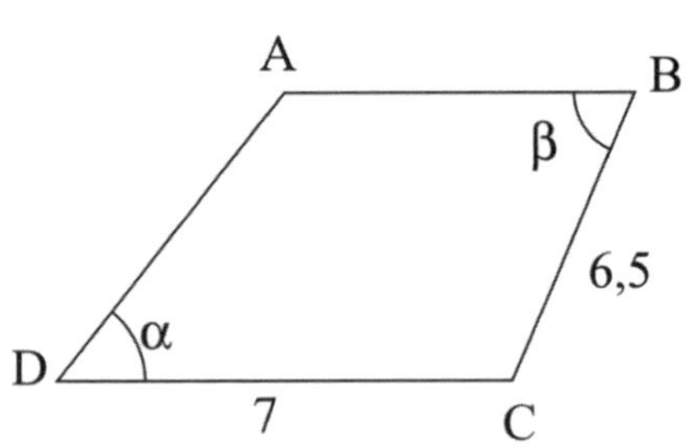

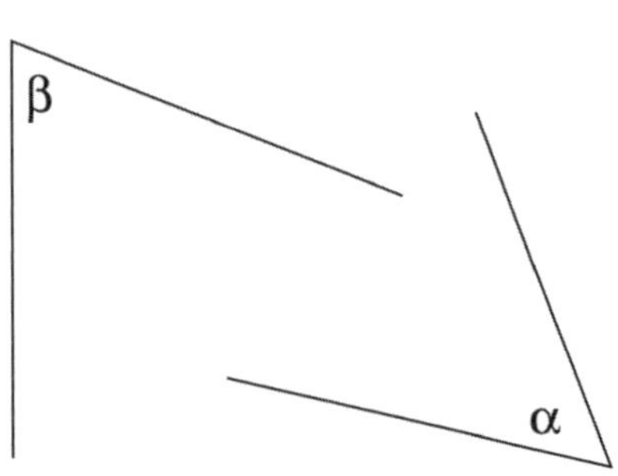

261 Construir um trapézio ABCD de bases AB e CD, dado o esboço, nos casos. (Paralelas e perpendiculares com esquadros).

a)

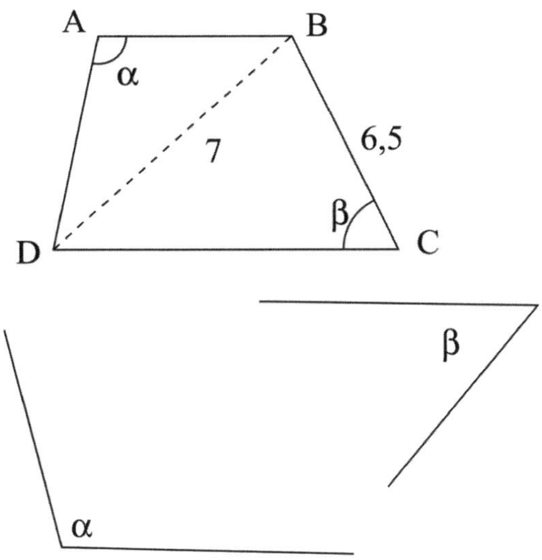

b)

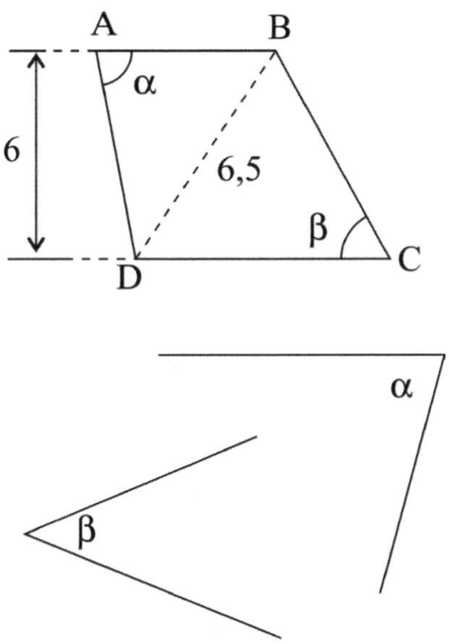

c)

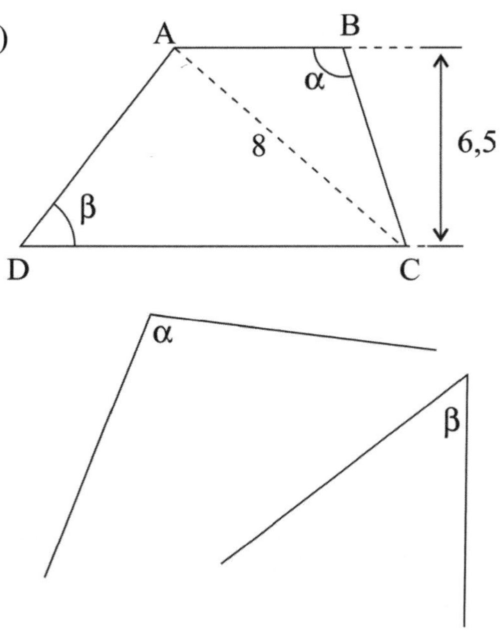

262 Construir um trapézio retângulo de bases AB e CD com AD perpendicular às bases, dado o esboço, nos casos:

a)

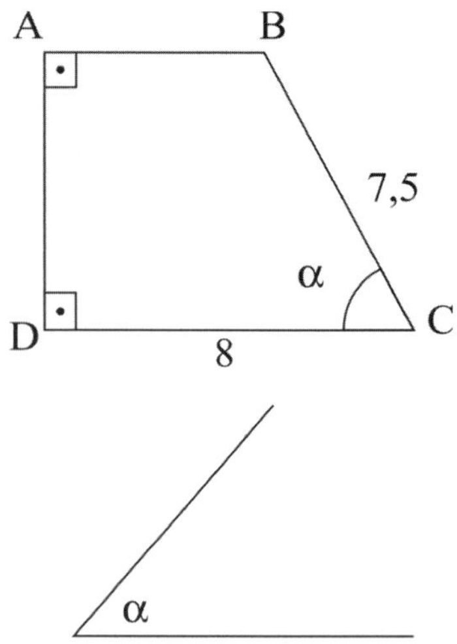

b)

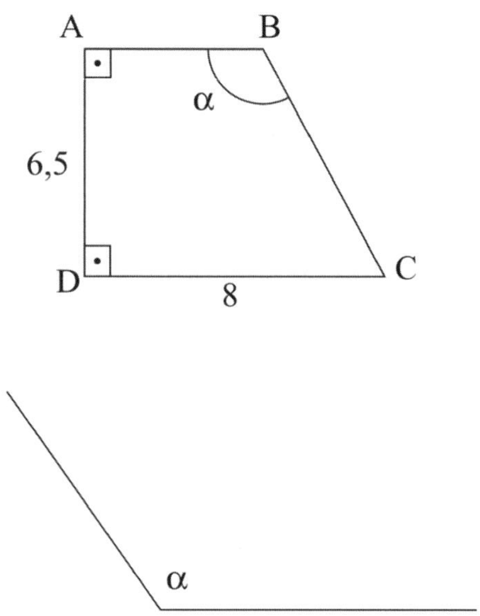

c)

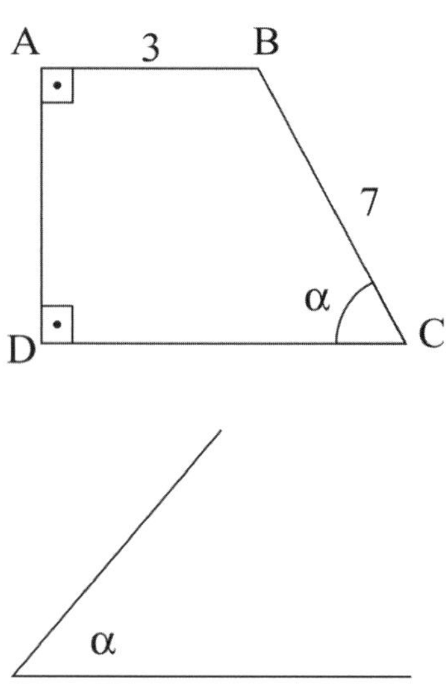

263 Construir um trapézio retângulo de bases AB e CD com AD perpendicular às bases, dado o esboço, nos casos:

a)

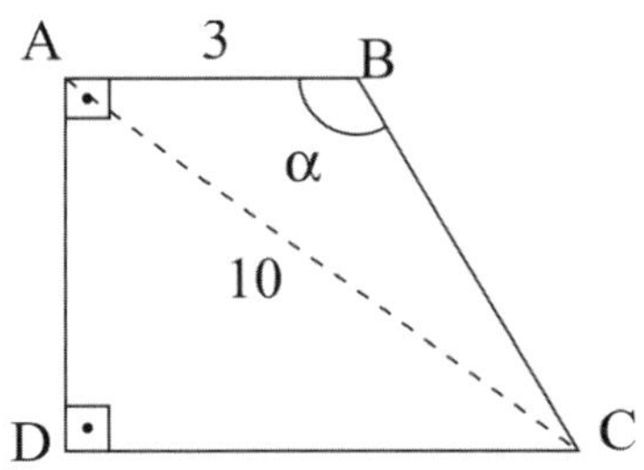

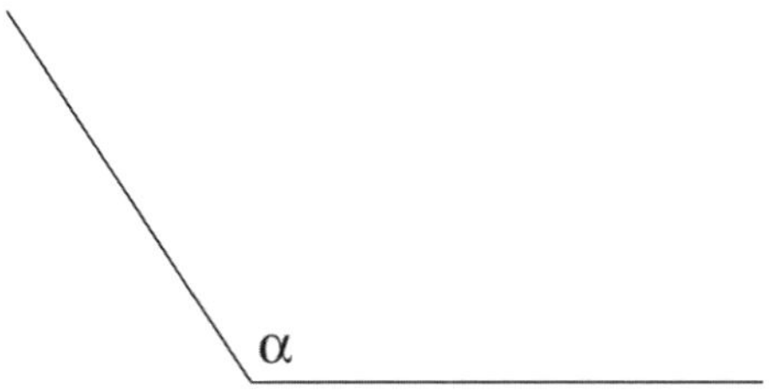

b)

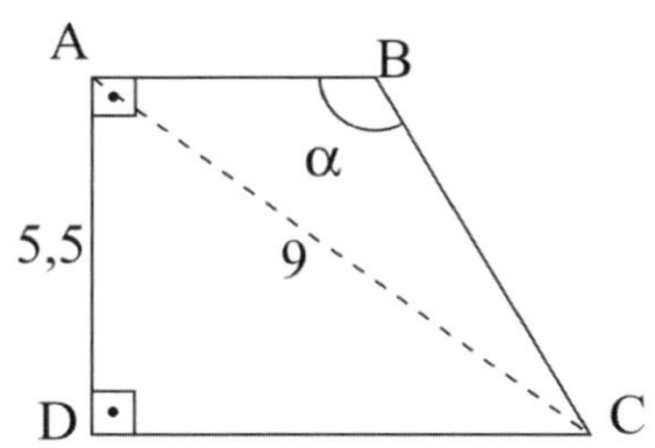

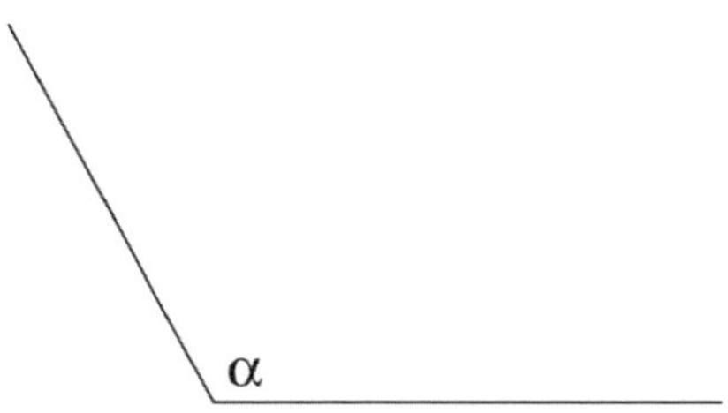

c)

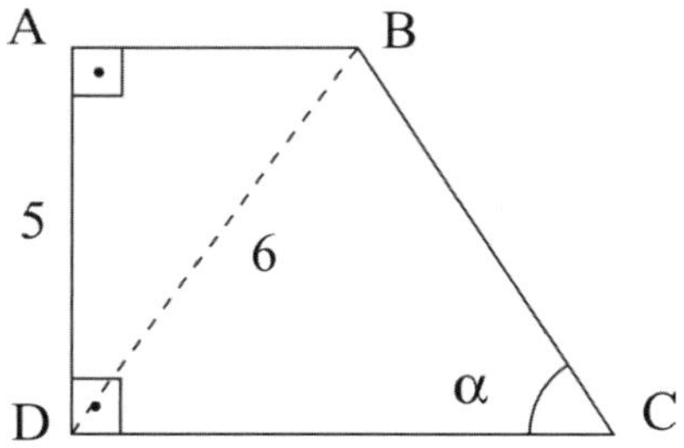

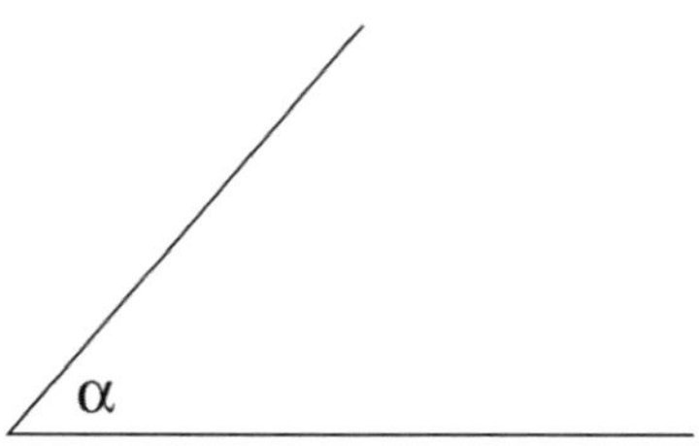

264 Construir um trapézio isósceles ABCD de bases AB e CD, dado o esboço, nos casos: (paralelas e perpendiculares com esquadros).

a)

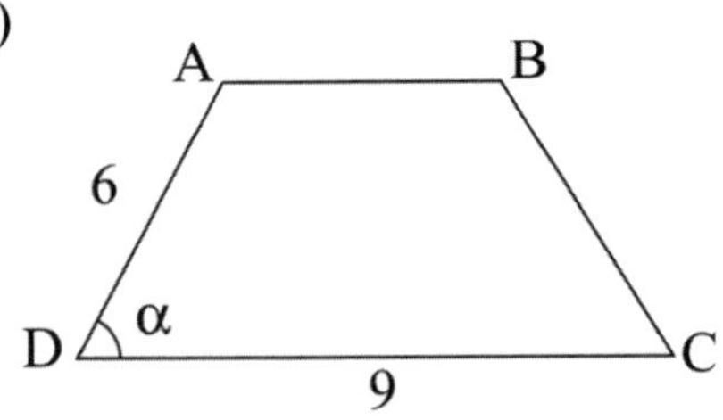

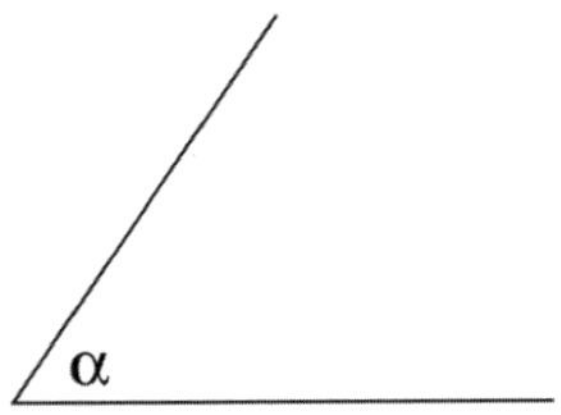

b)

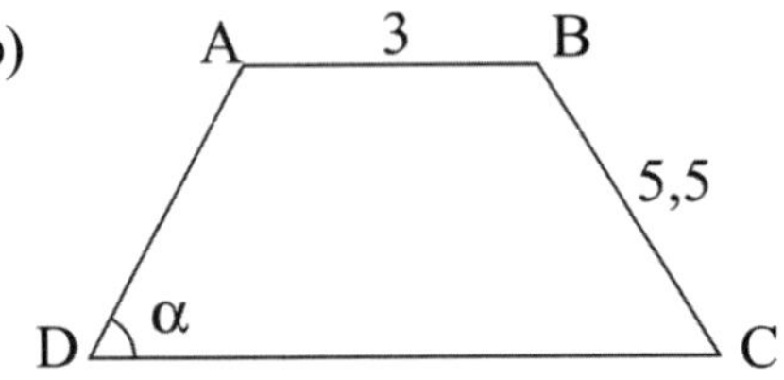

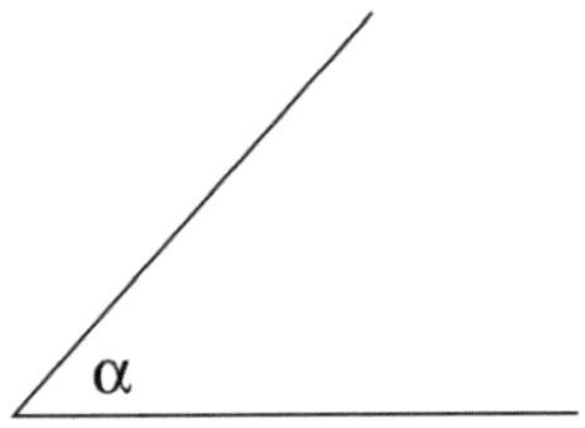

c)

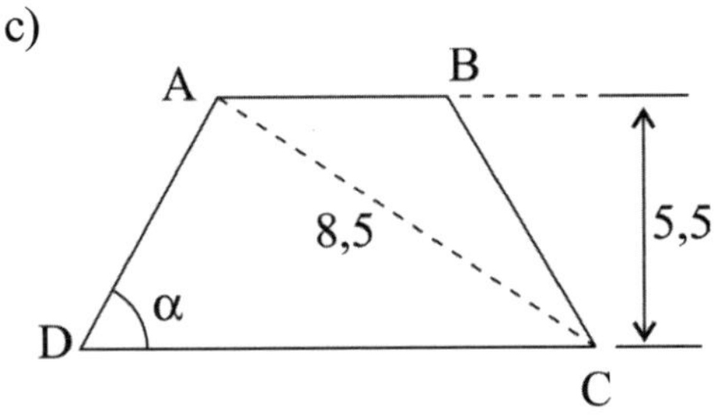

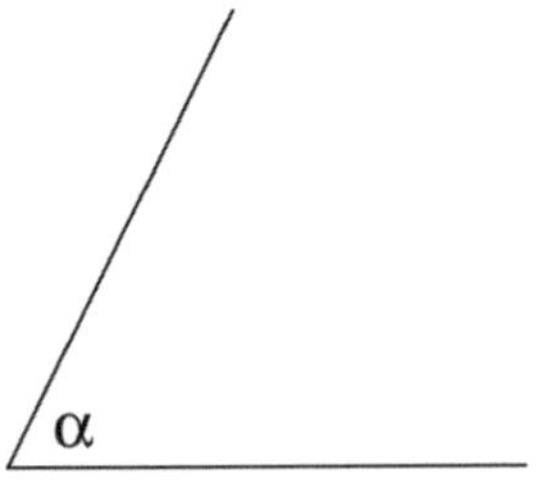

265 Construir um trapézio isósceles ABCD de bases AB e CD, dado o esboço, nos casos: (paralelas e perpendiculares com esquadros).

a)

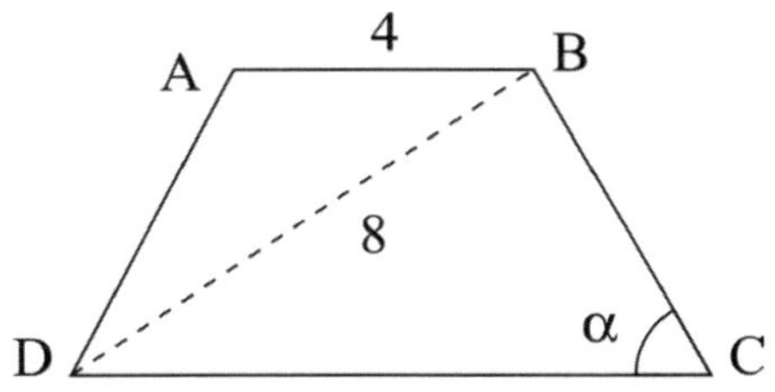

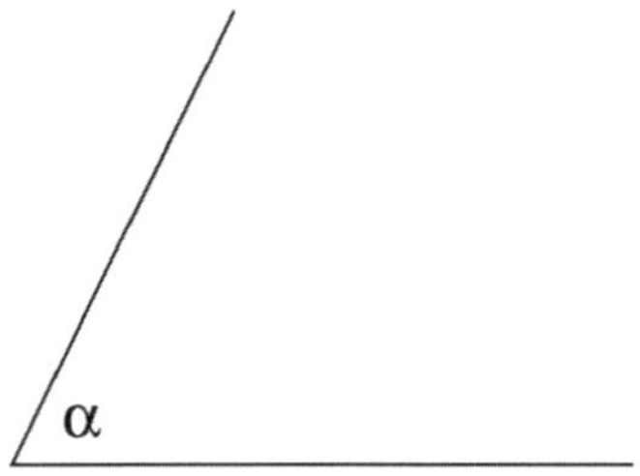

b)

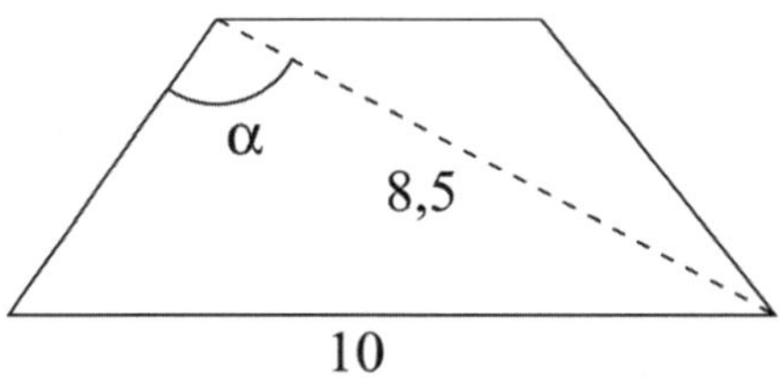

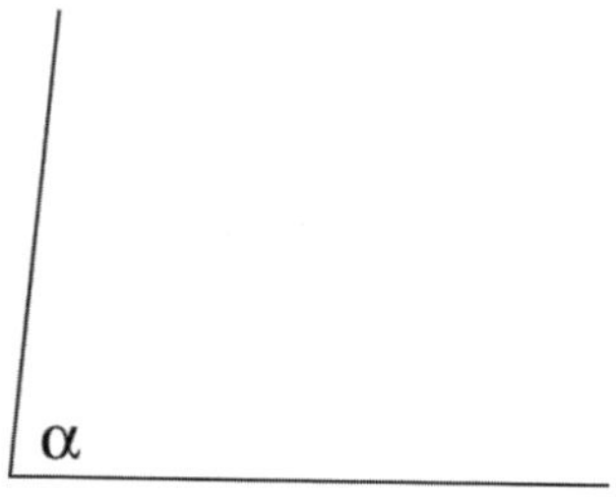

c)

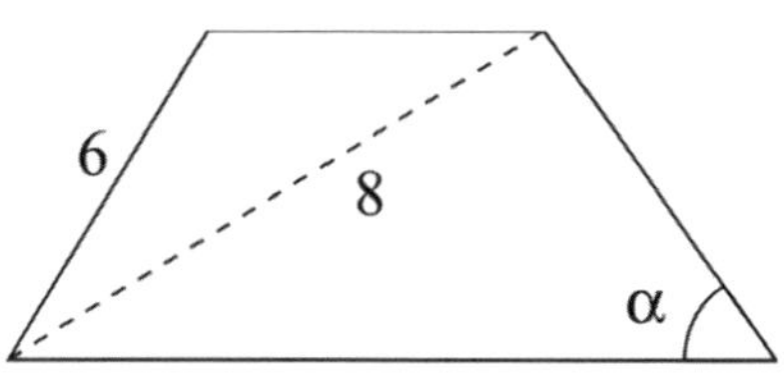

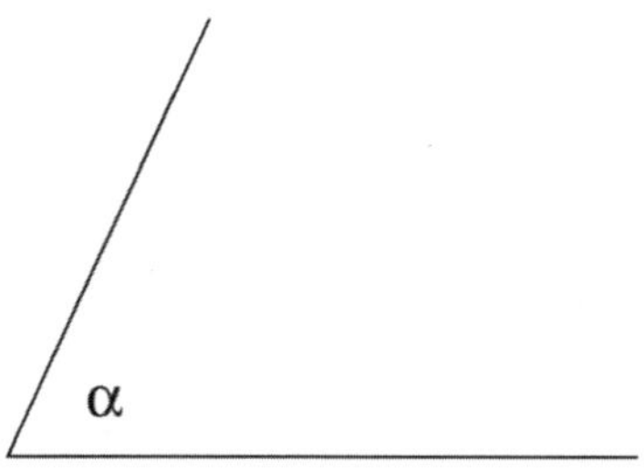

266 Construir um paralelogramo, nos casos:

Obs: O transporte de ângulos, bissetriz e mediatriz devem ser feitos com régua e compasso.

a)

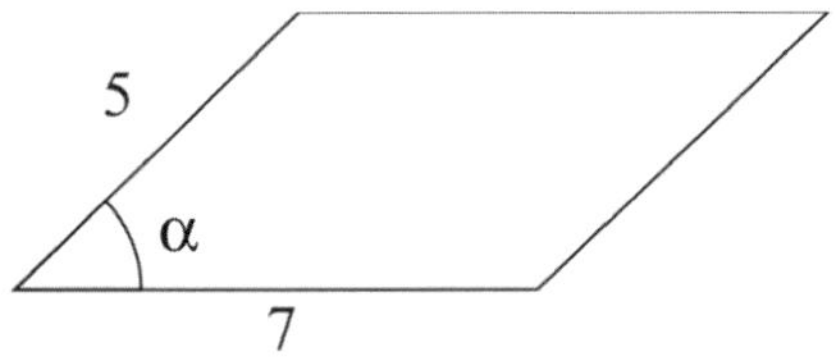

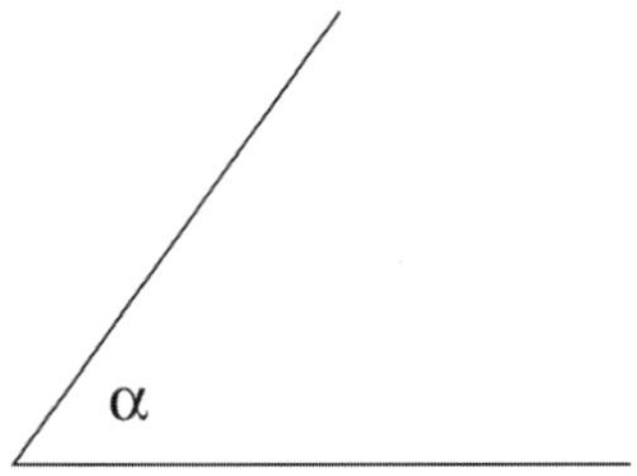

b) Esboço

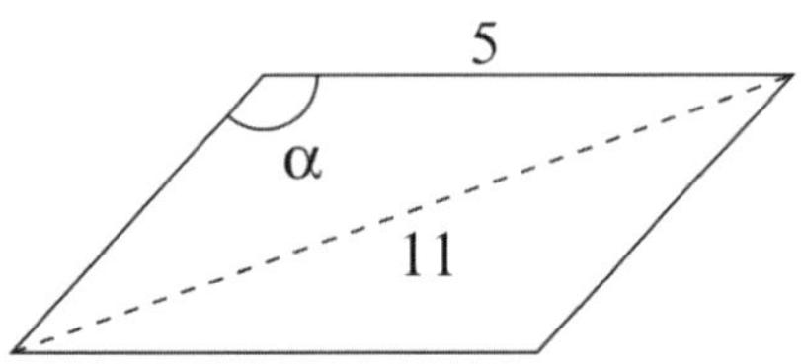

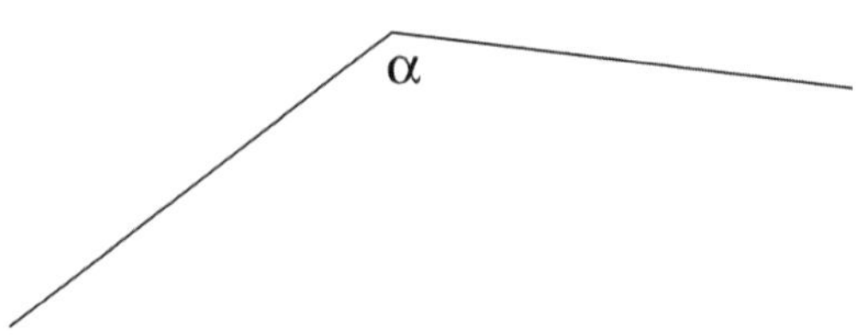

c) As diagonais medem 5 cm e 11 cm e formam um ângulo α.

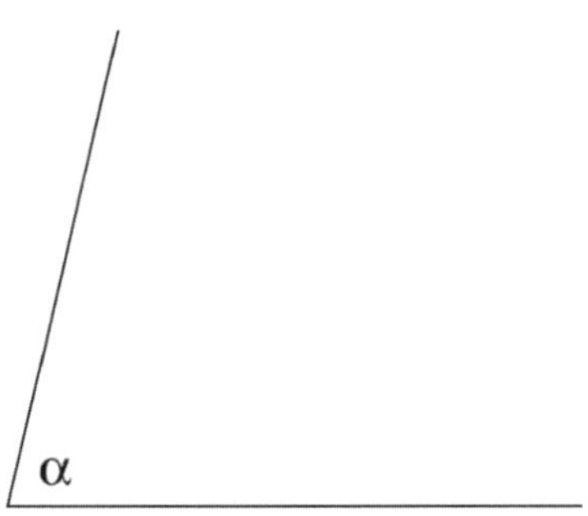

267 Construir um paralelogramo, nos casos.

a) Dados um ângulo α, uma altura **h** e a diagonal maior **d**.
h = 3,5 cm
d = 10 cm

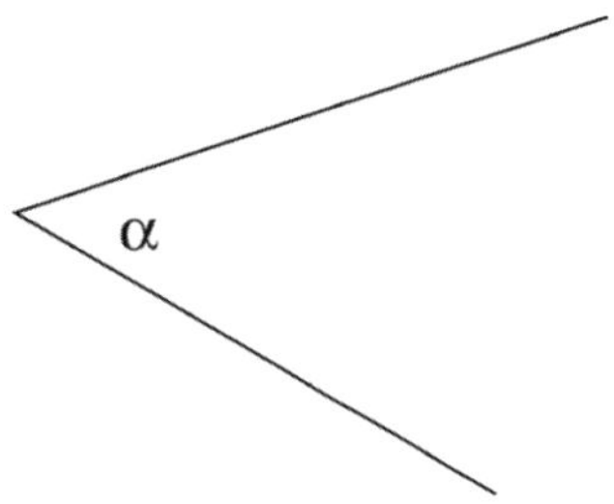

b) Dados um ângulo α , uma altura **h** e a diagonal menor **d**.
h = 4,5 cm
d = 5,5 cm

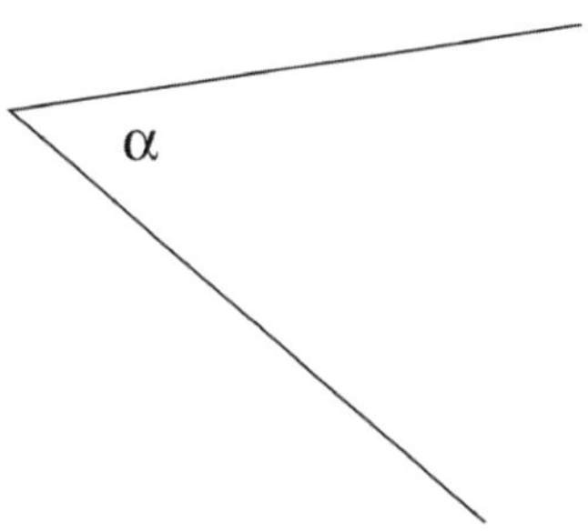

c) Dados as alturas **h** e **f** e um ângulo α.
h = 3,5 cm
f = 6,5 cm

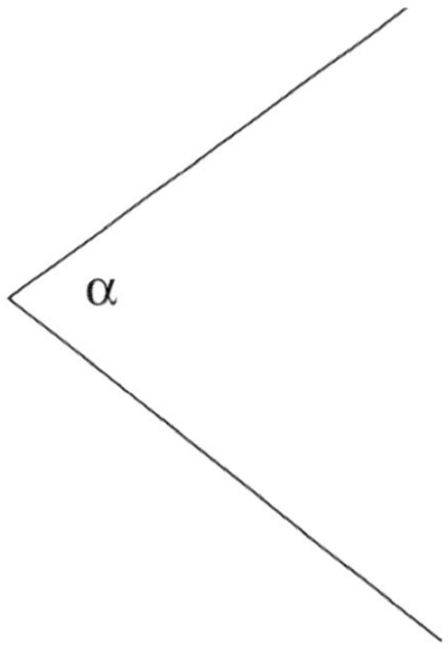

268 Construir um retângulo, nos casos.

a) Dados um lado **a** e o ângulo **α** que a diagonal forma com ele.
$a = 7$ cm

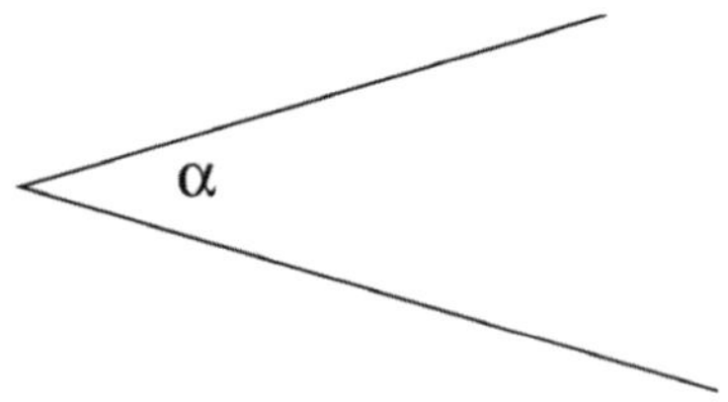

b) Dados um lado **a** e o ângulo **α** que a diagonal forma com o outro lado.
$b = 3$ cm

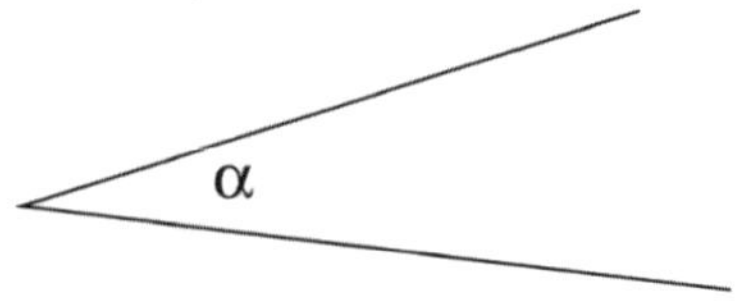

c) Dados um lado **a** e o ângulo **α** , entre as diagonais, oposto ao outro lado.
$a = 6$ cm

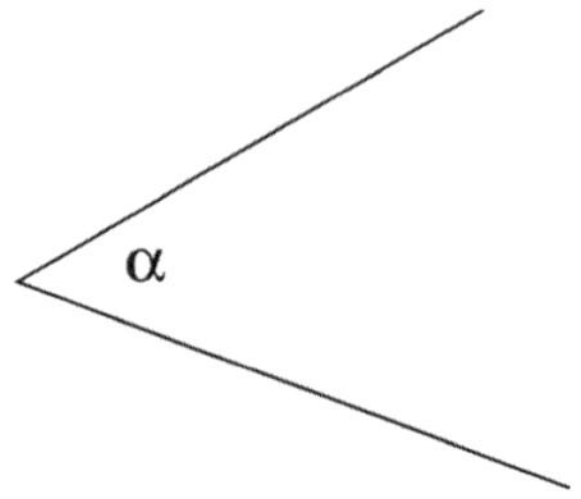

d) Dados um lado **a** e o ângulo **α** , entre as diagonais, oposto a ele.
$a = 4$ cm

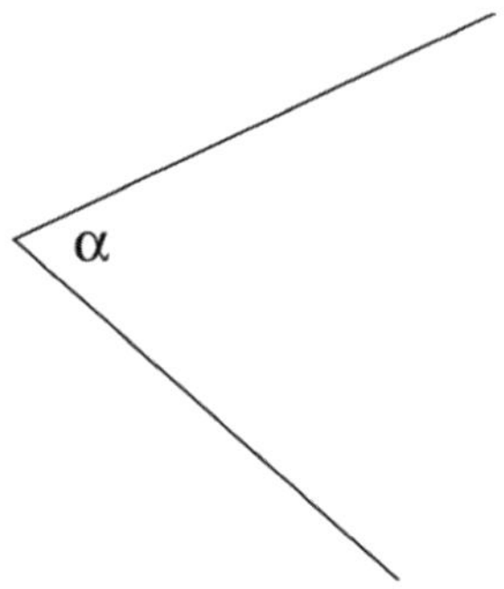

269 Construir um losango, nos casos.

a) Dados o lado **a** e um ângulo α
$a = 5,5$ cm

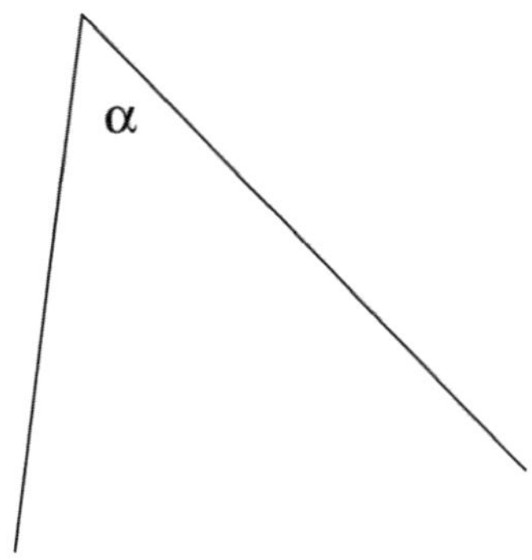

b) Dados a altura **h** e um ângulo α
$h = 3,5$ cm

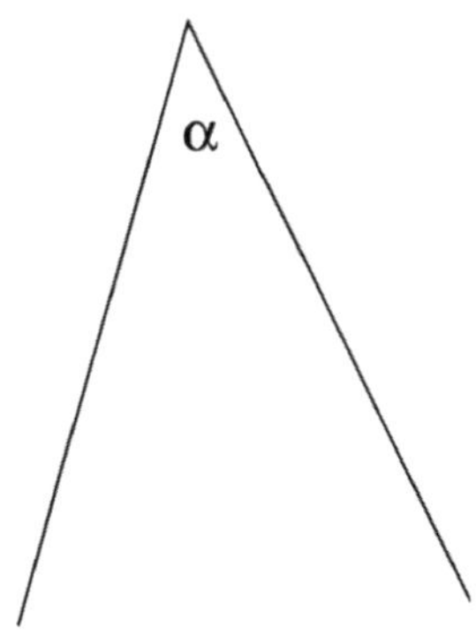

c) Dados um ângulo α e a diagonal maior **d**.

$d = 10$ cm

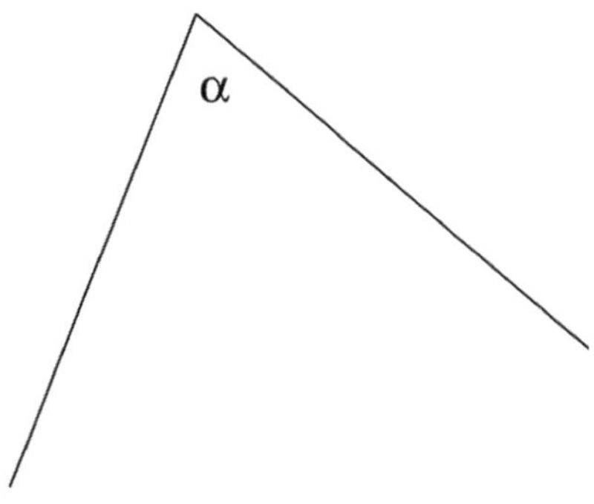

$\boxed{270}$ Construir um losango, nos casos:

a) Dados um ângulo **α** e a diagonal menor **d**.
d = 5 cm

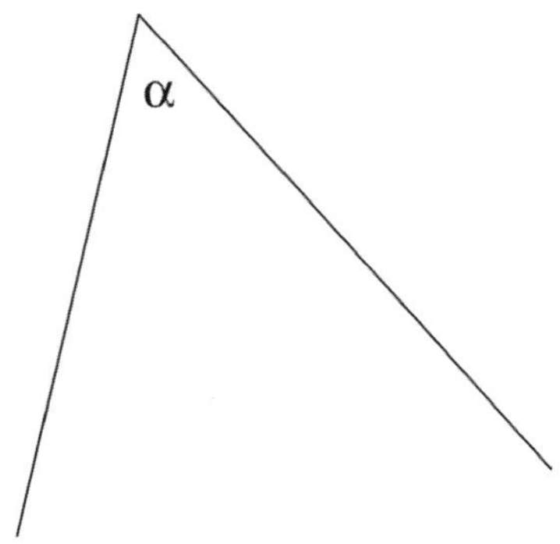

b) A altura **h** e uma diagonal **d**.
h = 3,5 cm
d = 10 cm

c) As diagonais **d** e **f**
d = 5 cm
f = 10 cm

271 Desafio: Construir um trapézio retângulo dadas a altura **h** e a base maior **b**, sabendo que a diagonal menor é perpendicular ao lado, oblíquo às bases. Sabe-se que esse lado é o maior possível.
b = 10 cm , h = 4,5 cm

Esboço:

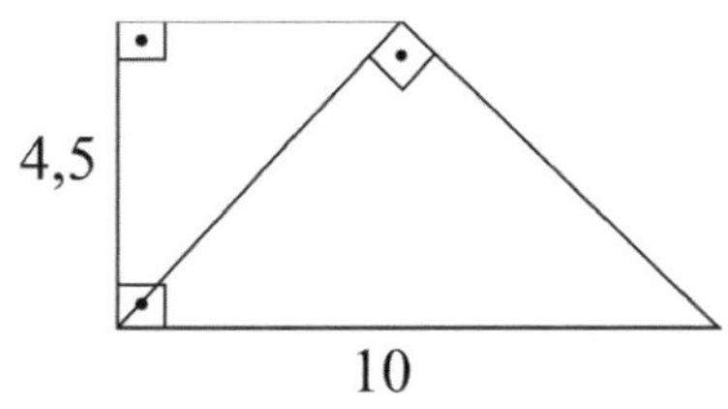

272 Desafio: Construir um trapézio retângulo com bases **a** e **b**, sabendo que a diagonal menor é perpendicular ao oblíquo as bases.
a = 3,5 cm
b = 11 cm

Esboço:

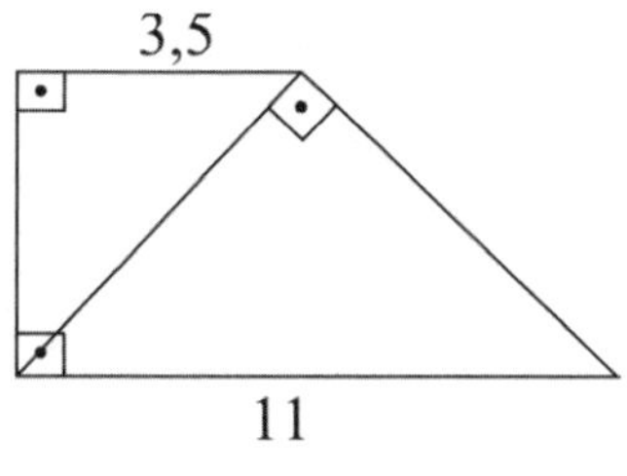

273 Construir um trapézio retângulo ABCD dadas as diagonais AC = 10,5 cm e BD = 7 cm e o ângulo de 100°, oposto às bases, formado pelas diagonais. Tire sugestões dos esboços dados.

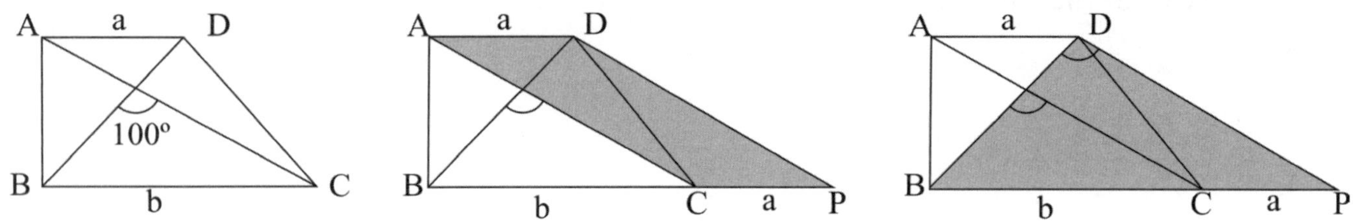

274 Construir um trapézio isósceles ABCD dados as diagonais AC = BD = 10 cm, os lados oblíquos às bases AB = CD = 6,5 cm e o ângulo de 110°, oposto às bases, formados pelas diagonais. Olhar os esboços.

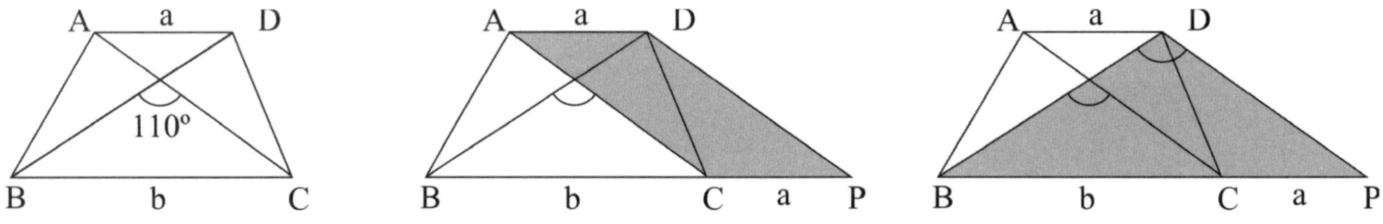

275 Construir um retângulo ABCD, nos casos:

a) AB = 5 cm e BC = 9 cm

b) AB = 7 cm e AC = 13 cm

c) AB = 6 cm e $B\hat{A}C = 60°$

d) AC = 14 cm e $A\hat{C}B = 40°$

276 Construir um losango ABCD, nos casos:

a) AB = 8 cm e $\hat{B} = 50°$

b) AC = 6 cm e $\hat{B} = 40°$

c) BD = 13 cm e $\hat{C} = 110°$

d) AC = 7 cm e $C\hat{B}D = 30°$

277 Construir com o lado BC em comum os paralelogramos ABCD, PBCQ e MBCN, todos em um mesmo semiplano de origem BC, dados BC = 10 cm , $\hat{A} = 60°$, AB = 6 cm , MB = 9 cm , $\hat{M} = 110$, PB = 6 cm e $\hat{P} = 135°$.

278 Construir um quadrilátero ABCD, nos casos:

a) BC = 14 cm , $\hat{B} = 70°$, $B\hat{A}C = 85°$ e AD = CD = 8 cm

b) AB = 8 cm , AD = 12 cm , $B\hat{A}C = 45°$ e $A\hat{C}D = 80°$

c) BD = 13 cm , AC = 10 cm , = 105° e $\hat{C} = 100°$

d) BC = 12,5 cm , $\hat{A} = 100°$, $\hat{C} = 65°$, $A\hat{B}D = 35°$ e $C\hat{D}B = 80°$

279 De acordo com as medidas dadas nos esboço, construir o trapézio ABCD, nos casos:

a)
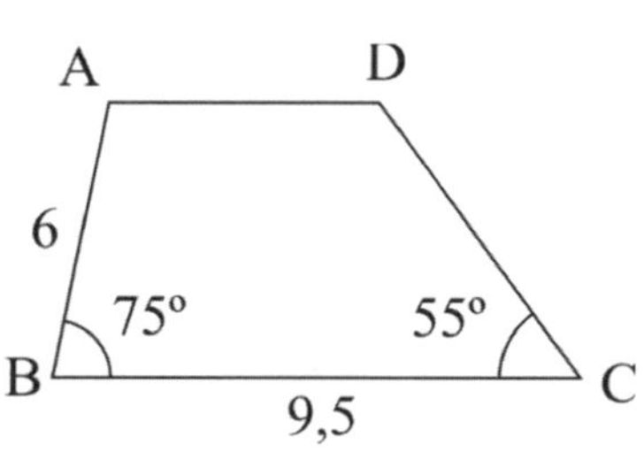

b)
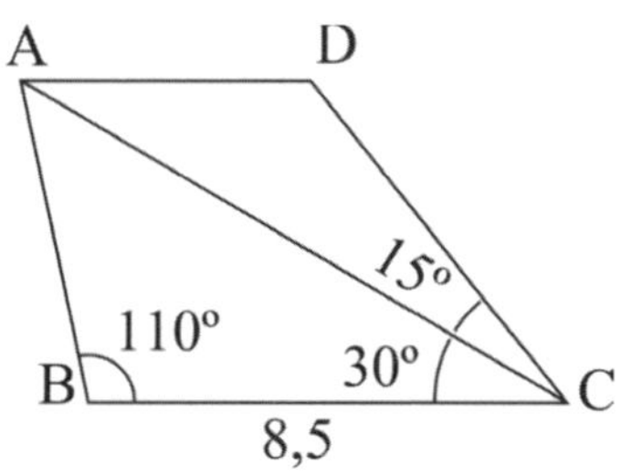

c)
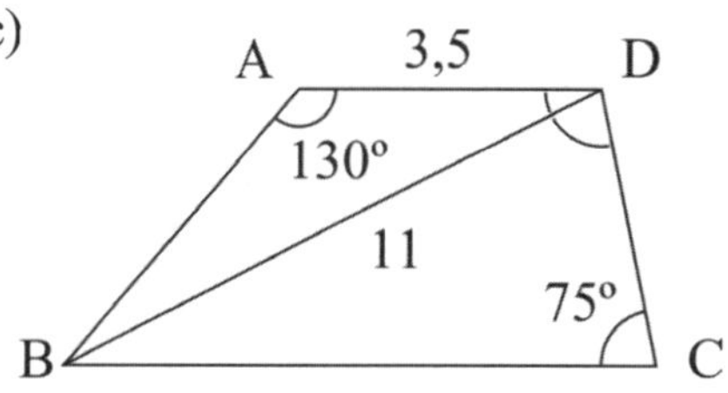

d)
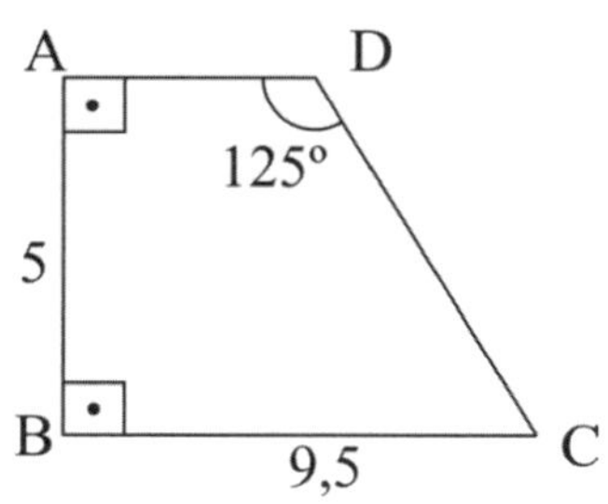

e)
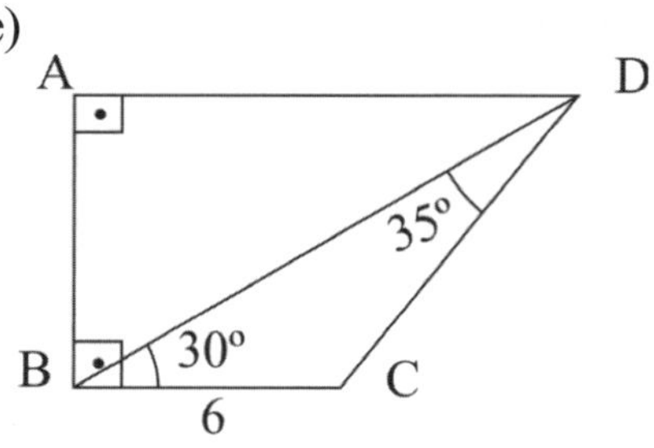

f)
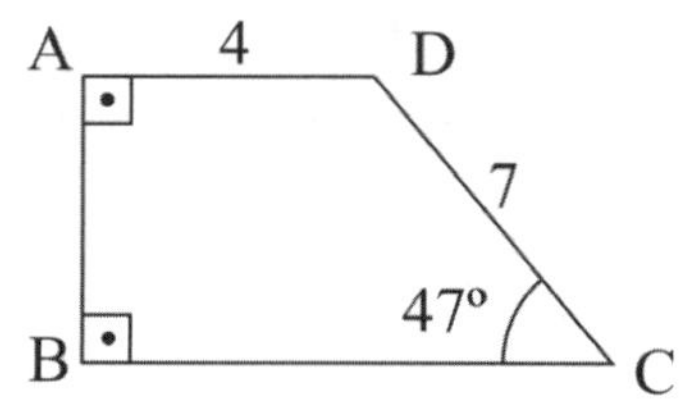

g)
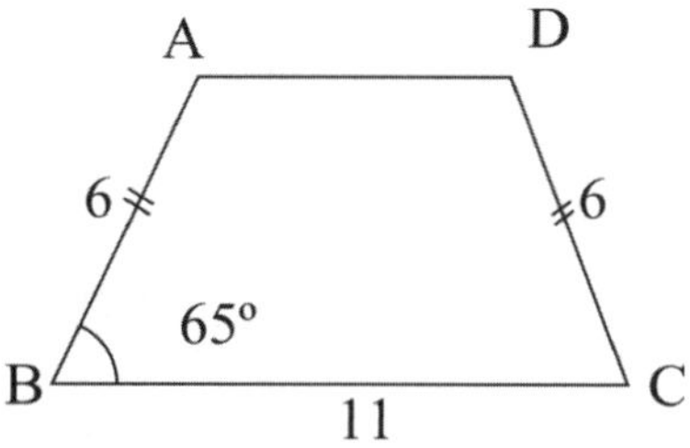

h)
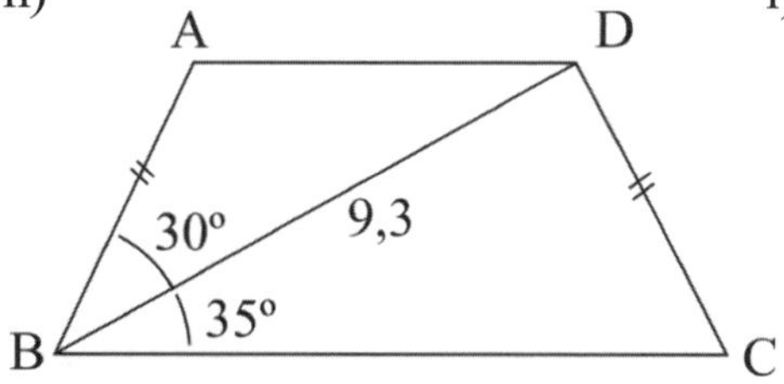

i)
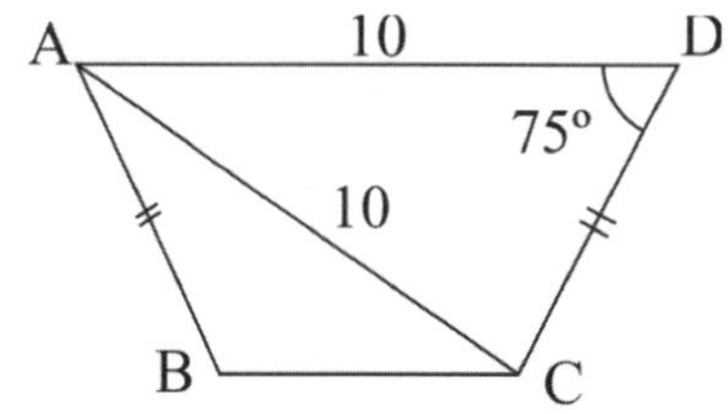

280 Dado o esboço de um trapézio ABCD de bases AD e BC, construir esse trapézio, com as medidas indicadas no esboço, nos casos:

a)

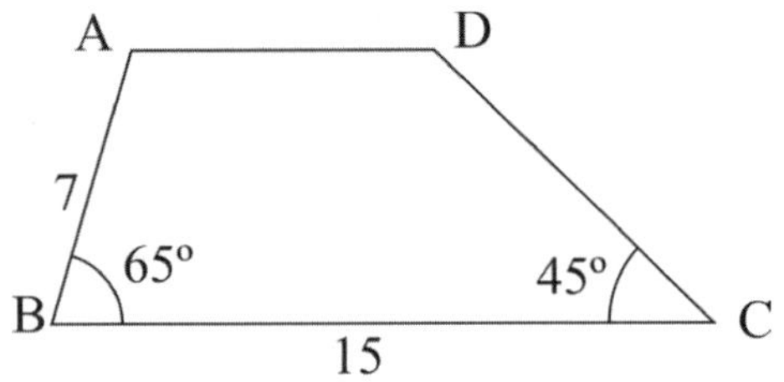

b)

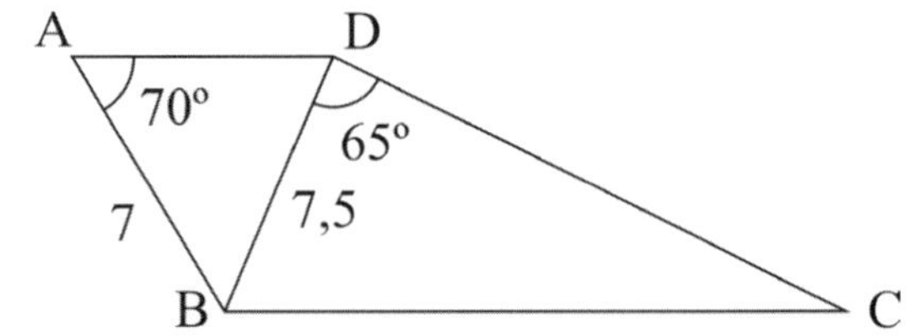

c)

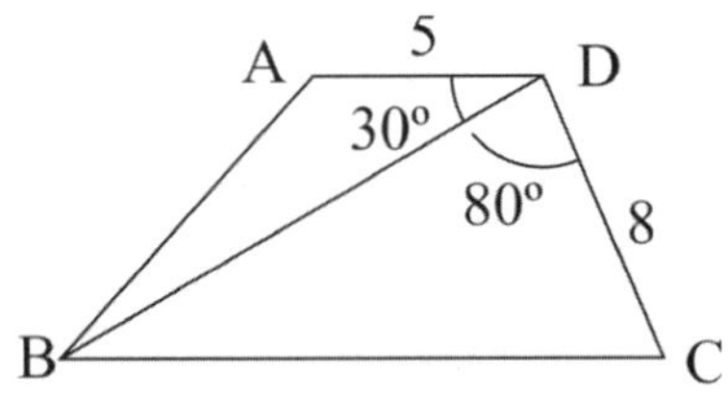

d)

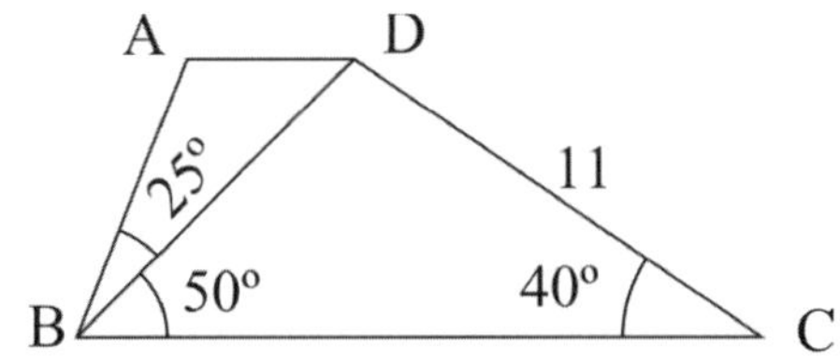

281 Trapézio retânglo ABCD de bases AD e BC. Construi com as medidas indicadas no esboço, nos casos:

a)

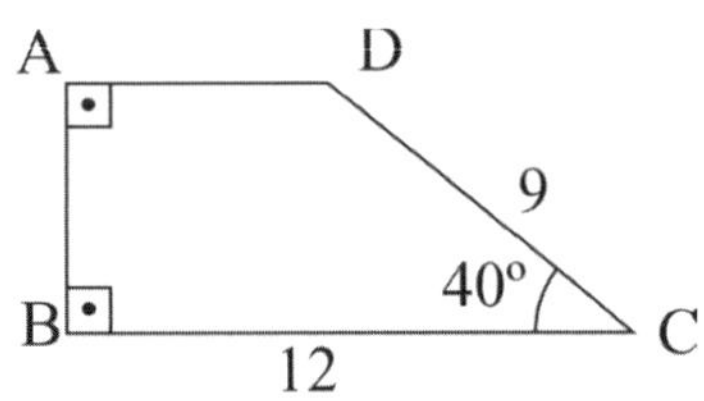

b)

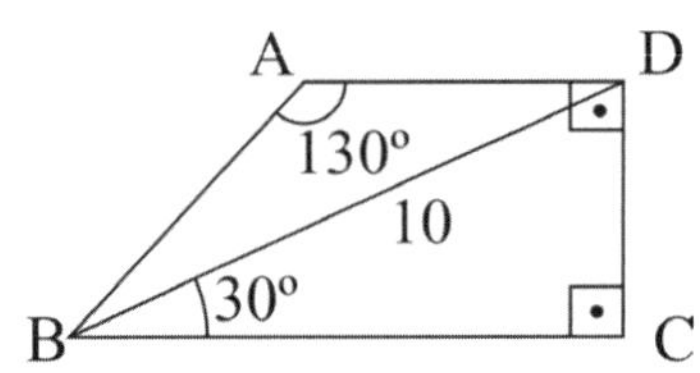

c)

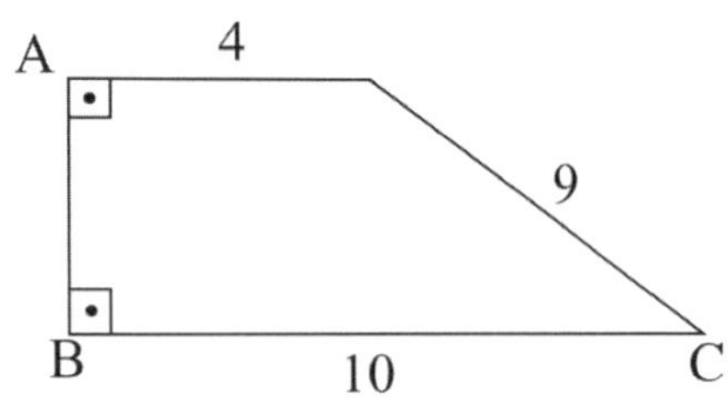

d)

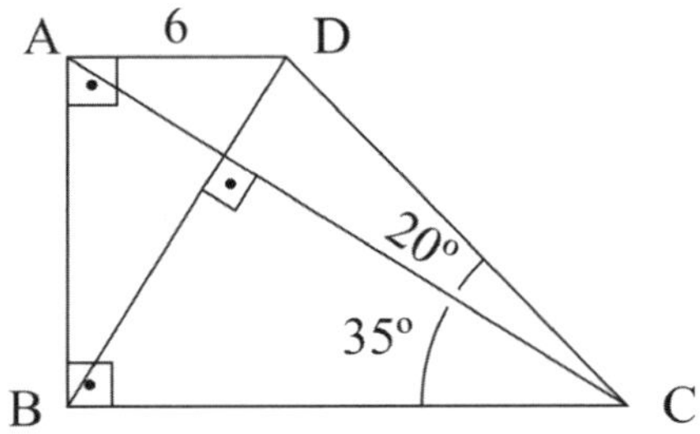

282 Dado o esboço de um trapézio isósceles ABCD de bases AD e BC, construir esse trapezio, com as medidas indicadas no esboço, nos casos:

a)

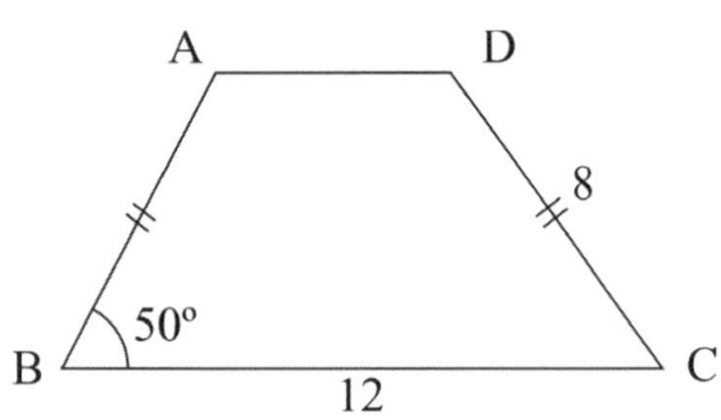

b)

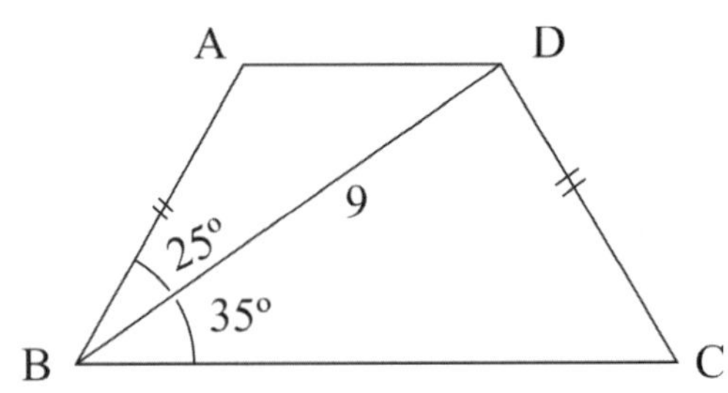

c)

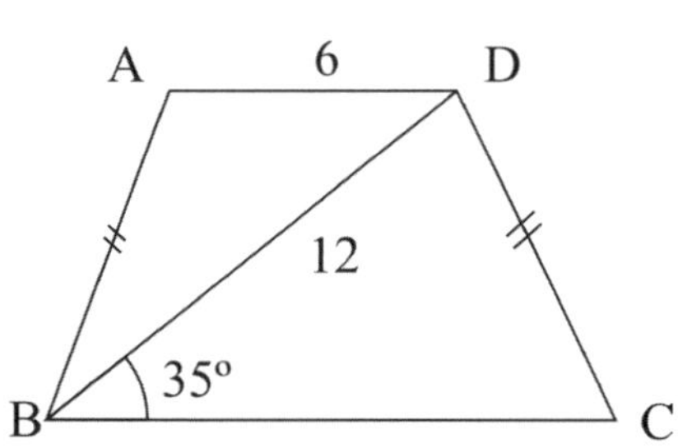

d)

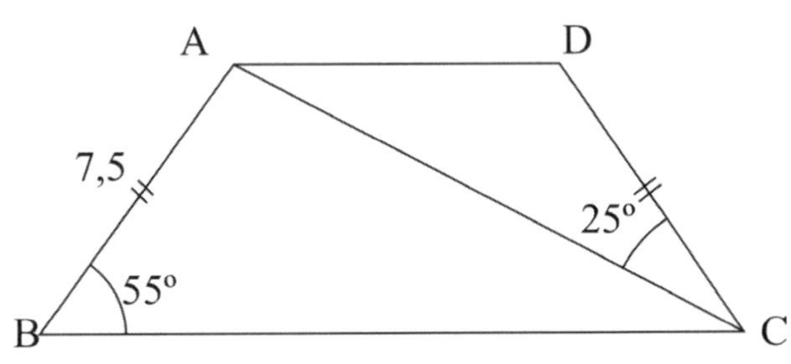

283 Construir um trapézio ABCD, de bases AD e BC, de acordo com o esboço, nos casos:

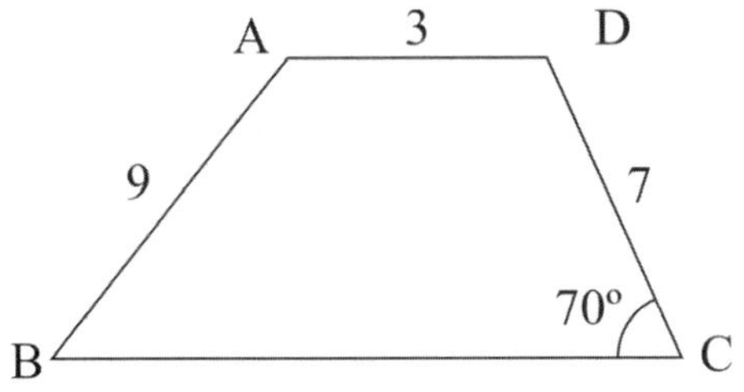

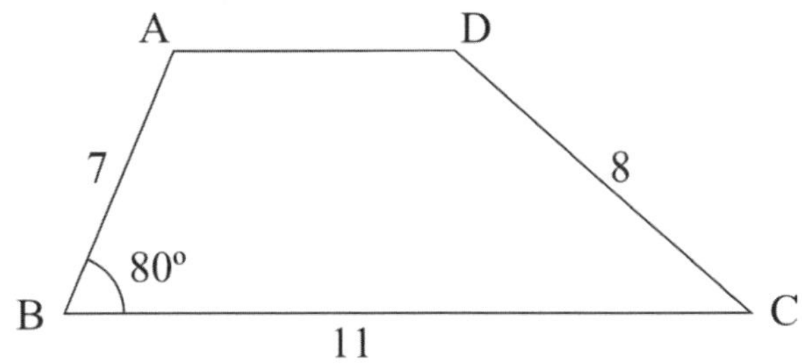

284 Construir um trapézio ABCD de bases AD e BC. Em cada caso é dado um esboço.

a) Trapézio retângulo

AC = 13 cm, BD = 7 cm

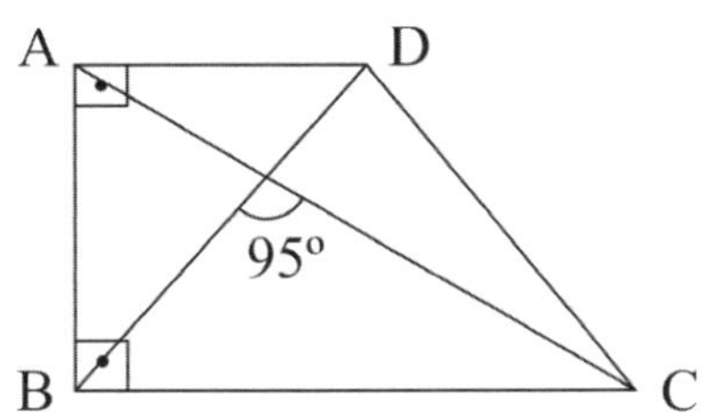

b) Trapézio retângulo com

AD + BC = 14 cm

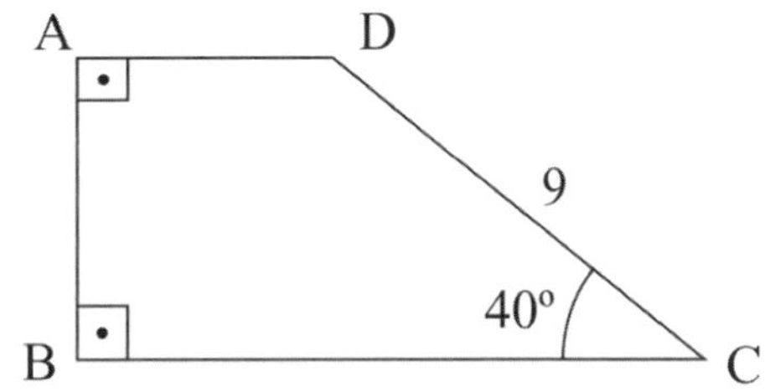

c) Trapézio isósceles

AC = BD = 9 cm

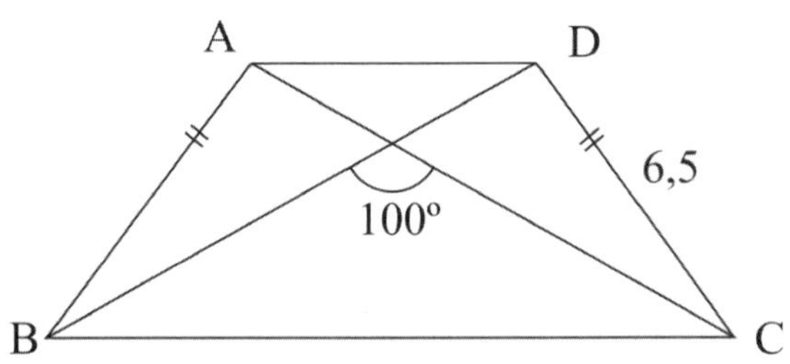

d) Trapézio isósceles

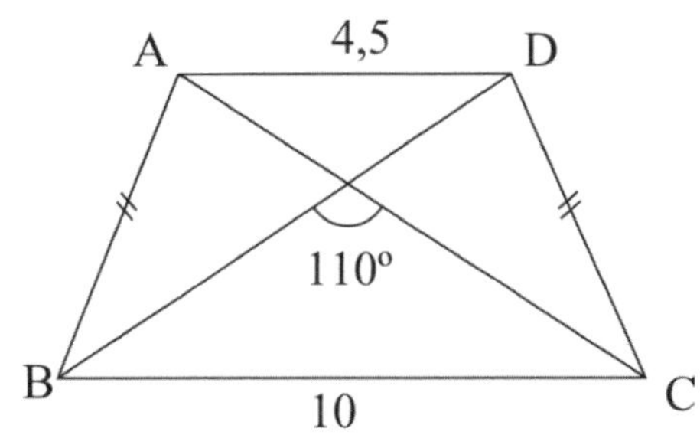

e)

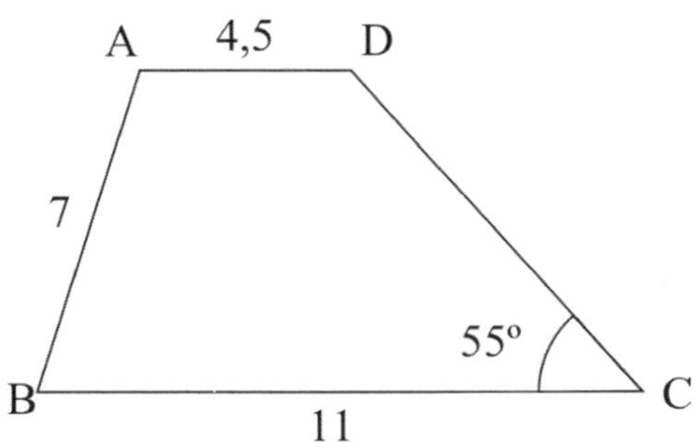

f) BD = 6,5 cm

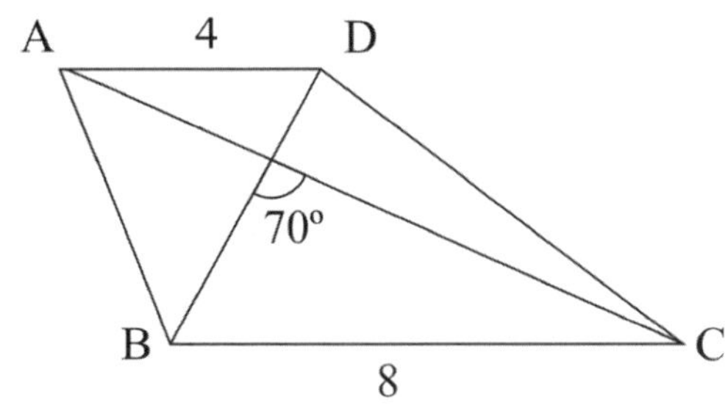

g) AC = 8 cm

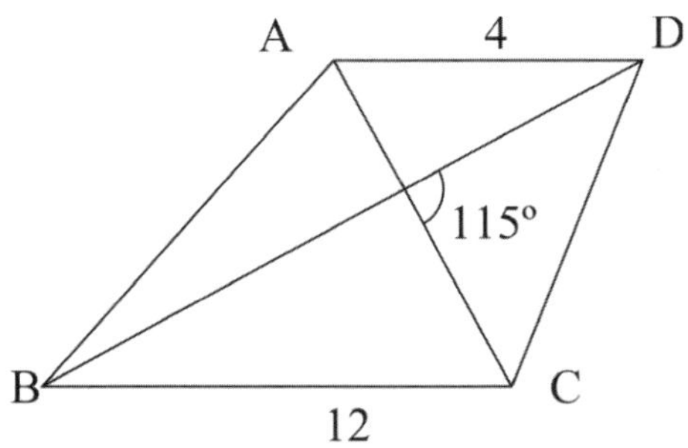

h) AD + BC = 13,5 cm ,

AC = 11,5 cm, BD = 8 cm

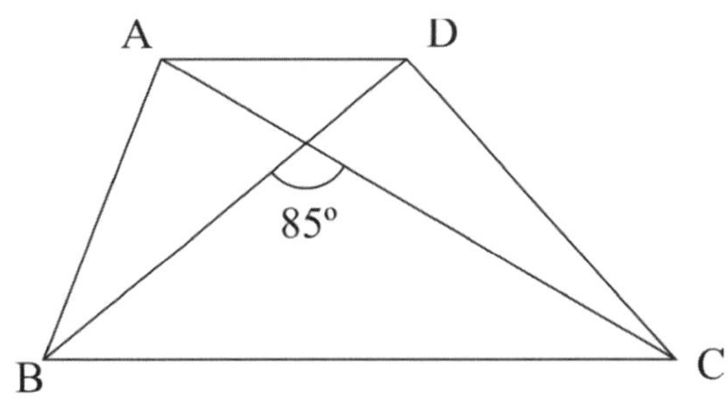

285 Construir um trapézio ABCD dados as diagonais AC = 10 cm e BD = 7 cm, a base AD = 4 cm e o ângulo de 107°, oposto às bases, formado pelas diagonais. Olhar os esboços.

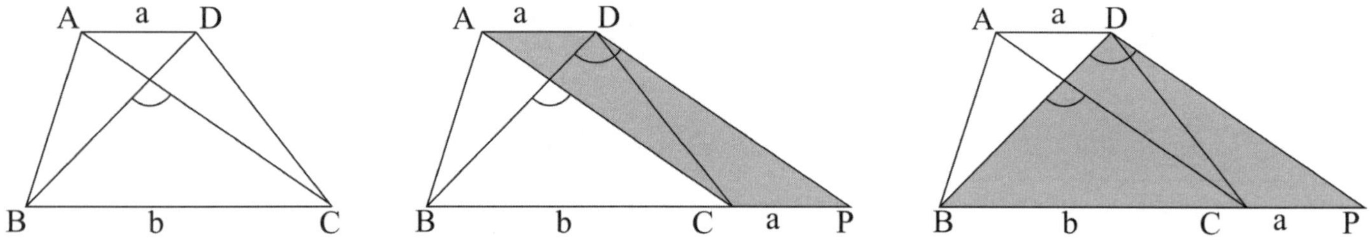

286 Construir um trapézio dados as bases AD = 4,5 cm e BC = 9,5 cm, a diagonal BD = 8 cm e o ângulo de 100°, oposto às bases, formado pelas diagonais. Olhar os esboços.

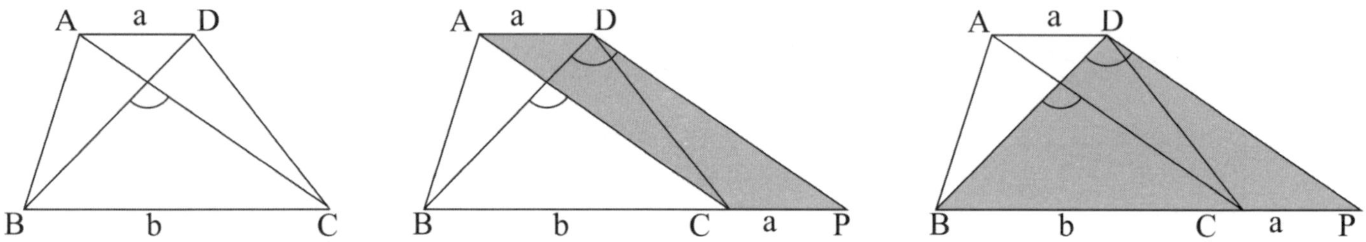

287 Construir um trapézio retângulo ABCD de bases AD e BC, nos casos;

a) $\hat{A} = 90^\circ$, $\hat{D} = 140^\circ$, AB = 6 cm e BC = 12 cm

b) $\hat{A} = 90^\circ$, $\hat{D} = 135^\circ$, BC = 11 cm e AC = 13 cm

c) $\hat{A} = 90^\circ$, $C\hat{B}D = 40^\circ$, $A\hat{C}B = 25^\circ$ e BC = 12 cm

d) $\hat{D} = 90^\circ$, $\hat{A} = 130^\circ$, AD = 5,5 cm e BD = 14 cm

e) $\hat{A} = 90^\circ$, o ângulo entre as diagonais, oposto às bases, mede 85°, BD = 7 cm e AC = 12 cm.

f) $\hat{A} = 90^\circ$, o ângulo entre as diagonais, oposto às bases, mede 65°, AC = 13 cm e AD + BC = 13,5 cm.

288 Construir um trapézio isósceles ABCD, de bases AD e BC, nos casos:

a) AB = 8 cm, AD = 5 cm e $\hat{A} = 130^\circ$

b) AB = 7 cm, AD = 6 cm e $\hat{B} = 60^\circ$

c) $\hat{B} = 65^\circ$, BC = AC = 13 cm

d) AD = 6,5 cm, BC = 12,5 cm e $A\hat{D}B = 40^\circ$

e) $D\hat{B}C = 45^\circ$, DB = 9 cm e AB = 7 cm

f) O ângulo entre as diagonais, oposto às bases mede 95°, AC = 8 cm e AB = 6 cm

289 Construir um trapézio ABCD, de bases AD e BC, nos casos:

a) AD = 5 cm, BC = 12 cm, AB = 8 cm e $\hat{C} = 60^\circ$

b) AD = 4 cm, BC = 13 cm, AC = 8,5 cm e o ângulo oposto às bases, formado pelas diagonais mede 70°.

c) AD = 4,2 cm, BC = 8,5 cm, BD = 7 cm e o ângulo oposto às bases, formado pelas diagonais mede 68°.

d) AD + BC = 14,5 cm, AC = 12 cm, BD = 8,5 cm e o ângulo oposto aos lados oblíquos às bases, formado pelas diagonais, mede 105°.

V TANGÊNCIA E CONCORDÂNCIA

Já vimos em outro capítulo o que é circunferência, círculo, raio, corda e diâmetro. Vamos agora ver outros conceitos e propriedades sobre circunferências.

1. Posições relativas entre reta e circunferência

1.1) Secantes: Se uma reta **s** passa por dois pontos distintos de uma circunferência, dizemos que a reta e a circunferência são secantes. Neste caso a distância **d** entre o centro da circunferência e a reta **s** é menor que o raio **r** da circunferência.

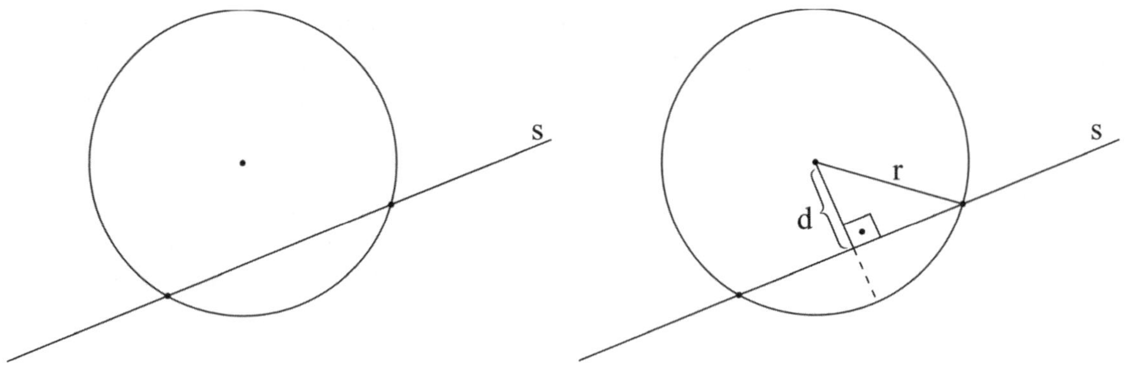

d < r

1.2) Sem ponto em comum (exteriores): Se uma reta **e** e uma circunferência **f** não têm ponto em comum dizemos que a reta é externa à circunferência. Neste caso a distância **d** entre o centro e a reta **e** é maior que o raio **r** da circunferência.

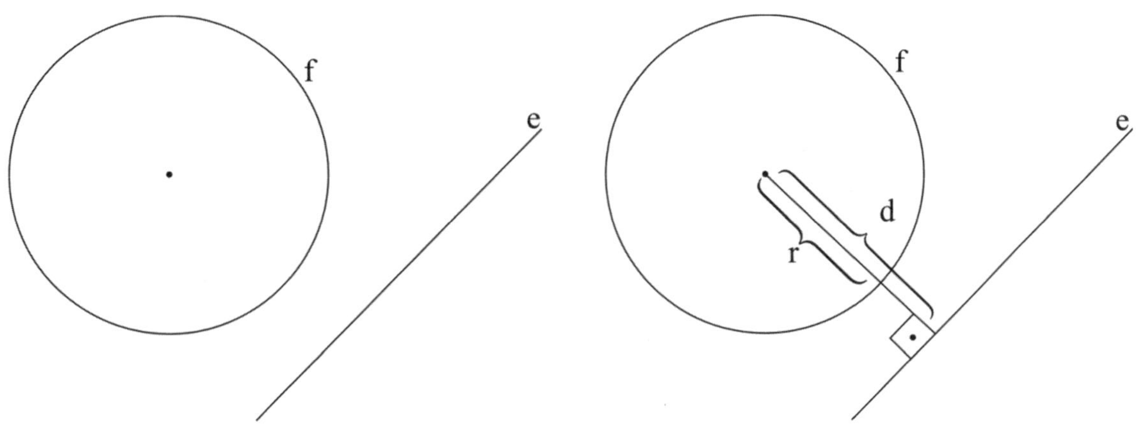

d > r

1.3) Tangentes: Se uma reta **t** e uma circunferência tem um único ponto em comum dizemos que a reta e a circunferência são tangentes. O ponto em comum é chamado ponto de tangência ou de contacto. Neste caso a distância **d** entre o centro da circunferência e a reta **t** é igual ao raio **r** da circunferência.

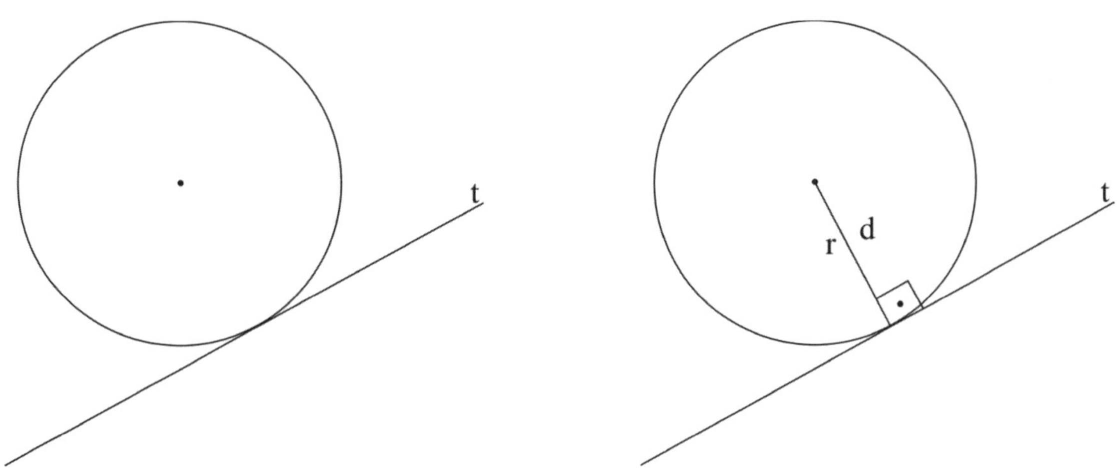

d = r

2. Posições relativas entre circunferências

2.1) **Secantes**: Se duas circunferências **f** e **g** têm dois pontos distintos em comum, então **f** e **g** são chamadas circunferências secantes. Neste caso a distância **d** entre os centros é menor que a soma dos raios **R** e **r** e maior que diferença positiva entre os raios.

2.2) **Exteriores**: Se duas circunferência **f** e **g** não têm pontos em comum nem pontos internos em comum, então **f** e **g** são chamadas circunferências exteriores. Neste caso a distância **d** entre os centros é maior que a soma dos raios **R** e **r** .

2.3) **Tangentes externamente**: Se duas circunferência **f** e **g** têm um único ponto em comum e não têm pontos internos em comum, então **f** e **g** são chamadas circunferências tangentes externamente. O ponto em comum é chamado ponto de tangência ou ponto de contacto. Neste caso a distância **d** entre os centros é igual à soma dos raios **R** e **r**.

2.4) **Tangentes internamente**: Se duas circunferências **f** e **g** têm um único ponto em comum e os outros pontos de uma é interno à outra, então **f** e **g** são chamadas tangentes internamente (ou tangentes interiores). O ponto em comum é chamado ponto de tangência ou ponto de contacto. Neste caso a distância **d** entre os centros é igual à diferença positiva entre os raios **R** e **r**.

2.5) **Uma interior à outra**: Se duas circunferência **f** e **g** não têm pontos em comum e o centro de uma delas é interno à outra, então **f** e **g** são ditas uma interior a outra (ou interiores). Neste caso a distância **d** entre os centros é menor que a diferença positiva entre os raios **R** e **r**.

interiores

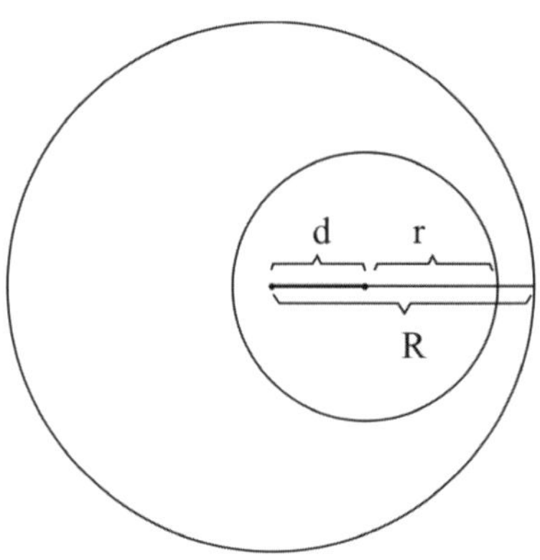

$d < R - r$

tangentes interiores

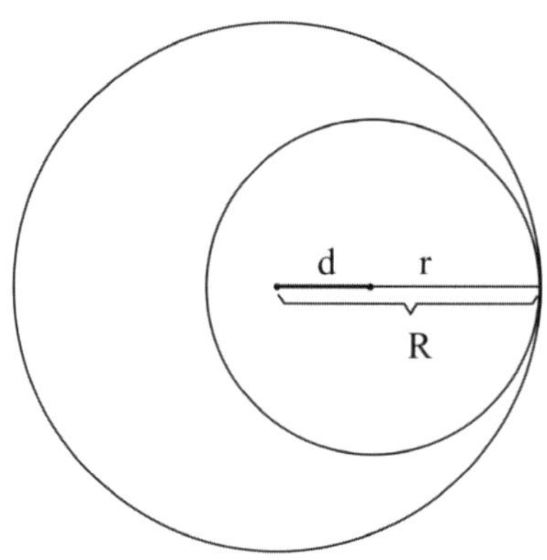

$d = R - r$

secantes

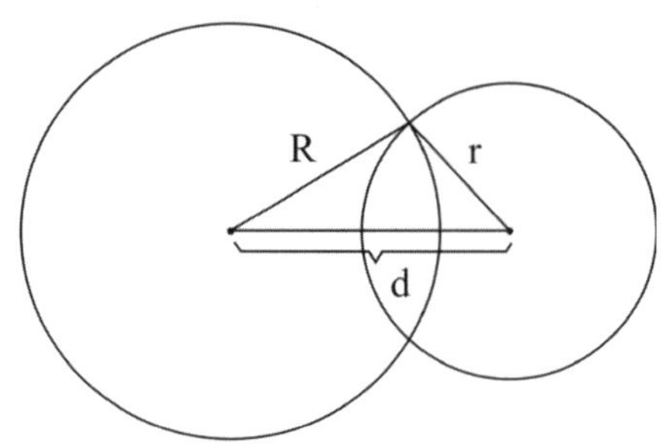

$R - r < d < R + r$

tangentes externamente

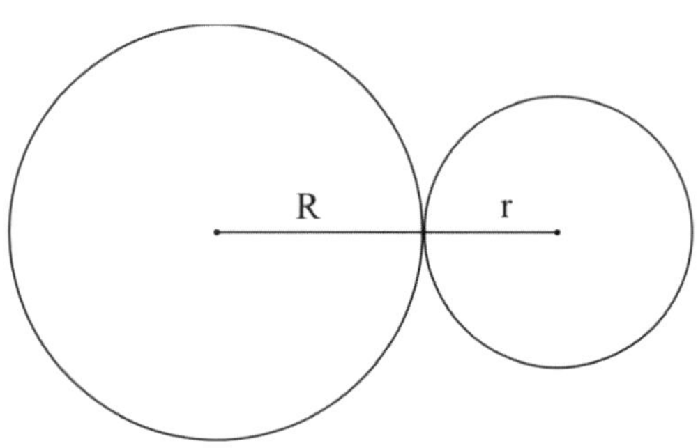

$d = R + r$

exteriores

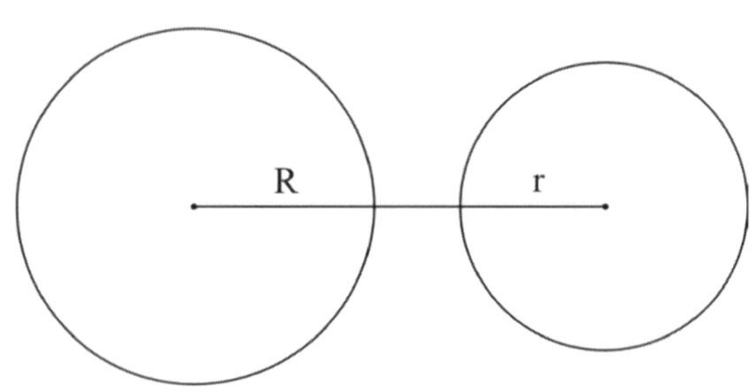

$d > R + r$

3. Propriedades

3.1) **Mediatriz de corda**: A Mediatriz de qualquer corda de uma circunferência passa pelo centro da circunferência (E reciprocamente).

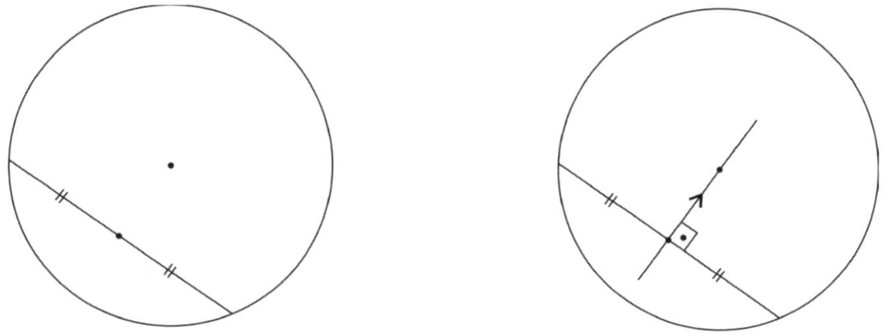

3.2) **Reta e circunferência tangentes**: Se uma reta for perpendicular a um raio conduzida pela extremidade do raio que está na circunferência, então ela é tangente à circunferência (E reciprocamente).

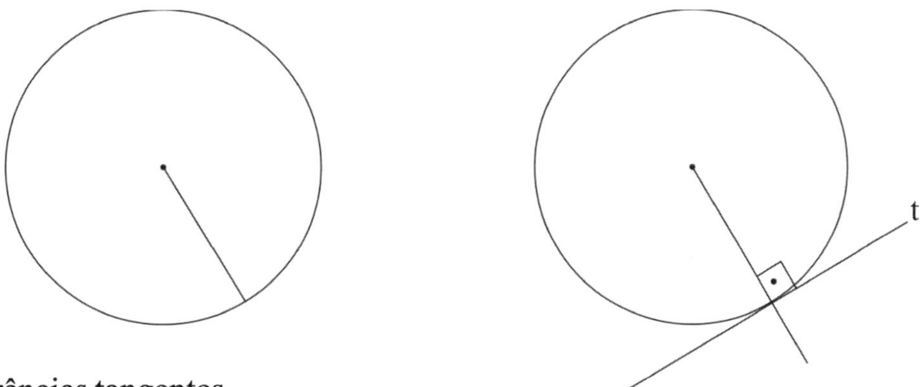

3.3) Circunferências tangentes

I) **Tangentes externamente**: Se as distâncias entre os centros de duas circunferências é igual à soma dos raios, então elas são tangentes externamente. (E reciprocamente).

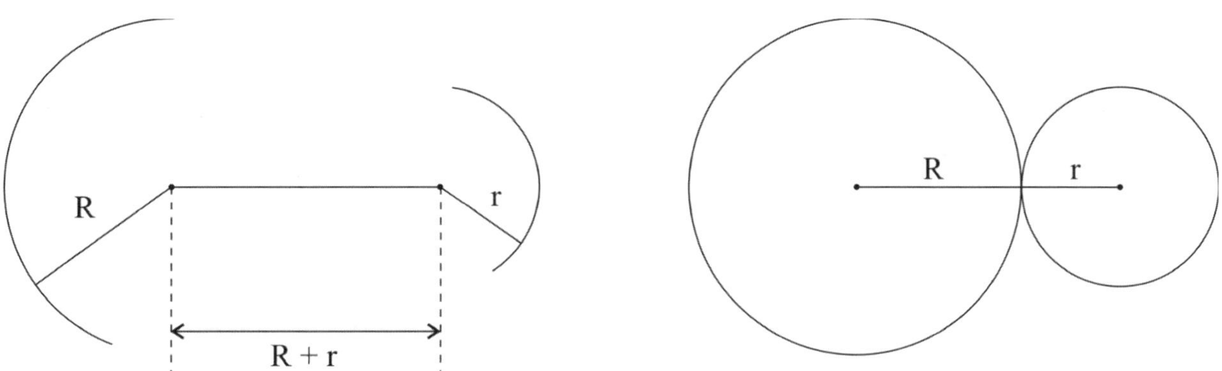

II) **Tangentes internamente**: Se a distância entre os centros de duas circunferências é igual a diferença positiva entre os raios, então ela são tangentes internamente. (E reciprocamente).

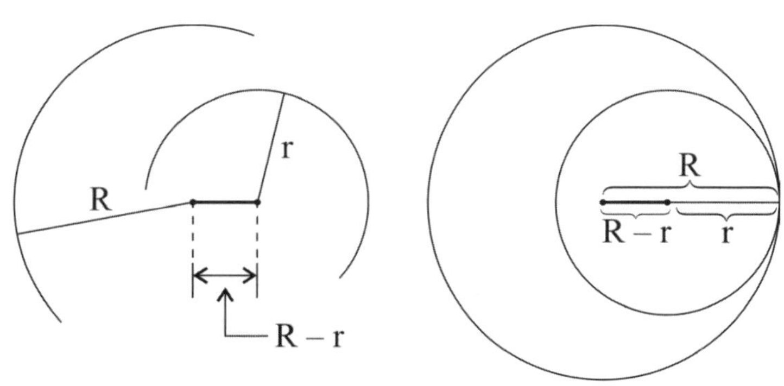

III) **Conseqüência**: Se duas circunferências são tangentes, interna ou externamente, então os centros e o ponto de tangencia são colineares (alinhados).

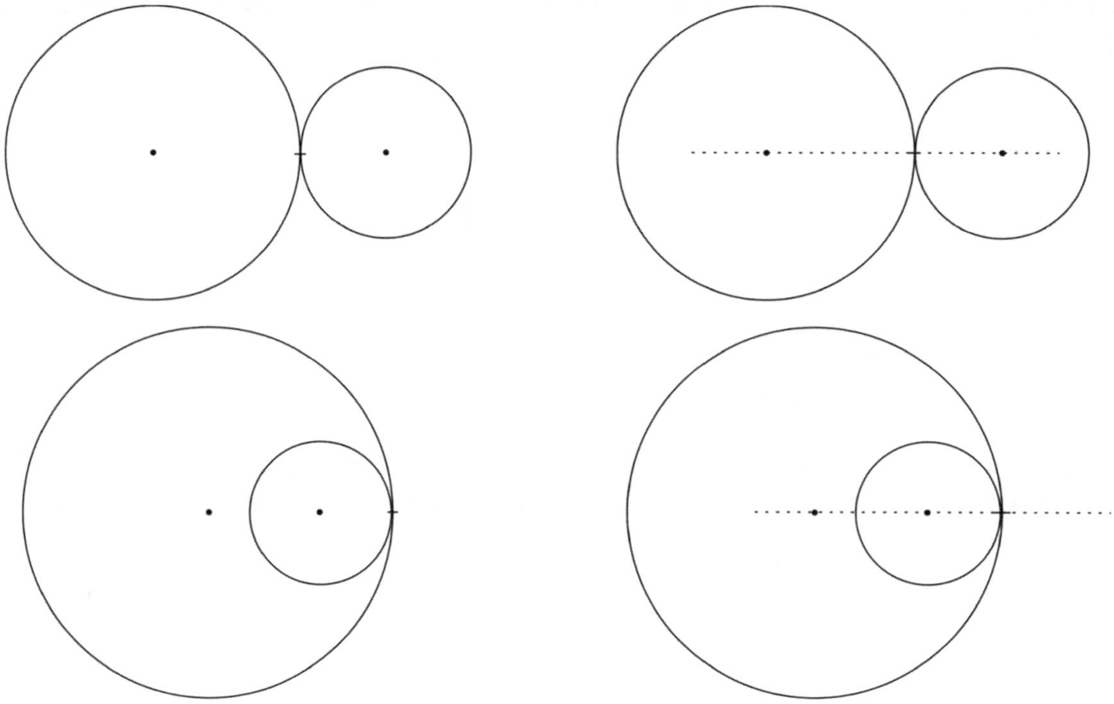

4. Lugares Geométricos

4.1) Corda $\overline{AB}$: O lugar geométrico (l.g.) dos centros das circunferências que passam por dois pontos distintos **A** e **B** (circunferências que têm a corda $\overline{AB}$) é a mediatriz dessa corda.

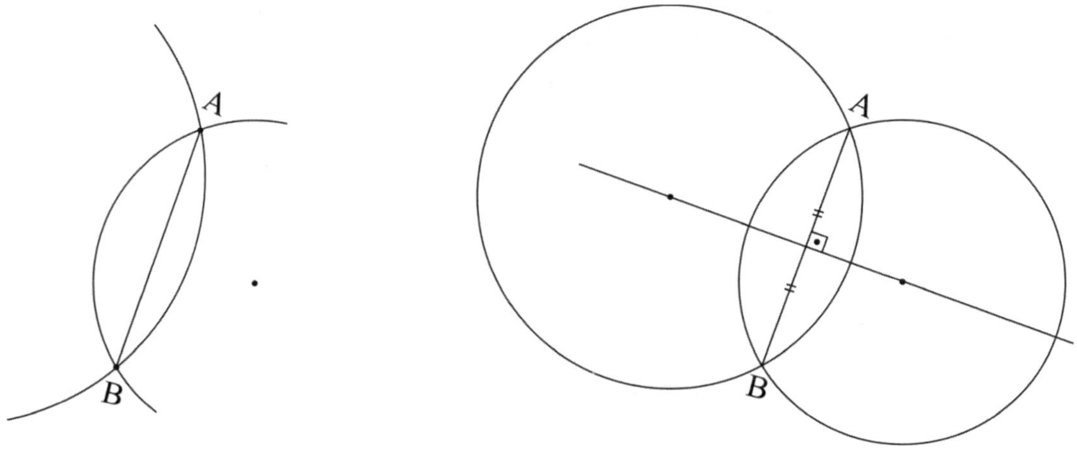

4.2) Centros das circunferências que tangenciam uma reta no mesmo ponto: O l.g. dos centros das circunferências que tangenciam uma reta **t** num ponto **P** é a reta perpendicular a **t**, conduzida por **P**.

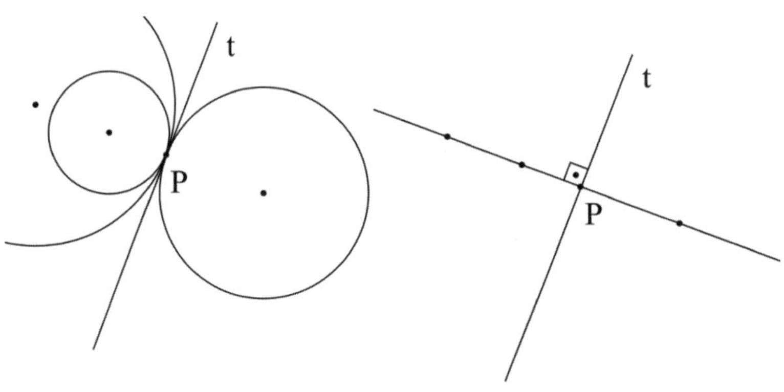

4.3) Centros das circunferências que tangenciam outra num mesmo ponto: O l.g. dos centros das circunferências que tangenciam uma circunferência dada num ponto **P** desta é a reta determinada por **P** e pelo centro da circunferência dada, menos esses dois pontos.

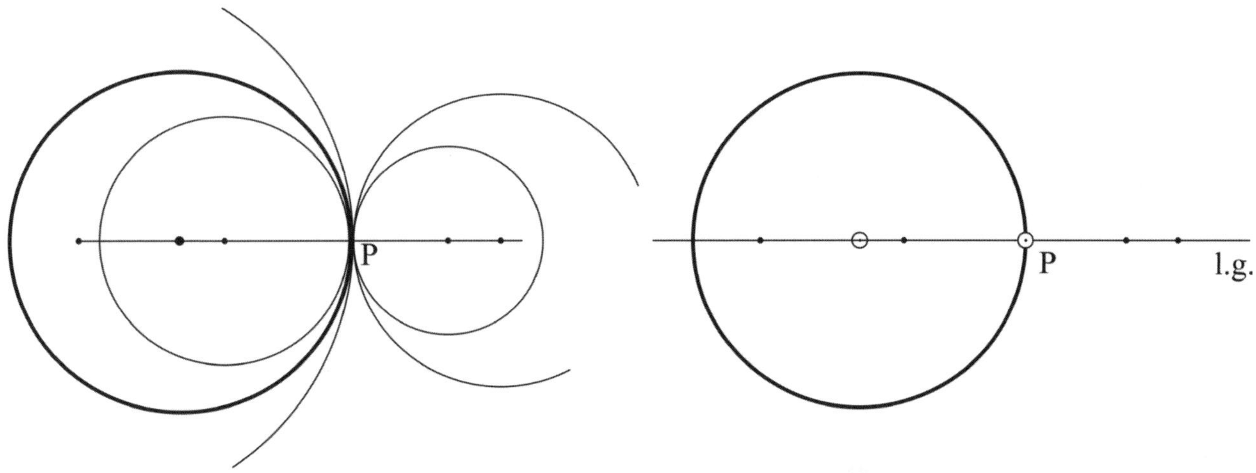

4.4) Centros das que são congruentes e tangenciam uma dada: Dados uma circunferência **f** de raio **R** e um segmento **r**, com **R** maior que **r**, o l.g. dos centros das circunferências que tem raio **r** e tangenciam **f** é a união das circunferências de raios **R + r** e **R – r**, que tem o mesmo centro que **f**.

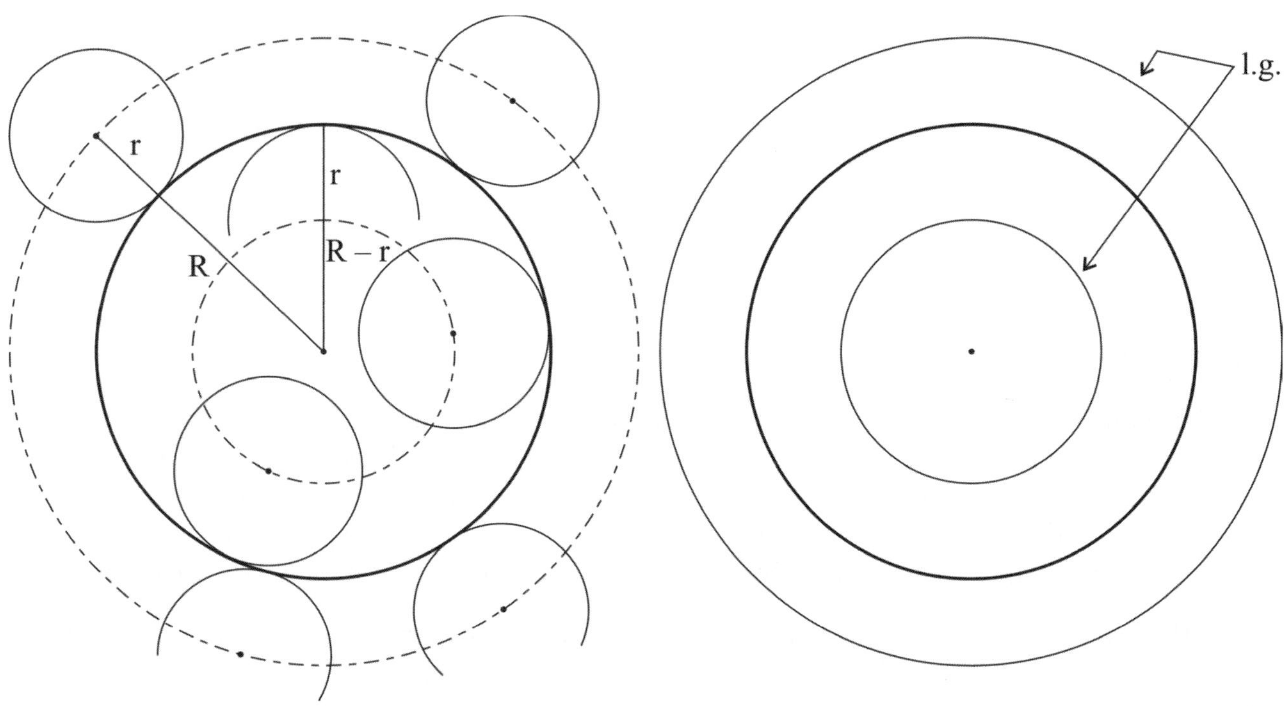

4.5) Centros das circunferências que tangenciam duas retas paralelas: Dadas duas retas paralelas, com distância **d** entre elas o l.g. dos centros das circunferências que tangenciam as retas dadas é a reta eqüidistante delas, ou seja, é a reta paralela a ambas, distante $\frac{d}{2}$ de cada uma delas.

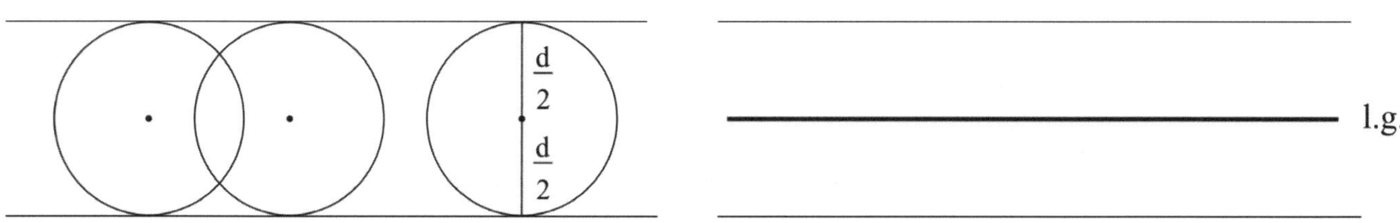

4.6) Centros das circunferências de mesmo raio, que tangenciam uma reta: Dados uma reta **t** e um segmento **r**, o l.g. dos centros das circunferências que têm raio **r** e tangenciam **t** é o par de retas paralelas a **t**, distante, cada reta do par, **r** dela.

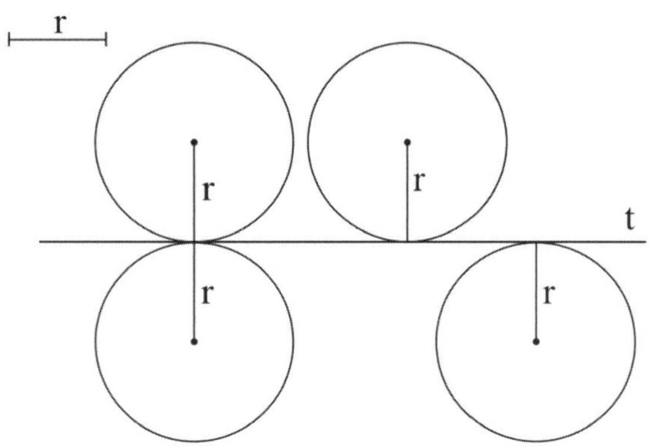

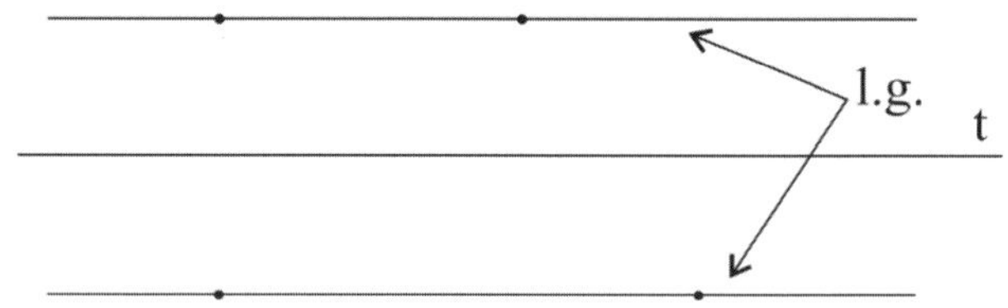

4.7) Centros das circunferências inscritas num ângulo: O l.g. dos centros das circunferências que estão inscritas em um ângulo dado (circunferências que tangenciam os lados do ângulo) é a bissetriz desse ângulo.

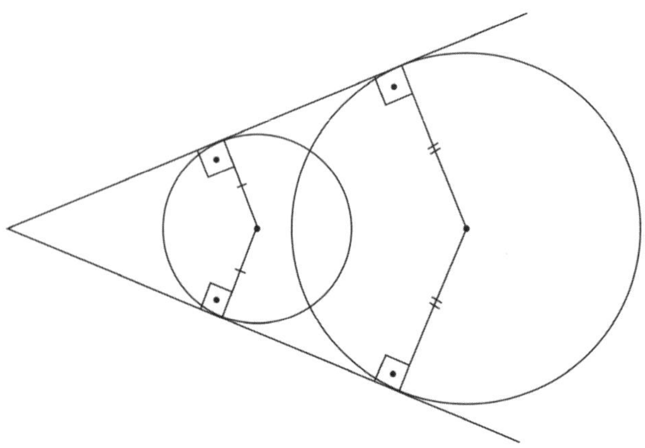

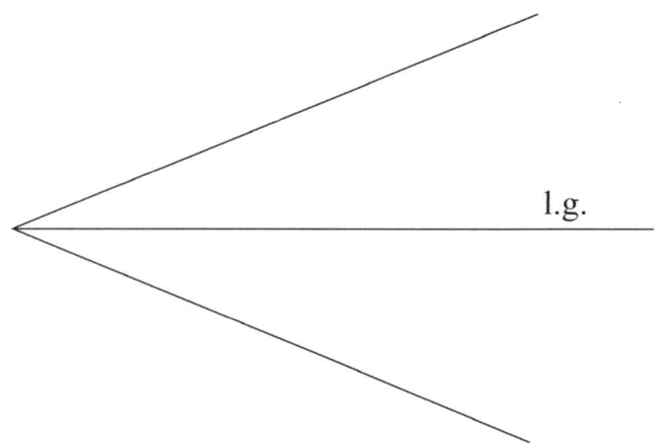

5. Concordância

5.1) Entre uma reta e um arco de circunferência: Dizemos que há uma concordância entre uma reta e um arco de circunferência, quando a reta tangencia a circunferência e consideramos a curva formada por um arco da circunferência em questão, que tem uma extremidade no ponto de tangencia, e a semi-reta com origem também no ponto de contacto, contida na reta em questão, de modo que a parte maior do arco e a semi-reta estejam em semiplanos opostos em relação a reta que passa pelo centro da circunferência e o ponto de contacto.

Exemplo: Dado um ponto **A** e uma reta **t**, concordar a reta com um arco de circunferência de centro **A**.
Basta traçarmos a circunferência de centro **A**, tangente à reta **t** e destacarmos o arco e a semi-reta, descritos acima.

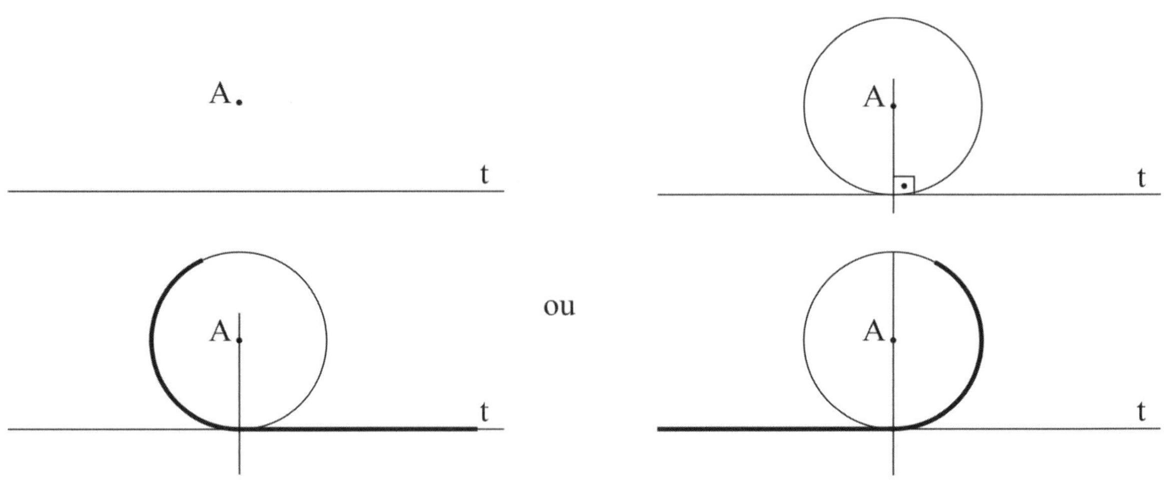

5.2) Entre dois arcos de circunferência: Dizemos que há uma concordância entre dois arcos de circunferência quando elas são tangentes e os arcos têm uma extremidade no ponto de contacto e são escolhidos, com partes maiores em semiplanos opostos em relação à reta que passa pelos centros, para compor a curva.

I) **Os arcos têm o mesmo sentido**: É quando as circunferências são tangentes, com uma interna a outra (tangentes interiores).

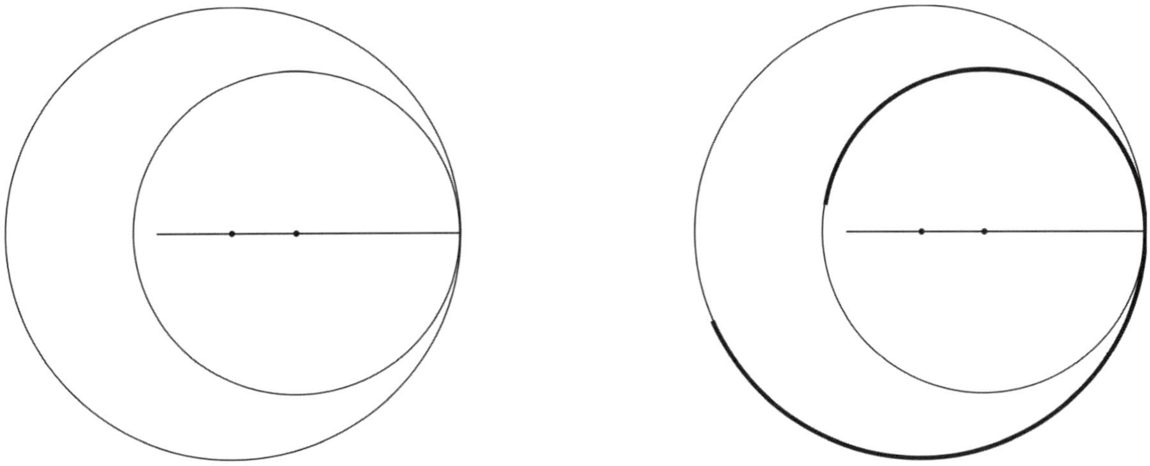

II) **Os arcos têm sentidos opostos**: É quando as circunferências são tangentes externamente.

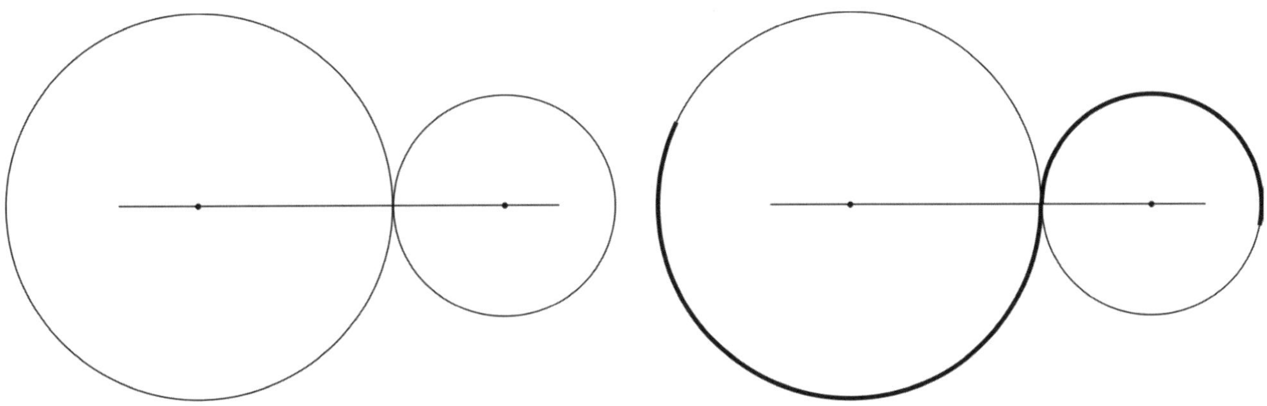

6. Exercícios resolvidos

6.1) Dados um ponto **P** e uma reta **t**, traçar a circunferência que tem centro **P** e tangencia a reta **t**.

1º) Traçamos por **P** a reta perpendicular a reta **t**. Seja **A** o ponto de intersecção dessa reta com **t**. A perpendicular pode ser traçada com esquadros.

2º) Basta agora traçar a circunferência de centro **P** e raio PA.

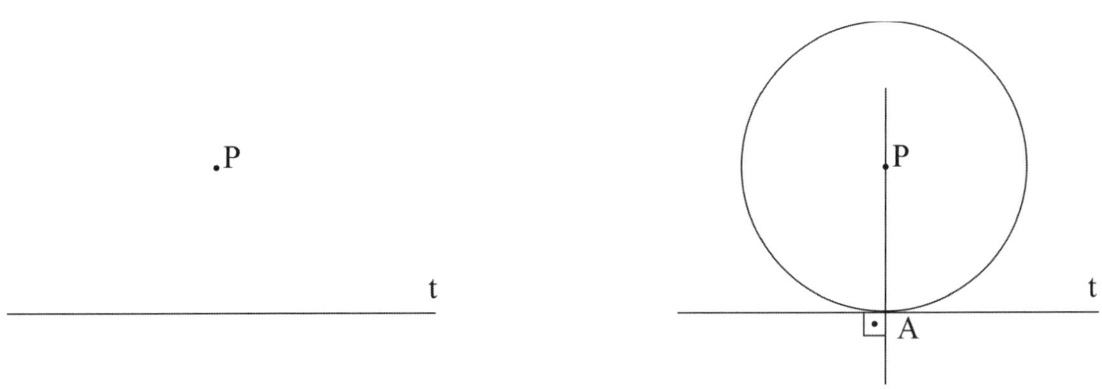

6.2) Dados um segmento AB e uma reta **t** que passa por **A**, construir uma circunferência que passa por **A** e **B** e tangencia **t** em **A**.

Como a circunferência a ser contruída passa pelo ponto **A**, uma vez determinado o seu centro **O**, basta com centro **O** e raio OA, traçá-la.

1º) Como $\overline{AB}$ é corda da circunferência, o centro está na mediatriz **z** de AB.

2º) Como a circunferência tangencia **t** em **A**, o centro está na reta **n** perpendicular a **t**, conduzida por **A**.

3º) A intersecção de **z** com **n** é o centro **O** da circunferência pedida.

4º) Basta traçar a circunferência de centro **O** e raio OA ou OB. Dá na mesma.

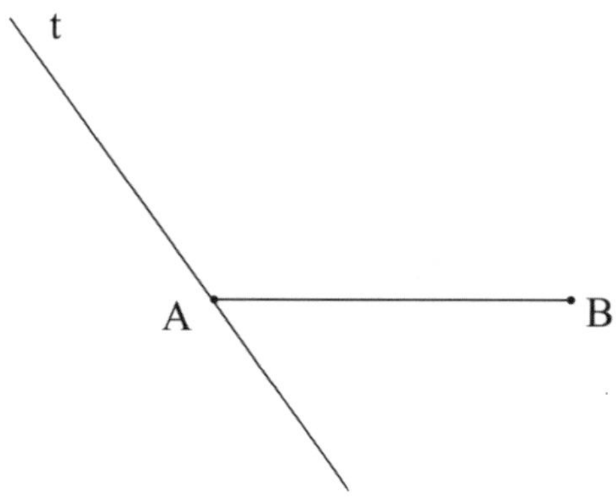

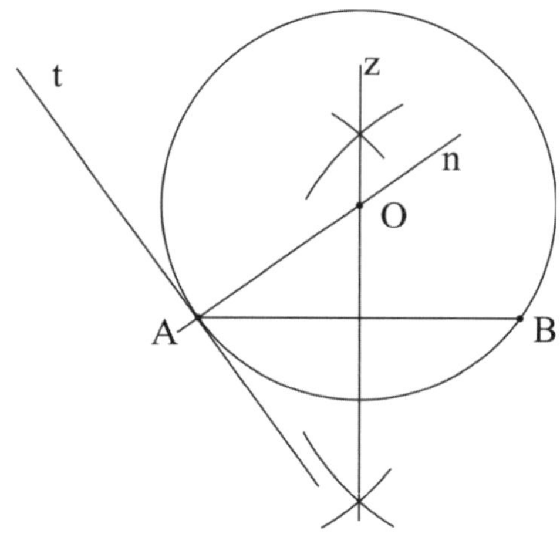

Obs: A mediatriz **z** de AB é traçada com régua e compasso.
A reta **n**, perpendicular a **t** por **A**, pode ser traçada com esquadros.

6.3) Dados uma circunferência **f**, um ponto **A** dela e um ponto **B** externo à ela, traçar uma circunferência que passa por **A** e **B** e tangencia a circunferência dada em **A**.

Como a circunferência a ser contruída passa pelo ponto **A**, uma vez determinado o seu centro **O**, basta com centro **O** e raio OA, traçá-la.

1º) Como AB é corda da circunferência pedida, o seu centro está na mediatriz **z** de AB.

2º) Como à circunferência procurada é tangente a outra em **A**, os centros e A são colineares, estão numa mesma reta. Então o centro da pedida está na reta **n** determinada pelo ponto **A** e o centro da dada.

3º) A intersecção de **z** com **n** é o centro **O** da circunferência procurada.

4º) Basta traçar a circunferência de centro **O** e raio OA ou OB.

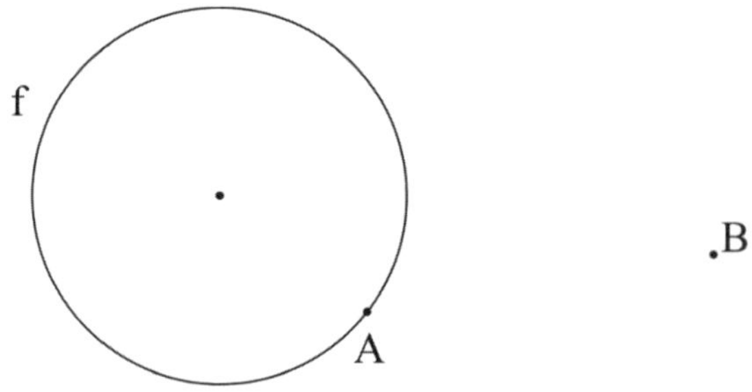

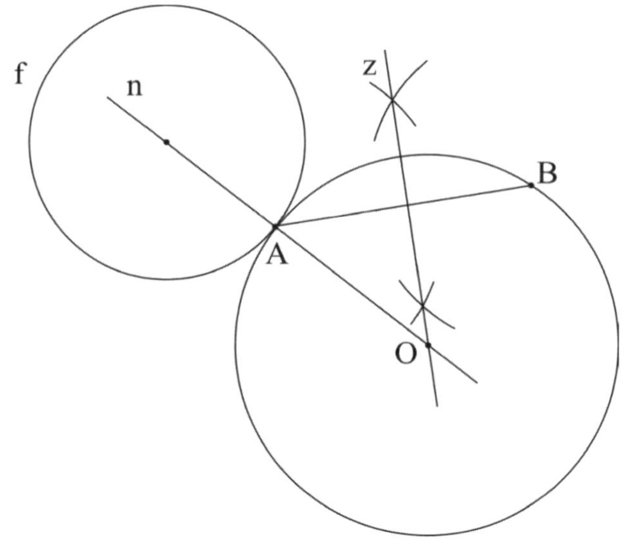

6.4) Dado um ângulo e um ponto **P** de um de seus lados, traçar a circunferência que está inscrita no ângulo dado (tangencia os lados do ângulo), sendo **P** ponto de contacto.

Como a circunferência a ser construída passa por **P**, uma vez determinado o centro **O**, basta traçarmos a circunferência de centro **O** e raio OP.

1º) Como a circunferência está inscrita no ângulo, o seu centro está na bissetriz **b** do ângulo.

2º) Como a circunferência tangencia o lado do ângulo em **P**, o centro está na reta n perpendicular ao lado do ângulo conduzida por **P**.

3º) A intersecção de **b** com **n** é o centro **O** da circunferência procurada.

4º) Basta agora traçar a circunferência de centro **O** e raio OP.

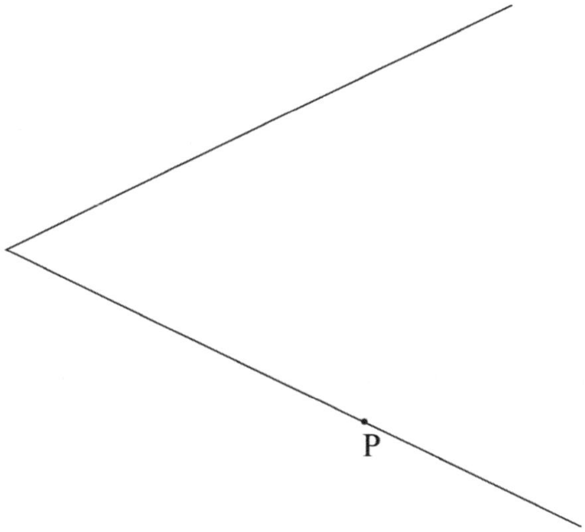

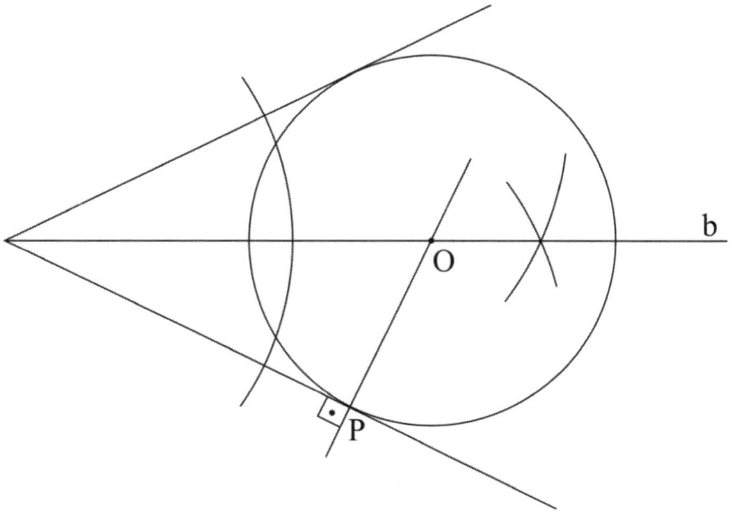

6.5) Dado um triângulo construir a circunferência inscrita nele.

1º) Traçando as bissetrizes de dois ângulos internos determinamos o incentro do triângulo, que é o centro **O** da circunferência inscrita.

2º) Achamos a distância entre **O** e um lado qualquer do triângulo, determinando o raio da circunferência. Conhecendo o centro e o raio traçamos a circunferência.

Obs: As bissetrizes são traçadas com régua e compasso e a perpendicular, com esquadros.

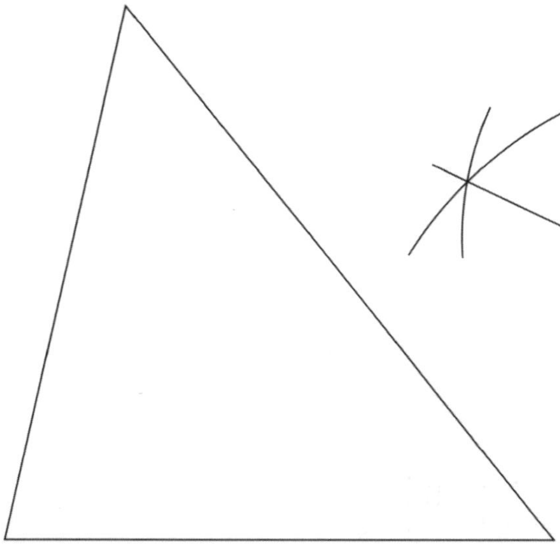

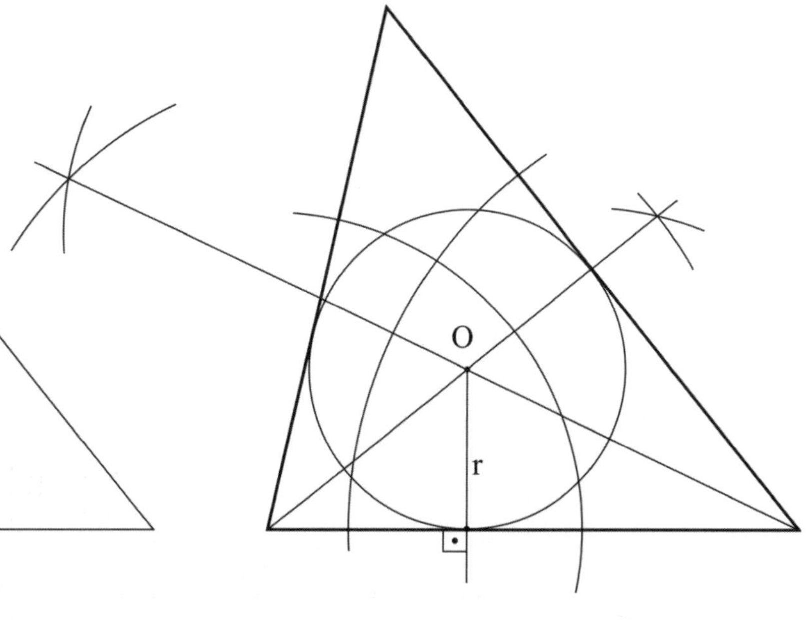

6.6) São dados uma circunferência **f**, um ponto **P** dela e uma reta **t**. Traçar uma circunferência que tangencia **f** e **t**, sendo **P** ponto de tangência.

1º) Traçamos a reta s que tangencia **f** em **P**. Pode usar esquadro para traçar **s** , perpendicular ao raio em **P**.

2º) A circunferência procurada está inscrita no ângulo de **s** e **t** e tangencia **s** em **P**. Agora o problema é resolvido como no item 6.4.

Obs: Há outra resposta que não cabe no espaço dado para a resolução, que é a circunferência inscrita no ângulo suplementar ao da figura, que tem **s** comum.

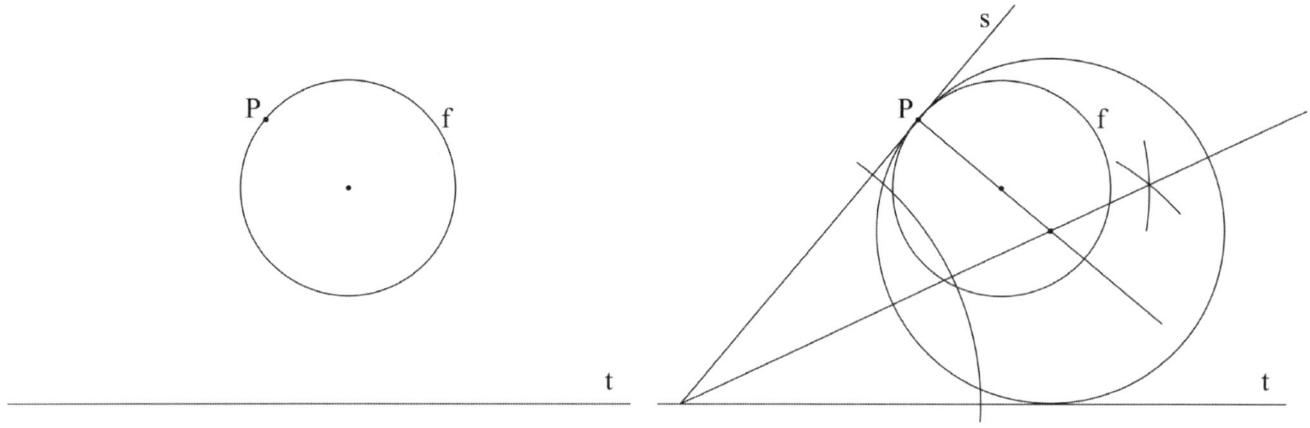

6.7) Dados dois pontos **A** e **B** em um semiplano com origem em uma reta **t**, com a reta AB perpendicular à reta **t**, traçar uma circunferência que passa por **A** e **B** e tangencia **t**.

Obs: Se a reta AB fosse oblíqua a **t** o problema seria bem mais difícil.

Como a circunferência passa por **A**, uma vez determinado o seu centro **O**, basta traçar a circunferência com centro **O** e raio OA.

1º) Como AB é corda da circunferência procurada, o seu centro está na mediatriz **z** de AB.

Note que essa mediatriz **z** é paralela a **t**, pois AB é perpendicular a **t**.

2º) Como **z** é paralela a **t**, o centro esta em **z** e a circunferência tangencia **t**, o seu raio e a distância **r** entre **z** e **t**.

3º) Com centro em **A** e raio **r**, traçamos um arco que corta **z** no ponto O.

4º) Com centro **O** e raio OA traçamos a circunferência procurada.

Obs: Há duas respostas. No espaço reservado colocamos apenas uma.

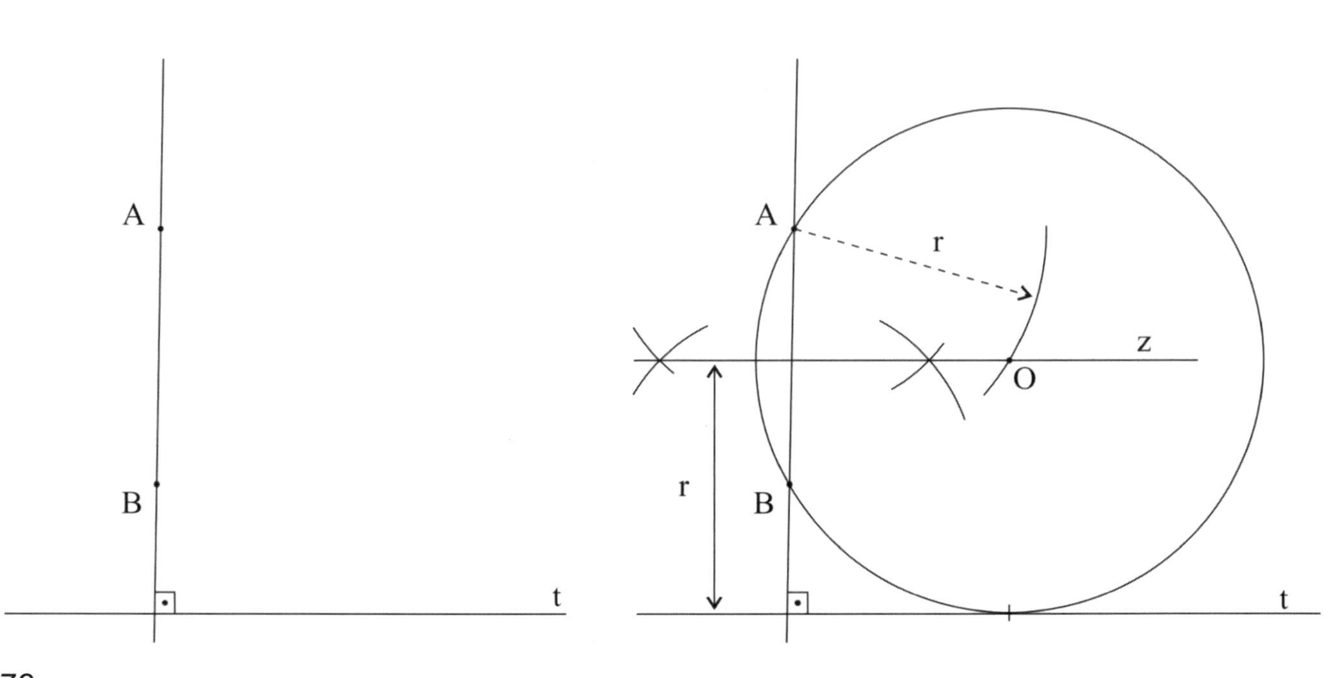

6.8) Dados uma circunferência **f**, um ponto **P** dela e uma reta **t**, concordar **f** e **t** através de um arco de circunferência, tomando o maior arco da circunferência construída, sendo **P** ponto de contacto.

1º) Traçamos a reta **s** por **P**, tangencia à **f**. Esta reta é perpendicular ao raio por **P**. Usar esquadrados.

2º) O centro **O** da circunferência procurada está na bissetriz **z** do ângulo entre **s** e **t** e está na reta que passa por **P** e pelo centro da dada.

3º) Traçamos a circunferência de centro **O** e raio OP, determinamos o ponto **A**, contacto dela com **t** e destacamos os arcos e a semi-reta que formam a curva.

Há outra resposta que não cabe no espaço dado para a resolução.

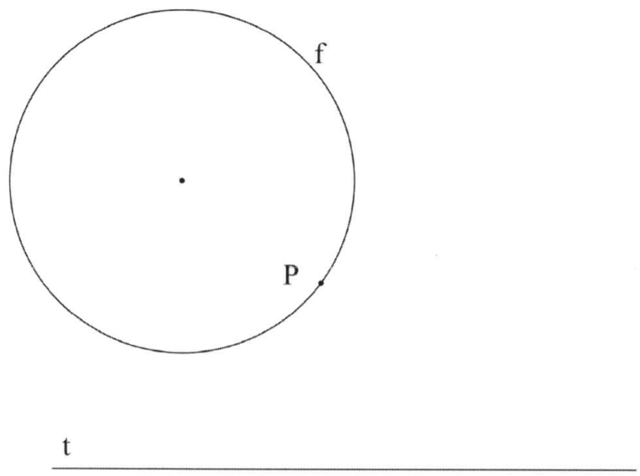

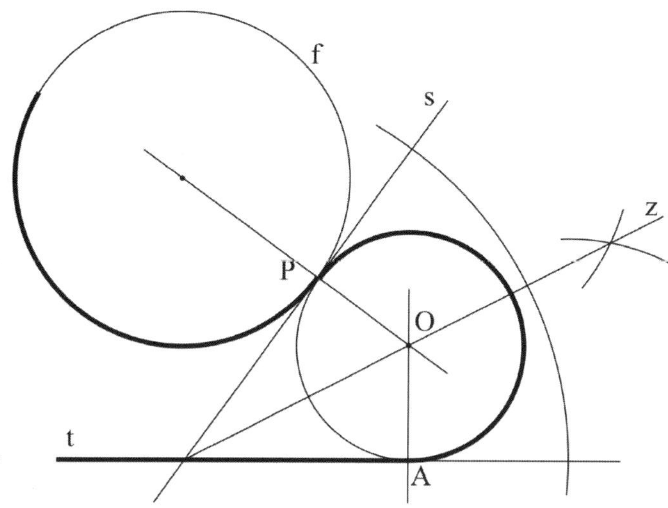

6.9) Dados uma reta **t** e dois pontos **A** e **B** contidos em uma reta paralela a t, concordar a reta t com um arco de circunferência que passa por **A** e **B**.

1º) Como a circunferência passa por **A** e **B**, o centro **O** está na mediatriz **z** de AB.

2º) Como **z** é perpendicular a **t**, pois **Z** é perpendicular a $\overline{AB}$ que é paralelo a **t**, e o centro está em **Z** e a circunferência tangencia **t**, a intersecção **P** de **t** com **Z** é o ponto de contacto do arco com **t**.

3º) Como **A** e **P** são pontos da circunferência, o centro **O** está na mediatriz **n** de $\overline{AP}$. A intersecção de n com **Z** é o centro **O**.

4º) Basta traçar a circunferência de centro **O** e raio OP ou OA ou OB e destacar o arco e a semi-reta que determinam a curva. (Pode-se pegar a semi-reta oposta e o arco correspondente).

Obs: Se $\overline{AB}$ for oblíquo a **t** o problema é bem mais difícil.

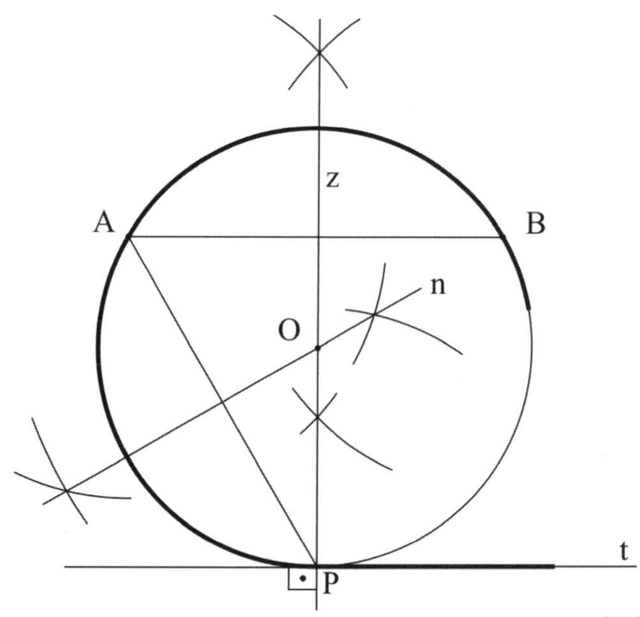

EXERCÍCIOS

290 Construir:

a) Uma circunferência de centro **O** e raio **r**.

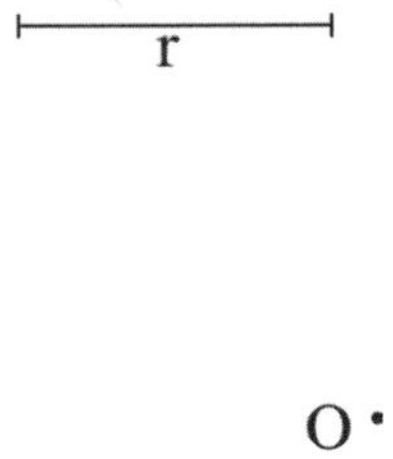

b) Uma circunferência de centro **O** que passa por **P**.

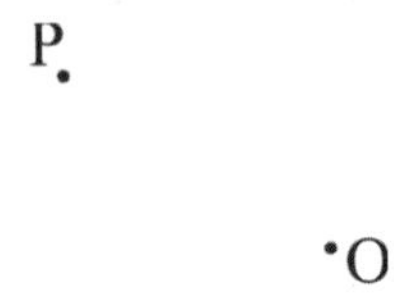

c) Duas circunferências quaisquer de raio **r**, que passam por **P**.

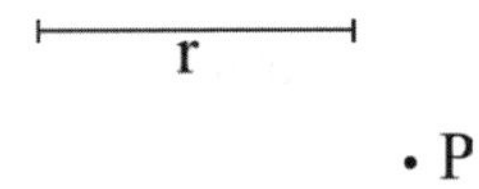

291 Resolver:

a) Traçar a mediatriz do segmento AB.

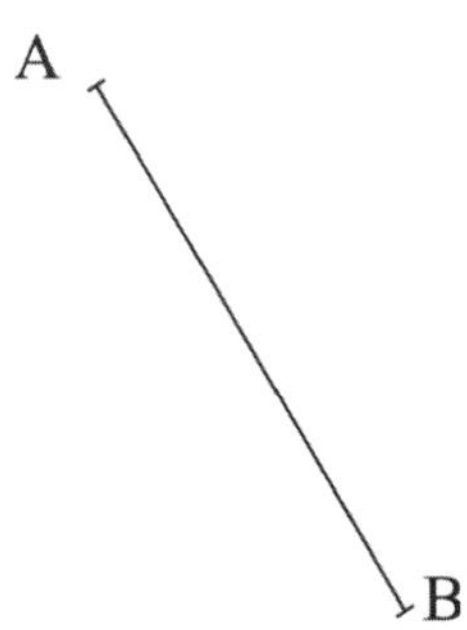

b) Determinar o ponto médio de AB.

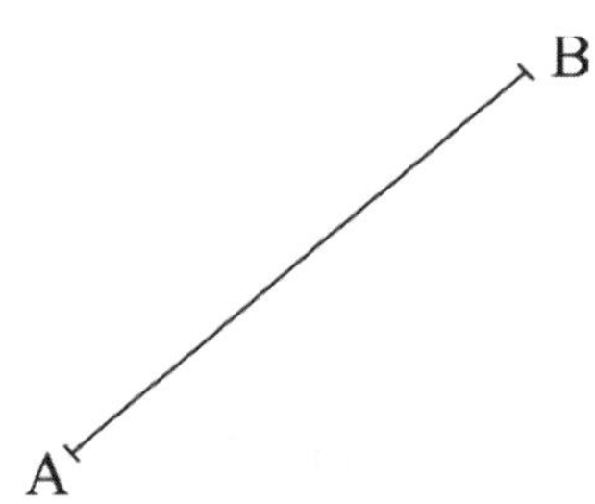

c) Traçar a circunferência de diâmetro AB.

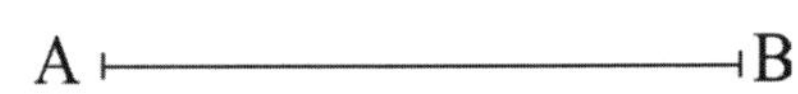

292 Traçar o lugar geométrico (l.g.) dos pontos que:

a) distam **r** do ponto **O** dado

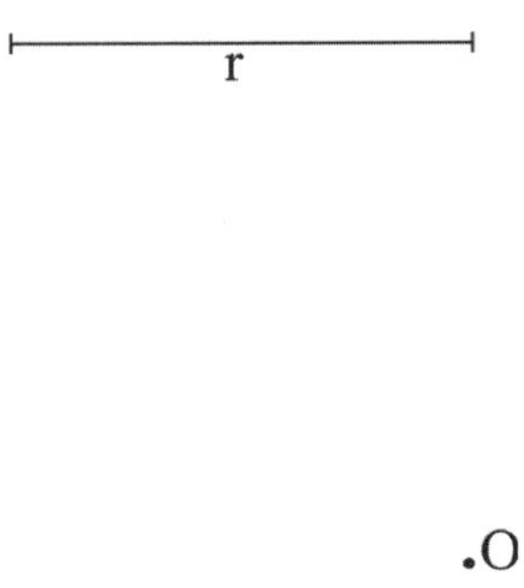

b) São centros das circunferências que têm raios **r** e passam pelo ponto **P** dado.

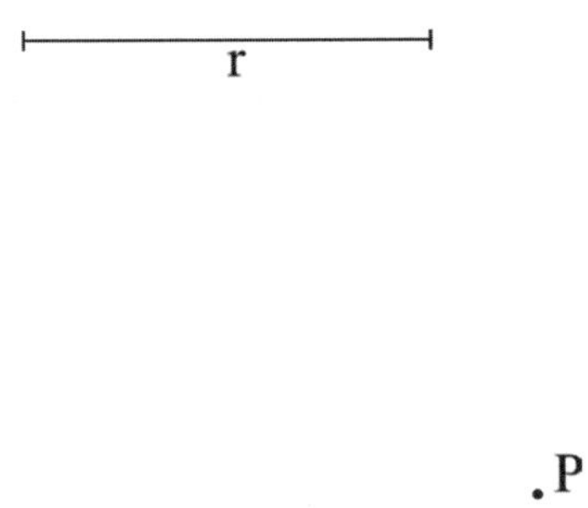

293 Em cada caso são dados dois pontos **A** e **B** e uma distância r, resolver:

a) Determinar os pontos que distam **r** de **A** e também **r** de **B**.

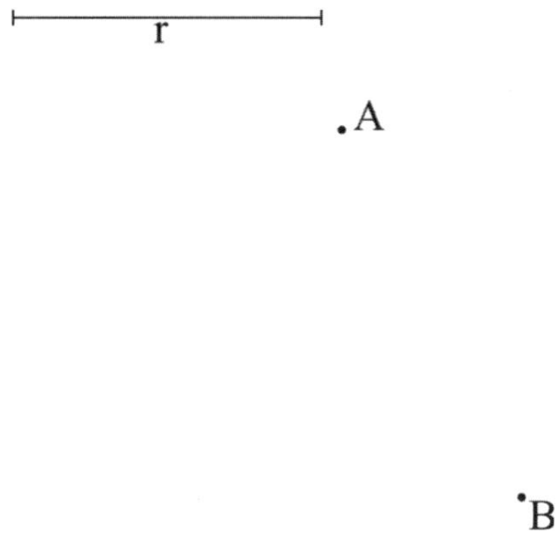

b) Traçar as circunferências que têm raio **r** e passam por **A** e **B**.

294 Traçar o lugar geométrico (l.g.) dos pontos que são:

a) Eqüistantes dos pontos **A** e **B**.

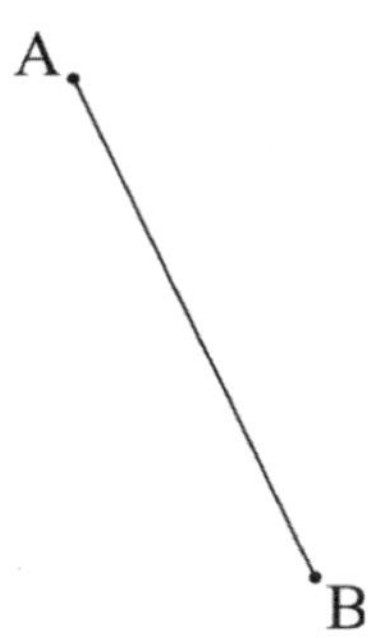

b) Centros das circunferências passam por **A** e **B**.

295 Traçar as circunferências que passam pelos pontos **A** e **B** dados e cujos centros distam **a** da reta AB.

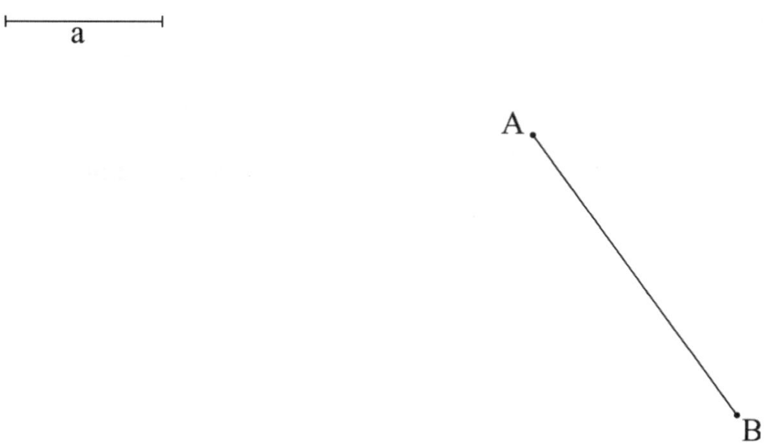

296 Resolver:

a) Traçar as mediatrizes das cordas AB e CD da circunferência dada.

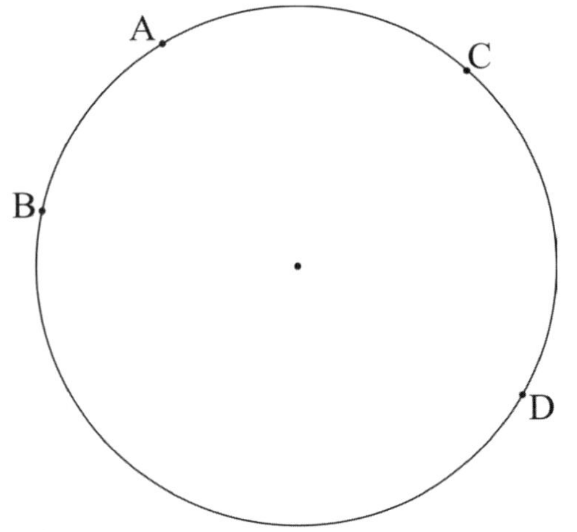

b) Determinar o centro da circunferência dada.

c) Determinar o centro da circunferência dado um arco dela.

d) Completar o desenho da circunferência, dado um arco dela.

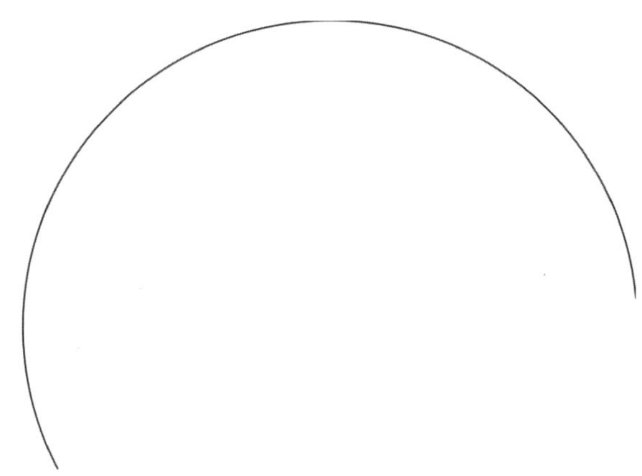

297 Resolver:

a) Traçar as mediatrizes dos segmentos AB e BC.

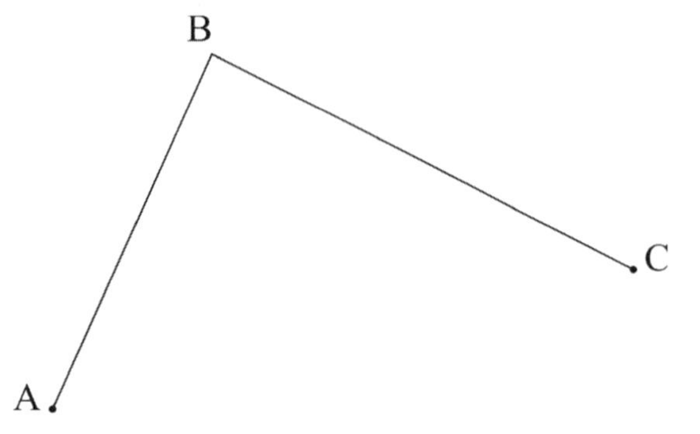

b) Determinar um ponto que é eqüidistante dos pontos **A**, **B** e **C** dados.

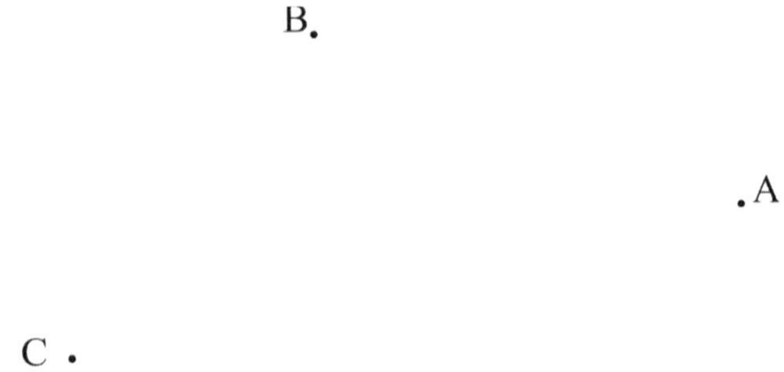

298 Traçar a circunferência que passa pelos pontos **A**, **B** e **C** dados, nos casos:

a)

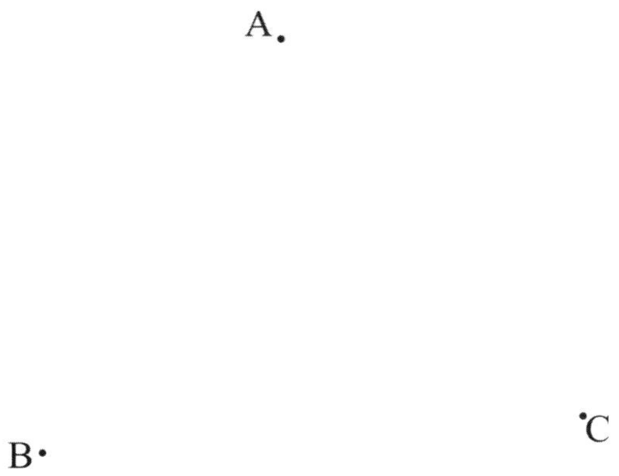

b)

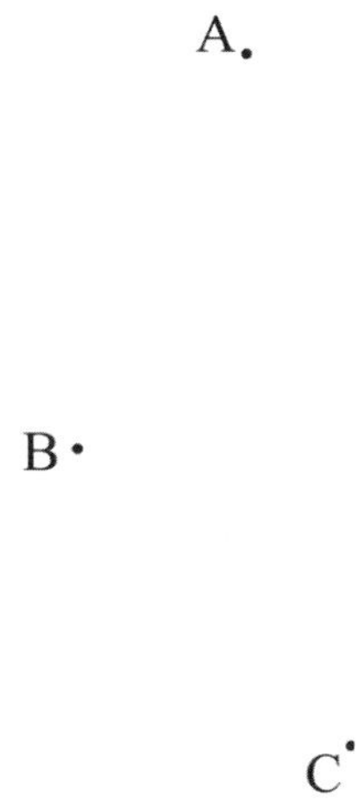

299 Traçar a circunferência circunscrita ao triângulo dado, nos casos:

a)

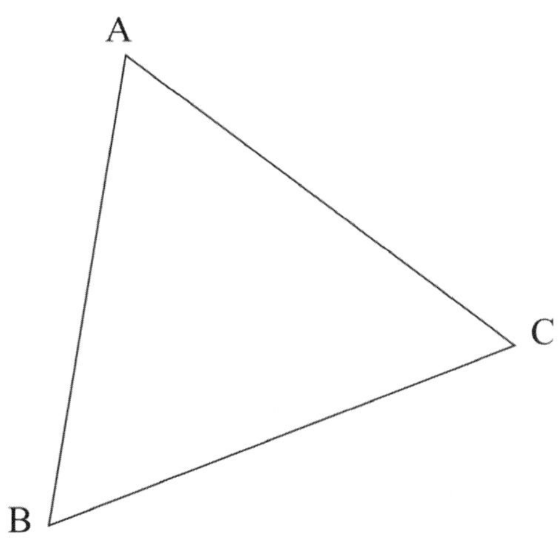

b)

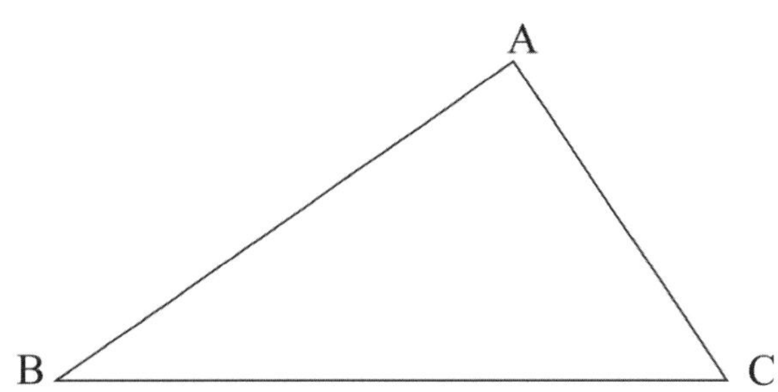

c)

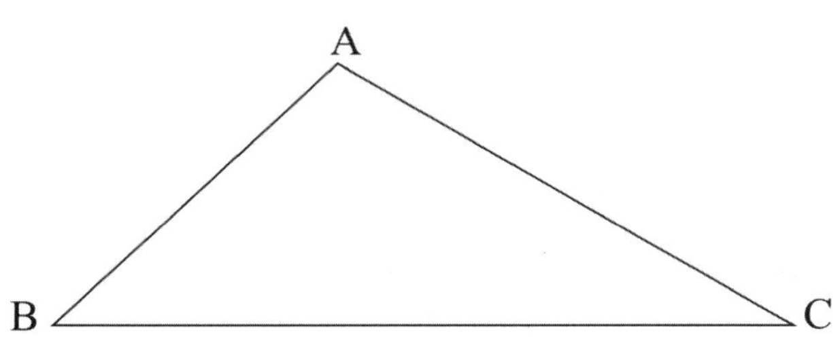

d)

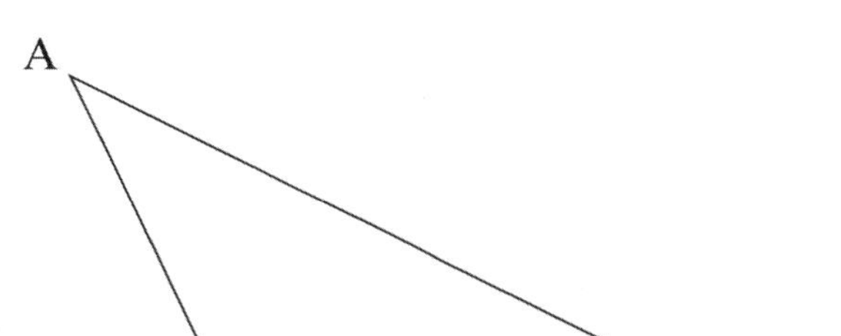

300 Em cada caso são dados três pontos **A**, **B** e **P** colineares (alinhados). Traçar as circunferências de centros **A** e **B**, que passam por **P**.

a)

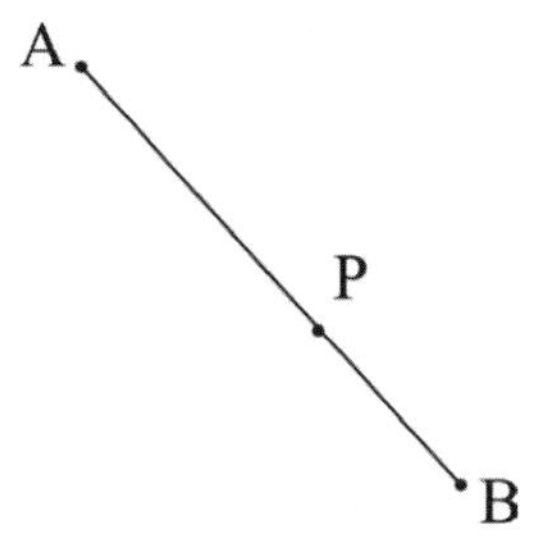

b)

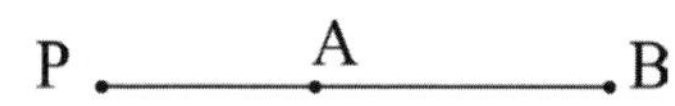

c)

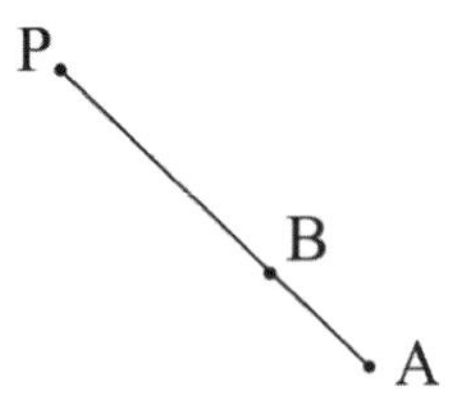

d)

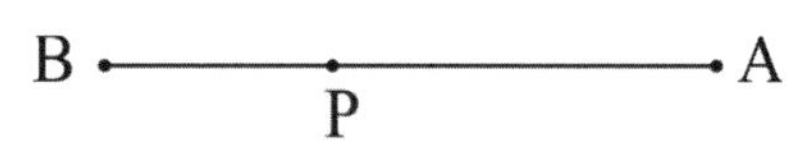

301 Dadas duas circunferências tangentes, determine o ponto de tangência, nos casos:

a)

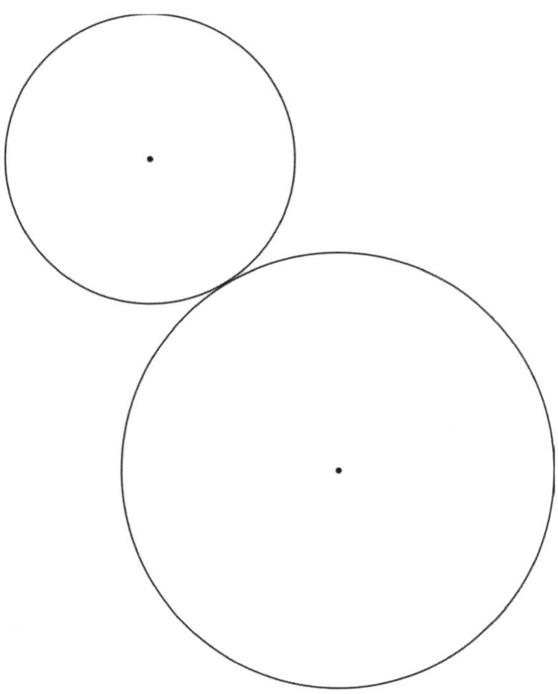

b)

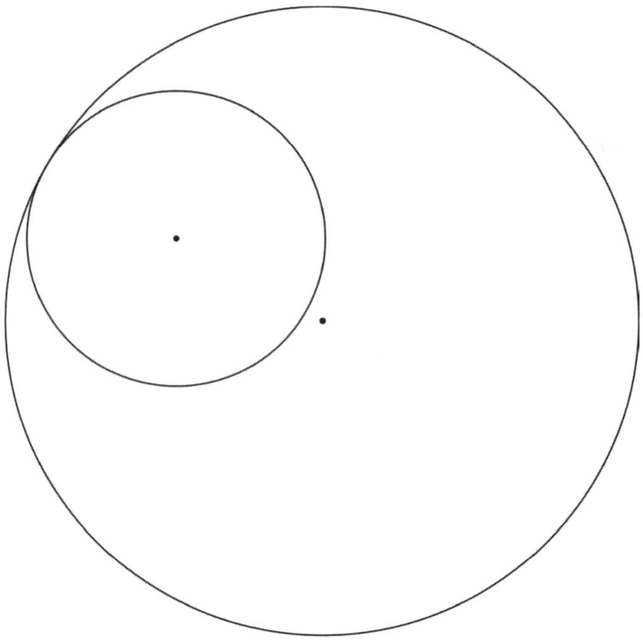

302 Em cada figura temos duas circunferências, ou arcos de circunferência, tangentes. Em uma foi dado o centro, em outra não. Determine o ponto de contacto.

303 Traçar duas circunferências tangentes de raios **a** e **b** dados de modo que sejam:

a) tangentes externamente

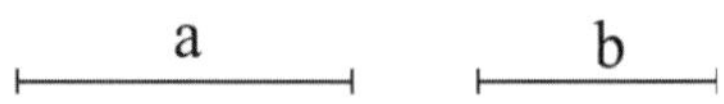

b) tangentes com uma interna à outra.

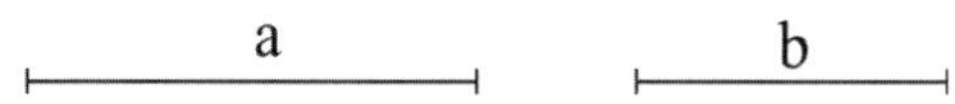

304 Em cada caso é dado um triângulo. Traçar as circunferências com centros nos vértices de modo que sejam tangentes externamente entre si.

a) Triângulo equilátero

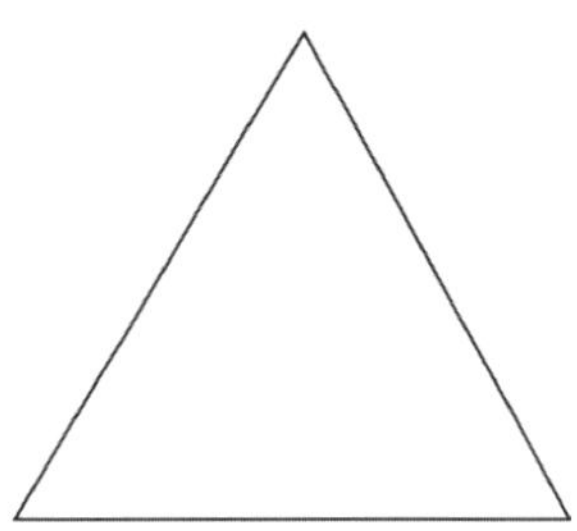

b) Triângulo isósceles

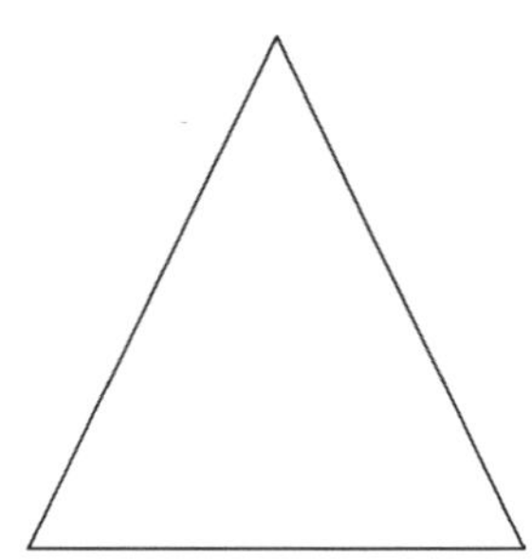

305 Em cada caso são dados uma circunferência **f** e um ponto **P** dela. Traçar circunferências quaisquer, tangentes a **f** no ponto **P** , de modo que:

a) Sejam externas a **f** .

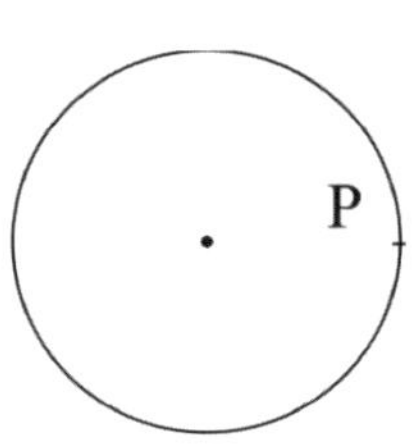

b) Sejam internas a **f**.

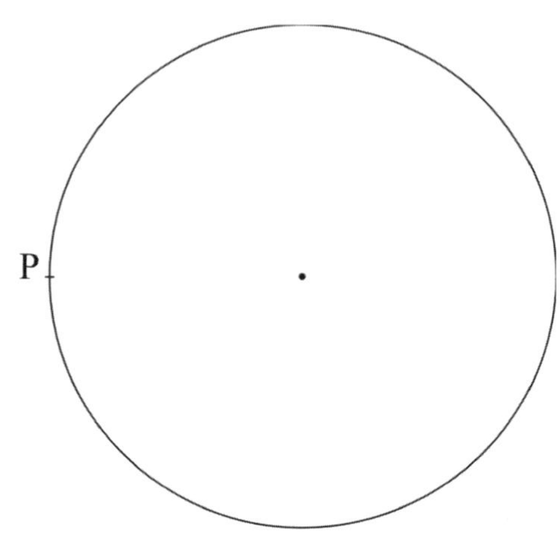

306 Traçar, usando régua e compasso, pelo ponto **P** a reta perpendicular a reta **t**, nos casos:

a)

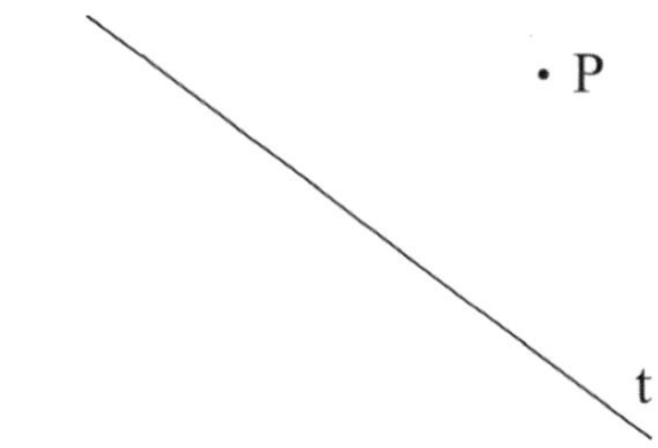

b)

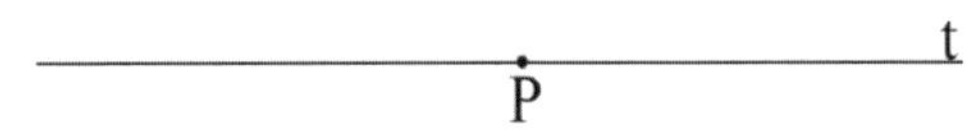

307 Traçar, usando esquadros, pelo ponto **P** a reta perpendicular à reta **t**, nos casos:

a)

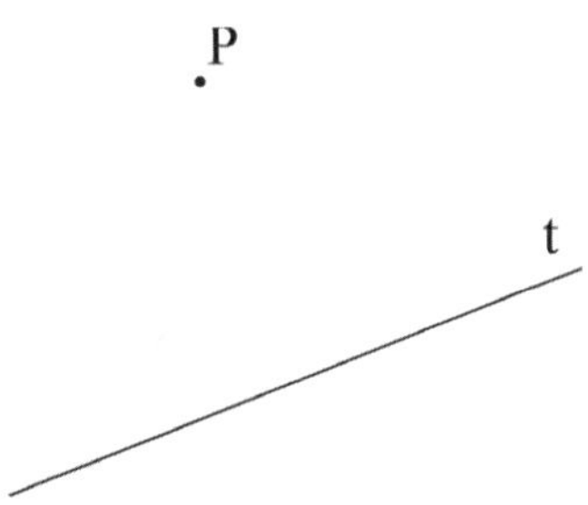

b)

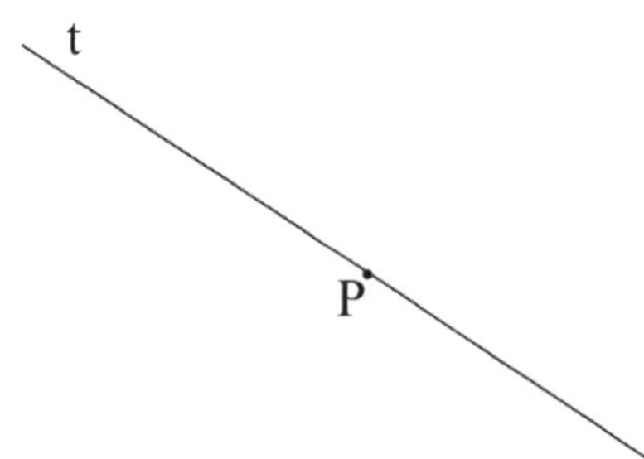

c)

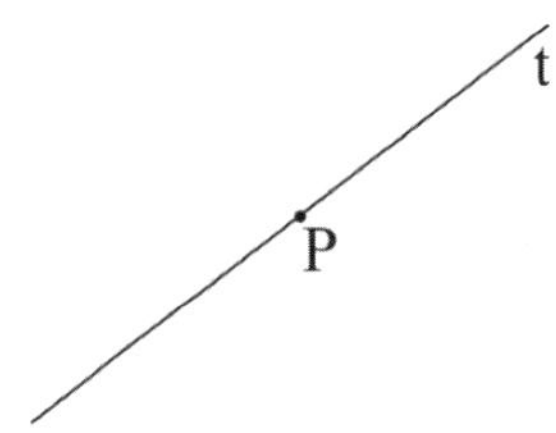

308 Em cada caso são dados uma circunferência e um ponto **P** dela. Traçar por **P** a reta perpendicular ao raio OP, usando régua e compasso.

a)

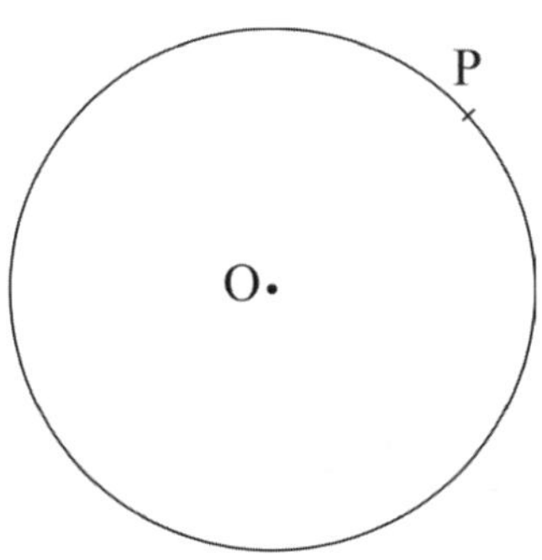

b)

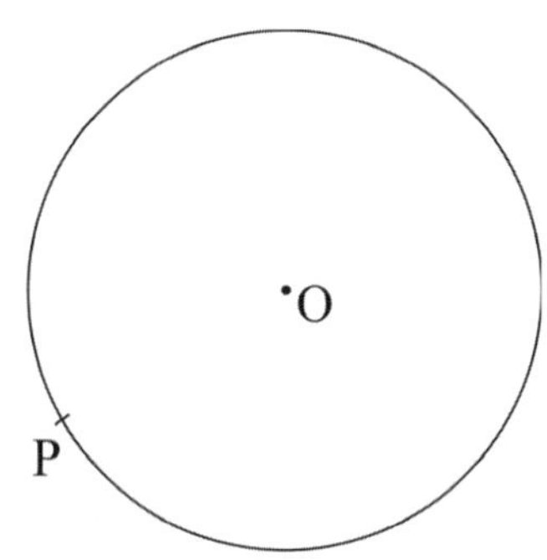

309 Em cada caso são dados uma circunferência e um ponto **P** dela. Traçar por **P** a reta perpendicular ao raio OP, usando jogo de esquadros.

a)

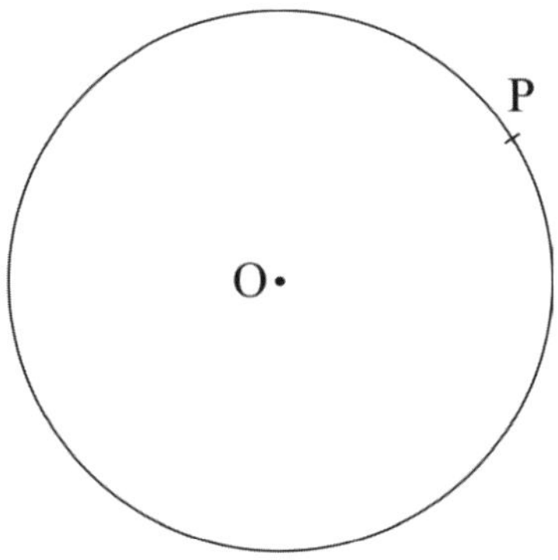

b)

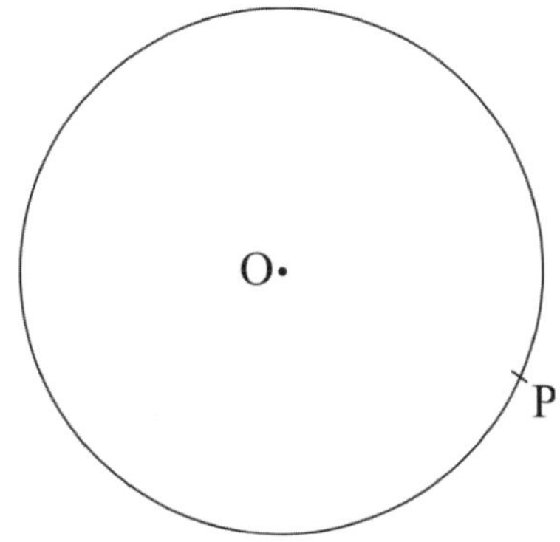

310 Em cada caso é dada uma circunferência tangente a uma reta **t**. Determine o ponto de contacto usando:

a) Régua e compasso

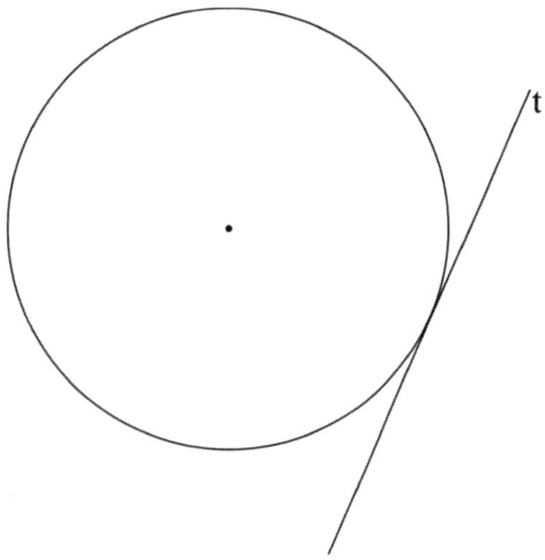

b) O jogo de esquadros

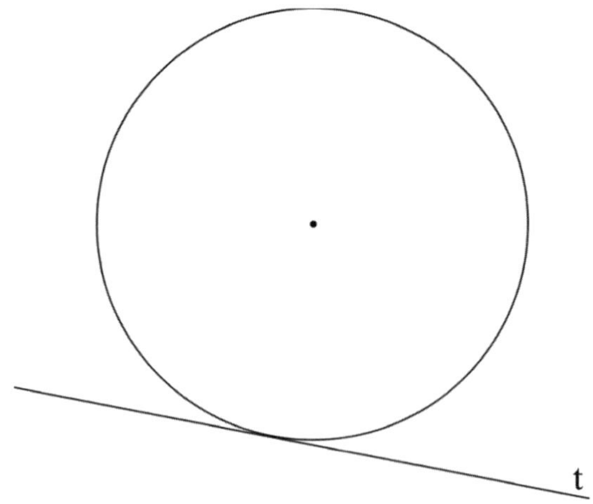

311 Em cada caso são dados uma circunferência e um ponto **P** dela. Traçar a reta **t** que tangencia a circunferência em **P**.

Obs: Pode ser usando esquadros.

a)

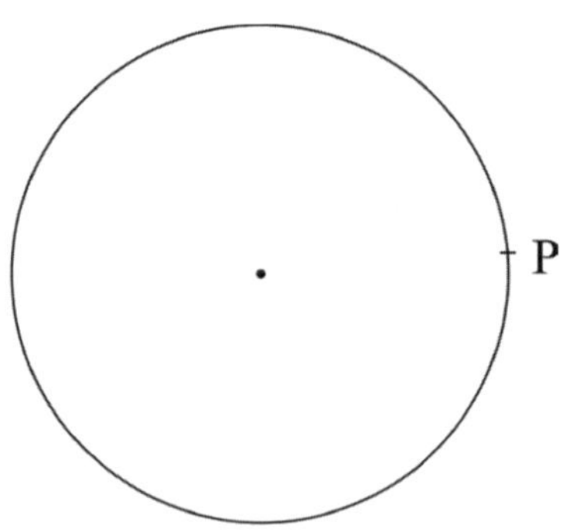

b)

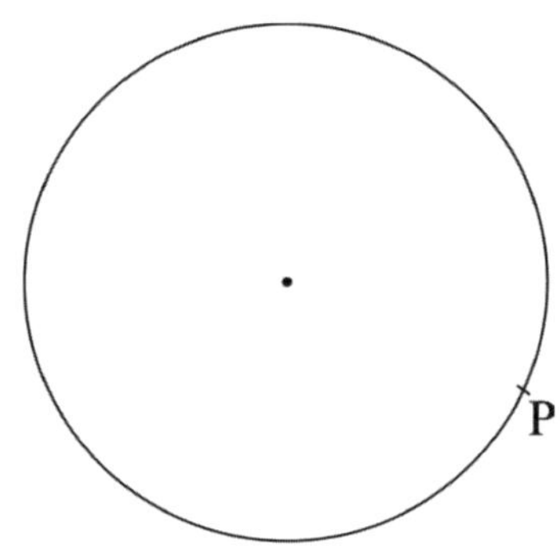

312 Em cada caso foi dada uma circunferência onde não foi dado o centro.

a) Sendo a reta **t** tangente a ela, determine o ponto de contacto.

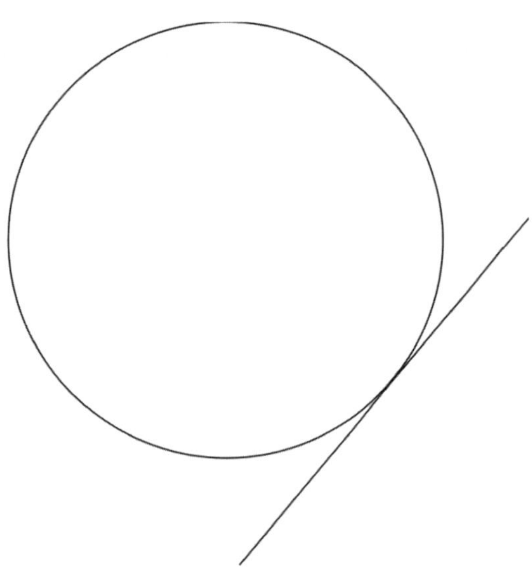

b) Traçar pelo ponto **P** dela a reta tangente à ela.

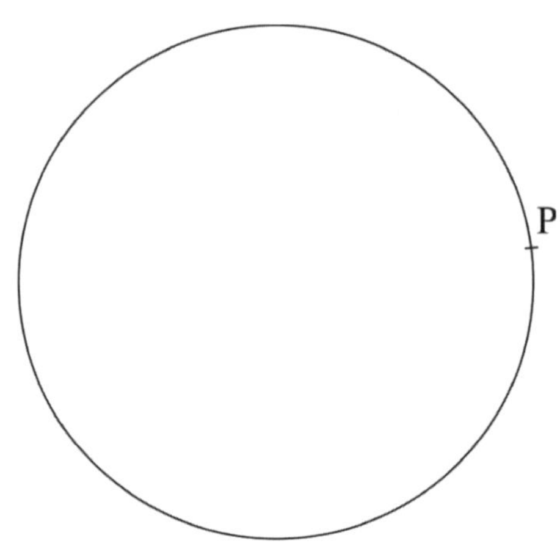

313 Traçar o lugar geométrico (l.g.) dos centros das circunferências que tangenciam a reta **t** no ponto **P**, nos casos: (Pode usar o jogo de esquadros para traçar retas perpendiculares. Neste e em outros exercícios).

a)

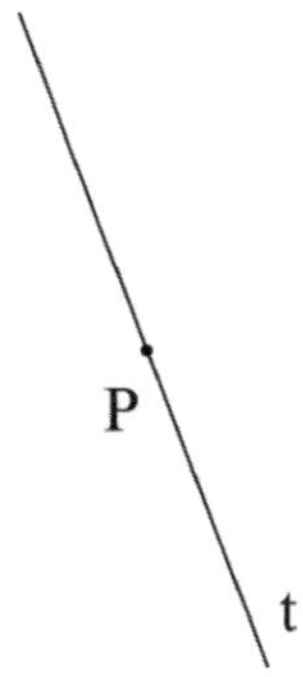

b)

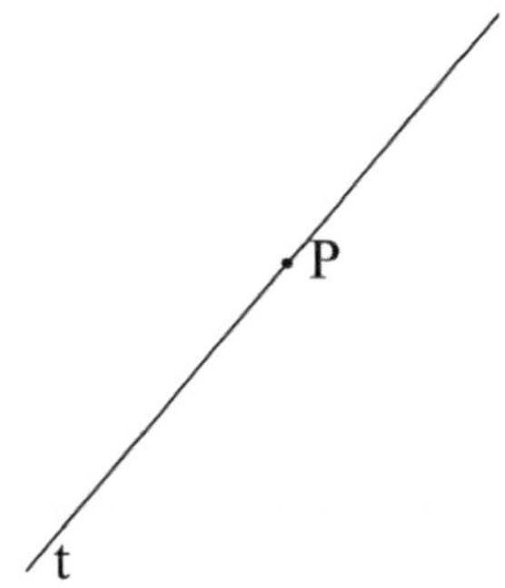

314 Traçar as circunferências que têm raio **r** e tangenciam a reta **t** no ponto **P**.

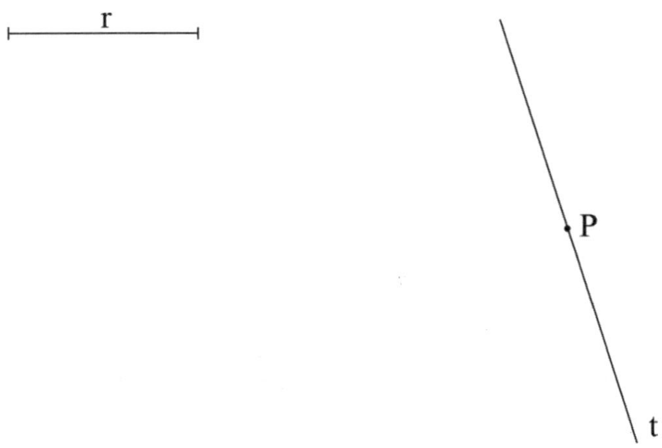

315 Traçar, as que cabem no espaço, as circunferências de raios 1,5 cm , 2 cm , 3 cm e 4 cm que tangenciam a reta **t** em **P**.

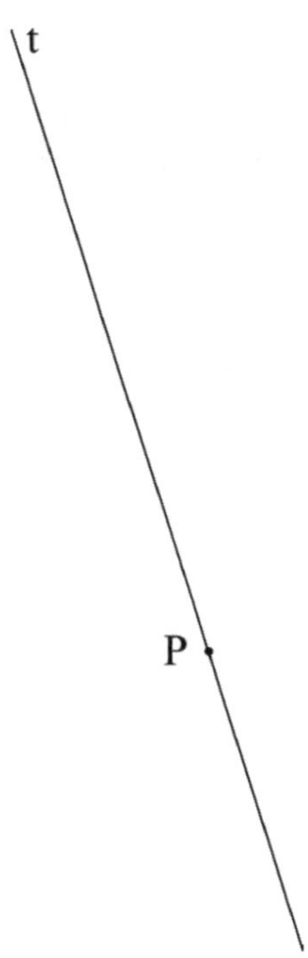

316 Determine o raio da circunferência que tem centro **O** e tangencia a reta **t** dada, nos casos:

a)

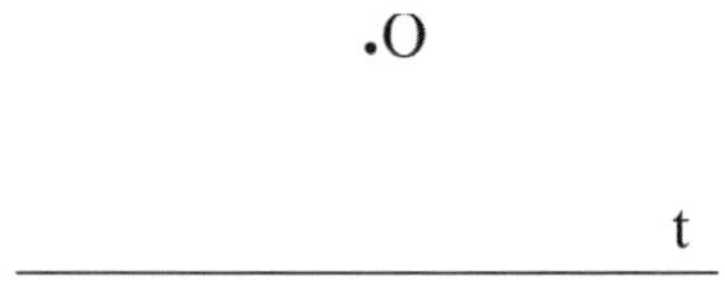

b)

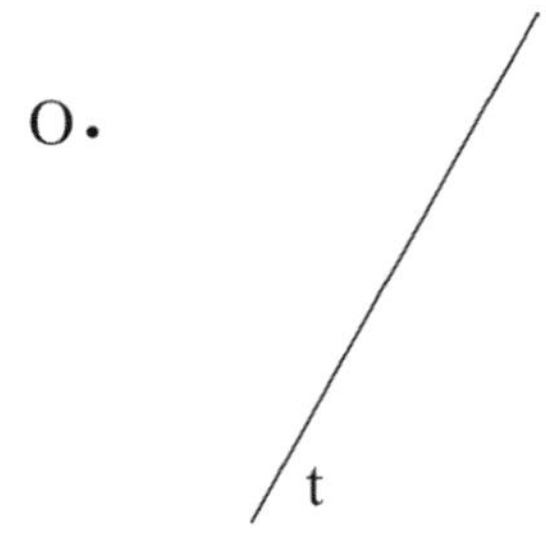

c)

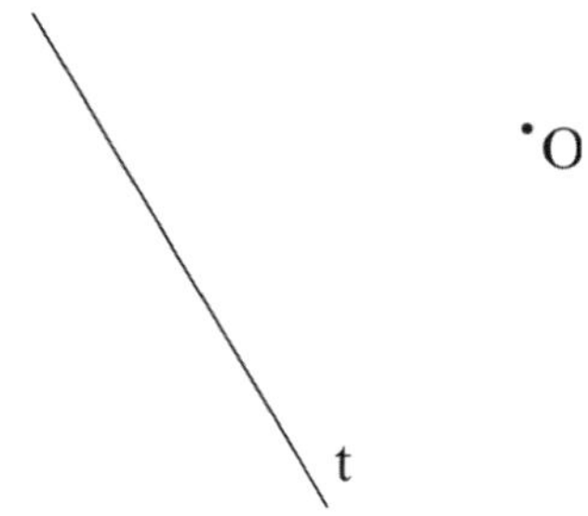

317 Traçar a circunferência que tem centro **O** e tangencia a reta **t**, nos casos:

a)

b)

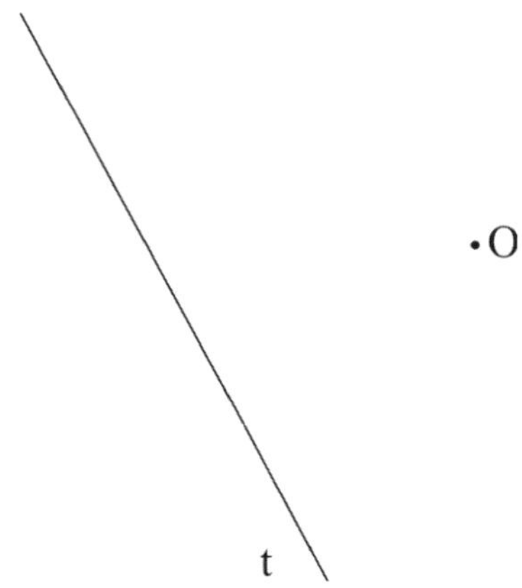

318 Traçar o lugar geométrico (l.g.) dos centros das circunferências que tangenciam os lados do ângulo dado, nos casos:

a)

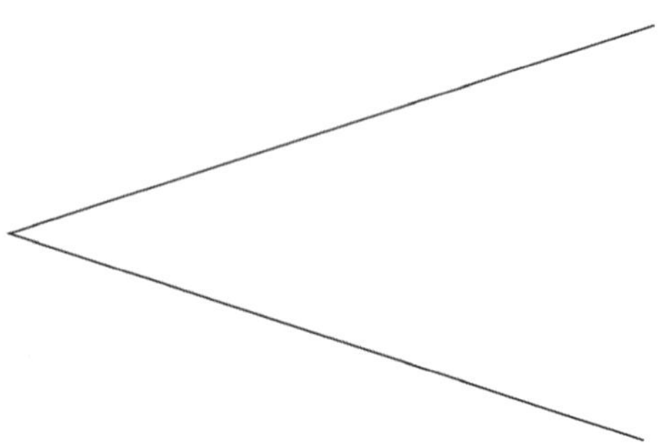

b)

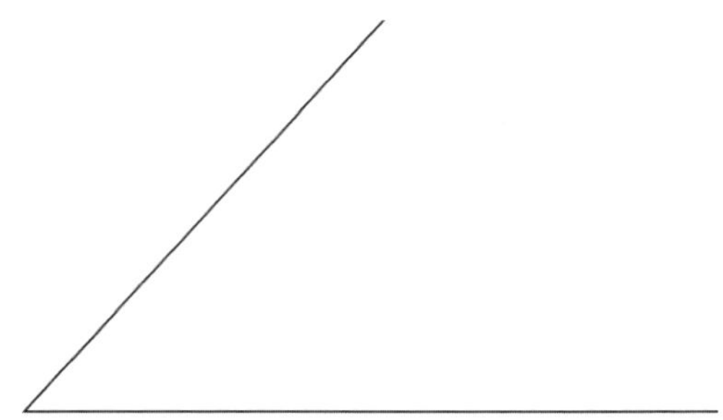

319 Traçar a circunferência inscrita (tangente aos lados) no ângulo dado, sendo **P** ponto de contacto com um dos lados.

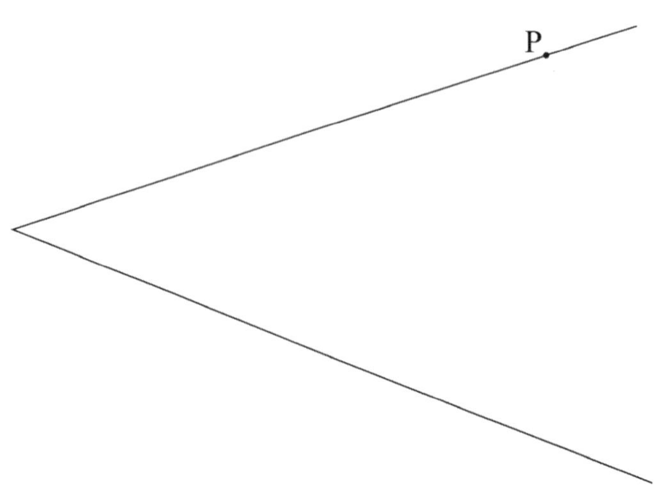

320 Traçar as circunferências que estão inscritas no ângulo dado e tangenciam os lados nos pontos **A** e **B**.

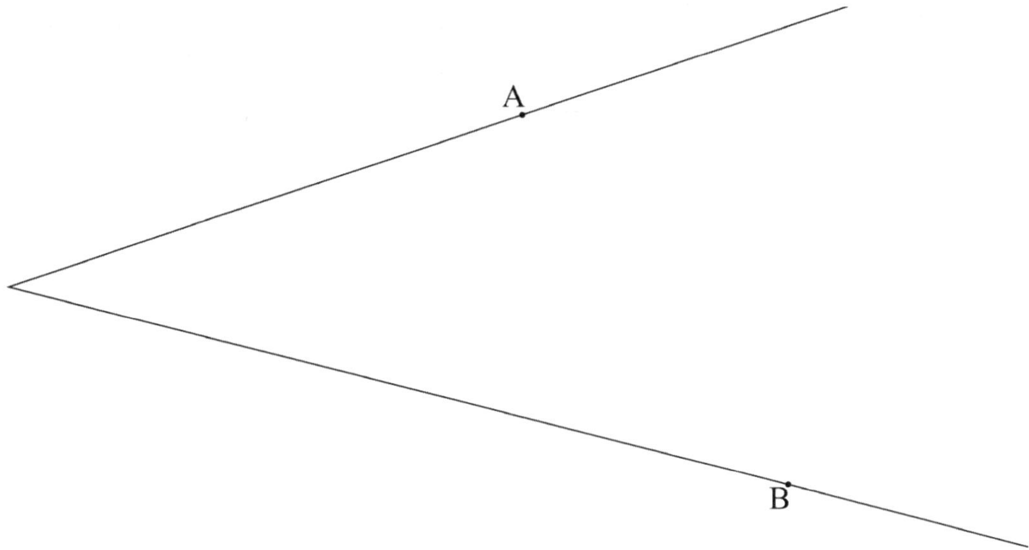

321 Em cada caso determinar o incentro do triângulo dado e traçar a distância entre ele e um dos lados do triângulo.

a)

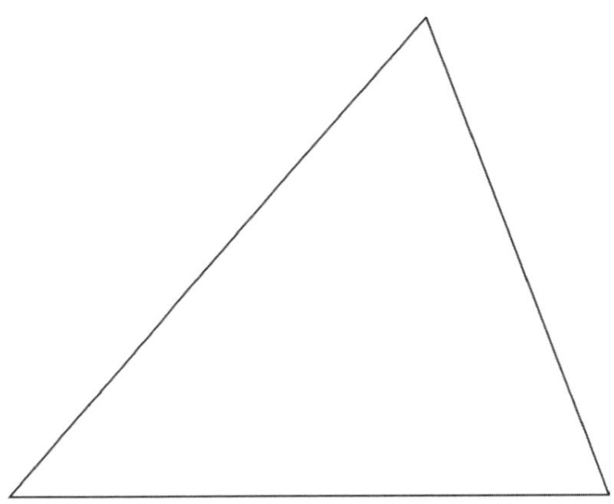

b)

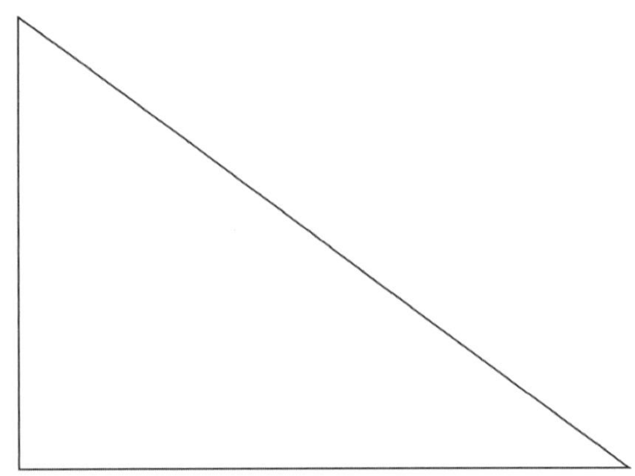

322 Desenhar a circunferência inscrita no triângulo dado.

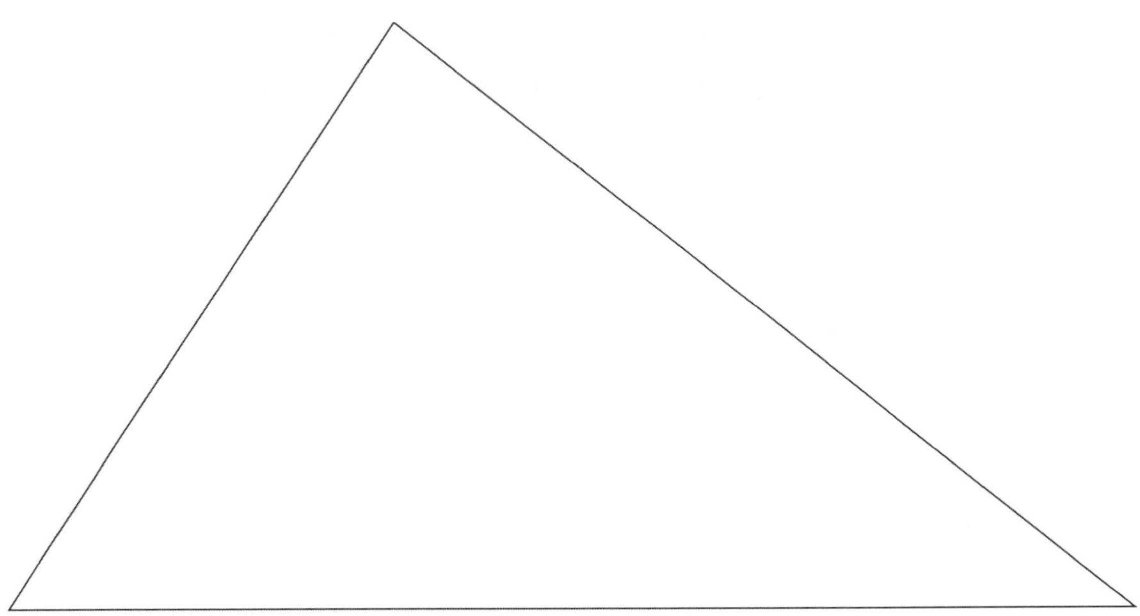

323 Em cada caso são dados uma circunferência e um ponto **A**. Traçar:

a) A menor circunferência que tem centro **A** e tangencia a circunferência dada.

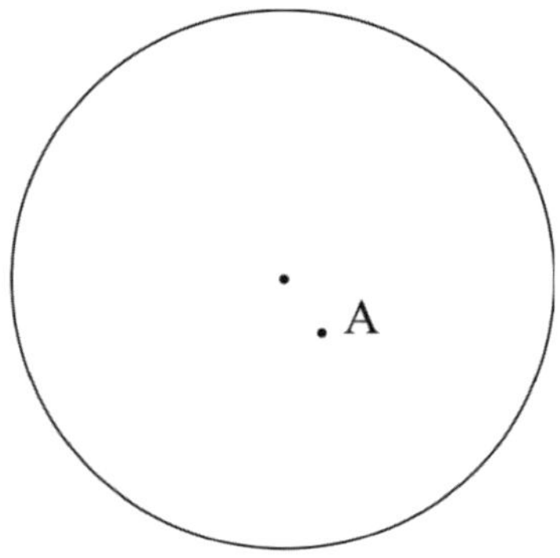

b) A maior circunferência que tem centro **A** e tangencia a circunferência dada.

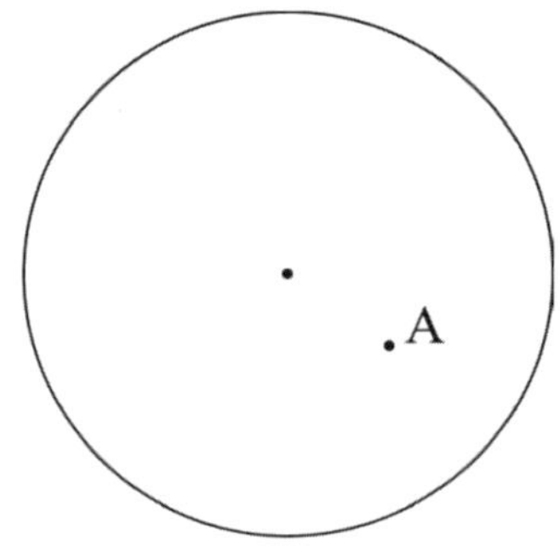

c) A menor circunferência que tem centro **A** e tangencia a circunferência dada.

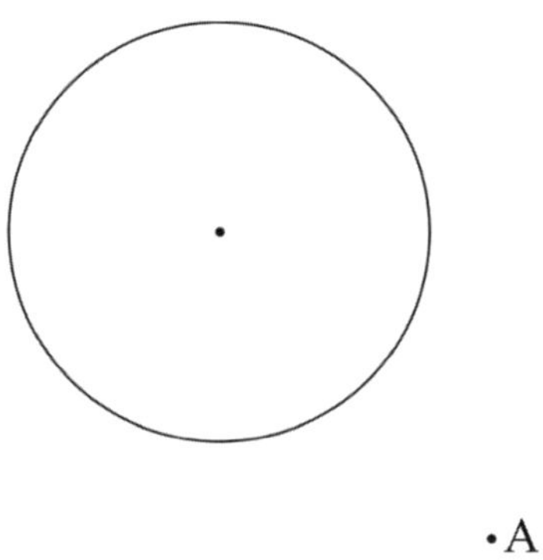

d) A maior circunferência que tem centro **A** e tangencia a circunferência dada.

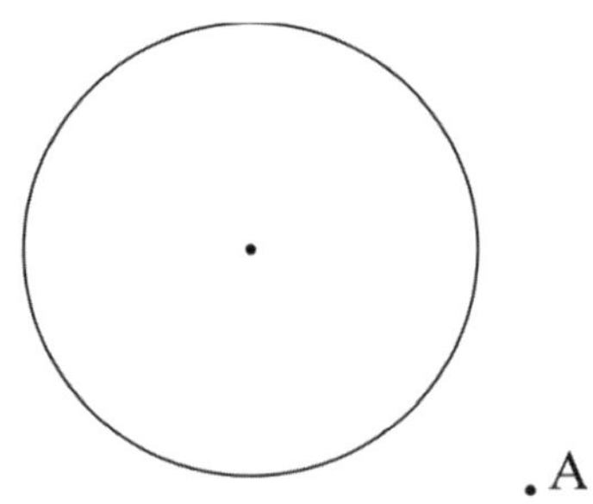

e) As circunferências que têm centro **A** e tangenciam a circunferência dada.

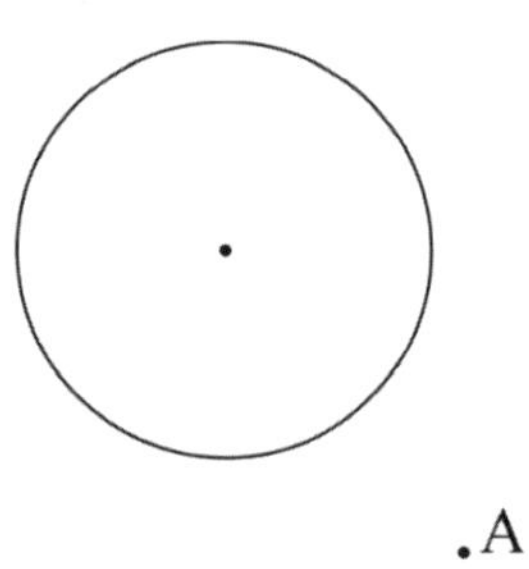

324 Traçar o lugar geométrico dos centros das circunferências que passam pelos pontos **A** e **B** e também o l.g. do centros da circunferência que:

a) tangenciam a reta **t** no ponto **A**.

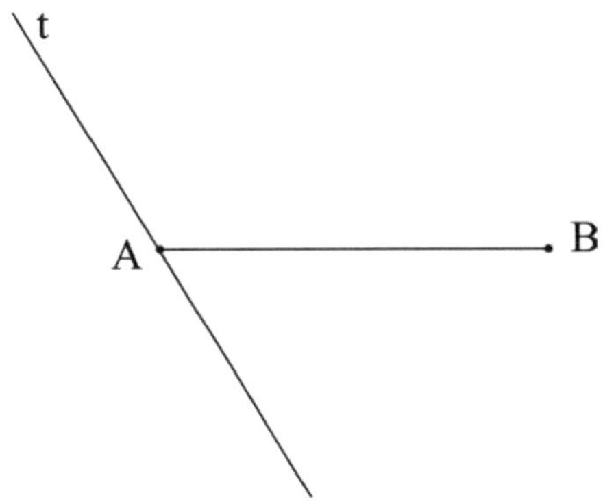

b) tangenciam a circunferência **f** no ponto **A**.

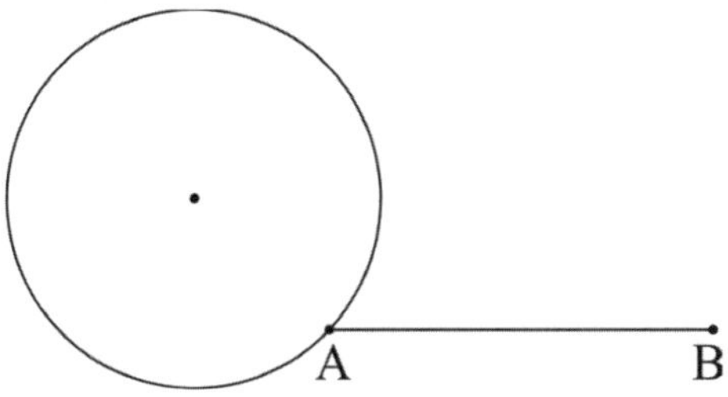

325 Construir uma circunferência que passa pelos pontos **A** e **B** e tangencia a reta **t** em **A**, nos casos:
Obs: Mediatrizes e bissetrizes com régua e compasso. Perpendiculares e paralelas com esquadros.

a)

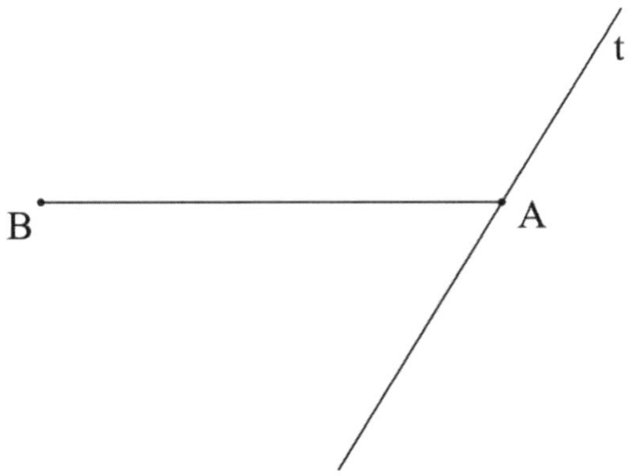

b)

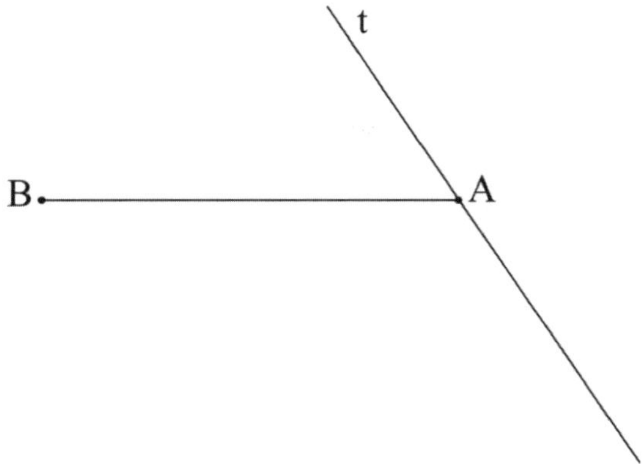

326 Traçar a circunferência que passa pelos pontos **A** e **B** e tangencia a circunferência dada em **A**.

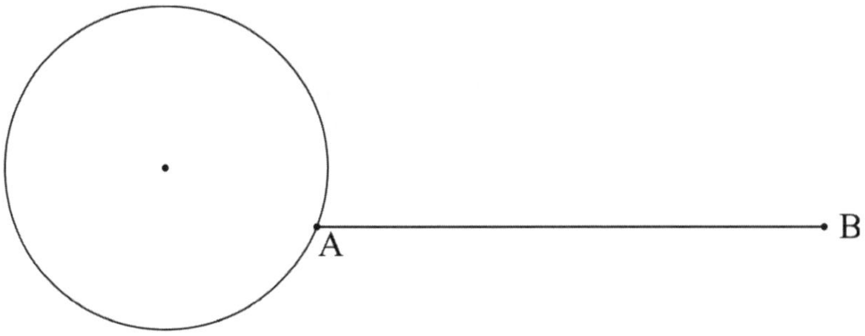

327 Traçar a circunferência que passa pelos pontos **A** e **B** e tangencia a circunferência dada em **A**.

a)

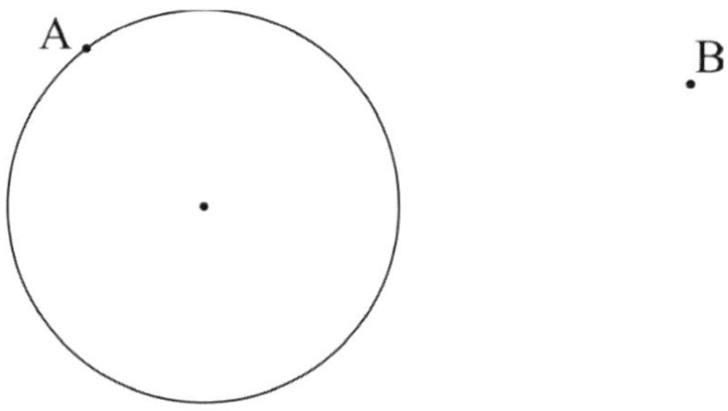

b)

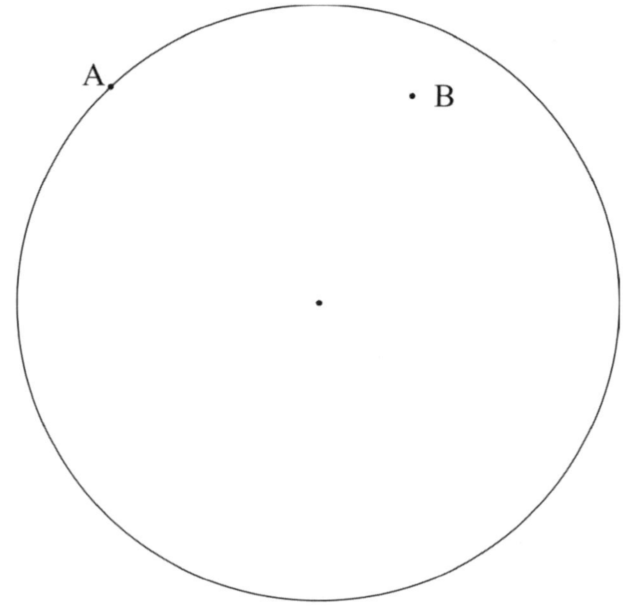

328 Na figura temos uma circunferência tangente a duas retas paralelas **a** e **b**. Traçar o lugar geométrico (l.g.) dos centros das circunferências que tangenciam **a** e **b** e traçar duas outras circunferências tangentes a **a** e **b**.

329 Traçar o l.g. dos centros das circunferências que tangenciam as retas paralelas dadas e traçar duas dessas circunferências, destacando os pontos de contacto.

330 Na figura temos duas circunferências congruentes (raios de medidas iguais), tangentes a reta **t** dada num mesmo ponto. Traçar o l.g. dos centros das circunferências que são congruentes a elas e também tangenciam a reta **t**. Traçar duas dessas, uma em cada semiplano.

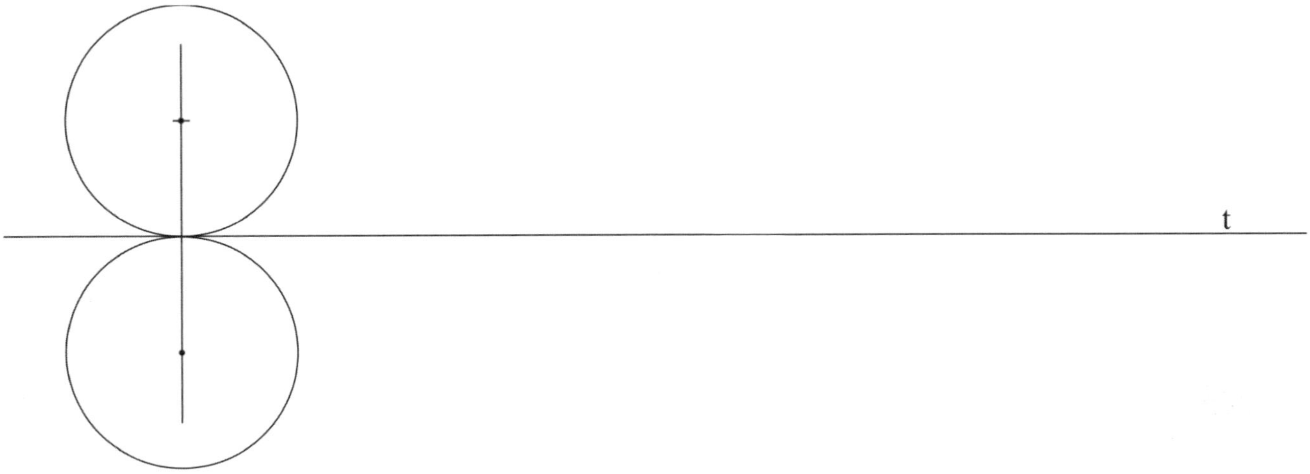

331 Traçar o l.g. dos centros das circunferências que têm raio **r** e tangenciam a reta **t** dada. E traçar duas circunferências de raio r que tangenciam **t**, uma em cada semiplano.

332 Na figura temos uma circunferência de raio **r** que tangencia a reta **t** dada. Traçar as circunferências que têm raio **r** , tangenciam **t** e passam pelo ponto **P** dado.

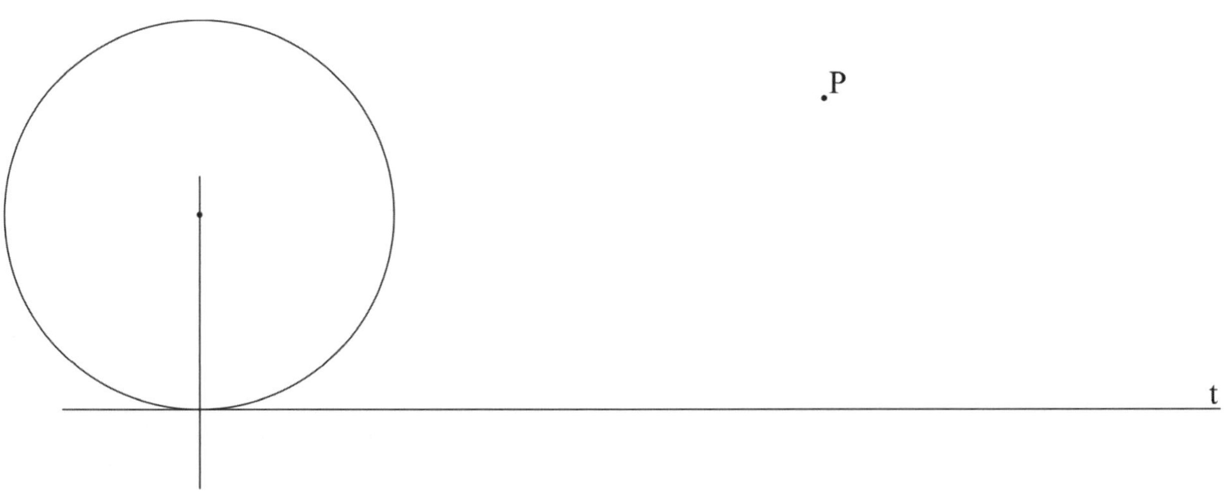

333 Traçar as circunferências que tem raio **r**, passa pelo ponto **P** e tangencia a reta **t**.

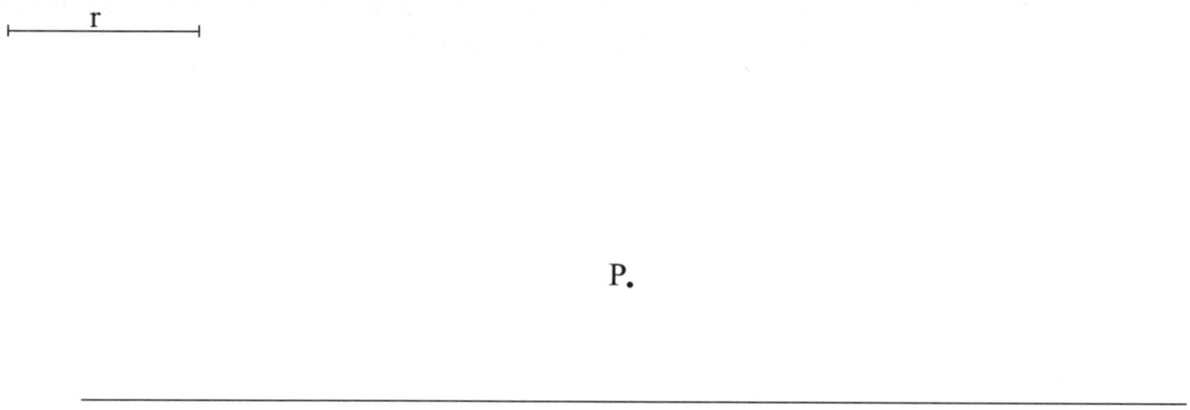

334 As retas **a** e **b** dadas são paralelas. Traçar as circunferências que passam pelo ponto **P** dado e tangenciam as retas **a** e **b**.

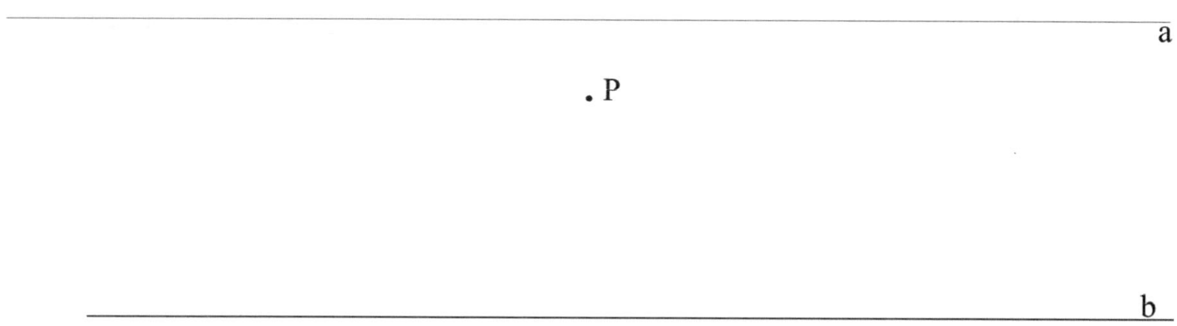

335 Na figura, em cada caso, temos uma circunferência **f** e uma circunferência menor de raio r tangente à ela. Traçar o l.g. dos centros das circunferências que têm também raio **r** e tangenciam **f**:

a) Externamente. Traçar duas retas

b) Internamente. Traçar duas delas

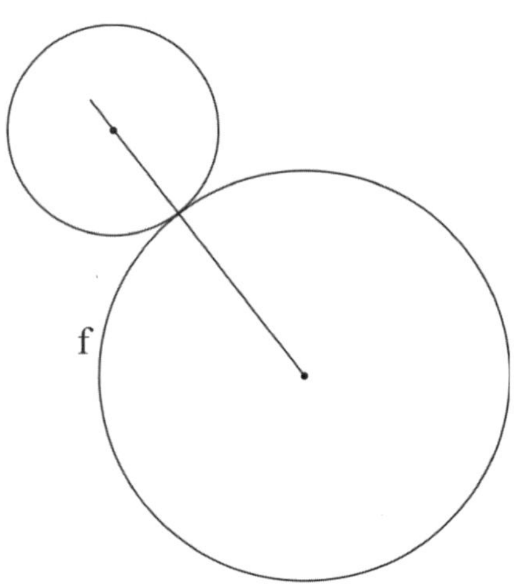

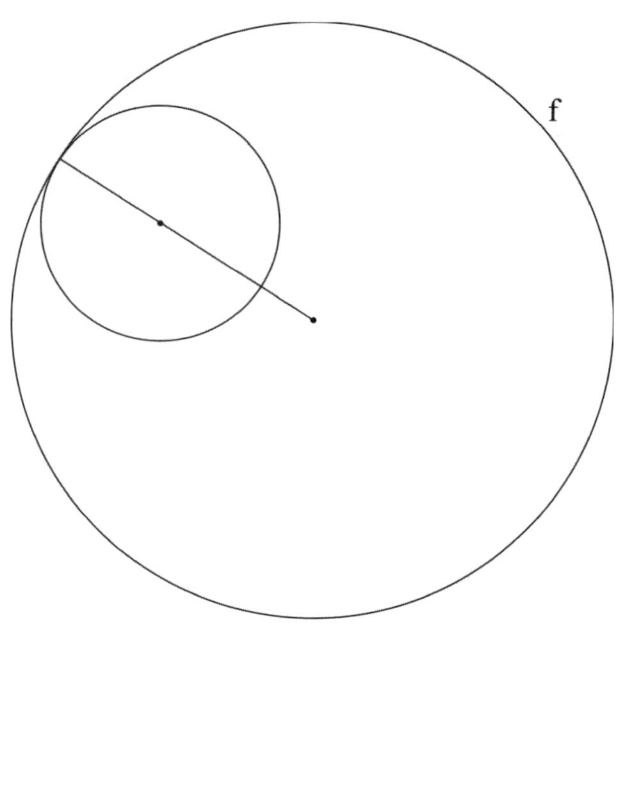

336 Traçar o l.g. dos centros das circunferências **g** que têm o raio **r** dado e tangenciam a circunferência **f** dada e traçar duas dessas, nos casos:

a) **g** tangencia **f** externamente

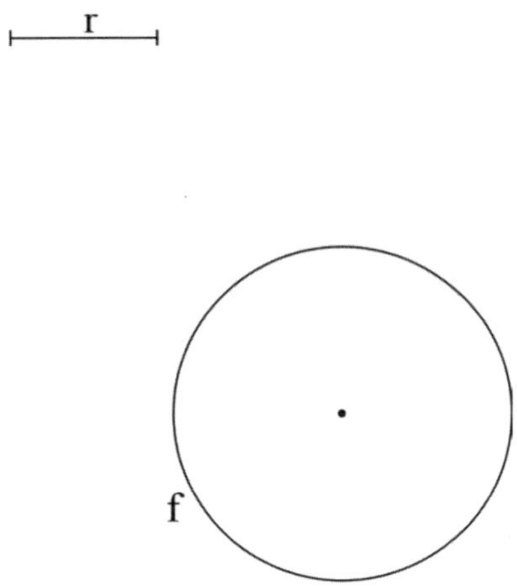

b) **g** tangencia **f** internamente

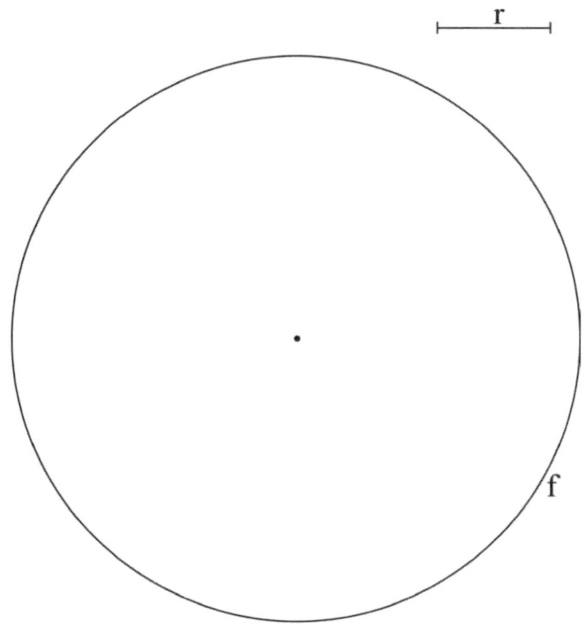

337 Em cada caso são dados uma circunferência **f**, um ponto **P** e uma distância **r**. Traçar as circunferências que passam por **P**, têm raios r e tangenciam **f**.

a)

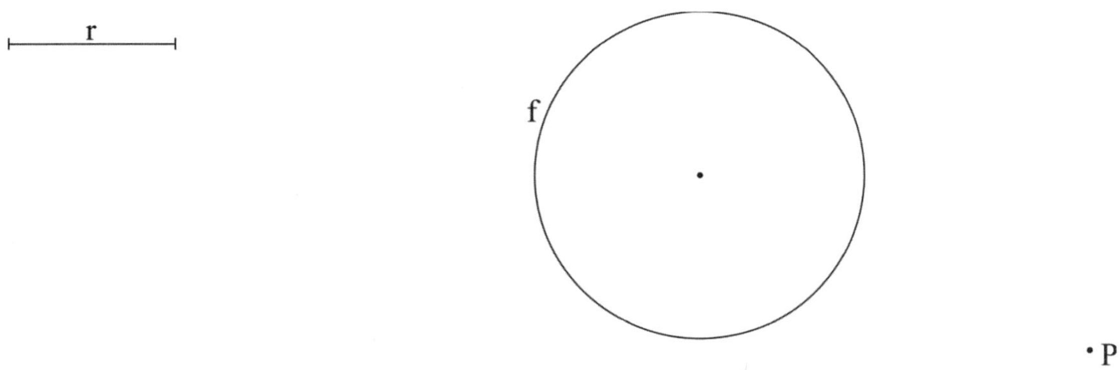

b)

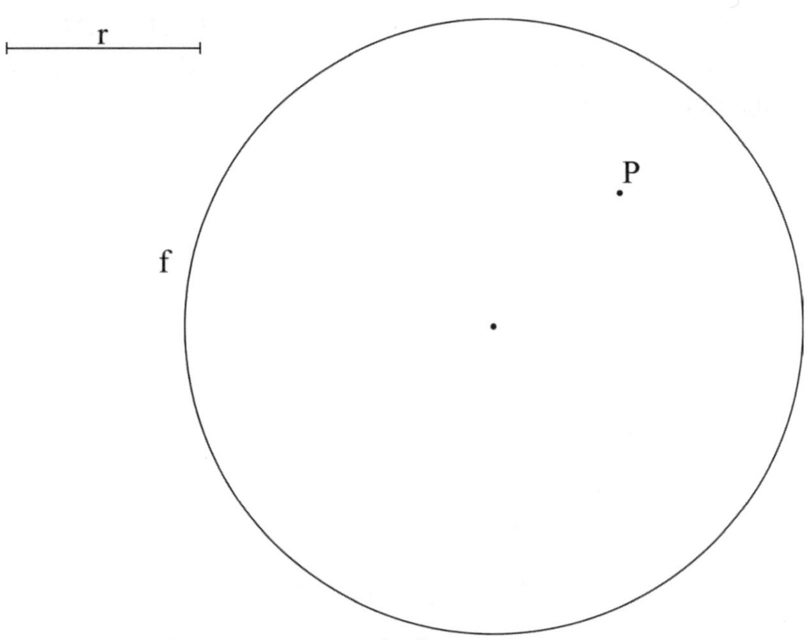

338 Dadas as circunferências **f** e **g** e a distância **r**, traçar uma circunferência que tem raio **r** e tangencia **f** e **g**.

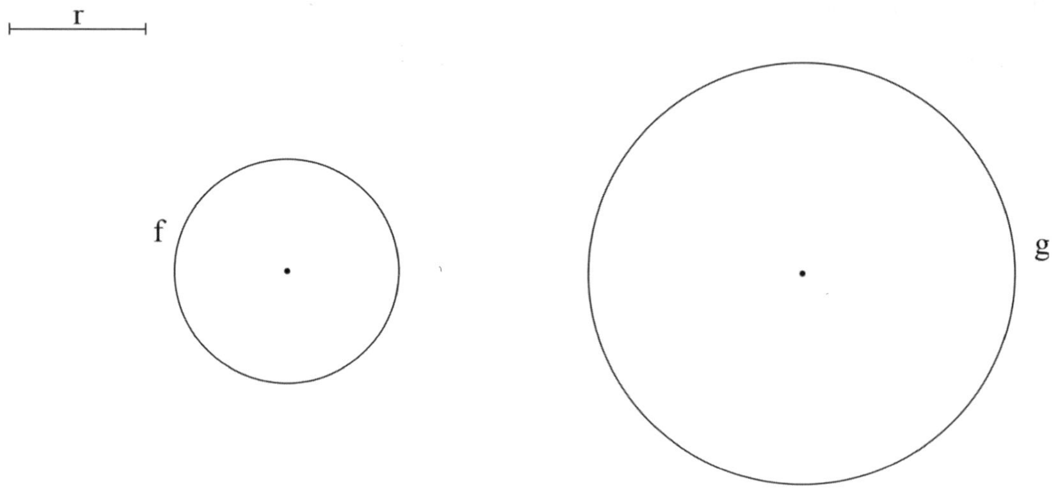

339 Dadas a reta **t** , a circunferência **f** e a distância **r** , traçar uma circunferência de raio **r** que tangencia **t** e tangencia **f** externamente.

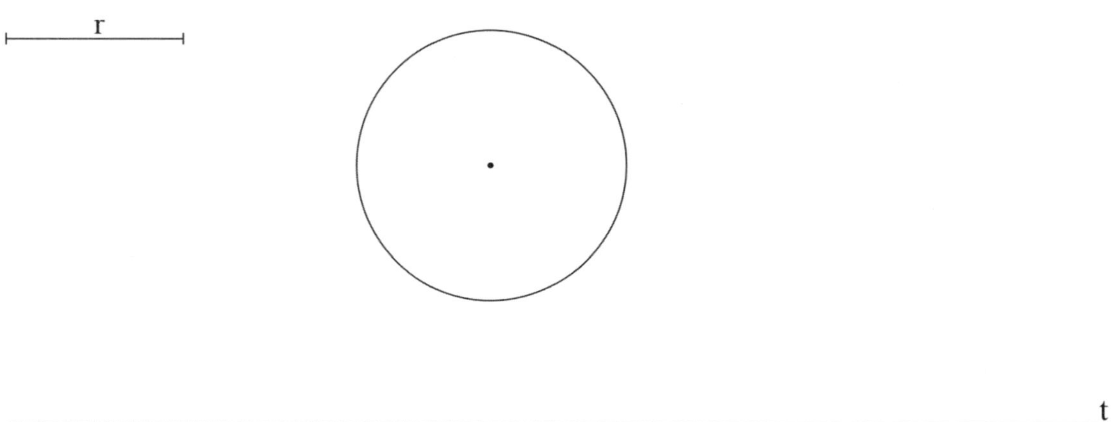

340 Dados uma reta **s** , uma circunferência **f** e um ponto **P** de **f**, traçar a reta **t** tangente a **f** em **P** e traçar o l.g. dos centros das circunferências inscritas no ângulo agudo (um deles) determinado por **t** e **s** e o l.g. dos centros das circunferências que tangenciam **f** em **P**.

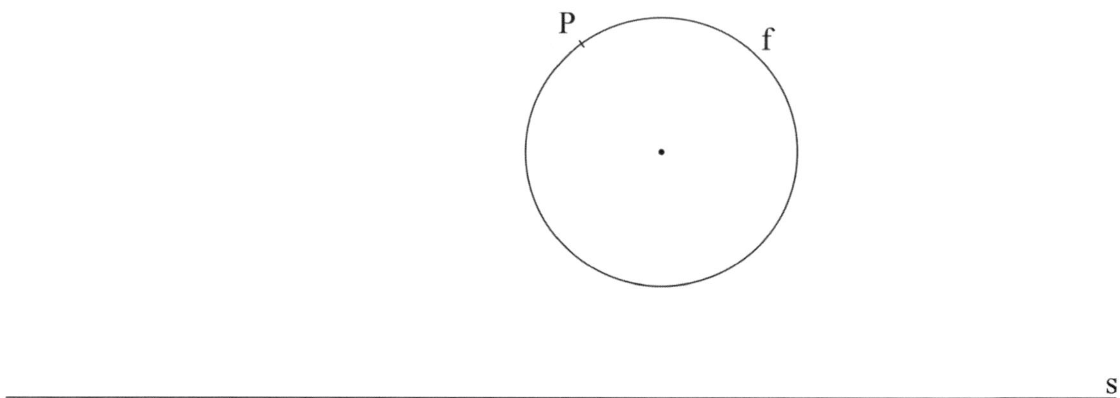

341 Dados uma circunferência **f** , uma reta s e um ponto **P** de **f** , traçar a menor circunferência que tangencia **t** e tangencia **f** em **P**, nos casos:

a)

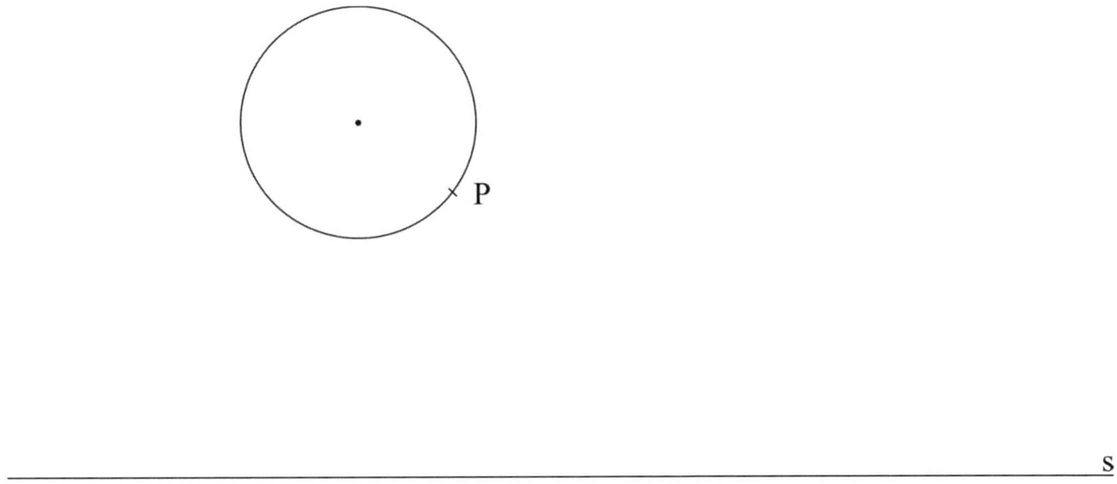

b)

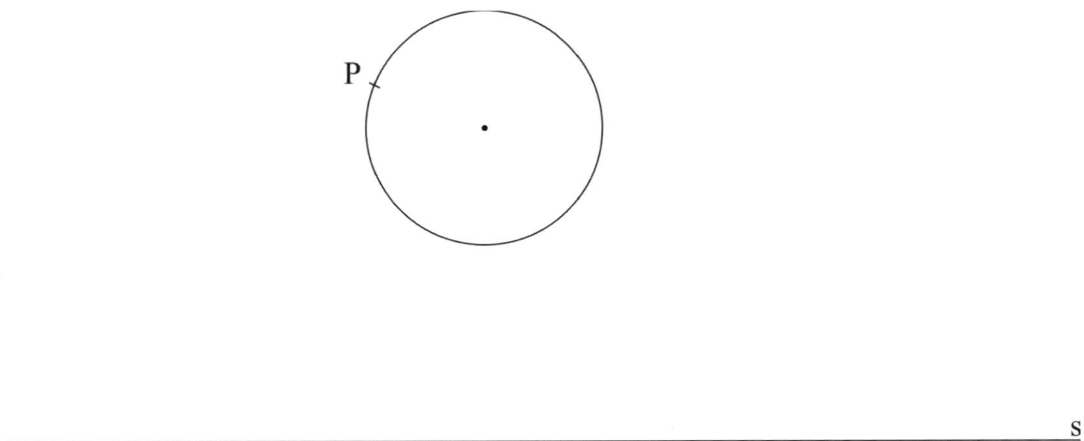

342 Traçar uma circunferência que tem raio **r** e está inscrita no ângulo dado.

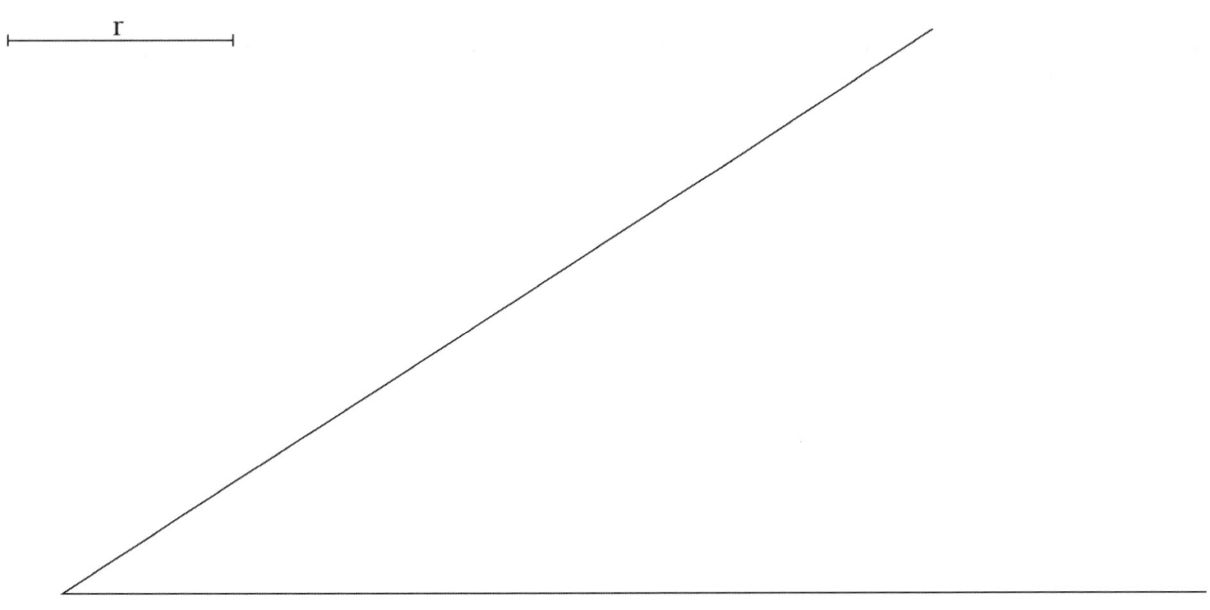

343 Dados dois pontos **A** e **B** , em uma reta paralela a uma reta **t** , traçar uma circunferência que passa por **A** e **B** e tangencia **t** , nos casos:

a)

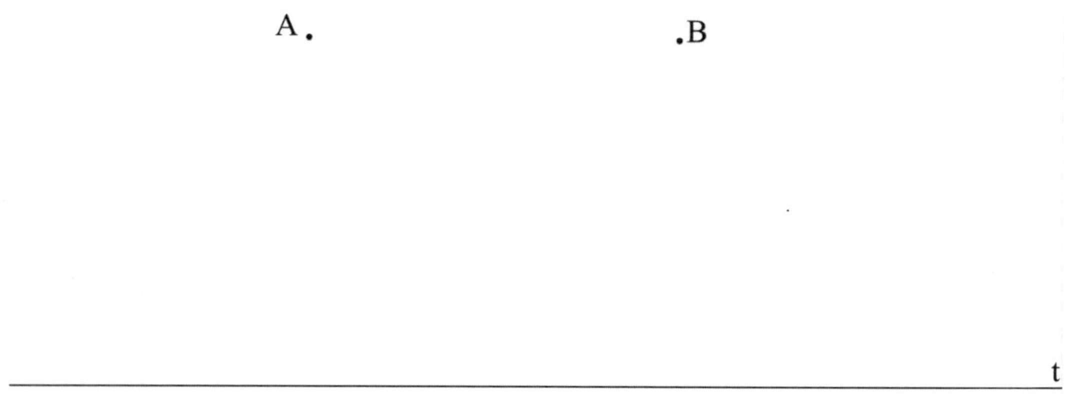

b)

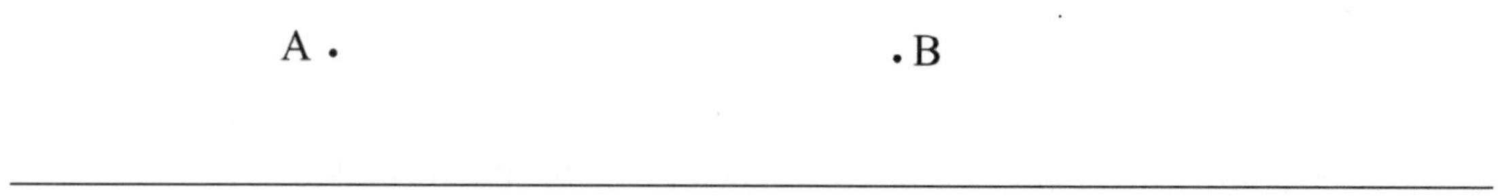

344 Dados dois pontos **A** e **B** em uma reta perpendicular a uma reta **t** , traçar uma circunferência que passa por **A** e **B** e tangencia a reta **t** . (Há duas respostas).

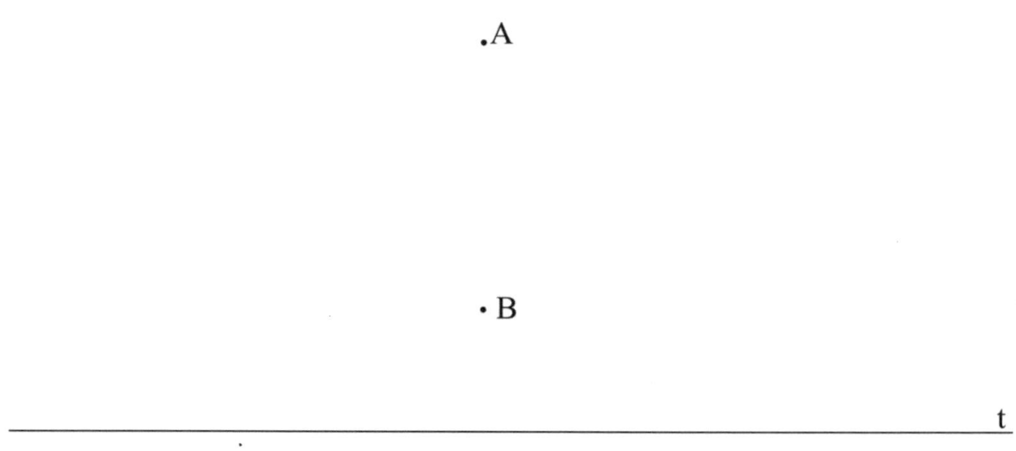

345 Em cada caso temos reta tangente a circunferência ou circunferências tangentes e também estão destacados os pontos de tangência. Fazer o que se pede:

a) Concordar a reta **t** com um arco da circunferência dada.

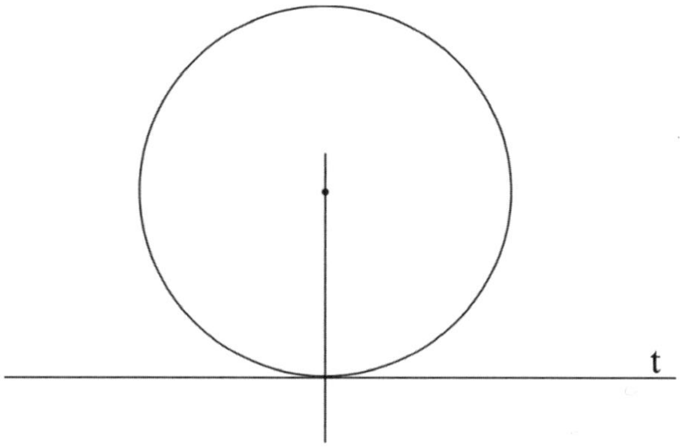

b) Concordar as circunferências **f** e **g** com um arco da outra dada.

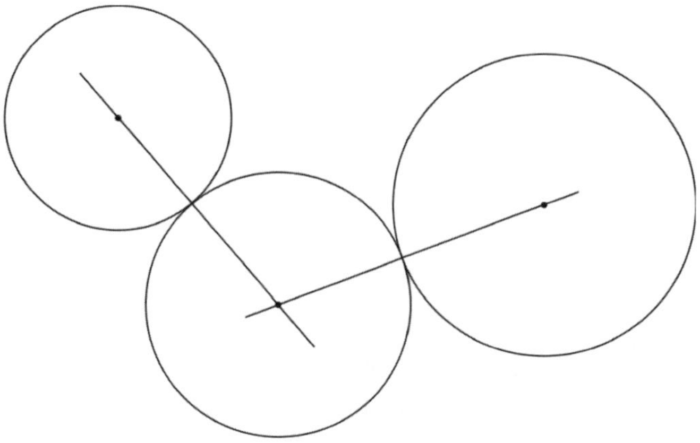

c) Concordar **f** e **t** com um arco maior de **g**

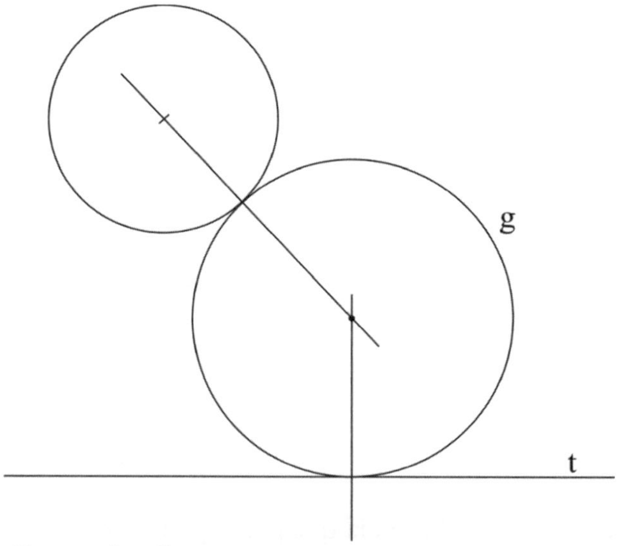

d) Concordar **f** e **t** com um arco maior de **g**

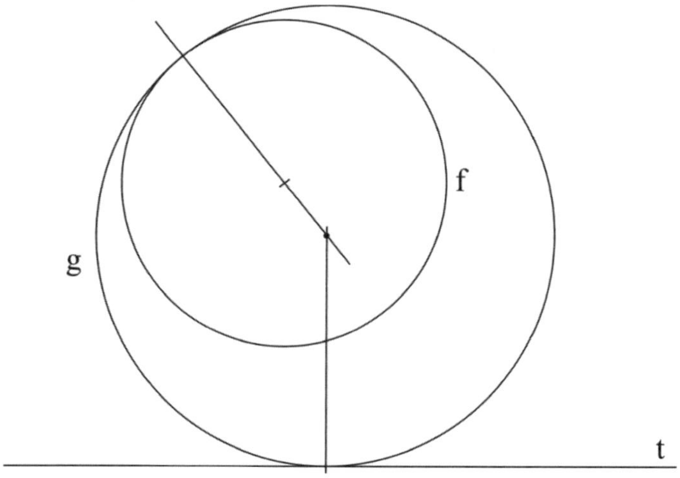

e) Concordar **f** e **t** com um arco menor de **g**

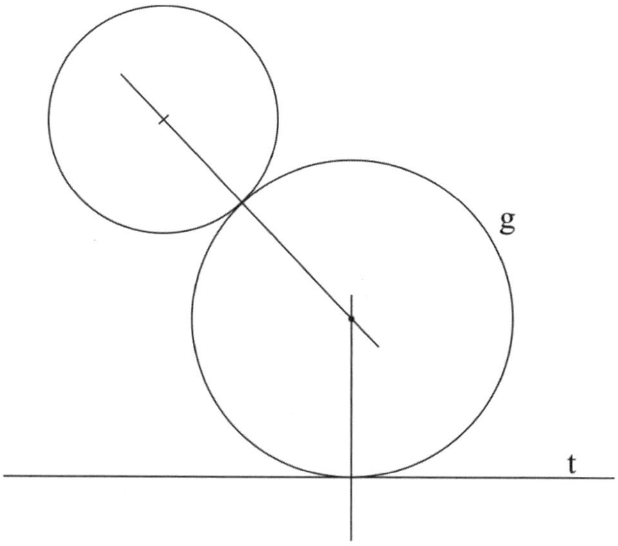

f) Concordar **f** e **t** com um arco menor de **g**

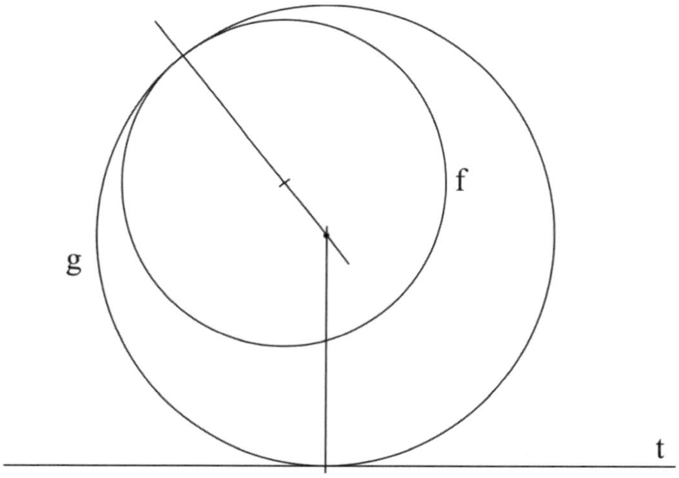

346 Concordar a reta **t** com um arco de circunferência, nos casos:

a) Com um arco de centro em **O**.

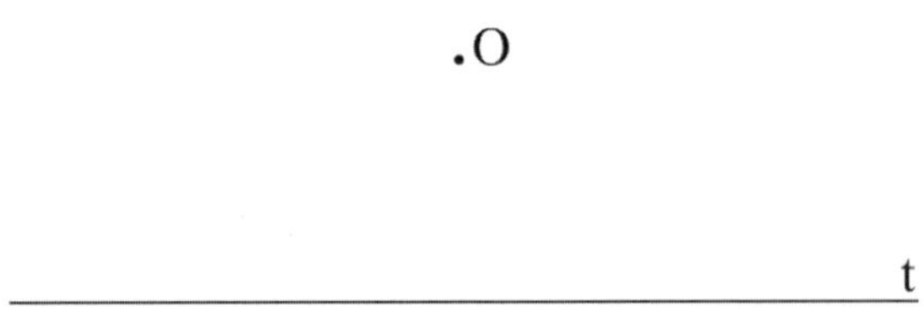

b) De raio 2 cm , no ponto **P**.

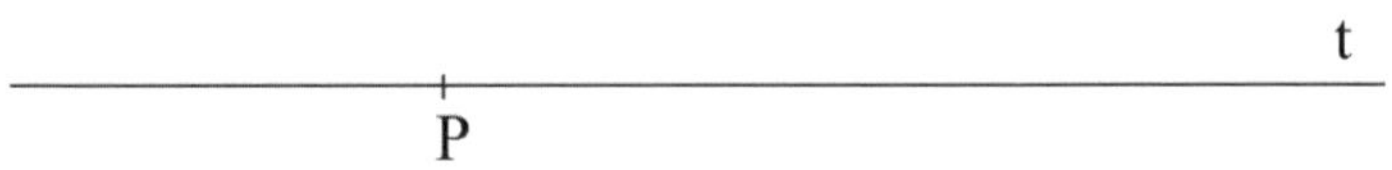

347 Concordar a circunferência dada com um arco de circunferência de 3 cm de raio, sendo **P** ponto de contacto, de modo que a curva seja composta de arcos de:

a) mesmo sentido

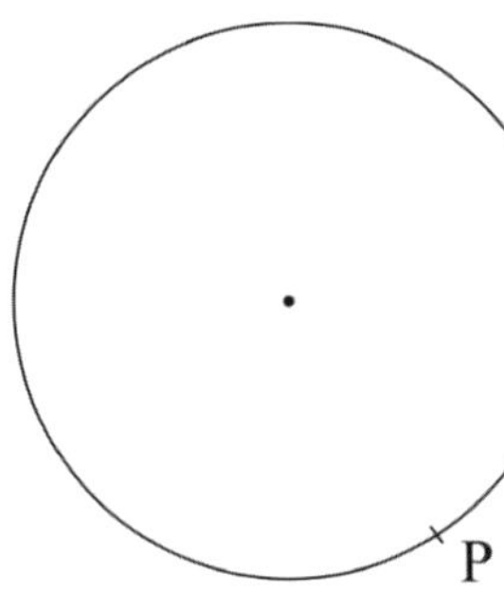

b) sentidos opostos

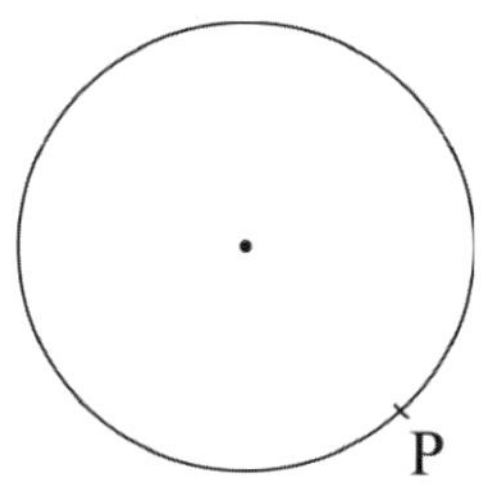

348 Concordar a reta t dada no ponto **P** , com um arco de circunferência que passa pelo ponto **A** dado.

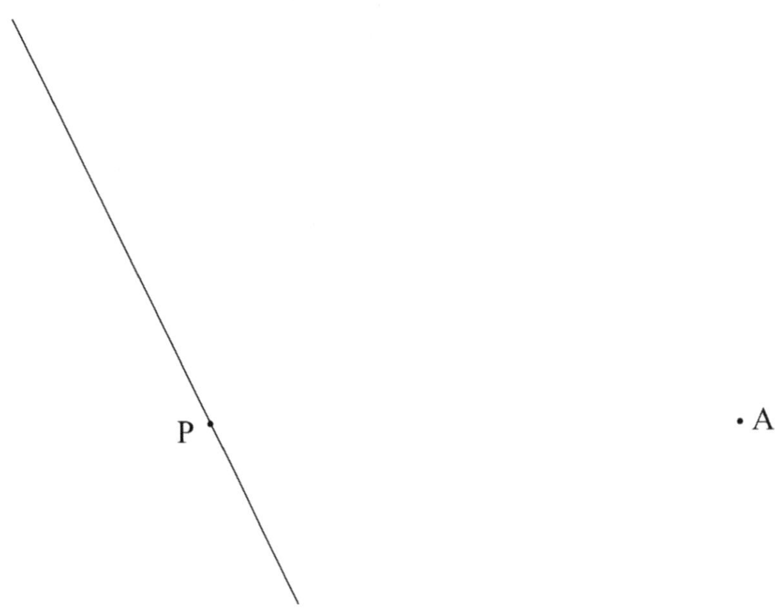

349 Concordar a circunferência dada no ponto **A** através de um arco de circunferência que passa pelo ponto **B** , nos casos:

a)

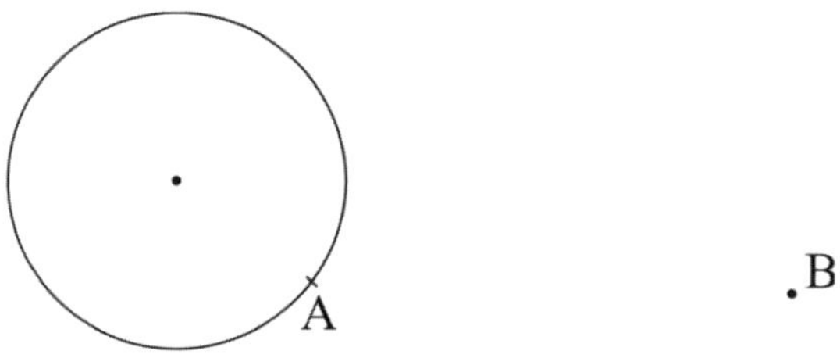

b)

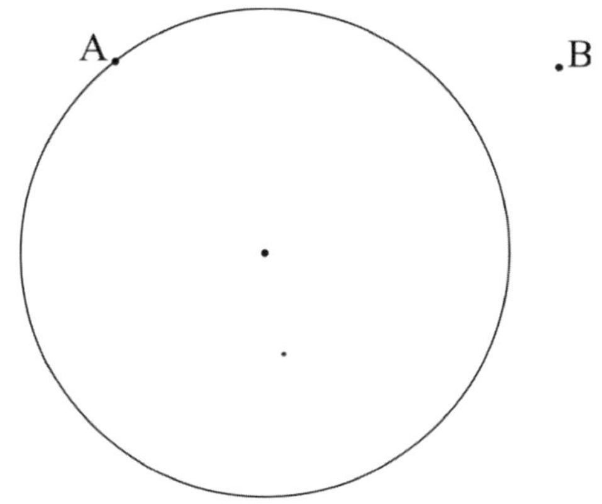

c)

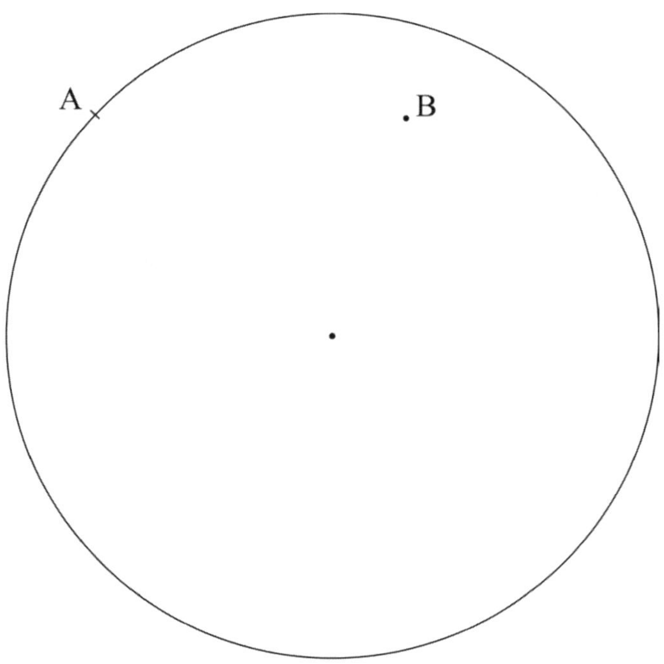

350 Concordar as retas dadas através de um arco de circunferência sendo **A** um dos pontos de concordância, considerando a curva com o menor arco de circunferência possível.

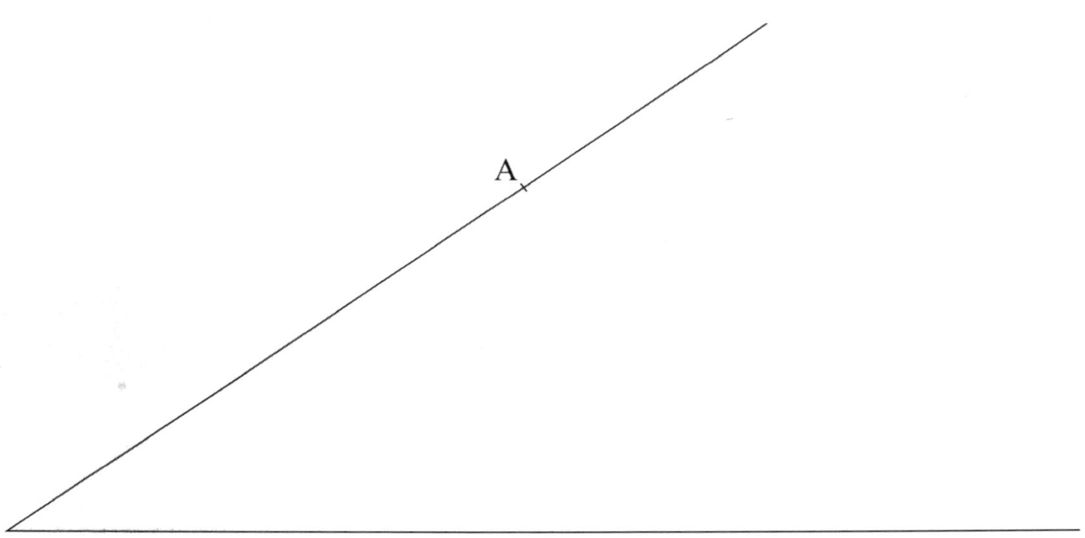

351 Concordar a circunferência dada com um arco de circunferência de raio **r** que passa pelo ponto **A**.

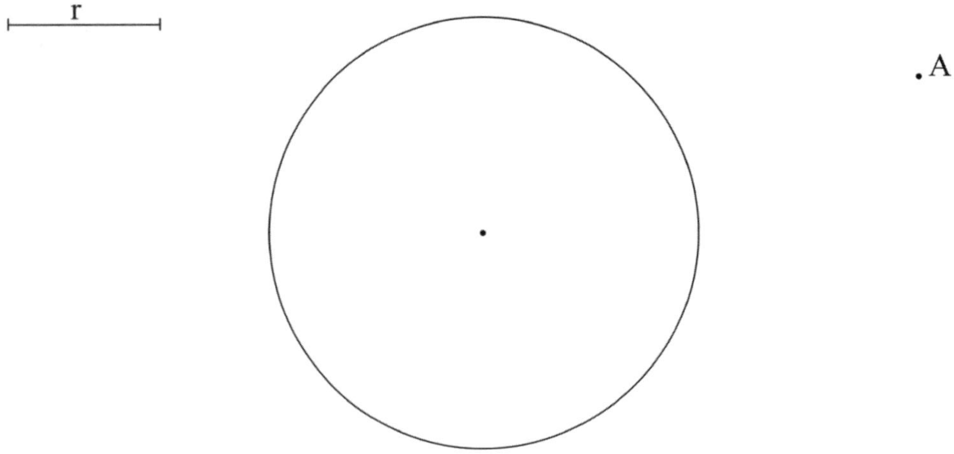

352 Concordar as circunferências dadas através de um arco de circunferência de raio **r** , considerar o trecho onde o arco determinado tenha o comprimento maior possível.

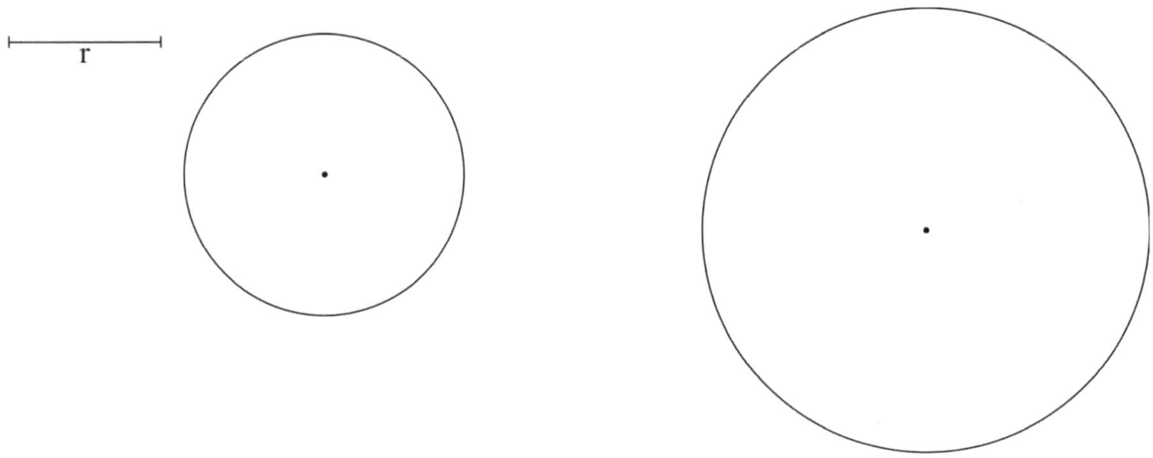

353 Concordar a reta **t** com um arco de circunferência de raio **r** que passa pelo ponto **P** dado.

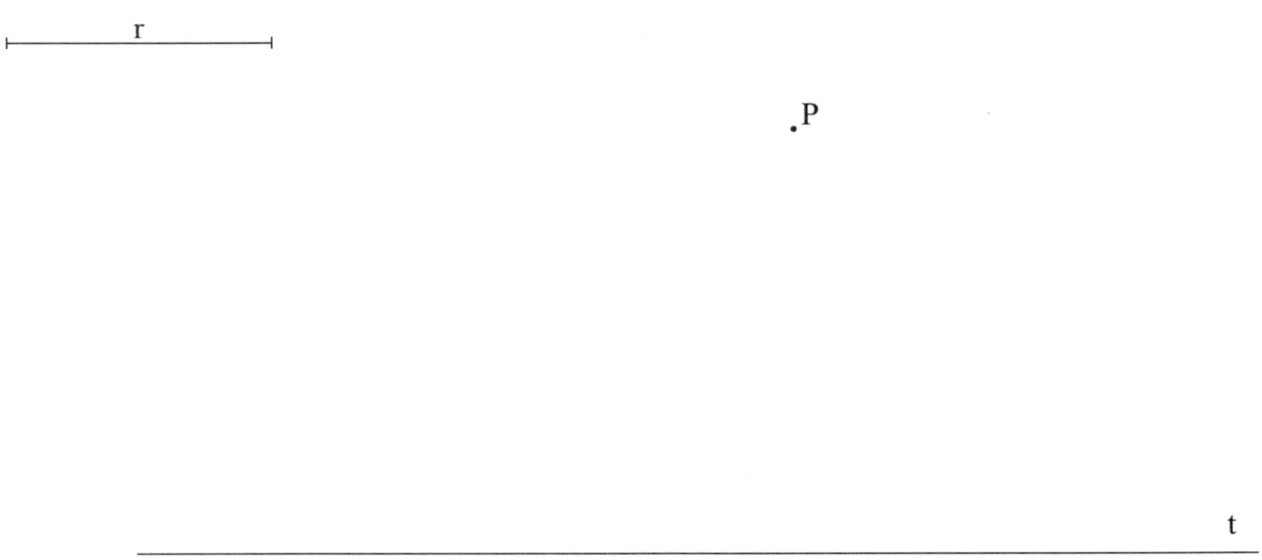

354 Concordar a circunferência e a reta **t** dadas através de um arco de circunferência de raio **r**. (Tomar o arco maior da circunferência obtida).

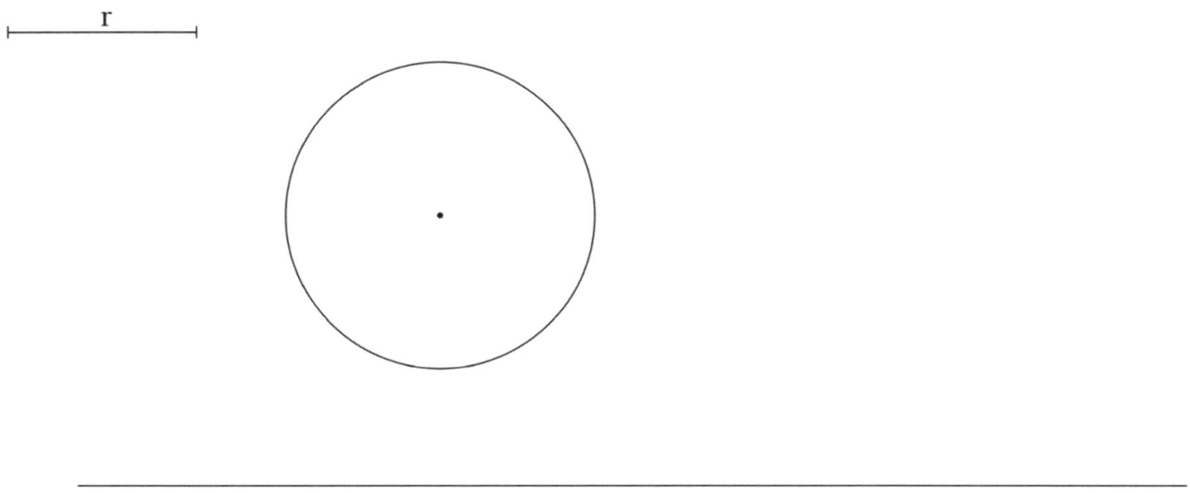

355 Dados a reta **s**, a circunferência **f** e um ponto **P** de **f** , concordar **f** e t através de um arco de circunferência que passa por **P** , nos casos:
Obs: Tomar o arco maior da circunferência obtida.

a)

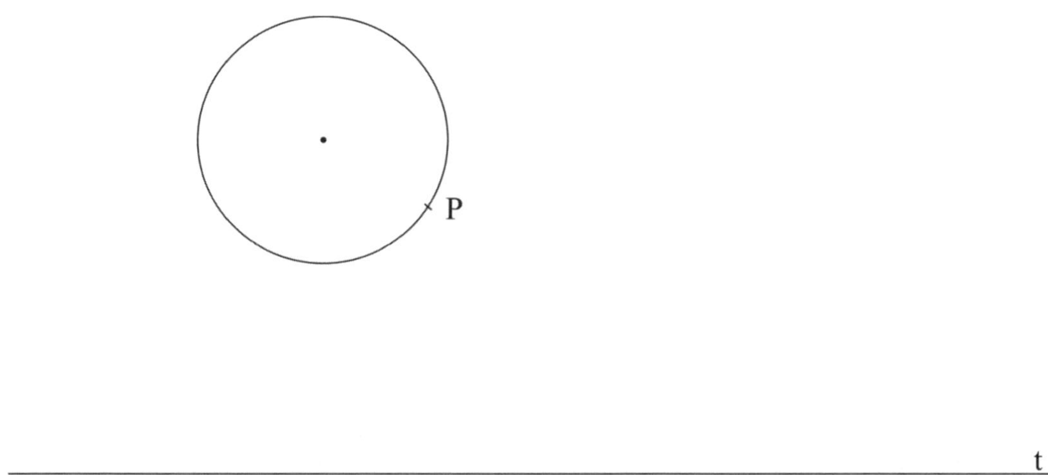

b)

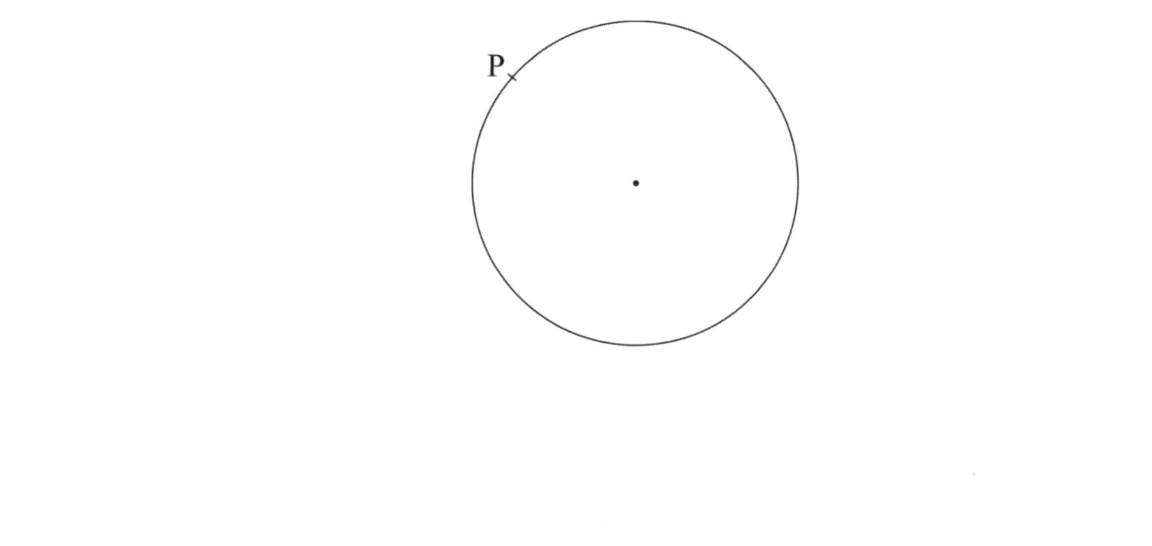

356 Os pontos dados **A** e **B** estão em uma reta paralela à reta **t** dada. Concordar a reta **t** através de um arco que passa por **A** e **B** , nos casos:

a)

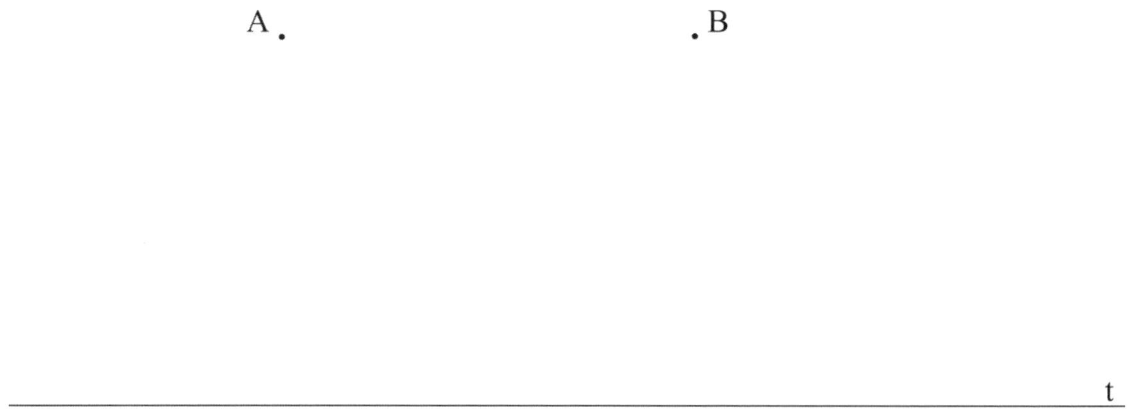

b)

357 Os pontos **A** e **B** dados estão em uma reta perpendicular à reta **t** dada. Concordar a reta **t** com um arco de circunferência que passa por **A** e **B**.

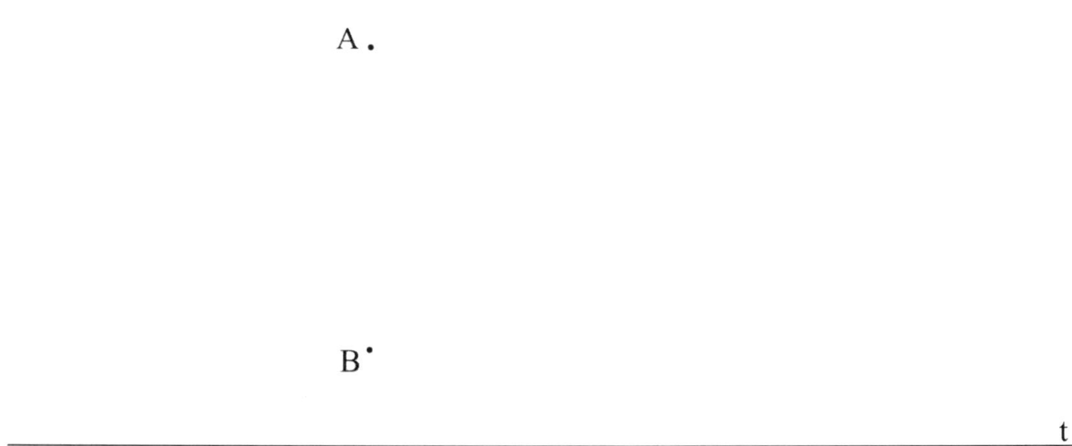

358 Resolver:

a) Concordar o arco ABC com um arco de mesmo sentido, de raio 4 cm, que passa por **C**.

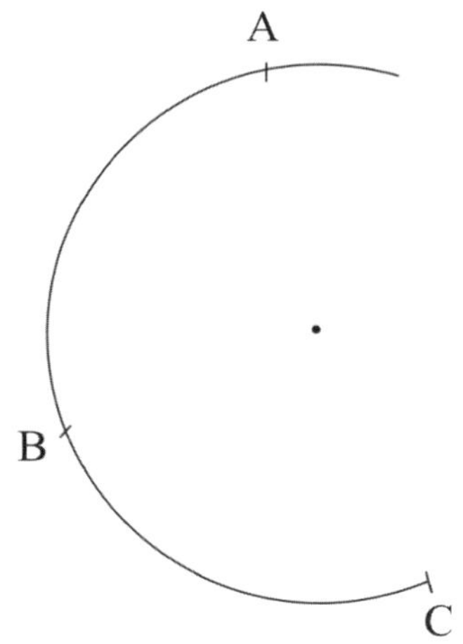

b) Concordar o arco ABC com arco de mesmo sentido, que passa por **C** e **P**.

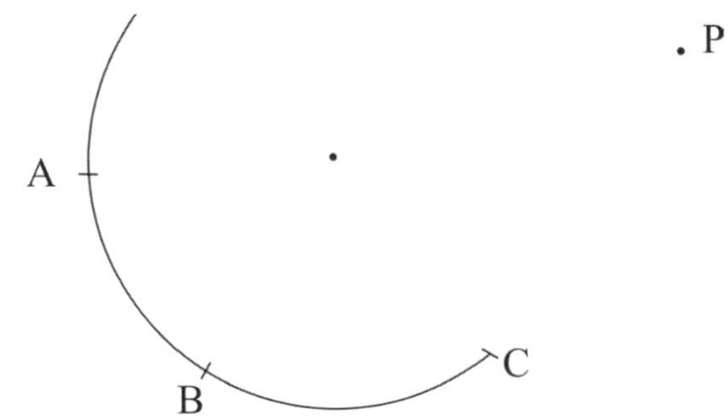

c) Concordar o arco ABC com um arco de sentido contrário, de raio r = 2, 5 cm, que passa por **C**.

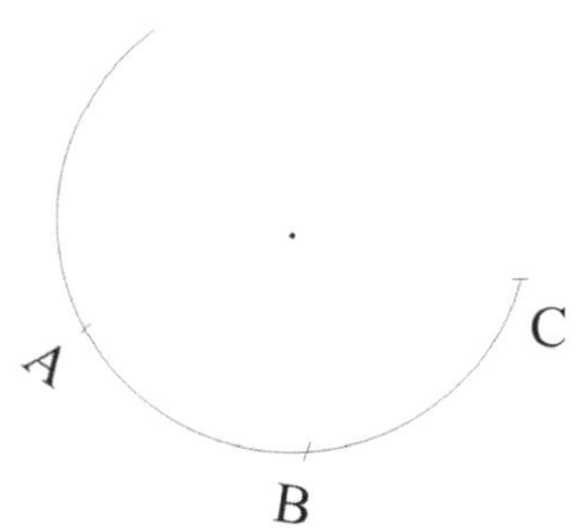

d) Concordar o arco ABC com um arco de sentido contrário, que passa por **C** e por **P**.

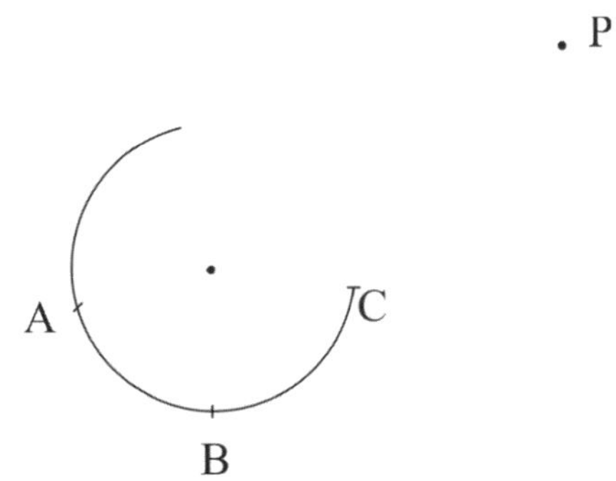

359 Resolver:

a) Concordar as retas paralelas com um arco de circunferência.

b) Concordar as retas concorrentes dadas com um arco de circunferência de raio 2,5 cm.

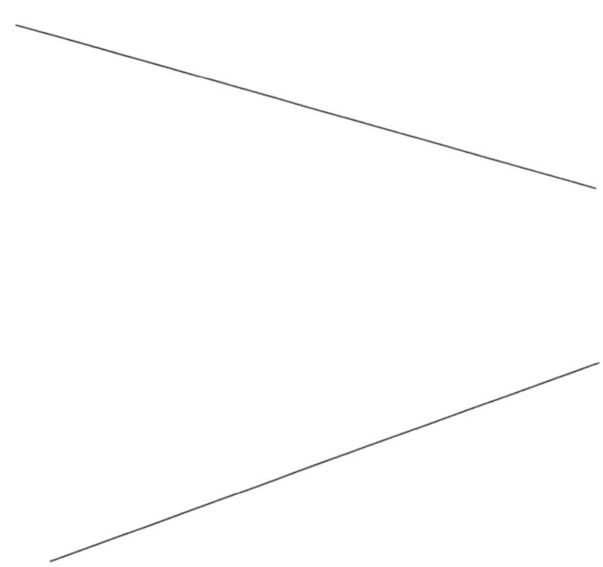

360 Concordar as retas concorrentes **r** e **s** com um arco de circunferência que passa por **P**, **P** pertence a **s**.

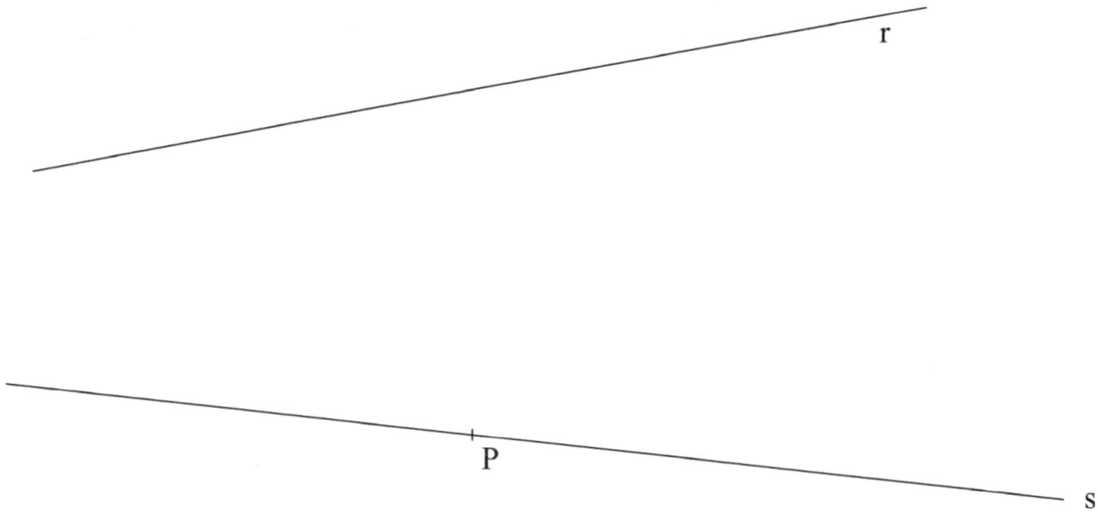

361 Concordar um arco de circunferência ABC, onde não é dado o centro, com um a reta que passa por **C**.

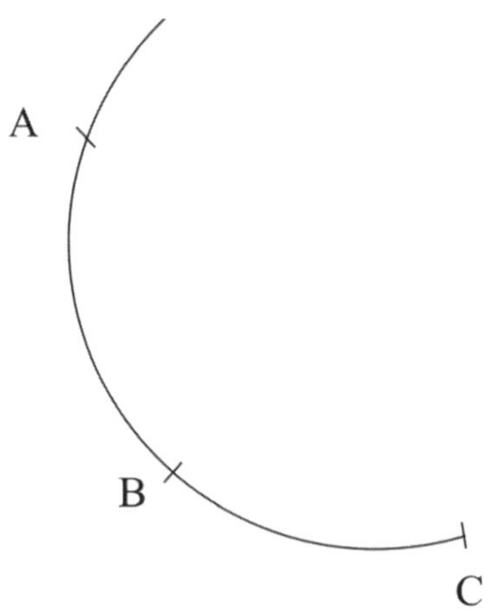

362 Concordar duas retas paralelas, distantes 7 cm uma da outra, com dois arcos de circunferência concordantes, de diâmetros iguais a 3,5 cm.

363 Concordar duas retas paralelas, distantes 8 cm uma da outra, com dois arcos de circunferência concordantes, de diâmetros 6 cm e 5 cm, de modo que a linha obtida contém os arcos maiores.

364 Concordar os arcos dados, de centros **A** e **B**, com um arco de 7,5 cm de raio, cujo círculo contém as circunferências dadas.

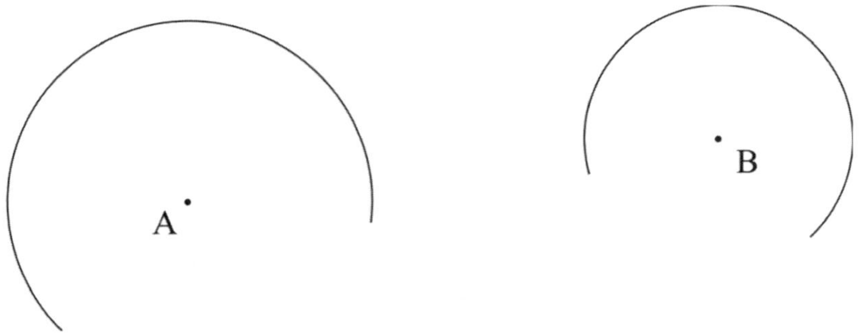

365 Concordar os arcos dados, de centros **A** e **B**, com um arco de circunferência de raio 5,5 cm, cujo círculo contém **A** e não contém **B**.

366 Na figura temos duas circunferências concêntricas e um ponto **P**. Concordar essas circunferências através de um arco de circunferência que passa por **P**. Considere apenas o caso em que a circunferência construída tem o maior raio possível.

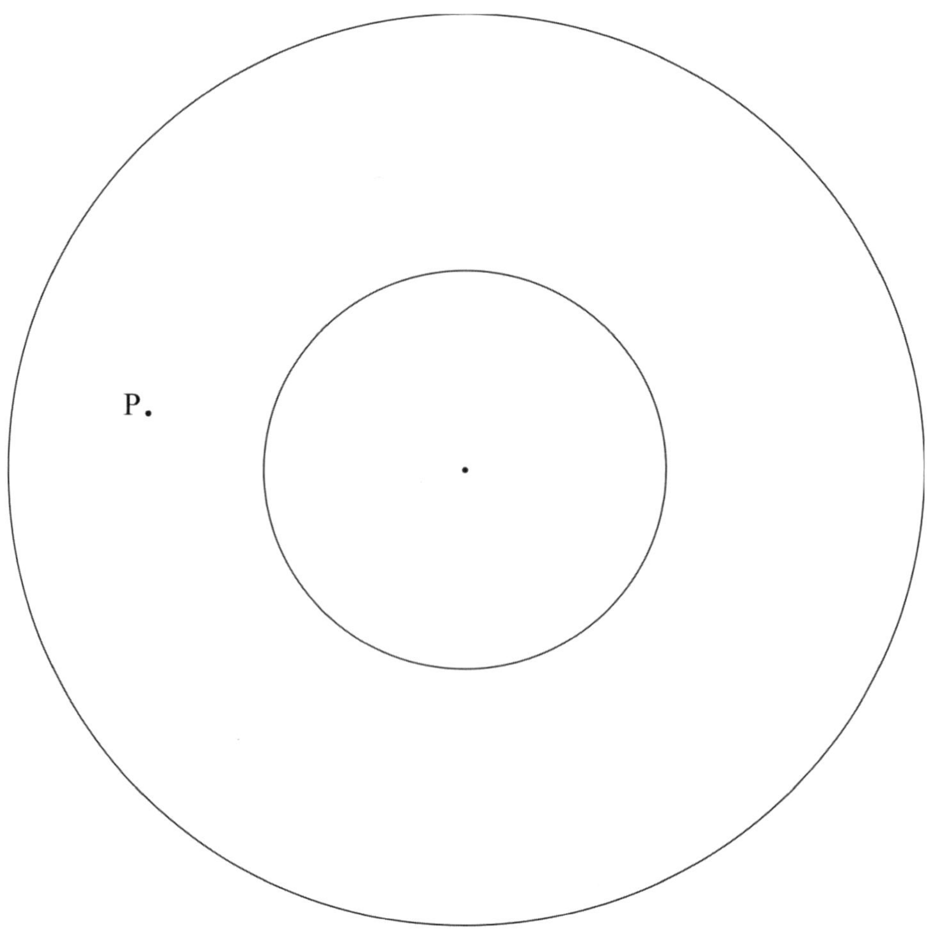

367 Traçar pelas extremidades de cada diâmetro, a reta perpendicular a ele, nos casos:

a)

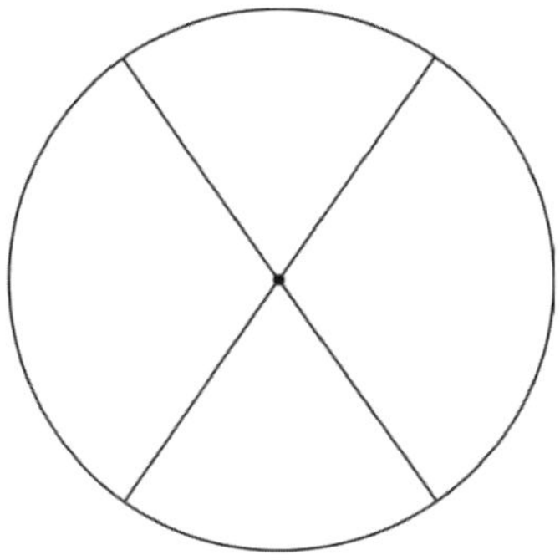

b)

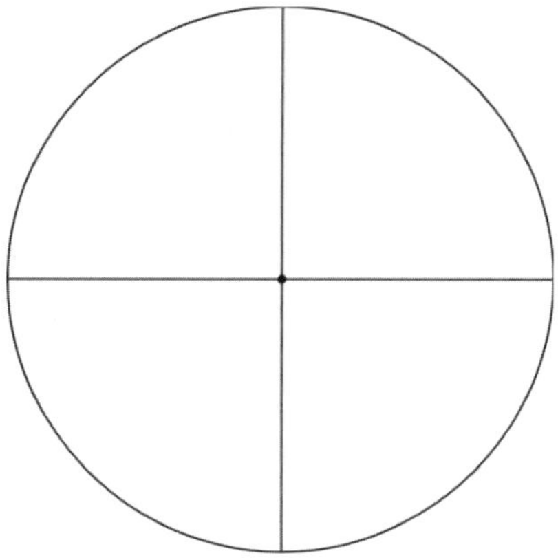

c)

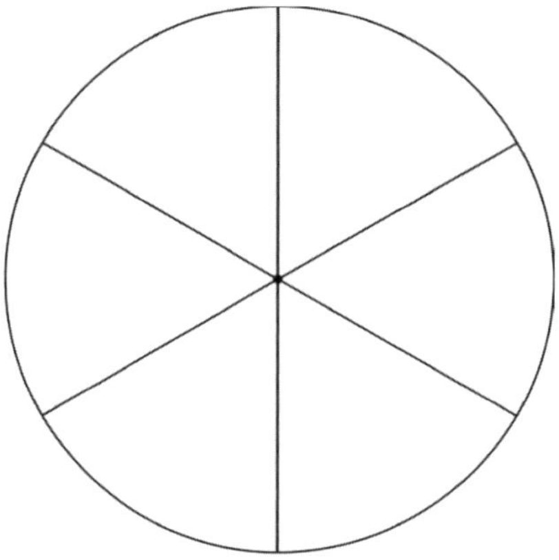

d)

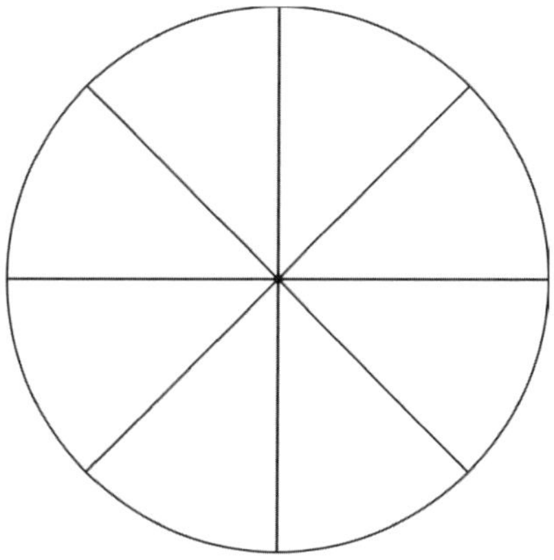

368 Em cada caso temos uma circunferência e alguns de seus raios. Traçar pelas extremidades dos raios que estão na circunferência, retas perpendiculares aos raios.

a)

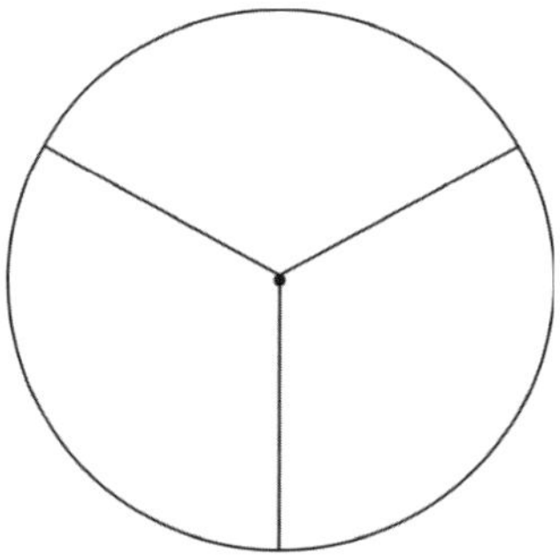

b)

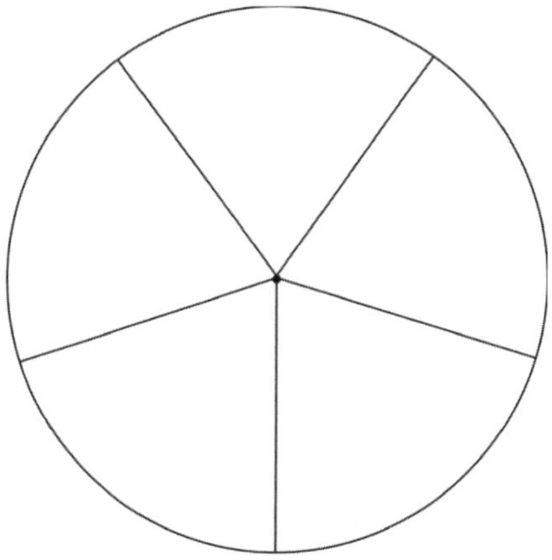

369 Em cada caso é dada uma circunferência e dois pontos dela. Traçar por esses pontos dados as retas tangentes à circunferência.

a)

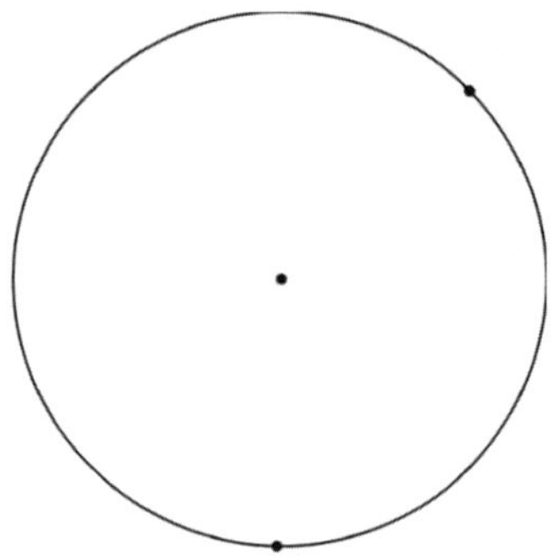

b)

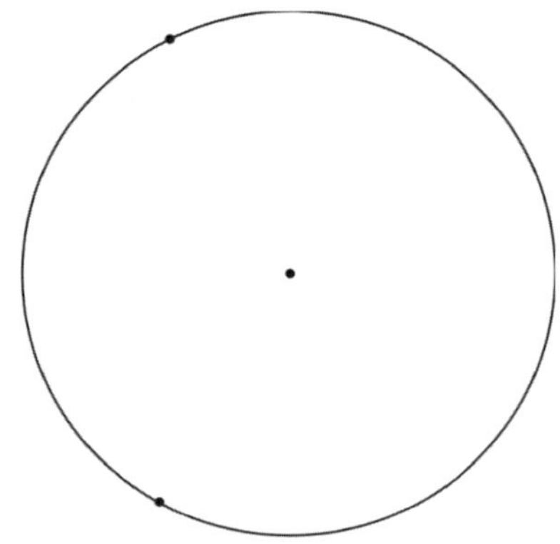

370 Em cada caso temos uma circunferência que está inscrita em um polígono circunscritível. Dados os pontos de contacto (ponto de tangência) da circunferência com os lados, construir o polígono.

a)

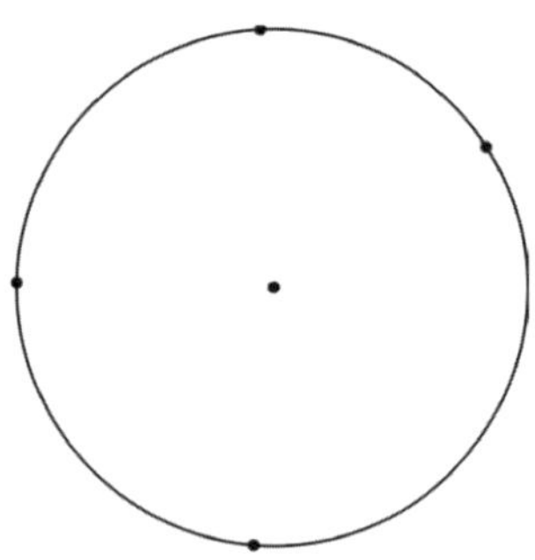

b)

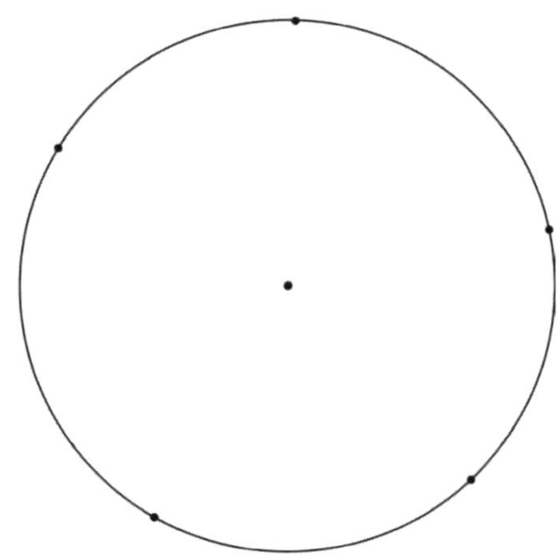

c)

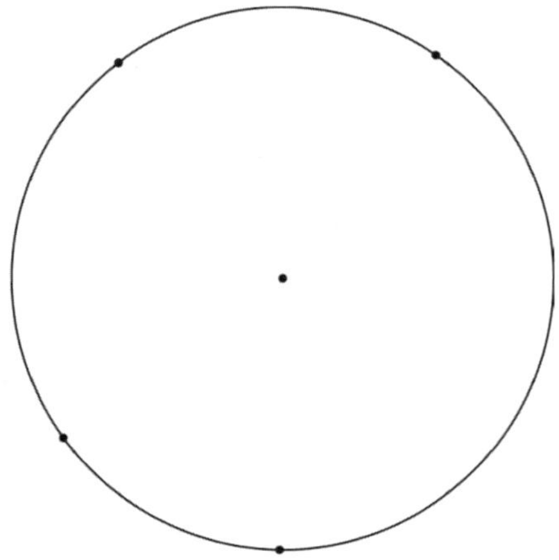

371 Traçar as retas que são paralelas às reta **s** e tangenciam a circunferência dada, nos casos:

a)

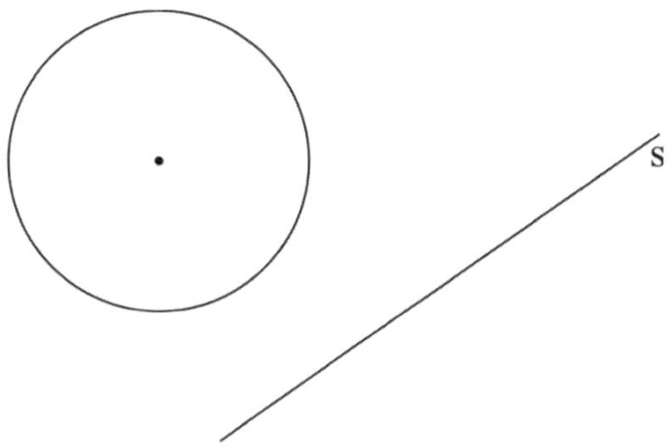

b)

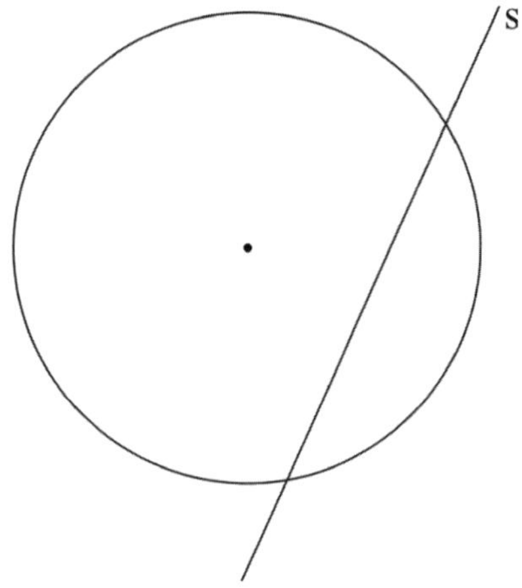

372 Traçar as retas que são perpendiculares à reta **s** e tangenciam a circunferência dada, nos casos:

a)

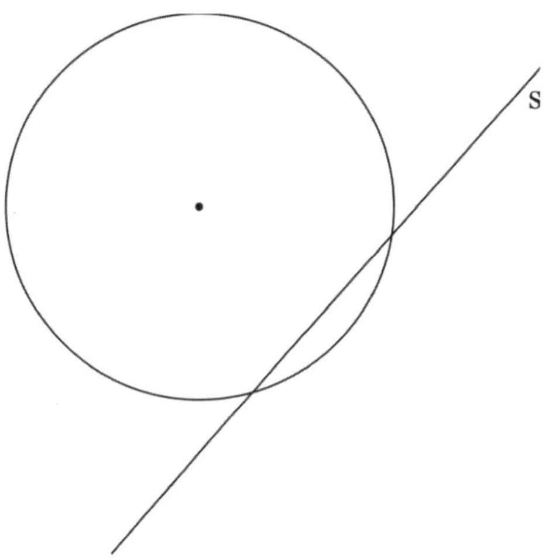

b)

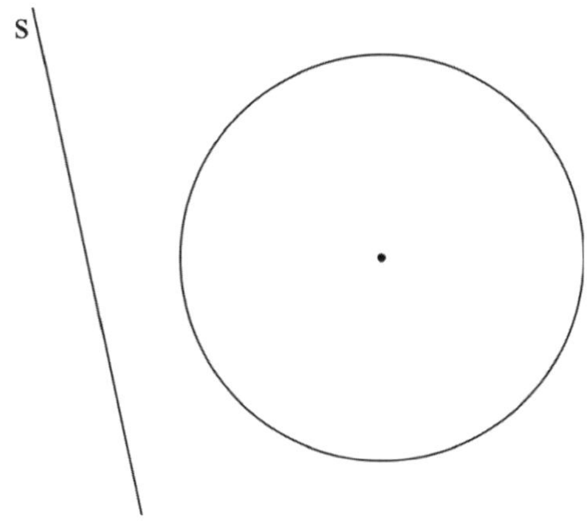

373 Traçar as retas que são tangentes à circunferência dada e formam ângulo de 60º com a reta **e** dada.

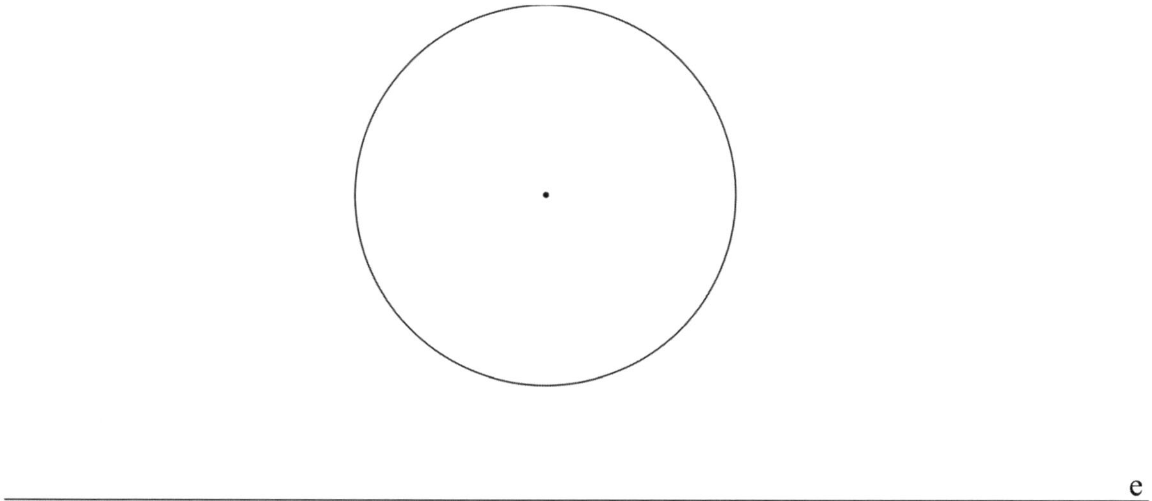

374 Traçar as retas que são tangentes à circunferência dada e formam 45° com reta **e** dada.

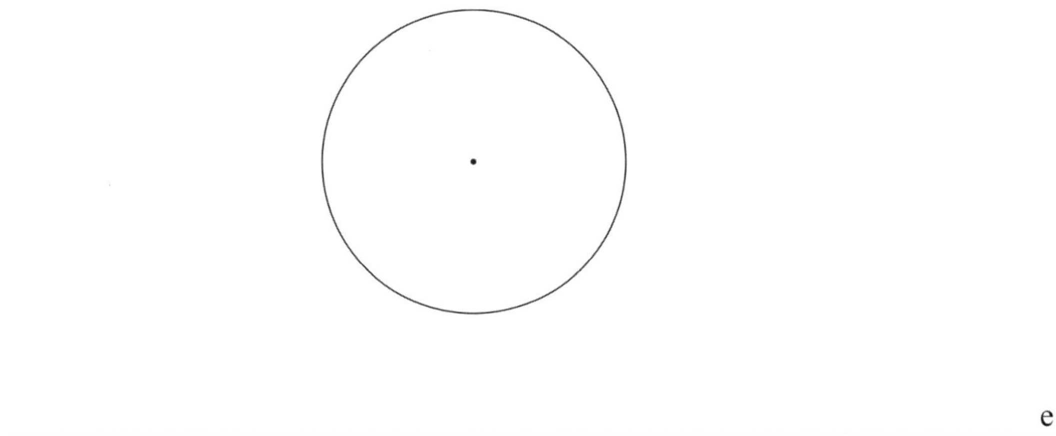

375 Traçar as retas que formam 60° com a reta **e** dada e distam 2 cm do ponto **P** dado.

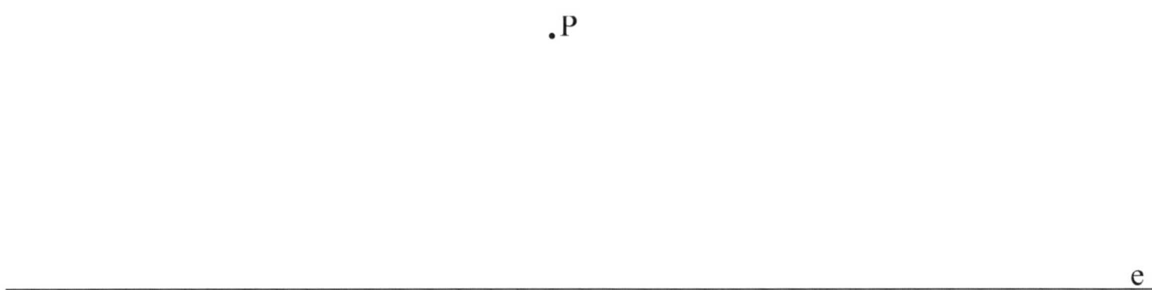

376 Desafio: Traçar pelo ponto **P** as retas que são tangentes a circunferência dada.

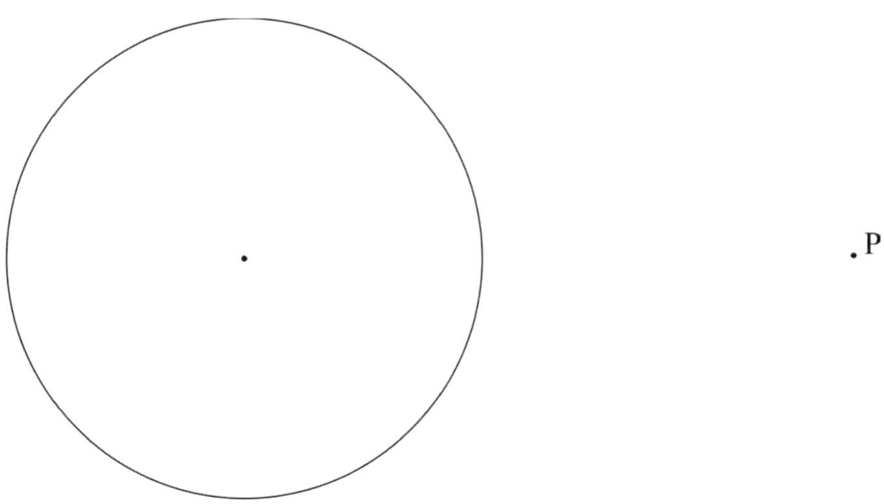

Impressão e Acabamento
Bartira
Gráfica
(011) 4393-2911